HISTÓRIA DA ESCRITA

FUNDAÇÃO EDITORA DA UNESP

Presidente do Conselho Curador
Mário Sérgio Vasconcelos

Diretor-Presidente
Jézio Hernani Bomfim Gutierre

Superintendente Administrativo e Financeiro
William de Souza Agostinho

Conselho Editorial Acadêmico
Danilo Rothberg
Luis Fernando Ayerbe
Marcelo Takeshi Yamashita
Maria Cristina Pereira Lima
Milton Terumitsu Sogabe
Newton La Scala Júnior
Pedro Angelo Pagni
Renata Junqueira de Souza
Sandra Aparecida Ferreira
Valéria dos Santos Guimarães

Editores-Adjuntos
Anderson Nobara
Leandro Rodrigues

Steven Roger Fischer

HISTÓRIA DA ESCRITA

Tradução
Mirna Pinsky

© 2007 Editora UNESP
© 2007 Reaktion Books
© 2009 da tradução brasileira
Título original: *A History of Writing*

Direitos de publicação reservados à:
Fundação Editora da UNESP (FEU)
Praça da Sé, 108
01001-900 – São Paulo – SP
Tel.: (0xx11) 3242-7171
Fax: (0xx11) 3242-7172
www.editoraunesp.com.br
atendimento.editora@unesp.br

CIP – Brasil. Catalogação na fonte
Sindicato Nacional dos Editores de Livros, RJ

F562h

Fischer, Steven R.
História da escrita / Steven Roger Fischer; tradução Mirna Pinsky. – São Paulo: Editora UNESP, 2009.
295p.: il.

Tradução de: A history of writing
Inclui bibliografia
ISBN 978-85-7139-950-1

1. Escrita - História. 2. Alfabeto - História. I. Título.

09-3734.   CDD: 411.09
                                                      CDU: 003(09)

Editora afiliada:

Para Sir Robert Evans

Sumário

Prefácio   9

1. Dos entalhes às tabuletas   13
2. A arte que fala   33
3. Sistemas de fala   63
4. De Alfa a Ômega   109
5. A "re-gênese" da Ásia Oriental   149
6. As Américas   187
7. O teclado do pergaminho   209
8. Um roteiro para o futuro   257

Bibliografia   279
Índice remissivo   287

Prefácio

Esta introdução a uma história da escrita pretende ser uma leitura preliminar útil para universitários e para aqueles que desejarem ter uma visão atualizada da notável história da escrita. De central importância no tema deste livro são as origens, as formas, as funções e as mudanças cronológicas dos mais importantes sistemas de escrita do mundo e escritas.

As dinâmicas sociais das escritas são abordadas em cada estágio. Desde o *homo erectus*, hominídeos parecem se distinguir de outras criaturas ao formarem sociedades baseadas na fala. O que agora distingüe o *homo sapiens sapiens* moderno é uma sociedade global baseada sobretudo na escrita. Embora no passado tenha sido acessível a poucos, hoje a escrita é praticada por cerca de 85% da população mundial – cerca de cinco bilhões de pessoas. Todas as sociedades modernas se apóiam nas bases da escrita.

A maior parte dos sistemas de escrita e escritas que existiram está extinta. Apenas pequenos vestígios de uma das mais antigas escritas – os hieróglifos egípcios – continuam, irreconhecíveis, no alfabeto latino, no qual a língua inglesa, entre centenas de outras, é transmitida hoje. (O nosso *m*, por exemplo, deriva do sinal consonantal egípcio *n*, representando as ondas na água.) Em consequência de uma série de desenvolvimentos fortuitos, o alfabeto latino tornou-se o sistema de escrita mais importante do mundo. Embora veículo de linguagem, possivelmente vai sobreviver à maior parte das línguas naturais da Terra. O modo como a humanidade hoje escreve e seu significado maior para a emergência da sociedade global pode ser melhor apreciado através de um entendimento da origem da escrita, que vem a ser o tema deste livro.

A escrita fascina a todos. Por cerca de seis mil anos, cada época adotou essa maravilha, sem dúvida a ferramenta mais versátil e interessante da sociedade. Hoje, a escrita antiga em particular intriga, à medida que permite que o passado fale a nós em línguas há muito extintas. Aqui, a escrita se torna a mais moderna máquina do tempo. Entretanto, qualquer escrita continua sendo um artifício, um instrumento imperfeito aparentemente modelado, ainda que à primeira vista, para reproduzir a fala humana. Tem havido infindáveis meios de conseguir isso. A história agora os reduziu e os refinou para um pequeno número de soluções "melhores". Os leitores apreciarão, no entanto, que o processo histórico de redução e refinamento esteja continuando, à medida que a sociedade descobre novas necessidades e novas respostas. É por essa razão que, muito mais lentamente do que as línguas que transmitem, os sistemas de escrita e as escritas estejam para sempre em fluxo.

A escrita é, no entanto, muito mais do que "a pintura da voz" como queria Voltaire. Tornou-se a suprema ferramenta do conhecimento humano (ciência), agente cultural da sociedade (literatura), meio de expressão democrática e informação popular (a imprensa) e uma forma de arte em si (caligrafia), para mencionar apenas algumas manifestações. Hoje, os sistemas de escrita baseados inteiramente na comunicação eletrônica estão rapidamente *encroaching on* o que tem sido até agora o domínio da escrita baseada na fala. Os computadores agora podem tanto "escrever" mensagens como programas inteiros entre si. Ao mesmo tempo, estão sendo elaborados novos sistemas que transcendem tudo o que para nós significava a palavra *escrita*. Mesmo as substâncias em que a escrita era exercida estão se metamorfoseando: tinta eletrônica sobre telas de plástico, finas como papel, pode algum dia substituir a onipresente substância que antes substituir o pergaminho. A escrita muda à medida que a humanidade se transforma. É uma dimensão da condição humana.

Muitos *insights*, creio eu, se tornarão evidentes ao longo dessa visão geral. Ninguém "inventou" a escrita. Talvez ninguém independentemente jamais tenha "reinventado" a escrita também, seja na China ou na América Central. Todos os sistemas de escrita parecem descender de protótipos ou sistemas precedentes, cuja idéia de representar graficamente a fala humana, esquema para conseguir isso, e/ou sinais gráficos usados nesse processo foram emprestados e adaptados ou convertidos para se adequarem à língua e necessidades sociais de outro povo.

Jeremy Black da Exeter University e Michael Leaman da Reaktion Books, com a diferença de uma semana entre eles, sugeriram independentemente que eu escrevesse este livro, e depois deram valiosas sugestões. Sou muito grato a ambos.

Uma carreira de filólogo e lingüista de mais de trinta anos – 18 dos quais dedicados à escrita antiga e deciframento (particularmente os escritos de Creta e da Ilha de Páscoa) aproximou-me de respeitáveis personalidades no campo da epigrafia, o estudo de inscrições antigas. A lista de pessoas "inesquecíveis" é longa demais para incluir aqui, mas preciso mencionar algumas que marcaram permanentemente o pergaminho de minha vida, cada uma de forma especial: † Thomas Barthel, Emmett L. Bennett Jr., William Bright, Nikolai Butinov, † John Chadwick, Brian Colless, Yves Duhoux, Paul Faure, Irina Fedorova, † Yuri Knorozov, † Bem Leaf, Jacques Raison, †Fritz Schachermeyer, †Linda Schele, David Stuard e George Stuart.

Um agradecimento pessoal a Sir David Attenborough pelo estímulo que me deu.

E acima de tudo, minha gratidão a Taki.

Steven Roger Fischer
Ilha Waiheke, Nova Zelândia
Outubro de 2000

Capítulo 1
Dos entalhes às tabuletas

Uma história da escrita deveria apoiar-se em um entendimento do que constitui "escrita". A proposição não é tão simples. A maior parte dos leitores familiarizados apenas com um sistema alfabético de escrita com consoantes e vogais – que transmitem letras dispostas no espaço e impressas a tinta em palavras separadas, para serem lidas da esquerda para a direita em linhas horizontais de cima para baixo – talvez só tenham uma tímida noção de que o mundo da escrita abarca muito mais que isso.

A comunicação do pensamento humano, em geral, pode ser alcançada de inúmeras maneiras – a fala é apenas uma delas. E a escrita, entre outros usos, tem o de transmitir a fala humana. No entanto, a sociedade moderna aparentemente reforçou essa forma particular de comunicação. Talvez isso tenha ocorrido em parte porque, como uma representação de realidades externas, a comunicação por meio da arte gráfica parece mais objetiva, mais substancial do que a comunicação lingüística (Martin, 1994). Mesmo noções abstratas podem ser transcritas graficamente por meio desse "sólido sistema simbólico". As raízes desse sistema se encontram na necessidade fundamental dos seres humanos de armazenar informação para comunicar, a si mesmos ou a outros, distantes no tempo e no espaço.

Uma vez que se conhece a escrita apenas da maneira que é agora, fica difícil – e talvez sem sentido – apresentar uma definição que pretenda incluir todos os seus sentidos no passado, presente e futuro. É discutível se é vantajoso ver na escrita "integral" um "sistema de símbolos gráficos que pode ser usado para transmitir todo e qualquer pensamento" (DeFrancis, 1980). Tão válida seria a igualmente inespecífica definição de escrita como "a parte gráfica da fala, a fixação da linguagem falada em uma forma permanente ou semi-permanente" (Diringer, 1962). No entanto, esta definição também deixa de lado muito do que é a escrita. Pode-se dizer que se trata da seqüência de símbolos padronizados (caracteres, sinais ou componentes de sinais) destinados a reproduzir a fala, o pensamento humano e outras coisas em parte ou integralmente. Esta, de fato, pode ser a definição mais geral da escrita no presente. O quanto cada sistema, no passado, conseguiu realizar isso, foi determinado pela necessidade relativa de cada sociedade à medida que se tornou mais complexa. No entanto, essa também é uma definição limitada de algo especial que parece resistir a limitações.

É melhor evitar a "armadilha" de uma definição inteiramente formal, porque a escrita tem sido, é e será inúmeras coisas distintas para inúmeros povos disitintos em incontáveis épocas diferentes. Em vez disso, para o objetivo imediato desta história da escrita, deve-se talvez voltar para a questão mais relevante da "escrita completa", aqui definida como aquela que preenche estes três requisitos:[1]

- A escrita completa deve ter como objetivo a comunicação.
- A escrita completa deve consistir de marcações gráficas artificiais feitas numa superfície durável ou eletrônica.
- A escrita completa deve usar marcas que se relacionem convencionalmente para articular a fala (o arranjo sistemático de sons vocais significativos) ou uma programação eletrônica, de uma maneira que a comunicação seja alcançada.

Cada expressão gráfica que constitui uma escrita antiga – a escrita antiga preenche pelo menos um, mas nunca todos os três requisitos – pode ser vista como "escrita" num sentido amplo, embora permaneça "escrita incompleta". Algum tipo de comunicação está existindo, ainda que de natureza limitada, localizada e/ou ambígua.

A escrita não surgiu do nada. Muitos povos preferem atribuí-la à "divina providência". De fato, essa ficção sobreviveu na Europa até os anos 1800, e é ainda aceita por certas comunidades nos Estados Unidos e nos países islâmicos. Outros afirmam que a escrita completa – ou seja, a que preenche os três requisitos – foi "inventada" por volta da metade do quarto milênio a.C., quando os sumérios em Uruk buscaram um método melhor de lidar com contabilidade complexa. Outros ainda atribuem a escrita completa a um esforço grupal ou descoberta acidental. Existem outros para quem a escrita completa tem origens múltiplas, por várias razões. E finalmente há quem afirme que a escrita plena é produto de uma longa evolução da escrita antiga numa ampla região de comércio.

---

[1] Adaptado de Florian Coulmas, *The Writing Systems of the World,* Oxford e Nova York, 1989, que os apresenta como "características formais" e não critérios.

Certamente não houve uma "evolução" na história da escrita, ou pelo menos não no sentido comum. Sistemas de escrita não mudam por si sós num processo natural; são elaborados deliberadamente ou mudados por agentes humanos – a partir de uma grande variedade de recursos – a fim de atingir uma série de objetivos específicos (Fischer, 1999). Talvez o objetivo mais comum seja a melhor reprodução gráfica possível da fala de quem escreve. Pequenas mudanças constantes em um sistema de escrita ao longo de vários séculos, e mesmo milênios, resultarão em enormes diferenças na configuração e uso dessa escrita mais tarde.

Antes da escrita completa – isto é, antes de preencher os três requisitos – muitos processos semelhantes à escrita existiam. No entanto, chamá-los de "proto-escrita" (Cohen, 1958) seria atribuir-lhes um *status* e/ou um papel que não merecem e nunca cumpriram. Por outro lado, a pictografia ("escrita pictórica") e a logografia ("escrita da palavra", na qual o objeto que se representa pode ser dito em voz alta) podem justificadamente ser chamadas de "pré-escritas". Analisando especulações alemãs do século xix, o lingüista americano Leonhard Bloomfield, nos anos 30, fez uma distinção entre "escrita pictórica" e "escrita verdadeira", sendo que esta também preencheria alguns requisitos essenciais (os sinais teriam de representar elementos lingüísticos e ser limitados em número) (Bloomfield, 1933). Uma distinção também foi feita entre a primitiva "semasiografia" (em que marcas gráficas transmitem significado sem o recurso da língua) e a "escrita integral" e só a última deve ser vista como escrita no sentido "verdadeiro" (Gelb, 1963).

Qualquer que seja a postura formal de quem observa tentativas primitivas de escrita, a expressão gráfica parece ser um fenômeno bem "recente" entre os hominídeos: os primeiros "entalhes" parecem datar de cerca de cem mil anos atrás (alguns acham que são muito mais antigos). No entanto, as séries regulares de pontos, linhas e traços entalhados feitas por nossos ancestrais (supostos registros ou calendários lunares) de forma alguma sugerem ligação com a fala articulada – embora esses "proto-escribas" certamente falassem tão fluentemente quanto nós.

Antes da escrita completa, a humanidade usou uma riqueza de símbolos gráficos e mnemônicos (ferramentas de memória) de vários tipos para acumular informações. A arte na pedra sempre possuiu um repertório de símbolos universais: antropomorfos (imagens humanizadas), flora, fauna, o sol, estrelas, cometas e muito mais, incluindo incontáveis desenhos geométricos. Na maior parte, eram reproduções gráficas de fenômenos comuns do mundo físico. Ao mesmo tempo, elementos mnemônicos eram usados em contextos lingüísticos também, como registros com nós, pictográficos, ossos ou paus entalhados, bastões ou tábuas com mensagens, jogos de cordas para cantos, seixos coloridos etc. ligando objetos físicos com a fala. Por milhares de anos, a arte gráfica e esses elementos mnemônicos se desenvolveram em certos contextos sociais.

Por fim, se fundiram, tornando-se *símbolos gráficos mnemônicos*.

Registros com nós (Quipu)

Um dos dispositivos mnemônicos mais comuns no mundo antigo era o registro com nós, que remontava pelo menos ao neolítico (o último período da Idade da Pedra) (Birket-Smith, 1966, p.15-24). Esses registros poderiam ser simples nós em uma única corda ou uma série complicada de nós coloridos em cordas que se ligava a outras de categoria superior. Os registros com nós alcançaram seu maior desenvolvimento, aparentemente, com o *guipu* inca (Figura 1). Era uma forma sofisticada de contabilidade: nós diferentes em várias posições representavam quantidades numéricas, e os nós coloridos representavam, supõe-se, diferentes mercadorias.

Os incas do Peru antigo usavam elementos mnemônicos quase exclusivamente para alcançar o que a escrita alcançou em contextos iguais ou semelhantes em outras sociedades. Os incas tinham vários tipos diferentes de nós para registrar as transações mercantis diárias e de longo prazo ou pagamentos de tributos do império. Cada nó tinha determinado valor decimal (ausência de nós em determinado lugar

Figura 1 O *quipu* de um contador do império inca. (*Nueva crónica y buen gobierno*, c.1613, de Felipe Guaman Poma de Ayala.)

significava "zero"). Por exemplo, um nó chuleado sobre dois nós chuleados, sobre um grupo de sete nós, designava o número "127". Assim, havia lugares específicos no cordão para os conceitos "centenas", "dezenas" e "unidades". Feixes de fios de nós poderiam estar amarrados a cordões de soma. Uma categoria especial de escriturários lidava com o *quipu*, supervisionando e administrando esse sistema altamente complicado e eficiente. Mesmo depois da conquista espanhola em 1500, o *quipu* continuou sendo usado para guardar registros diários.

Embora não tão elaborado como os dos incas, *quipus* pré-históricos semelhantes podem ser encontrados do Alasca ao Chile; de fato, eles eram o sistema de registros dos nativos habitantes das margens do Pacífico. Os bardos *tuhuna 'o'ono* do sudeste das Ilhas Marquesas, por exemplo, usavam rolos de fibra de coco dos quais pendiam pequenos fios com nós chamados *ta 'o mata* que também podiam ser usados para enumerar gerações. No antigo Ra'ivavae, nas Ilhas Austrais, ao sul do Taiti, havia registros genealógicos feitos com nós em cordões produzidos com cascas de hibiscos. Fenômenos semelhantes podem ser encontrados por todo o mundo. Em sua campanha contra os citas, o rei persa Dario deixou seus aliados gregos vigiando a retaguarda da ponte com instruções de desatar um nó a cada dia de uma tira de couro com sessenta nós: se terminassem de desatar todos os sessenta nós antes de sua volta, deveriam navegar de volta para a Grécia. Registros com nós são um elemento mnemônico muito mais versátil do que simples varetas com talhos ou bastões entalhados. Ao permitir maior variedade e complexidade de categorias, podem facilmente ser "apagados" ou "re-escritos" com novos laços.

Alguns estudiosos afirmam que esses fios ou cordas com nós foram a única forma primitiva de "escrita" desenvolvida nos Andes (Prem e Riese, 1983). No entanto, aparentemente a escrita fonética existia ali (ver capítulo 6). E fios com nós não consistem de escrita. São lembretes. Embora o objetivo dos nós seja comunicação, eles não são marcas gráficas artificiais transmitidas numa superfície durável e seu uso não tem relação convencional de articulação da fala.

Entalhes

Talhos em cascas de árvore – assim como pedras colocadas numa tumba, galhos rearranjados sobre um caminho ou um sinal manual em argila sobre uma pedra – representam "transmissão de idéias". Isto é, comunicam algo que na ocasião não pode ser comunicado oralmente. Aqui, as marcas e o elemento mnemônico foram com freqüência combinados para produzir marcas *como* lembretes. A idéia é extremamente antiga, talvez mais velha do que as mais remotas pinturas rupestres.

Talvez mesmo o *Homo erectus* tenha usado entalhes como lembretes. Artefatos revelados em Bilzingsleben, Alemanha, datados de 412 mil anos atrás – vários ossos revelando linhas de corte com intervalos regulares – foram interpretados pelos descobridores como "entalhes" intencionais (isto é, símbolos gráficos de algum tipo). É evidente que os entalhes são marcas; o que significam, se significarem algo, não está claro.

Diferenças sutis, mas consistentes em marcas em pedra e osso no artesanato do *Homo sapiens sapiens,* tendo início por volta de cem mil anos atrás, indicam entalhe proposital. Descobertos na famosa caverna Blombos da África do Sul, dois traços cruzados em ocra foram entendidos pelos descobridores como evidência de pensamento simbólico. Outros artefatos antigos, como o osso de Ishango do Zaire (Figura 2; ver também Figura 176), apresentam marcas parecidas feitas durante um curto período; quando contadas, as marcas em alguns desses artefatos parecem corresponder a ciclos lunares. No entanto, outras explicações são possíveis. O que é importante é que dezenas de milhares de anos atrás, as marcas gráficas, ainda que primitivas, provavelmente registravam algum tipo de percepção humana, por alguma razão. Isso era armazenagem de informação.

Entre povos pré-letrados mais recentes, entalhes serviram ao mesmo objetivo que os registros em nós. Por exemplo, o *rākau whkapapa,* ou "tábuas genealógicas", entalhes dos pré-europeus Maori da Nova Zelândia, cada um representando o nome de um ancestral. Eram simples auxílios de memória cujas marcas não se relacionavam convencionalmente à fala articulada.

Figura 2 Três vistas do Osso de Ishango, do Zaire, datado, por radiocarbono, de *c.*9000 a.C. Talvez uma notação numérica ou mesmo de calendário (lunar), o Osso de Ishango foi chamado de "o mais primitivo instrumento de escrita".

Pictografia

Registros em nós e entalhes podem invocar categorias, números ou lembretes. No entanto, nenhum transmite particularidades como qualidades ou características. Só imagens podem fazê-lo. A necessidade de transmitir uma variedade maior de informação pontual, além das citadas, registrando com um ou mais símbolos pictóricos – isso é pictografia. A pictografia é um casamento fortuito de marcas e elementos mnemônicos.

Figura 3 Algumas manifestações de arte rupestre são vistas como um tipo de comunicação pictórica. Símbolos "P" aparecem entalhados sobre um cavalo na caverna Les Trois Frères, no sul da França, com significado desconhecido. Adjacente a Tuc d'Audoubert, mais de oitenta desses símbolos, entalhados com vários instrumentos, rodeiam um segundo cavalo.

Figura 4 Uma "carta" pictográfica cheyenne, de *Turtle-Following-His-Wife* (Tartaruga-Seguindo-Sua-Fêmea) para seu filho *Little-Man* (Pequeno-Homem): "Eu lhe envio $53 e peço que venha para casa".

Mensagens pictográficas já eram transmitidas há dezenas de milhares de anos. De muitas formas a arte rupestre pode ser entendida como comunicação pictórica (Figura 3) (Bahn e Vertut, 1988). A pictografia dos nativos americanos vem atraindo muita atenção nos últimos anos. Aqui, os pictogramas são em geral simples marcas, entalhadas ou pintadas em paredes e pedras – arte em pedra ou petróglifos. Algumas mensagens, no entanto, também envolvem pictografia mais elaborada, listando o nome de guerreiros, com desenhos característicos: Red Crow (Corvo Vermelho), Charging Hawk (Falcão Violento) etc. Nos Estados Unidos, no século XIX, membros de algumas tribos como a dos cheyenne até trocaram "cartas" pictográficas (Figura 4).

A pictografia pode transmitir uma mensagem muito complicada, sem recorrer ao discurso articulado. No entanto, diferente dos registros de nós e entalhes, a pictografia transmite valores fonéticos representando objetos específicos e assim promovendo a identificação com a fala. Um caçador abnaki, no Maine, por exemplo, podia deixar fora de sua oca um *wikhegan* – rolo feito de casca de bétula – representando um homem numa canoa e um veado, um homem a pé apontando para um rabisco, e um homem com botas de neve puxando um trenó. A mensagem seria: "Estou cruzando o lago para caçar um veado, desviando antes de chegar ao próximo lago, e não estarei de volta antes da primavera" (Claiborne, 1974). Isso era comunicação por meio da arte gráfica, transmitindo uma mensagem limitada em um domínio limitado.

O povo ashanti da África decora suas casas, utensílios e outros objetos com imagens invocando provérbios – um crocodilo abocanhando um peixe de lama pode significar, entre outras coisas: "Qualquer coisa que o peixe de lama conseguir, acabará na goela do crocodilo" (McLeod, 1981). O objetivo de uma imagem dessas é também comunicar; é arte gráfica numa superfície durável, e está relacionada a um discurso articulado. No entanto, essa "sentença escrita" (Meinhof, 1911, p.1-14; Friedrich, 1966) só atinge a quem já conhece os provérbios. Seus "sinais" não são convencionais, mas icônicos, relativos apenas a cada provérbio. Em outras palavras, muito do sistema ashanti continua codificado para poder representar um meio eficaz de comunicação geral.

Embora alguns caracteres chineses (também usados na escrita japonesa) sejam pictográficos na origem – como "mulher", "criança" e arrozal – há que se conhecer cada significado antes de reconhecer os referentes. Por isso, a escrita chinesa não é pictográfica, mas uma combinação de logografia (mais precisamente uma morfo-**sila**bografi**a**; ver Capítulo 5). Isto é, os caracteres abarcam som e sentido e precisam ser aprendidos individualmente, e não apenas "reconhecidos".

A pictografia são também os "caracteres-padrão" da tecnologia moderna, como nos diagramas de circuitos eletrônicos. Nesse contexto, as ambigüidades culturais são evitadas intencionalmente, padronizando os símbolos para maximizar a compreensão internacional. Dentro de seus domínios restritos, entre especialistas formados em arte, a pictografia pode ser extremamente útil, em certas circunstâncias superando a eficácia da escrita completa.

Registros de contas

Povos antigos, usando marcas mnemônicas, evidentemente perceberam que um processo semelhante poderia ser usado para registrar contas. Por exemplo, se era possível marcar com entalhes as fases lunares uma a uma, à medida que eram vistas – se isto era o que aqueles artefatos antigos realmente representavam – também era possível representar abstrações, como os números. Talvez tenha sido dessa maneira que os primeiros bastões com registros de contas foram criados.

Os primeiros artefatos entalhados de que se tem notícia podem ser esses bastões: marcas sobre osso para representar pessoas diferentes, passagem de tempo (mais do que eventos testemunhados), uma caçada de sucesso. (Pistoleiros entalharam revólveres 45 com o signo "morte"; pilotos de guerra "entalharam" aviões com emblemas especiais nas laterais). Um estilete de entalhe é um dos instrumentos mais antigos usados para registros. Nativos australianos usavam-nos inclusive para enviar mensagens uns aos outros, a grandes distâncias, e o número de entalhes no estilete comunicava a mensagem pré-combinada.

Aparentemente cada povo antigo possuía uma variante regional do estilete de registro. Os valores dos entalhes eram conhecidos por toda a sociedade. Durante toda a Idade Média européia, o estilete e a faca de entalhe eram acessórios dos oficiais aduaneiros. O Ministro da Economia britânico, por exemplo, usou estiletes de registro para anotar as receitas de 1100 a 1826 d.C. (Muitos estiletes também portaram notas explanatórias em latim, e mais tarde em inglês). Esse sistema seguiu um princípio geral: quanto maior a soma de pagamento, mais madeira seria entalhada pelo estilete. £1,000 era um entalhe reto, denteado, com 10 cm de largura; meio pêni era apenas um pequeno buraco.

Os registros de contas existem há muito tempo, junto com a escrita completa. São utilizados com facilidade por analfabetos, sendo em geral mais rápidos, menos incômodos e menos caros do que a escrita. Embora seu objetivo seja comunicação, e embora usem "sinais" artificiais sobre suportes duráveis, são apenas entalhes e furos padronizados significando unidades, e não fala articulada.

Outras Formas Mnemônicas e Mensagens de Sinais

Várias outras ferramentas juntaram memória e/ou transmitiram o pensamento e a fala humana através da distância, todas inflando o repertório de recursos que por fim permitiu a escrita completa. Provavelmente datando do paleolítico (início da Idade da Pedra), brincadeiras com barbante (feitas individualmente) ou em dupla – desenhos trançados nas mãos com laçadas – já eram conhecidas em quase todas as sociedades pré-letradas (Abraham, 1988). Genealogias codificadas, histórias, canções e recitações, a "escrita no ar" tem a comunicação como objetivo, com imagens convencionais voltadas para remeter imediatamente à fala, mas necessita de marcas gráficas em suporte durável. A comunicação por sinais – com as mãos e rosto (linguagem de sinais), com sons, bandeiras, fumaça, pólvora detonada, reflexos em metais, eletrônicos e outros meios – é semelhante, e ainda que muitas mensagens por sinais sejam hoje baseadas no alfabeto, também carecem de marcas gráficas convencionais feitas em suportes duráveis.

Símbolos indexáveis relacionados a algo – cinco objetos por cinco ovelhas, por exemplo – foram usados por muitos povos por milhares de anos. Para citar um desses costumes, os ioruba da África sempre usaram seixos como símbolos indexáveis que até podiam ter valor homofônico (importante componente de uma escrita fonética) – uma palavra que soe idêntica a outra com um sentido diferente. Para marcar um encontro, por exemplo, um homem ioruba deixava seis seixos para uma mulher encontrar – o termo ioruba *efa*, ou "seis", também significa "atraído". Se a mulher estivesse interessada, ela deixaria oito seixos como resposta: em ioruba, *eyo* ou "oito", também significa "concordo".

Alguns vêem os seixos coloridos de cerca de 8.000 a.C. da cultura paleolítica de Mas d'Azil, no sul da França, como a "primeira escrita pictórica" do mundo (Figura 5). No entanto, essas cruzes, riscos e outros desenhos pintados nos seixos não apresentavam fatos naturais reconhecíveis (Claiborne, 1974).

Mais significativos, como os seixos ioruba, os de Mas d'Azil não parecem ter usado marcas que se relacionassem convencionalmente ao discurso articulado. É bem possível que seus seixos se encontrem entre os primeiros exemplos no mundo de símbolos indexáveis. No entanto, não podem se quer ser considerados "escrita incompleta".

Figura 5 Alguns dos desenhos coloridos feitos em seixos azilienses, de Mas d'Azil, Ariège, sul da França, cerca de 8.000 a.C.

As "tábuas mnemônicas" do século XIX do povo africano luba supostamente continham sua história. "Lidos" por especialistas, os padrões das tábuas, suas cores, materiais, configuração e forma geral auxiliavam a memória do "leitor". Cada tábua luba é diferente nessas características, e a mesma tábua pode evocar diferentes recitações por diferentes especialistas – e pelo mesmo especialista em diferentes ocasiões. Embora as "tábuas mnemônicas" luba compreendam arte gráfica sobre um suporte durável cujo propósito é comunicação, não são também escrita completa: também carecem de marcas convencionais que remetam imediatamente ao discurso articulado.

Símbolos gráficos

A contabilidade foi fundamental para a escrita completa (Bernal, 1988). Só a necessidade social poderia produzir uma ferramenta eminente e tão completa como a escrita. No Oriente Médio antigo, cerca de seis mil anos atrás, a sociedade suméria em expansão tinha de administrar suas riquezas naturais, trabalhadores, impostos, plantações, taxas, estoques da coroa e do templo, salários e gastos. As formas mnemônicas que tinham existido por tanto tempo não bastavam mais; algo radicalmente novo seria necessário.

A atribuição de titularidade, função importante da contabilidade, provavelmente forneceu um dos primeiros símbolos gráficos (Martin, 1994). Selos assinalavam titularidade, aparentemente nos mesmos contextos sociais em que a escrita completa ocorreu mais tarde. A cultura vinça (5300-4300 a.C.) dos Balcãs centrais produziu cerâmica e outros objetos de argila com alguns tipos de símbolos gravados (Winn, 1981). Aparentemente havia 210 símbolos em todas, trinta deles sendo símbolos principais, com variações e compostos. Os assentamentos vinça em Tordos, na Romênia, revelaram um grande número deles: do simples + ou - a desenhos mais complexos em forma de pente e suásticas (Figura 6). Na Tartária, 20 km a leste de Tordos, três "tabuletas" de argila que inicialmente foram consideradas da mesma cultura Vinča, foram descobertas em 1961 (Figura 7). No entanto, também podem ter sido uma versão local da escrita hieroglífica minóica de período bem posterior (ver Capítulo 3) (Hood, 1967, p.99-113). Símbolos semelhantes foram encontrados em cerca de outros 37 sítios datados do mesmo período.

A maioria dos artefatos, embora não todos, parece evidenciar um "inventário gráfico simbólico" disponível para artesãos dos Bálcãs centrais, talvez já por volta de 6.500 anos atrás (Makkay, 1969, p.9-50). (Um "símbolo" é uma marca gráfica que significa outra coisa, enquanto um "signo" é um componente convencional de um sistema de escrita). A descoberta de dois artefatos de argila "semelhantes" na Bulgária, datados pelo método Carbono de antes de 4000 a.C., com marcas que talvez possam ser símbolos gráficos, foi apontada como mais uma evidência desse inventário dos Bálcãs (Figura 8). A opinião corrente é que esses símbolos balcânicos anteriores parecem encerrar um inventário decorativo ou emblemático sem relação imediata com o discurso articulado (Masson, 1984, p.89-123). Isto é, não são nem *logogramas* (sinais de palavras completas que representam o som do nome do objeto) nem *fonogramas* (sinais que contêm um valor puramente fonético ou sonoro).

Figura 6 Alguns dos símbolos entalhados que aparecem em cerâmica de assentamentos vinça em Tordos, 5300-4300 a.C.

Figura 7 As três "tabuletas" de argila cozida descobertas em Tartária. Inicialmente consideradas da cultura vinča, podem ter sido manufaturadas muito mais tarde de acordo com alguns estudiosos.

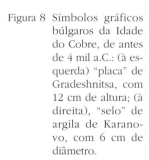

Figura 8 Símbolos gráficos búlgaros da Idade do Cobre, de antes de 4 mil a.C.: (à esquerda) "placa" de Gradeshnitsa, com 12 cm de altura; (à direita), "selo" de argila de Karanovo, com 6 cm de diâmetro.

Para alguns, as mais antigas "escritas" foram encontradas na China, datando de cerca de 4000 a.C. Os fragmentos de cerâmica da cultura iangshao que foram escavadas em Banpo, perto da cidade de Xian em 1954-7, têm marcas entalhadas que estudiosos chineses interpretaram como números. No entanto, a esse respeito não há unanimidade entre os especialistas.

Fichas de argila

A máxima de Gelb (que leva o nome de Ignace Gelb, epígrafo americano) – "Na base de toda escrita existe uma imagem" (Gelb, 1963) – parece ser rudemente contrariada pela teoria das fichas de argila como a origem fundamental da escrita completa. Essa teoria recente professa que as antigas fichas de argila eram peças de um sistema rudimentar de contabilidade; sua forma indicava o produto a ser calculado; uma ficha era uma unidade; e essas fichas levaram diretamente escrita completa. Essa teoria ganhou muitos adeptos nos últimos anos. Aceita nos anos 80, encontrou críticas nos anos 90; agora os especialistas estão chegando a um termo comum.

A escrita completa sem dúvida nasceu da necessidade de registrar itens do dia-a-dia. As mercadorias possivelmente tinham sido controladas no Oriente Médio por milhares de anos com pequenas fichas feitas de argila (Figura 9) – "contadores", como vales, embora seu objetivo exato ainda seja polêmico. Por que argila? É um material abundante no Oriente Médio, fácil de trabalhar, fácil de apagar e igualmente fácil de preservar: basta secar ao sol ou cozer. E mais que isso, a argila pode ser facilmente impressa com marcas gráficas, representando informação armazenada. Grande número desses artefatos de argila, com linhas paralelas, perpendiculares e curvas, datando de 8000-1500 a.C. – apareceram em sítios arqueológicos do leste do Irã ao sul da Turquia e Israel. (Significativamente, nada foi encontrado até agora no Egito.) A maior parte vem da Suméria, atual Iraque. Alguns foram moldados em cones, esferas ou outras formas.

O quarto milênio a.C. trouxe uma inovação no uso dessas pequenas fichas de argila (se isso for o que as fichas eram). Pequenos "envelopes" de argila chamados *bullæ* continham essas fichas e eram marcados e impressos por fora, evitando ter de abri-los e quebrá-los para saber quantas fichas de qual mercadoria encerravam. Já nos anos 30, esse processo era considerado talvez o "início" da escrita completa (Jordan, 1932).

Figura 9 Pequenas fichas ou "vales" de argila de várias formas geométricas eram usadas para fazer registros, do sudoeste da Turquia até o Rio Indo, a partir de cerca de 8 mil a.C.

De acordo com teoria recente, as marcas das *bullæ* logo se tornaram padronizadas e sistematizadas.[2] Isto produziu uma nova relação semiótica na armazenagem de informações: algo indireto. (Semiótica envolve a referência de símbolos e sinais a significados). Isto é, as marcas e impressões externas nos envelopes das *bullæ* eram símbolos de símbolos: cada ficha dentro da *bulla* representava uma ovelha, por exemplo, e a impressão externa na *bulla* remetia ao tipo de ficha ("fichas de ovelhas") que havia dentro. Os símbolos gráficos externos de duas dimensões de repente começaram a substituir as fichas simbólicas internas de três dimensões. Simultaneamente com seu sistema de impressões simbólicas secundárias, os sumérios elaboraram um sistema numérico usando "pedras de contar" com formas diferentes denotando categorias numéricas. (Esses eram verdadeiros "ideogramas" – sinais que significavam idéias, não coisas; números são idéias). Pedras de contar, como as fichas, eram impressos na parte exterior dos envelopes das *bullæ*. Agora se podia "ler" no exterior de uma *bulla* quantas fichas ela encerrava. As *bullæ* portanto traziam "registros" do tipo e quantidade de seu conteúdo. Assim que esses símbolos secundários exteriores começaram a ser interpretados e usados como "sinais" primários, nasceu a escrita completa como a conhecemos. Isso de acordo com a teoria das fichas.

A proponente principal dessa teoria, a arqueóloga Denise Schmandt-Besserat, acredita que as várias formas das fichas representam diferentes mercadorias: bens em metal, espécies de animais, tipos de tecidos etc. Compara as formas das fichas com os antigos glifos cuneiformes estilizados dos sumérios, que aparentemente não têm proveniência pictográfica, e são muito semelhantes. Decorre daí, afirma ela, a derivação dos sinais cuneiformes não-pictográficos das impressões nas *bullæ* (Figura 10). Schmandt-Besserat vê dois tipos básicos de fichas: simples, como os sinais numéricos cuneiformes posteriores, e complexas, como os sinais logográficos cuneiformes.

Essa teoria mereceu ressalvas de críticos (Harris, 1986; Michalowski, 1990, p.53-69; 1993, p.996-9; Zimansky, 1993, p.513-17). Uma de suas principais fragilidades, dizem eles, é que não dá conta de muitos dos aproximadamente 1.500 sinais sumérios. (Se as fichas capacitaram o sistema sumério, deveriam ter inspirado a maior parte dos sinais.) Além disso, a origem da escrita cuneiforme parece se localizar na Suméria, mas as fichas de argila são encontradas em área muito mais

---

2 A. Leo Oppenheim, "On an Operational Device in Mesopotamian Bureaucracy", *Journal of Near Eastern Studies*, XVIII, 1959, p.121-8, foi quem reconheceu primeiro o sistema. Pierre Amiet, "Il y a 5000 ans les Elamites inventaient l'écriture", *Archeologia*, XII, 1966, p.20-22, descreveu a mais antiga *bullæ* e sugeriu que as marcas de fora pareciam indicar o conteúdo. Denise Schmandt-Besserat foi a principal proponente desta teoria. Entre suas várias publicações, é de particular interesse "The Earliest Precursors of Writing", *Scientific American*, CCXXXVIII, 1978, p.50-59; e *Before Writing*, 2 vols., Austin, 1992.

ampla. Outro crítico afirma que os dados de Schmandt-Besserat parecem não sustentar suas próprias descobertas: fichas para "ovelhas" que deveriam ser as mais comuns aparecem apenas 15 vezes em sete mil anos, enquanto "prego" e "trabalho, construção" são as mais comuns; segundo eles, deve-se também questionar a alegada uniformidade dos significados das fichas ao longo de tanto tempo e espaço. A impressão geral é de que "vários povos em várias épocas exploraram as poucas formas geométricas que são relativamente fáceis de fazer em argila e usaram-nas como fichas para quaisquer objetivos que, individualmente, escolheram" (Zimansky, 1993). E mais que tudo, o sistema de contabilidade das *bullæ æ* parece ser mais sofisticado e complicado do que a tabuleta simples de argila que ela teria inspirado.

Há ainda outras ilações para a teoria das fichas. Quantitativamente, menos fichas podem ser datadas do período após três mil a.C., a partir do qual a escrita completa se tornou mais comum, implicando que os sinais teriam sido superados por algo melhor. Uma apreciação de compromisso corrente considera as fichas do Oriente Médio como uma explicação suplementar das origens de alguns sinais sumérios antigos. Enfim, o sistema de fichas parece ter contribuído para a emergência da escrita completa, mas não o fez sozinho.

Figura 10 Como o signo cuneiforme mesopotâmico para "ovelha" pode ter derivado de uma ficha antiga e/ou impressão na *bulla*.

Fonetização e as primeiras tabuletas

Pode-se ser tentado a concordar com o lingüista Florian Coulmas: "O passo decisivo no desenvolvimento da escrita é a *fonetização:* isto é a transição do ícone pictográfico para o símbolo fonético" (Coulmas, 1983). Assim, o "leitor" de um pictograma ou ficha verbalizaria "ovelha", por exemplo, assim que reconhecesse o animal ou a forma da ficha. No ícone pictórico (imagem ou semelhança), a fonetização – tornar uma imagem num som de fala – já está lá. O mesmo se aplica às pedras de contar e suas impressões. Embora a fonetização seja vista como um critério crítico na definição da "escrita adequada" (Gelb, 1963; Jensen, 1969; Sampson, 1985; Coulmas, 1983), está implícita em cada sistema gráfico. Vê-se a imagem de algo ("ovelha") ou uma contagem simbólica I I I ("três") e a mente automaticamente atribui-lhe um nome, mesmo que o visual do elemento gráfico ou da unidade conhecida seja rudimentar. A fonetização não é automaticamente escrita plena.

Datadas de cerca de 3300 a.C., e encontrada em Uruk no baixo Eufrates, entre a Babilônia e o Golfo Pérsico, as primeiras tabuletas são apenas um passo à frente do sistema de *bullæ*, ainda compreendendo um sistema de numerais e (talvez padronizado, estilizado) pictogramas identificando mercadorias (Figura 11). Em um sistema de contabilidade (havia vários), os numerais eram feitos pressionando a extremidade redonda de um buril de bambu verticalmente na argila (um furo cheio = 10), em um ângulo da esquerda para a direita (furo com cavidade = 5) ou várias outras possibilidades para significar múltiplos desses. A menor unidade de contabilidade era feita pressionando a extremidade do buril para baixo, deixando uma marca como o salto de um sapato (Figura 12). Sendo um aprimoramento óbvio das impressões das *bullæ*, os dois sistemas – *bullæ* e tabuletas – coexistiram por muitos séculos. A mensagem de ambos era sempre: "tantos e tantos itens de tantas mercadorias". Não se esperava mais desse sistema.

Figura 11 Tabuleta de argila com inscrições de Jemdet Nasr, perto de Kish, sul do Iraque, do período proto-literário (UrukIV), cerca de 3300 a.C. Nesse estágio primitivo, muitos sinais ainda designavam objetos do cotidiano.

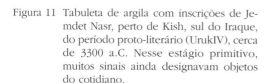

Figura 12 Na contabilidade suméria, estas marcas padronizadas na argila macia eram usadas para contar pessoas, animais de criação, embarcações, implementos de pedra e madeira, peixes, laticínio e tecidos.

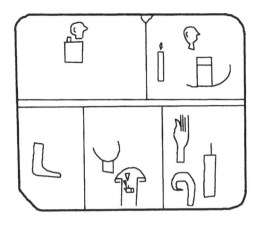

Figura 13 Embora perfeitamente compreensíveis para o escriba do passado, esta tabuleta de argila pictográfica de Kish (cerca de 3300 a.C.) pouco revela na leitura de nossos dias. O "pé" na parte de baixo à esquerda talvez signifique "vá" ou "venha"; os perfis podem ser "homem" ou "escravo".

Embora isso não seja ainda escrita completa, uma vez que deixa de usar marcas que se relacionam convencionalmente à fala, é no entanto uma transmissão bem-sucedida de idéias complexas pela arte gráfica (Figura 13). Apresenta técnicas mais sofisticadas de contabilidade para acomodar uma economia mais elaborada. E na fonetização ou "sonorização" desses primeiros pictogramas – "pé", "mão", "cabeça" – também se percebe uma relação especial entre um objeto, sua representação gráfica e seu valor ou sugestão fonética. Ao londo do tempo, os pictogramas se tornaram padronizados e abstratos, mas mantiveram seu valor fonético. Chegou ao ponto de não se reconhecer mais o objeto no pictograma, embora a relação do pictograma ao objeto e seu valor fonético continuasse: o pictograma se torna um símbolo. As primeiras tabuletas de argila sumérias já exibiam muitos desses símbolos. Os escribas podiam facilmente "lê-los" dentro do sistema limitado. No entanto, os símbolos ainda não conseguiam transmitir "qualquer ou todo pensamento" porque estavam ligados a um referente externo (Figura 14).

Essas primitivas tabuletas de argila mostram pelo menos 1.500 pictogramas e símbolos diferentes, cada um remetendo a um objeto concreto. Como as idéias e palavras abstratas eram difíceis de transmitir dessa forma, foram criados novos métodos para expressá-las. Um pictograma passou a descrever coisas diferentes: a imagem do "pé" era tanto *pé* como *andando* e "boca" era tanto *boca* quanto *fala*. Dois pictogramas podiam ser conjugados: "olho" com "água" significava *chorando*. Um pictograma composto com outro também podia designar uma categoria especial: "arado" mais "madeira" significava *um arado*, mas "arado" mais "homem" significava *lavrador*. Para aqueles que na sociedade usavam esses métodos, a "leitura" rudimentar era possível. Para os que não pertenciam à sociedade, um "triângulo com uma fenda" (*vagina/menina*) unida a "três colinas" (estrangeiro) dificilmente seria identificado imediatamente com *menina estrangeira* ou *mulher escrava*. Isso ainda não era escrita plena. Era ainda mnemônica, embora bem elaborada e sistematizada, adequada para satisfazer as necessidades imediatas dos usuários.

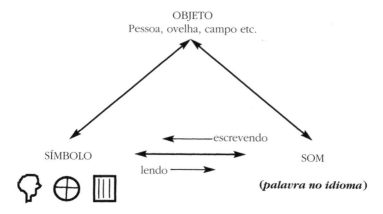

Figura 14 Símbolos em sumério eram ligados a um sistema com referencial externo.

No entanto, um novo sistema – ou uma radical extensão da adequação mnemônica deste – era necessário se se quisesse transmitir mais ou reduzir a ambigüidade. A resposta estava no foneticismo sistêmico – isto é, em co-ordenar sistematicamente sons e símbolos (incluindo pictogramas) para criar "sinais" de um sistema de escrita. Símbolos gráficos se tornaram sinais de um sistema de escrita só quando o valor fonético de um símbolo começou a superar seu valor semântico em um sistema de valores limitados e semelhantes. Foi cortada a ligação com o referente externo e priorizado o potencial do sistema para expressar quase tudo de um discurso articulado. Não se percebia mais no símbolo gráfico (ou pictograma) apenas um objeto externo ou abstrato ("céu"), começava-se a ler um som (o *an* sumério) por seu valor independente.

A solução fonética sistêmica foi possivelmente induzida pela natureza da linguagem suméria. O sumério era na maior parte monossilábico (uma sílaba para cada raiz) com grande número de homófonos (como "paço" e "passo"). Mais importante talvez, é que o sumério era aglutinador, juntando em palavras-núcleo prefixos e sufixos que não poderiam se sustentar sozinhos, de forma que os sons da palavra mostrassem essas ligações necessárias também, de maneira a dar sentido a uma declaração oral. Quando o som assumiu a prioridade no sistema, a escrita incompleta se tornou escrita completa. Esse processo parece ter ocorrido por volta de 3700 a.C. A transição expandiu exponencialmente as possibilidades da escrita – e inspiraram adaptações imediatas do Nilo ao Vale do Indo.

O som de um símbolo assumiu um *status* sistêmico para se tornar um signo. Embora talvez induzido pela natureza especial do idioma sumério, a solução foi possível pelo princípio *rebus*. Perfeitamente adequado para línguas monossilábicas como o sumério, esse princípio permite uma imagem de algo que exprima uma sílaba na língua falada, valendo-se da homofonia. Dessa maneira, no idioma inglês, a imagem da palavra monossilábica *eye* (olho) também serviria para a palavra *I* (eu). Ainda em inglês, "saw" (serrote) também seria usado para o passado do verbo *to see – saw*. "Bill", o bico, também seria o nome próprio *Bill*. Usando só imagens, podia-se "escrever" então a sentença: *I saw Bill* (Figura 15). Para muitos estudiosos o princípio *rébus* é a "chave" da transição do pictograma para a escrita plena (Jensen, 1969).

Figura 15 Utilização do princípio *rébus* para escrever *I saw Bill*.

Não foi um processo "evolucionário". Foi um evento repentino e localizado que ocorreu como resultado direto de uma necessidade social: melhor comunicação nos registros contábeis. As necessidades sociais tinham se acumulado ao longo do tempo. O aparato gráfico tinha sido fornecido. Um problema se apresentou e necessitava de solução. A solução se encontrava numa nova forma de escrita que agora preenchia os três requisitos. Isto é:

- tinha como seu objetivo a comunicação;
- consistia de marcas gráficas artificiais sobre um suporte durável;
- usava marcas voltadas convencionalmente para articular a fala de maneira que a comunicação fosse alcançada.

O resultado foi a escrita plena (Figura 16).

O foneticismo sistêmico sumério continuou, a princípio, meramente como ferramenta menor para especificar partes isoladas de informação, tais como transcrever palavras estrangeiras ou sons fonéticos difíceis de identificar que tivessem vários significados possíveis. (Por exemplo, algumas vezes, o marcador *mesh* serviu de sufixo para um signo para mostrar se tratar de plural; antes teriam de ser desenhados vários símbolos para mostrar pluralidade). Do início do quarto milênio ao início do terceiro, a maior parte da escrita mesopotâmica permaneceu essencialmente pictográfica, com foneticismo limitado. No entanto, por volta de 2600 a.C., o número de elementos no sistema de escrita sumério foi reduzido, com crescente utilização de escrita fonética, passando de 1.500 pictogramas e símbolos para cerca de oitocentos pictogramas, símbolos e sinais. A *logografia* (sinais de palavras completas que designam o som do nome do objeto) e a fonografia (escrita exclusivamente fonética) só se desenvolveram totalmente na Mesopotâmia por volta de 2400 a.C.

Assim, a idéia suméria do foneticismo sistêmico, já em seus primórdios, evidentemente se expandiu para além do Tigre e do Eufrates, a leste do Indo e a oeste do Nilo, onde a idéia se enraizou entre as civilizações em formação. Idiomas diferentes e necessidades sociais diversas demandavam soluções próprias (Robinson, 1995). Para a relação entre unidades de fala e unidades de escrita – isto é, como segmentos específicos de linguagens se exprimem por representação gráfica – ver a excelente descrição de Coulmas, *The Writing Systems of the World,* p.37-54.

A maior parte dos estudiosos prefere acreditar que a escrita foi originada independentemente em muitas regiões do mundo como expressão de a sociedade ter atingido um nível "avançado" de civilização.

No entanto, a escrita não é uma recompensa automática pela sofisticação social. A escrita precisa ser *elaborada* e isso requer um prolongado processo, determinado pelo desenvolvimento de necessidades sociais. Embora haja outras possíveis interpretações, o peso da evidência acumulada leva a considerar que a idéia da escrita completa pode ter emergido apenas uma vez na história da humanidade. A partir de um repertório padronizado de pictogramas e símbolos – destilação de um longo desenvolvimento de entalhes a tabuletas – os sumérios da Mesopotâmia elaboraram o que desde então se tornou a ferramenta mais versátil da humanidade. Todos os outros sistemas de escrita e caracteres são, talvez, derivativos dessa única idéia original – foneticismo sistêmico – que emergiu entre 6.000 e 5.700 anos atrás na Mesopotâmia.

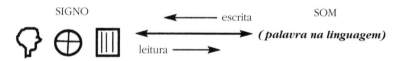

Figura 16   Foneticismo sistêmico: a escrita plena tornou-se possível quando o signo e o som não estavam mais ligados a um sistema referenciado em objeto externo (compare com a Figura 14) – podia-se ler um signo só por seu valor sonoro, em um sistema padronizado com um número limitado de signos.

Capítulo 2
A arte que fala

Quando o símbolo se tornou signo, por volta de 3700 a.C., a arte gráfica começou a "falar". A escrita pictórica era escrita fonética. Era precisamente essa exploração consciente do fonográfico no pictográfico que tornou a escrita incompleta uma escrita completa.[1] A imagem de um boi originalmente significava apenas "boi", induzindo a se falar a palavra em voz alta. Com o novo princípio *rébus*, começou-se a pronunciar sons que não mais transmitiam apenas a imagem gráfica. O princípio *rébus* foi uma contribuição exclusiva da Suméria para a humanidade.

A maior parte dos lingüistas aceita que toda escrita completa (com exceção dos programas de computador) represente a expressão vocal de determinada língua. No entanto, a escrita completa não conseguirá expressar "tudo" numa língua. Alguns sistemas de escrita são usados para fins rituais – o *rongorongo*, escrita hieroglífica da Ilha de Páscoa, os presságios chineses, o hebraico das escrituras sagradas. Muitas formas de escrita começaram como um meio determinado, depois se libertaram para expressar também outras coisas. Todos esses estágios primitivos limitados abarcam escrita completa, embora essa escrita possa ser incapaz de transmitir "tudo" em sua respectiva língua. A escrita da Ilha de Páscoa nunca ultrapassou certo limiar; a escrita chinesa se tornou o sistema mais volumoso do mundo antigo.

---

1 Andrew Robinson, *The Story of Writing*, Londres, 1995. Robinson afirma que a introdução da fonografia "transformou a proto-escrita em escrita completa".

Da Mesopotâmia, como vimos, o princípio *rébus* se difundiu para o Nilo, planalto iraniano e Vale do Indo (e talvez também para os Bálcãs). As necessidades locais então adaptaram ou converteram essa nova escrita, usando logogramas, fonogramas e determinativos ("sinais identificadores de signos") em combinação uns com os outros – criando *sistemas mistos*, que ainda é a forma predominante de escrita.

No Egito, várias centenas de "hieróglifos" logográficos formavam o cerne do sistema local, escritos com tinta sobre papiro. (Crucial para a história da escrita, o Egito também inovou criando uma porção de sinais logo-consonantais: imagens representando só o som da consoante inicial). Essa nova escrita egípcia logo apareceu numa fluente versão cursiva. Em contraste, na Mesopotâmia prevaleceu um sistema logossilábico que usava sinais em forma de cunha impressos na argila macia afim de formar palavras *in-di-vi-du-ais*, de acordo com um inventário relativamente pequeno de configurações padronizadas.

Os hieróglifos egípcios e a escrita cuneiforme da Mesopotâmia saíram da mesma fonte – logografia ou escrita da palavra – de acordo com as necessidades de seus idiomas subjacentes. Por coincidência, as duas linguagens diferiam fundamentalmente, e assim dois sistemas de escrita completamente diferentes surgiram. No Vale do Indo, uma escrita impressa em argila semelhante, ainda não decifrada, floresceu por pouco tempo e depois acabou. Todos os sistemas de escrita da Afro-Ásia antiga parecem se relacionar uns com os outros de alguma forma, ou por empréstimo e adaptação (conversão) imediata ou por influência indireta (Daniels, 1996, p.21-32).

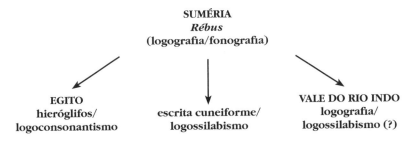

Figura 17 Como os primeiros sistemas de escrita afro-asiáticos estavam relacionados.

A era do papiro e da argila – a mais antiga (o papel se tornou o material de escrita preferido no mundo só nos últimos quinhentos anos) – testemunhou a rápida ascensão de federações urbanas que também sobreviveriam, em várias formas, por três milênios e meio. A escrita não é um requisito para a civilização. Recentes achados arqueológicos sugerem que a atividade urbana prevalecia no nordeste da Síria já em 4000 a.C. Isto é, o desenvolvimento de reinos ou Estados antigos pode ter ocorrido antes da emergência da escrita completa. No entanto, Reinos do Alto e Baixo Egito se uniram alguns séculos depois da elaboração dos hieróglifos lá. Da mesma forma, as cidades-Estado mesopotâmicas tornaram-se impérios poderosos quando a escrita completa surgiu nessa região. Não houve uma relação causal direta, é claro, mas poucos questionarão o papel da escrita em estimular a expansão econômica que favoreceu esses eventos.

Com o tempo, signos individuais desses sistemas de escrita primitivos ganharam vida própria, separando-se totalmente do mundo perpétuo dos fenômenos objetivos. Tornaram-se estilizados e ampliaram suas funções sistêmicas. Os textos longos, que usavam esses signos, diversificaram não mais simplesmente marcando e selando, mas logo invocando, propagando, dedicando e por outro lado, prolongando o mundo falante de inúmeras maneiras. Cada vez mais sociedades emprestavam e adaptavam a maravilha dessa nova forma de escrita, cada uma à sua moda.

No período de mil anos, a escrita fonética havia se tornado a ferramenta mais fundamental das civilizações em ascensão (Claiborne, 1974).

A escrita egípcia

No passado, os egípcios chamavam a escrita de *mdw-nṯr* – "palavras de deus" – porque acreditavam ser ela um presente de Thoth, o escriba dos deuses com cabeça de íbis, curandeiro, senhor de toda a sabedoria e patrono dos sábios. Foi o grego Clemente de Alexandria, escrevendo por volta de 1.800 anos atrás, que primeiro chamou a escrita egípcia de *hierogluphiká* – "esculturas sagradas". Poucos sistemas de escrita no mundo foram tão belos e cativantes. Nenhum teve um efeito tão amplo sobre a humanidade.

Só recentemente escavações revelaram que hieróglifos inteiramente desenvolvidos lidos na forma *rébus* eram usados em Abidos – "centro de poder" do Alto Egito, 500 km ao sul do Cairo, já por volta de 3400 a.C. E no antigo período Gerzeano ou Naqada II, antes da unificação do Alto e Baixo Egito, a idéia sumeriana da escrita *rébus*, possivelmente apenas parte de uma transmissão cultural mais ampla (Davies, 1987), evidentemente inspirou os governantes do Alto Egito que buscavam mais eficiência na administração. Escrever na forma de logogramas e fonogramas aparentemente já era apreciado como meio vantajoso para armazenar e controlar informações. É possível que a escrita hieroglífica tenha surgido como parte do mesmo momento social que acabou produzindo a unificação do Alto e Baixo Egito, muitos séculos mais tarde, cerca de 3100 a.C. (Fischer, 1999).

O Egito tomou emprestado da Suméria não apenas a "idéia da escrita", mas a logografia, a fonografia e a linearidade com seqüência. O inventário de signos egípcios foi codificado muito cedo, com seus usos de valores fonéticos e signos (Ray, 1986, p.307-16). Depois, reconhecendo os requisitos específicos da linguagem egípcia, os copistas criaram novos instrumentos. Um deles foi a acrofonia, o uso de um hieróglifo para representar só a consoante inicial de uma palavra. O signo para perna representava *b*, por exemplo. (Em contraste, os escribas sumérios usavam signos representando sílabas inteiras, não consoantes individuais.) Os egípcios também elaboraram signos para duas consoantes e para três consoantes; signos representando complementos fonéticos (signos adicionais, reiterativos, para assegurar que o leitor saiba o que se pretende); signos que eram logogramas individuais ("signos-palavras") e determinativos ("identificadores"); o uso de muita redundância (repetindo coisas para diminuir a ambigüidade); e outros usos (Figura 18). Um signo podia ser tanto um logograma como um fonograma. Com freqüência, só o contexto determinava qual leitura prevaleceria.

Um dos aspectos mais interessantes dos hieróglifos era o uso freqüente de sinais complementares ou redundâncias. Muitos hieróglifos eram complementados por sinais de apoio que constituíam não uma classe separada de signos, mas tinham uma função diferente. Se fôssemos fazer isso em inglês, por exemplo, colocaríamos após o sinal de um olho humano a letra *i* para identificar sua pronúncia correta. Nos hieróglifos egípcios, o escriba comumente repetia a consoante final do sinal principal dessa maneira como um complemento fonético. Algumas vezes ele o fazia duas, ou mesmo três vezes, apenas para assegurar a compreensão do leitor (Figura 19).

Outro aspecto fascinante dos hieróglifos egípcios é o uso de determinativos ou signos de identificação (que podem ser encontrados em outros sistemas de escrita bem posteriores). Determinativos são muito diferentes de complementos fonéticos, pois identificam sons, não sentidos. São logogramas, ou signos de palavras, colocados no final dos fonogramas – sinais sonoros – particularmente em casos quando o som da palavra tem ambigüidade [como *peça* (verbo) e *peça* (substantivo)] para identificar o sentido exato da palavra. Os determinativos precisam ser o mais claros possível, muitos são na verdade mais pictográficos do que logográficos (Figura 20). E para assegurar a identificação correta da palavra desejada, os escribas com freqüência usavam dois ou mais determinativos por palavras (ver Figura 18.5).

O uso freqüente de cerca de 26 signos uni-consonantais – cada um transmitindo apenas uma consoante – foi, sem dúvida, a inovação mais marcante dos escribas do Egito antigo (Figura 21). Esse era o primeiro alfabeto do mundo, embora não incluísse vogais, nem seu uso colocava habitualmente esses signos consonantais separados de outros signos fonéticos dos hieróglifos egípcios. Os signos consonantais eram quase sempre usados junto com o inventário completo de logogramas, fonogramas e determinativos. Parece que os escribas egípcios já compreendiam o princípio alfabético consonantal – isto é, escrever só com consoantes – pouco antes de 2 000 a.C. Essa idéia então se espalhou entre os servos semitas (ver Capítulo 3). Os próprios egípcios usavam-no apenas em raras situações, como nos grafites. O conservadorismo rígido da escrita em hieróglifos e hierática aparentemente manifestava uma inércia intolerante a mudanças radicais. Dessa forma, a alfabetização, talvez a maior realização egípcia, acabou ficando de lado na terra em que teve origem.

Dessa forma, a escrita hieroglífica egípcia forneceu "esqueletos" de palavras aos quais o leitor precisava apenas acrescentar as vogais apropriadas, que somente eram evidentes aos nativos dentro do contexto (Ritner, 1996, p.73-84). (Como os

HISTÓRIA DA ESCRITA

1. **Uni-consonantais:**

2. **Bi-consonantais:**

3. **Tri-consonantais:**

4. **Complementos fonéticos:**

5. **Determinativos** *(logogramas de identificação):*

Figura 18 Alguns tipos de hieróglifos (logogramas, fonogramas e determinativos).

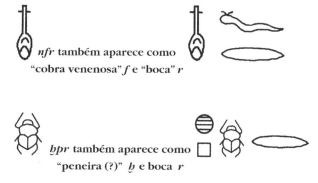

Figura 19 Redundância em hieróglifos egípcios.

egípcios antigos geralmente não usavam vogais, os valores vocálicos das palavras no Egito antigo são em geral desconhecidos. Alguns valores, no entanto, foram recobrados por meio de sofisticadas deduções à luz de escritas cuneiformes contemporâneas e outras, que transmitiram nomes próprios do Egito antigo).

Figura 20 Determinativos egípcios (destacados em "caixas").

Lêem-se os hieróglifos ou da direita para a esquerda ou da esquerda para a direita; alguns textos começam do alto e descem (Figura 22). Os signos sempre estão voltados para o início de cada linha: se se deve ler da direita para a esquerda, o bico do pássaro, por exemplo, estará voltado para a direita. Leitura da direita para a esquerda era a direção "padrão", quando não havia uma razão clara para escolher o contrário – facilitação da leitura, respeito ao rei (exigindo transposição de certos signos reais), simetria artística etc. Uma vez assim formalizados, um processo que aparentemente ocorreu entre c.3500 e 2500 a.C., os hieróglifos sofreram poucas mudanças por milênios (Figura 23). A maioria das escritas no norte da África e no Oriente Médio mantiveram a leitura da direita para a esquerda desde então.

Os hieróglifos individuais eram tirados ou elaborados do inventário da arte egípcia tradicional.[2] (Essa tendência de emprestar somente a idéia e/ou funções restritas da escrita, ao expressar a própria língua por meio de signos nativos repetiu-se ao longo da história; veja exemplos da escrita silábica egéia no capítulo 3 e os sinais da Ilha de Páscoa no capítulo 7). Os estágios textuais da escrita egípcia são: Egípcio antigo, idioma do Velho Reino (c.2650-2135 a.C.), quando os primeiros textos contínuos surgiram; Egito médio, o estágio "clássico" egípcio (c.2135-1785 a.C.); Egito tardio, em particular os documentos seculares do período de Ramesside (c.1300-1080 a.C.); Demótico (c.700 a.C. a século V a.C.), a escrita usada para a linguagem vernacular também chamada Demótica; e a escrita cóptica separada, na maior parte derivada do grego, o único estágio conhecido em que o Egito teve dois dialetos, o Sa'idic e o Bohairic (Figura 24) (Davies, 1987).

---

2 Algumas das inúmeras publicações úteis descrevendo os hieróglifos egípcios: E.A. Wallis Budge, *An Egyptian Hieroglyphic Dictionary*, 2 vols., Mineola, NY, 1978; Davies, *Egyptian Hierophyphs;* David P. Silverman, *Language and Writing in Ancient Egypt,* Carnegie Series on Egypt, Oakland, CA, 1990; Jaromir Malek, *The ABC of Hieroglyphs: Ancient Egyptian Writing,* Gilsum, NH, 1995; Hilary Wilson, *Understanding Hieroglyphs: A Complete Introductory Guide,* Lincolnwood, IL, 1995.

Sinais	Transcrição/Sentido	Som
	ꜣ abutre	pausa glotal
	i junco florido	I
	y dois juncos floridos	Y
	y traços oblíquos	Y
	ʿ braço e mão	*ʿayin* semítico
	w codorna	W
	cursiva de	W
	b pé	B
	p esteira	P
	f cobra venenosa	F
	m coruja	M
	n água	N
	r boca	R
	h abrigo de juncos	H
	ḥ linho torcido	H (ligeiramente gutural)
	ḫ peneira (?)	KH (como *loch* em escocês)
	ẖ abdômen de animal	KH (suave)
	s tranca da porta	S
	ś roupa dobrada	S
	š tanque	SH
	ḳ colina	Q
	k cesta com alça	K
	g suporte de jarra (?)	G
	t pão	T
	ṯ corda	CH (como em "tchau")
	d mão	D
	ḏ cobra	J

Figura 21 Sinais uni-consonantais: O antigo "alfabeto consonantal" egípcio.

Wsr-m3'.t-R'-stp-n-R'
(User-maatre-setepenre*)

Colocado na frente para mostrar respeito, o sol é um logograma para o Deus Re.

A figura de joelhos é um logograma para Maat, deusa da justiça.

A cabeça de chacal é o sinal tri-consonantal *usr* que também reproduz as palavras *ser forte*.

O Deus Re novamente colocado na frente na segunda parte da imagem.

Adze** num pedaço de madeira é um sinal tri-consonantal, que também reproduz a palavra *escolhido*.

Água é o sinal uni-consonantal *n*.

Figura 22 Lendo os hieróglifos egípcios: "A Maat de Re é forte, escolhida para Re" uma possível tradução de *praenomen,* ou nome de trono, de Ramsés II num ladrilho marchetado, cerca de 1250 a.C.

Figura 23 O antigo estágio rébus da escrita egípcia: A Placa de Akha, *c.* 2900 a.C., identificada com Menés, fundador da Primeira Dinastia.

Os hieróglifos egípcios constituem talvez o sistema de escrita mais belo, pelo menos na percepção atual. A maior parte das escritas e sistemas de escrita é funcional, não bonita. É verdade que a caligrafia da escrita arábica do leste asiático (chinesa e japonesa) apresentava uma graciosidade formal raramente obtida por outras formas de escrita. No entanto, os hieróglifos egípcios tanto são decorações

---

* *Setepenre* – nome egípcio "Escolhido de Ré", Wikipédia. (N.T.)
** *Adze* – Ferramenta para cortar madeira, Wikipédia. (N.T.)

quanto escrita, e nunca são intrusivos (Figura 25). Alguns estudiosos acreditam que só a escrita maia da América Central se aproxima da grandeza da escrita egípcia antiga.

Ao longo de quatro mil anos, a escrita egípcia desenvolveu quatro tipos de escritas "distintas, mas interrelacionadas" que eram com freqüência usadas complementarmente: hieróglifos, hieráticos, demóticos e cópticos (Ritner, 1987). A escrita hieroglífica era principalmente para usos grandiosos e cerimoniais. Os dois tipos de escrita cursiva (uma escrita cursiva flui livremente combinada a outros caracteres) a hierática e mais tarde a demótica, eram quase sempre redigidas à tinta em papiros. Os hieróglifos, hieráticos e demóticos só eram diferentes na aparência; na função, forma e uso eram um só sistema de escrita. A escrita hieroglífica originalmente consistiu de cerca de 2.500 sinais, embora apenas cerca de quinhentos deles fossem usados regularmente. Era a escrita preferida para textos e inscrições em metal, pedra, madeira outros suportes duros, especialmente para rituais ou propósitos propagandísticos, embora os hieróglifos também fossem escritos em tinta sobre papiro, couro e óstraco (fragmento de cerâmica).

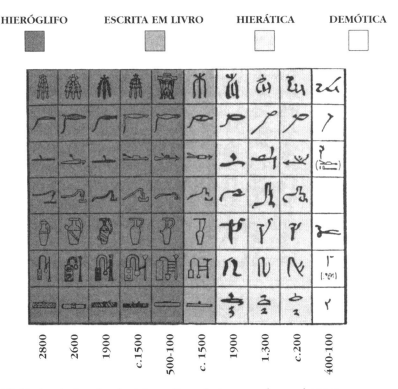

Figura 24 Sinais selecionados das três escritas egípcias e seu desenvolvimento.

Figura 25 A beleza dos hieróglifos egípcios: detalhe do pórtico reconstruído do Templo Isis, em Filae.

Figura 26 Três estágios da escrita hierática egípcia: (à esquerda) Sexta Dinastia (2315-2190 a.C.); (centro) Reino Médio (2040-1710 a.C.); (à direita) Sétima Dinastia (150-1555 a.C.).

A maior parte da escrita no Egito Antigo, no entanto, não era em hieróglifos, que tomavam muito tempo para traçar ou entalhar. A escrita hieroglífica cursiva, só muito mais tarde chamada de "hierática", desenvolveu-se quase imediatamente como instrumento prático para escrever documentos comuns – cartas, contabilidade, listas – e já no segundo milênio a.C., também textos literários (Figura 26). A hierática era a escrita do dia-a-dia no Egito antigo, usada para comércio, administração, correspondência e produção literária geral. Simplificação da escrita hieroglífica, a hierática era redigida exclusivamente da direita para a esquerda em papiros, pergaminho, madeira, óstraco e outros suportes. A escrita hierática primeiro foi usada pelos contadores do Nilo; depois, quando passou a ser escrita mais em papiros, tornou-se mais estilizada, desenvolvendo uma caligrafia floreada para composições literárias e religiosas. Surgiram mais ligaturas (linhas unindo dois signos) para simplificar a contabilidade e outras necessidades comerciais. Surgiram muitos estilos e variantes regionais.

Por volta da 25ª dinastia (meados do primeiro milênio a.C.), a caligrafia dos tribunais do sul, em "hierático irregular" não era mais inteligível aos leitores da caligrafia do norte, em escrita demótica. Isso porque no norte, por volta de 700 a.C., a escrita hierática era redigida como um tipo de taquigrafia que os egípcios chamavam de *sš-š.t*, ou "escrita de carta" que o historiador grego Heródoto chamou de *demotikós,* ou "popular" – a escrita "do povo". A escrita demótica derivou da caligrafia usada em comércio no Delta do Nilo e, do século VII a.C. até o século V a.C., substituiu a escrita hierática em todas as suas funções. (A antiga escrita hierática se tornou reserva dos sacerdotes, razão pela qual Clemente de Alexandria a chamou de *hieratikós,* ou "da classe dos sacerdotes"). A escrita demótica tem origem nos hieróglifos, mas é muito abreviada, com arranjos de ligaturas de palavras que perderam a semelhança gráfica com o hieróglifo original. Assim como a escrita hierática, a demótica se lê da direita para a esquerda. No entanto, diferente da hierática, e começando com o grego Ptolemeu, a escrita demótica era entalhada em pedra também – como na famosa Pedra de Roseta (Figura 27).

Um importante reflexo social da elaboração da escrita ao longo do Nilo foi o desenvolvimento de uma classe de escribas extremamente influente, algo novo na história da humanidade. Os escribas eram vistos com mais respeito no Egito do que na Mesopotâmia, onde eram meros escreventes; os escribas egípcios podiam alcançar riqueza, prestígio e posição social. Os mais admirados eram os escribas sacerdotes, posição reservada a poucos. Quando o burocrata egípcio Dua-Khety viajou para o sul ao longo do Nilo, cerca de quatro mil anos atrás, disse ao filho, a quem levava para uma escola para escribas: "É para a escrita que você deve se voltar... Eu não vejo um ofício comparável [ao do escriba]... Eu farei você amar os livros mais do que [você ama] sua mãe, e lhe mostrarei a excelência deles".

Cada escriba possuía seu conjunto de instrumentos de escrita: uma paleta de ardósia com duas taças rasas para carregar tinta vermelha e preta, e conectada com

Figura 27 A Pedra de Roseta (196 a.C.) celebra Ptolemeu V em três diferentes textos: (no alto) hieróglifos egípcios; (no centro) demótico egípcio; (embaixo) grego.

uma correia, um estojo de pincel de madeira fina e um pequeno jarro de água (ver Figura 20). Um escriba egípcio antigo escrevia de forma bastante parecida com nossa pintura em aquarela de hoje. O vermelho era usado para dar ênfase e para dividir um texto em tópicos. Um estudante do ofício tinha de aprender cerca de setecentos sinais ao longo de vários anos de intenso esforço. (Isso não é muito diferente da educação chinesa e japonesa de nossos dias). Os estudantes em geral escreviam em tábuas para escrita cobertas com gesso, uma mistura de argamassa e cola; a superfície era apagada com facilidade. O material mais comum de escrita era o papiro – um tipo de folha de papel feito de tiras maceradas da planta *Cyperus papyrus*.

O sistema de escrita no Egito apresentava uma grande vantagem material sobre as tabuletas de argila pesadas e desajeitadas da Mesopotâmia (Davies, 1987). O papiro era fino, leve, flexível e fácil de guardar. Escrever nele com tinta era rápido; secava com facilidade e requeria menos espaço para cada palavra do que as sílabas cuneiformes (pelo menos para a escrita consonantal dos egípcios). O primeiro papiro foi descoberto em Saqqara, numa tumba da Primeira Dinastia, datada de c.3000 a.C. No entanto, é possível que o papiro já fosse usado nas primeiras escritas ao longo do Nilo, usando tinta com um cinzel de caniço. A escrita em papiro continuou no Egito até os primeiros séculos da era cristã, sobrevivendo, portanto, por 3.700 anos.

Por fim, a escrita demótica foi substituída pela escrita alfabética dos invasores gregos para fins administrativos do dia-a-dia, assim como para escrever a língua egípcia. Mais tarde, o cóptico usou a maior parte das letras gregas para transmitir palavras egípcias, agora incluindo vogais (ver capítulo 4). A escrita egípcia influenciou a escrita meroítica de Meroë no Sudão, datada de c.250 a.C., e também forneceu as formas para os primeiros alfabetos consonantais identificados (c.2200 a.C.) que geraram os vários proto-alfabetos semíticos do Sinai e do Levante. Este deu origem ao alfabeto latino que usamos hoje.

O débito que o mundo tem para com o Nilo é imenso. Não é coincidência que nosso método de escrita no início do terceiro milênio a.C. não seja tão diferente do dos escribas egípcios do terceiro milênio a.C. (Robinson, 1995). Embora a idéia da escrita completa possa ter surgido na Suméria, a forma com que escrevemos e mesmo alguns sinais, que chamamos de "letras", são descendentes em última instância dos fundadores egípcios antigos (Figura 28).

A escrita cuneiforme

Uma história da escrita cuneiforme – a palavra deriva do latim *cuneus* (cunha) e *forma* (forma) – segue o curso da história do logografismo, ou "escrita da palavra", ao foneticismo, ou "escrita do som", com o som sobrepujando inteiramente o icônico. (Isso não aconteceu com os hieróglifos egípcios.) Sendo a forma de escrita mais importante do Oriente Médio antigo, a cuneiforme na verdade foi usada em diferentes sistemas. (Em contraste, a escrita egípcia é um sistema de escrita usado por três escritas relacionadas.) O primeiro sistema de escrita completa existente no mundo, como vimos, surgiu na Suméria como resposta a necessidades da economia. Essa resposta se tornou uma ferramenta efetiva manuseada pela hierarquia burocrática que administrava bens, serviços e privilégios sociais (Pode, 1965, p.17-23; Jacobson, 1970; Michalwski, 1999, p.33-6). Como resultado do dinamismo dos comerciantes da Mesopotâmia, e dos regimes imperialistas para quem a ferramenta era útil e dava poder, a escrita cuneiforme predominou na região por milhares de anos (Martin, 1994).

Egípcio	Proto-sinaítico	Fenício	Grego antigo	Grego	Latim
🐂	ᛏ	∢	A	A	A
⌐⌐	□	૭	◿	B	B
ʃ	∟	ヿ	ヿ	Γ	G
人	⚲	⇌	⇌	E	E
⬭	Ⱳ	Υ	⋋	K	K
⌇⌇⌇⌇	⌇⌇⌇	⋎	⋎	M	M
⌇	⌇	⋎	⋎	N	N
⬬	⬬	⊙	⊙	O	O
⌇	⌇	ꟼ	ꟼ	P	R
✝	✝	X	T	T	T
⌇⌇⌇	W	W	⌇	⌇	S

Figura 28 Os hieróglifos egípcios antigos continuam, de maneira transformada, em nosso próprio alfabeto.

A escrita protocuneiforme, das tabuletas do Uruk e Jemdet Nasr, dificilmente diferia da pictografia contábil (Figura 29). Era traçada em argila com um buril pontiagudo; a impressão das formas em cunha, em vários ângulos, apareceu séculos mais tarde. A escrita primitiva é "entendida" até certo ponto, mas não pode ser inteiramente "lida" em termos de hoje. Enquanto o Egito codificou seus sinais hieroglíficos e hieráticos desde cedo, e dessa forma fossilizou seus sistemas, a Suméria manteve um inventário solto de cerca de 1.800 pictogramas e símbolos por muitos séculos. Isso permitiu ocorrer simplificação e certo convencionalismo. Entre 2700-2350 a.C., com as tabuletas de Shuruppak, essa relação foi reduzida para oitocentos, com crescente linearidade (os textos eram dispostos em linhas). Por volta de 2500 a.C., quase todos os elementos gráficos no sistema de escrita sumeriano haviam se tornado unidades sonoras. E por volta de 2000 a.C., apenas cerca de 570 logogramas eram de uso cotidiano.

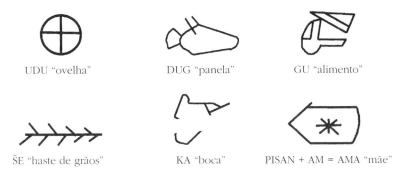

Figura 29 Sinais proto-cuneiformes de Uruk, final do quarto milênio a.C.

Uma clara evolução da escrita se evidencia na cuneiforme (Figura 30). Os pictogramas iniciais foram substituídos por marcas em cunha feitas com buril de junco sobre argila macia, copiando as formas dos pictogramas originais. Essas marcas em cunha foram então estilizadas, e por fim deixaram de ser identificáveis. Possivelmente por volta de meados do terceiro milênio (c.1900 a.C.), os escribas de repente começaram a escrever a maioria dos pictogramas um tanto inclinados para a esquerda, num realinhamento de 90 graus. A direção da escrita também mudou: os textos não eram mais redigidos da direita para a esquerda, verticalmente, mas da esquerda para a direita, horizontalmente em linhas e colunas, como os jornais de nossos dias (Figura 31). (Monumentos em pedra, no entanto, incluindo o Código de Hamurabi, do início do século XVIII a.C., mantiveram a orientação original até c.1500 a.C.). Não se tem certeza sobre a origem da mudança – se foi por conveniência dos escribas, ou capricho de um governante (Powell, 1981, p.419-40).

Os escribas treinavam meninos (ou, raramente, meninas) em escolas especiais, como no Egito, assim introduzindo o primeiro sistema educacional formal do mundo. Os alunos começavam copiando uma amostra do texto do professor – um provérbio, um fragmento literário, nomes de deuses etc. – nas costas da tabuleta de argila do professor (Figura 32). Em determinado momento, surgiu toda uma classe social de escribas, a maior parte empregada na agricultura. Alguns se tornaram secretários particulares e os primeiros advogados do mundo; muitos exerceram grande influência social. No entanto, os escribas da Mesopotâmia nunca foram tão respeitados como os do Nilo.

A maior parte da escrita cuneiforme foi feita em argila com um buril de junco, mas os sinais cuneiformes também foram entalhados em pedra e inscritos em cera, marfim, metal (inclusive ouro) e mesmo vidro. Muito raramente, no entanto, o cuneiforme foi escrito em tinta sobre papiro, assim contrastando-se muito com a escrita egípcia. Contra a opinião geral, isso talvez tenha menos a ver com a matéria-prima – a Mesopotâmia tinha muito papiro – do que com necessidades locais e tradições arraigadas.

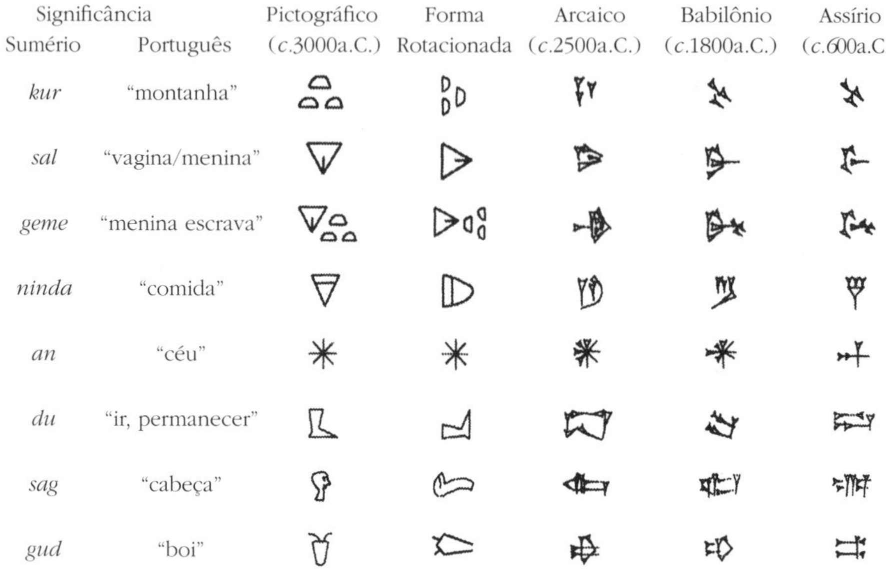

Sumério	Significância Português	Pictográfico (c.3000a.C.)	Forma Rotacionada	Arcaico (c.2500a.C.)	Babilônio (c.1800a.C.)	Assírio (c.600a.C.)
kur	"montanha"					
sal	"vagina/menina"					
geme	"menina escrava"					
ninda	"comida"					
an	"céu"					
du	"ir, permanecer"					
sag	"cabeça"					
gud	"boi"					

Figura 30 Origem e desenvolvimento de sinais cuneiformes selecionados de c. 3000 a 600 a.C.

Figura 31 Contabilidade da cevada de Girsu, sul do Iraque, em 2048 a.C.

Figura 32 Um aluno da Babilônia praticou a escrita da palavra *um* inúmeras vezes em Nippur, *c.*1700 a.C.

Um buril sobre argila era um instrumento fantástico, e em certo sentido muito mais criativo do que o lápis, a caneta ou a tela de computador bidimensionais de hoje. O buril, com a ponta triangular, podia seguir três direções, e tanto o buril como a tabuleta, se pequenos, movimentavam-se nas mãos simultaneamente. No entanto, para evitar confusão, uma relação estrita de sinais prevaleceu. Em decorrência das limitações físicas do buril manual, só raramente os caracteres cuneiformes se inclinavam para a esquerda, para cima ou para a direita. A forma padrão de cada sinal foi fixada anteriormente, e só era permitida uma variação muito limitada (Green, 1981, p.345,72). Sinais normais eram compostos por arranjos – ou "estojos" – de linhas simples com terminais triangulares (as "cunhas"), executadas segurando o buril em certo ângulo. Uma vez preenchida, a tabuleta era secada ao sol, ou cozida, se fosse importante ser preservada. Curiosamente, apesar de destruidoras, as guerras preservaram algumas das maiores bibliotecas da Mesopotâmia – porque eram feitas de argila. Em contraste, todas as bibliotecas de papiros do Egito antigo foram queimadas ou reduzidas a pó, ainda que vários códices tenham sobrevivido.

A escrita cuneiforme era completa e capaz de transmitir "qualquer e todos os pensamentos" por volta de 2500 a.C. Foi essencial nesse processo o estabelecimento, por convenção, de um silabário: uma relação de sinais específicos usados puramente por seu valor silábico sonoro – *ti,mu,as* etc. Isso começou com transferência de objeto. O sinal sumeriano *mu* ("planta") era também usado como o *mu* para "ano" e para "nome". Isso depois se estendeu para outras funções gramaticais: *mu* para "meu" e *mu* para "prefixo de terceira pessoa no masculino". Depois, qualquer *mu* na língua suméria podia ser representado pelo sinal "planta", pois só o som era importante no sistema (Coulmas, 1989). Foi assim que a escrita cuneiforme da Mesopotâmia, apoiada num instrumento de três partes – pictogramas/símbolos, fonogramas e determinativos – quase exclusivamente transmite todo um sistema de escrita "logossilábico" (Gelb, 1963). Palavras inteiras independentes são representadas por logogramas, ou por um só signo ou por signos agrupados. E partes dependentes de palavras são representados por silabogramas derivados de *rébus*, comumente da estrutura V (vogal), CV (consoante-vogal) ou VC (vogal-consoante). Assim como com os egípcios, os determinativos eram usados para identificar o significado do signo de uma palavra. Cada signo cuneiforme é uma construção, então, do simples para o complexo. Embora signos simples com freqüência sejam parte de signos complexos, seu valor sonoro se perde no processo: o signo gráfico produzido adquire valor próprio.

Os sumérios elaboraram uma escrita bem simples que preenchia adequadamente as necessidades da sociedade. Ao longo dos três milênios de sua história, ela também serviu a cerca de outras catorze línguas e culturas. Os problemas de outros usarem escrita cuneiforme começaram quando os acadianos semitas do leste, uma comunidade étnica diferente, invadiu a Suméria e passou a dominá-la depois de 2800 a.C. Embora o sumério continuasse a ser falado e escrito na escrita cuneiforme por mais de mil anos depois disso, com propósitos literários e de culto (como aconteceu com o latim 2.500 anos mais tarde), textos no acádio antigo começaram a aparecer por volta de 2350 a.C. com Sargão I (Cooper, 1996, p.37-57; Civil e Biggs, 1966). Como o idioma acádio era tipologicamente o oposto do sumério – isto é, o sumério era em grande parte monossilábico e o acádio, polissilábico; o sumério não flexionava o final das palavras e o acádio era muito flexionado – escrever a escrita Acádia com o sistema sumério resultava em ambigüidade e confusão (Figura 33). Os escribas acádios usavam apenas um décimo do total de logogramas (signos de palavras), mas mais que o dobro de silabogramas e determinativos. Em outras palavras, eles foram forçados a priorizar a função fonética da escrita e ao mesmo tempo continuavam usando os velhos logogramas sumério para muitas coisas – com seus velhos valores sumérios e com um valor acadiano adicional (como o japonês fez com o chinês cerca de três mil anos mais tarde).

Isso criou uma *polivalência* – signos com vários valores – de proporções epidêmicas. Por que os acadianos não simplificaram? Talvez por estarem ligados à tradição e a uma eficiência auto-imposta. E mais que isso, estavam tolhidos pela inércia de um sistema intransigente, um fenômeno da escrita encontrado por toda a história. O acadiano foi escrito até cerca de 100 a.C. principalmente como língua literária. Como língua falada, competiu e se combinou com o babilônio e o assírio, considerados por alguns estudiosos estágios posteriores, separados e lingüisticamente distintos do acadiano evoluído.

Depois de 2000 a.C., os falantes do babilônio do sul da Mesopotâmia e os falantes do assírio do norte da Mesopotâmia continuaram a escrever em cunei-

HISTÓRIA DA ESCRITA

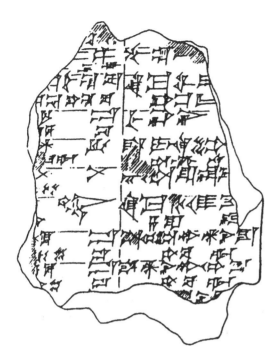

Figura 33 "Dicionário" bilíngüe sumério-acadiano de c.1750 a.C., usado para ensinar alunos acádios a escrever em sumério.

forme. Os babilônios reduziram o número de signos para cerca de 570; desses, só duas ou três centenas eram usadas no cotidiano (Diringer, 1968). Os assírios reintroduziram muitos signos arcaicos e criaram maior complexidade, assim impedindo a simplificação. A maior parte das línguas da vizinhança adotou as formas dos signos e os silabários sumério-babilônios (de sumérios e acadianos). No entanto, algumas línguas emprestaram apenas a idéia e a cunhagem em argila para escrever, e elaboraram seus próprios signos cuneiformes usando formas e valores totalmente independentes. A escrita cuneiforme era usada para escrever nomes próprios amoritas, comentários ou textos completos da dinastia Kassite em idiomas semitas relacionados, tais como eblaite, cananeu e aramaico (Gragg, 1996, p.58-72). Línguas totalmente não-relacionadas usaram a escrita cuneiforme também: hitita, elamita, hurriana e urartiana (algumas incluíam o hático, o predecessor não indo-europeu dos hititas).

Os hititas da Anatólia oriental (hoje parte da Turquia), por exemplo, que falavam uma língua indo-européia, tomaram emprestado os signos e o silabário cuneiforme por volta de 1900 a.C. com valores tanto sumérios como acadianos, e depois adicionaram seus próprios valores a eles. Assim, cada sinal hitita possibilitava três leituras: suméria, acadiana ou hitita, dependendo do contexto. Embora os hititas também escrevessem na língua babilônia (acadiana) a maior parte de sua biblioteca de dez mil tabuletas, descoberta em 1906, na capital dos hititas, Hattushash (atual Boğazköy), aparece na língua hitita, embora em caracteres cuneiformes estrangeiros. A língua hitita era imprópria para o sistema acadiano, ele próprio já inadequado: grupos de consoantes, em particular, eram difíceis de representar com signos silábicos. Os hititas introduziram alguns novos signos silábicos para ajudar, mas isso apenas inseriu mais vogais em conjuntos a que não pertenciam. Isso, junto com outros fatores, tornou difícil a decifração dos textos hititas na atualidade (Rüster, 1972). No entanto, para os escribas hititas trabalhando diariamente dentro do sistema, era sem dúvida suficiente para as necessidades imediatas.

Entre 1450 e 1250 a.C., escribas semitas de Ugarit, na costa norte da Síria, escreviam inteiramente em caracteres cuneiformes fonéticos sem logogramas ou determinativos. Sua escrita era uma criação híbrida: alfabeto consonantal usando a técnica material da escrita cuneiforme mesopotâmica (Segert, 1984). Isto é, a forma exterior (escrita) – impressão em cunha na argila macia – era cuneiforme, mas a forma interna (sistema de escrita) era alfabética, emprestada da Cananéia. A escrita cuneiforme ugarítica também era usada em Ugarit para escrever acadiano e hurriano, duas línguas associadas (Figura 34). O interessante é que uma escrita – a cuneiforme mesopotâmica – pode ser "canibalizada" para transportar um sistema de escrita totalmente diferente, nesse caso um alfabeto linear (Coulmas, 1983).

A escrita cuneiforme também era usada em Elam (sudoeste do Irã) para escrever acadiano, língua estranha aos elamitas, que não falavam nem sumeriano, nem uma língua semita (ver Figuras 34 e 37) (König, 1965). Os elamitas foram forçados a imprimir grandes mudanças no sistema que pegaram emprestado, a fim de acomodarem sua língua. Escreviam silabicamente, como regra, e ao fim do segundo milênio a.C., tinham reduzido o silabário para 113 sinais cuneiformes diferentes, lidos na maior parte com valores sumério-acadianos; alguns tinham um novo valor elamita. Apenas 25 logogramas eram usados, alguns compreendendo palavras sumérias emprestadas. Apenas sete determinativos eram usados, mas com muita freqüência. Por exemplo, a única impressão em cunha horizontal (depois perpendicular) identificava todos os nomes de lugares e alguns outros substantivos; mais tarde, tornou-se virtualmente um marcador de divisão de palavras (Friedrich, 1966).

O persa antigo, idioma indo-europeu como o hitita, era escrito com caracteres cuneiformes por volta do primeiro milênio a.C., entre 550 e 350. A monumental inscrição do rei Dario em Bisothum – em persa antigo, elamita e neo-babilônio – forneceu a "chave" para a decifração dos caracteres cuneiformes e a para a reconstrução desses idiomas (Pope, 1975). Os escribas do persa antigo de Dario realizaram uma drástica simplificação nos caracteres emprestados do Oriente Próximo (Figura 35). Reduziram a relação de signos cuneiformes para 41, tanto do valor silábico (*ka*) quanto do fonético (/k/). Assim, o persa antigo cuneiforme é "meio silábico, meio escrita de letras" (Jensen, 1969). Parece se encontrar na fronteira entre a escrita cuneiforme babilônica e a escrita consonantal levantina, uma solução

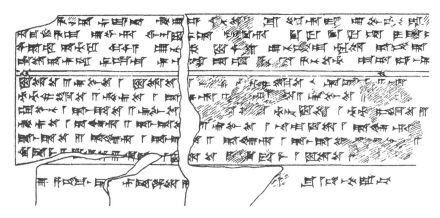

Figura 34 Entre os mais antigos "textos musicais" do mundo (letra de música e instruções de execução) está essa tabuleta em cuneiforme hurriano, datada de c. 1400 a.C., descoberta perto de Ugarit.

híbrida que usa apenas quatro logogramas e 36 sinais silábico-fonêmicos escritos em cunha. De particular importância é o fato de que o persa antigo também mantém as vogais longas e curtas /a, /i/ e /u/ que o sistema ugarita tinha mantido mil anos antes.

Com a escrita cuneiforme, a "literatura" – do latim *litteratura* ("alfabeto, gramática") – teve início. Os textos literários mais antigos do mundo apareceram em tabuletas sumerianas: poemas (hinos, lamentações, atributos e atividades dos deuses) e "narrativas" quase épicas (o ciclo de cinco poemas de Gilgamesh de 2700 a.C., escritos centenas de anos depois; os dois poemas de Enmerkar; e os dois poemas de Lugulbanda). No entanto, mais de 75% das 150 mil inscrições cuneiformes reveladas na Mesopotâmia são de registros contábeis e administrativos, e os mais antigos, predominantemente listas de mercadorias, pessoas, pagamentos etc. (Coulmas, 1983). Depois, surgiram documentos legais, assim como textos religiosos e de astronomia, e mesmo tratados de medicina e receitas. Os escribas compilaram os primeiros dicionários do mundo: listas de palavras, ordenadas de acordo com a pronúncia, forma do signo e sentido. A tabuleta mais recente cuneiforme é um almanaque de astronomia da Babilônia descrevendo as posições dos planetas para os anos 74-5 d.C.

A escrita cuneiforme continua nos enriquecendo: em 1975 mais de 1.500 tabuletas cuneiformes foram descobertas em Ebla (Síria), onde existia a biblioteca oficial, incendiada por volta do ano 2300 a.C. Os estudiosos levarão pelo menos um século para ler e avaliar a enorme riqueza de informações descoberta. Usados por cerca de três mil anos – a mesma extensão de tempo que o nosso alfabeto é conhecido – a escrita cuneiforme é hoje apreciada como uma das principais escrituras.

1. D(a)-a-r(a)-y(a)-v(a)-u-š(a)   2. x(a)-š(a)-a-y(a)-ϑ(a)-i-y(a)   3. v(a)-z(a)-r(a)-k(a)   4. x(a)-š (a)-a-y(a)-ϑ(a)-i-y(a)   5. x (a)-š(a)-a-y(a)-ϑ(a)-i-y(a)-a-n(a)-a-m(a)   6. x(a)-š(a)-a-y(a)-ϑ(a)-i-y(a)   7. d(a)-h(a)-y(a)-u-n(a)-a-m(a)   8. Vi-i-š(a)-t(a)-a-s(a)-p(a)-h(a)-y(a)-a   9. p(a)-u-ç(a)   10. H(a)-x(a)-a-m(a)-n(a)-i-š(a)-i-y(a)   11. h(a)-y(a)   12. i-m(a)-m(a)   13. t(a)-č(a)-r(a)-m(a)   14. a-ku-u-n(a)-u-š(a)

Dārayavauš xšāyaϑiya vazrka xšāyaϑiya xšāyaϑiyānām xšāyaϑiya dahyunām Vištāspahya puça Haxāmanišiya hya imam tačaram akunauš

Figura 35 Inscrição do palácio de Persépolis, c.500 a.C., em persa antigo cuneiforme: "Dario, o grande Rei, o Rei dos Reis, o Rei dos Países, filho de Histaspes, o aquemênida, que construiu este palácio". Abaixo da transcrição (com números) estão transliterações editadas.

Proto-Elamita

A escrita proto-elamita, de c.3000 a.C., talvez derivada de uma escrita mais antiga que também inspirou a escrita do Vale do Indo, era em parte pictográfica e foi impressa em argila macia para transmitir a linguagem do Elam no sudoeste do Irã, no Golfo Pérsico. Essa escrita ainda está indecifrada. Exemplares dela foram descobertos desde Susa, antiga capital do Elam, até Shahr-i-Sokhta, na fronteira afegã, cerca de 1.200 km a leste (Lamberg-Karlovsky, 1978, p.114-20). No final do quarto milênio a.C., os mesopotâmios e habitantes do planalto iraniano se comunicavam regularmente por várias razões, principalmente pelo comércio. Não há dúvida de que a idéia do foneticismo sistêmico, como no Egito, chegou ao planalto iraniano vindo da Suméria: a escrita proto-elamita com cunhagem de buril de junco sobre argila, usava as mesmas anotações numéricas que os proto-cuneiformes, e pelo menos um sinal é compartilhado. Cerca de 1.500 tabuletas na escrita e língua ainda não identificadas da cultura proto-elamita foram publicadas no século desde a descoberta dessa cultura (Figura 36) (Englund, 1996, p.160-64). A maior parte dessas tabuletas foi desenterrada em Susa, leste da Babilônia.

Cerca de 1.500 sinais inflaram a lista proto-elamita, indicando que a escrita é logográfica. Muitos dos sinais são abstratos, apresentando uma consciente preferência pelo geométrico sobre o pictórico. Todos os documentos são escritos em linhas da direita para a esquerda, sendo lidos de cima para baixo, como com a escrita proto-cuneiforme suméria contemporânea. Não há um arranjo formal em colunas. Parece que cada texto começa introduzindo um objetivo, depois apontando a pessoa efetiva ou instituição. Isto é, seguido de discretas entradas que incluem um logograma de pessoas (instituições) ou bens quantificados, ou talvez ambos. O texto conclui com uma anotação numérica no estilo sumério.

Está claro que as tabuletas são documentos administrativos: mais registros de contabilidade do que textos lingüísticos (Vallat, 1971, p.235-45; 1973, p.93-105; Meriggi, 1971-4). O texto mais longo tem sete linhas e trata de uma ovelha entregue como pagamento de imposto para a administração central de Susa. Outros textos parecem tratar da distribuição de sementes de milho pela mesma administração, em tempo de semeadura. Em geral, a "literatura" proto-elamita constituía-se da contabilidade da produção agrícola local.

Figura 36 Tabuleta proto-elamita de Susa, c. 3000 a.C.

Figura 37 Dedicatória de Puzur-Inšušinak de Susa, registrada em duas escritas: cuneiforme acadiana e elamita linear, c. 2200 a.C.

É possível que a escrita proto-elamita tenha inspirado a elamita linear de oitocentos anos mais tarde, c.2200 a.C. (Figura 37). A escrita elamita linear apresenta alguns signos cujos valores podem ser lidos e por isso os estudiosos tentaram estabelecer ligações com signos proto-elamitas isolados. No entanto, a conexão entre as escritas proto-elamita e a elamita linear posterior ainda não está clara. Um impedimento equivocado importante para uma análise mais profunda é a inabilidade em reconstruir a língua elamita do planalto iraniano. E não há certeza se os proto-elamitas estavam usando a mesma linguagem que os elamitas mais tarde (Lamberg-Karlovsky, 1978). A partir do segundo milênio a.c., os elamitas escreviam em cuneiforme acadiano (Figura 37).

Escrita do vale do Rio Indo

A escrita mais proeminente ainda não decifrada do mundo é a do Vale do Indo, embora avanços consideráveis no entendimento do sistema tenham sido feitos em anos recentes (Parpola, 1994). Usada possivelmente de c.3500 a 1700 a.C., a "escrita do Vale do Indo", como é chamada, sem ligações conhecidas, ficou esquecida por cerca de quatro mil anos até ser descoberta por arqueólogos europeus nos anos 1870. A notável civilização do Vale do Indo que elaborou essa escrita só foi identificada em 1921.

A primeira evidência de escrita oriental – simples "marcas em cerâmica" ou grafites em cerâmica indicando propriedade, datadas de c.3500 a.C., encontradas entre as culturas primitivas harappeana do leste do Baluquistão e no Vale do Indo – é ligeiramente anterior aos primeiros signos *rébus* egípcios conhecidos (*c*.3400) e os primeiros sinais fonéticos sumérios (*c*.3200 a.C.). A "escrita" inicial harappeana parece ser uma proto-forma da escrita plena posterior, usada a partir de 2600 a.C. (Figura 38). Os oleiros aparentemente marcavam seus produtos com símbolos especiais – e não desenhos ou decorações – que talvez indicassem o fabricante ou o conteúdo, enquanto o grafite nesses utensílios parecem "registrar" a propriedade ou alguma dedicatória.

Foi durante o período de unificação cultural que terminou por volta de 2600 a.C. e envolveu mais de 1.500 cidades e vilas, que surgiu uma escrita codificada e reconhecida em geral como "do Vale do Indo". Cerca de 80% da escrita do Vale do Indo aparece em sinetes ou impressão de sinetes. O resto aparece em tabuletas de argila ou faiança, ferramentas e utensílios de bronze, bastões de osso ou marfim e miniatura de tabuletas de cobre e esteatita. Escrita ligeira aparece em broches de osso, pulseiras de terracota e jóias de ouro. Embora a maior parte da escrita do Indo tenha cerca de um centímetro de altura, num aposento situado junto ao portão norte em Dholavira foi encontrada uma inscrição cujos signos têm mais de 30 cm de altura: se era um signol público, indica que havia alfabetização generalizada.

Alguns portadores de escrita datados de 4200 foram descobertos, e suas inscrições fornecem, de acordo com o uso habitual da escrita – supõe-se – uma identificação. A inscrição comum do sinete tem dois ou três signos numa linha e cinco signos ao todo (Figura 39). A inscrição do Vale do Indo mais longa apresenta vinte signos em três linhas; uma inscrição de treze sinais foi revelada em 1998. Destacam-se em muitos sinetes em pedra, contornos de pinturas – que não fazem parte do texto – de animais (tigres, búfalos, elefantes etc.) e figuras antropomorfizadas, cujos significado e objetivo ainda não estão esclarecidos. Não se conhecem textos de tumbas, estátuas, paredes e outras construções do Vale do Indo. Não foram encontradas tabuletas de argila nem textos em papiros, embora se esperasse encontrar ambos com esse sistema de escrita. É também significativo que nenhum dos sinais do Vale do Indo se pareça com hieróglifos egípcios ou com a escrita cuneiforme mesopotâmica. No entanto, alguns se parecem com a escrita proto-elamita.

Figura 38 Datado de 2800-2600 a.C., esse fragmento de inscrição harappeana (aqui é visto um canto dele) foi um dos vários descobertos por arqueólogos em 1999 que confirmaram que o desenvolvimento da escrita no Vale do Indo começou antes do que se acreditava.

Figura 39 Inscrições em sinetes do Vale do Indo, 2500-2000 a.C. (lê-se da direita para a esquerda).

Levanta-se a hipótese de mercadores que navegavam pelo Indo teriam sido expostos à escrita de comerciantes ocidentais (Parpola, 1996, p.165-71). A escrita completa, que surgiu com a civilização do Indo só por volta de 2600 a.C., parece ter elaborado seus caracteres a partir dos símbolos harappeanos antigos, indicando um desenvolvimento local retardado. A civilização do Vale do Indo floresceu entre 2500 e 1900 a.C. do Paquistão ao noroeste da Índia, e seus centros principais incluíam as cidades de Mohenjo-Daro (perto de Karachi) na região sul do Indo e Harappa (perto da atual Islamabad) ao norte do Indo. Contando com um planejamento urbano avançado, a população do Vale do Indo usufruía um nível de civilização comparável a seus contemporâneos do Egito e da Mesopotâmia. É a esse notável período harappeano que pertencem a maior parte dos sinetes, cerâmicas e outros artefatos (Figura 40).

Figura 40   Inscrição num sinete de Mohenjo-Daro, c. 2500-2000 a.C.

A relação de signos do Vale do Indo tinha entre 400 e 450 itens, com muitos aloglifos, sinais um pouco diferentes com o mesmo valor fonético. Eles representavam figuras humanas e animais, assim como formas geométricas e símbolos. Nem todos os signos podem ter estado em uso simultaneamente ou universalmente: os caracteres em sinetes e tabuletas de Harappa parecem ter mudado ao longo do tempo, por exemplo. A escrita era da direita para a esquerda, como a antiga cuneiforme. No entanto, algumas das inscrições mais longas eram bustrofédicas – "como a aração com junta de bois", mudando de direção a cada linha. Parece ter sido um sistema logossilábico, como o sumeriano.[3]

---

3   Parpola, *Deciphering the Indus Script.* Ver também Gregory L. Possehl, *The Indus Age: The Writing System,* Filadélfia, 1996.

Acredita-se que os sinais do Vale do Indo foram usados principalmente para objetivos comerciais: estampagem em fardos de mercadorias com marca de identificação, por exemplo. Uma chave possível para o significado dos sinetes está nos sinetes dos comerciantes do Oriente Médio: nomes próprios e posições oficiais, estas com freqüência incluindo nomes de divindades. A escrita parece ter estado muito associada com a elite governante e com os mercadores dos importantes centros do Vale do Indo. Sendo um sistema próprio de concentrações urbanas, a escrita era usada para validar e fortalecer a autoridade econômica. Possivelmente também legitimava a religião da elite consolidando-a como poderosa e digna de veneração (Fairservis, Jr., 1983, p.41-9).

Quando essa elite perdeu o poder por volta de 1900 a.C., os registros arqueológicos mostram que a escrita do Vale do Indo fora abandonada em toda a região ao norte. Sobreviveu até cerca de 1700 a.C. apenas no remoto centro do sul, Daimabad. Até recentemente, acreditava-se que o povo (ou povos) que representava sua(s) língua(s) com a escrita do Vale do Indo foi expulso das cidades e metrópoles por invasores que lá ficaram. Se esses invasores eram indo-arianos, teoricamente a língua subjacente à escrita do Vale do Indo poderia ser proto-dravidiana, ancestral da grande família lingüística dravidiana, hoje marginalizada no Baluquistão, Afeganistão e sul da Índia (Parpola, 1986, p.399-419). No entanto, não apareceram ainda evidências arqueológicas dessa invasão. Em vez disso, parece que flutuações do Rio Indo podem ter causado enchentes que destruíram a base agrícola daquela civilização, levando à interrupção do comércio e ruína econômica. A decifração da escrita do Vale do Indo parece impossível "a menos que surjam fontes radicalmente diferentes" (Parpola, 1994).

Assim que elaborada, a idéia do foneticismo sistêmico – a fala graficamente reproduzida por meio de um sistema limitado de sinais – floresceu entre as primeiras grandes civilizações da humanidade. Cada desenvolvimento regional escolheu um caminho separado que mais se adequasse às suas necessidades. As diferenças fundamentais subjacentes a duas das culturas mais importantes refletem-se em seus respectivos sistemas de escrita: enquanto a escrita cuneiforme mesopotâmica revela utilitarismo abstrato, os hieróglifos egípcios "comunicam uma elegância codificada" (Gaur, 1992). Na Mesopotâmia, o "hardware" determinava o "software": o uso do suporte de argila estimulou o sistema de cunhagem em que pintura e símbolo eram forçados a se render mais e mais aos sons; essa elaboração fonética então permitia outros idiomas – nem remotamente relacionados com o sumério – a pegarem emprestado e adaptar essa escrita. Mas no Egito, o "software" determinava o "hardware": a escrita rébus se saía melhor em superfícies que aceitavam tinta e escrita entalhada; esse sistema permaneceu exclusivo do Nilo, induzindo a uma simplificação do alfabeto logo cedo. A escrita cuneiforme foi amplamente tomada de empréstimo e adaptada; as três escritas egípcias não.

No entanto, o alfabeto consonantal egípcio acabou se tornando alfabeto completo. A escrita cuneiforme teve fim por volta de dois mil anos atrás; os hieróglifos egípcios consonantais, embora irreconhecíveis, ainda são usados. O contraste também ocorreu com os materiais: por milênios, as cunhagens feitas com buril de junco sobre argila competiram com a tinta sobre o papiro; venceu a tinta, que é a base da impressão de hoje.

Em seu isolamento oriental, a escrita do Vale do Indo se desenvolveu e findou, sem servir de inspiração e sem deixar recordação humana.

Há muitas maneiras de tomar emprestado uma escrita, entre elas pode-se emprestar:

- só a idéia da escrita;
- a idéia da escrita e sua orientação (isto é, linear, da direita para a esquerda, em colunas verticais);
- o sistema de escrita (logográfico, silábico, alfabético);
- o sistema de escrita e a própria escrita;
- partes de um sistema de escrita para enriquecer outro sistema;
- partes dos caracteres.

Virtualmente, todas as escritas e sistemas de escrita consistem de um ou mais desses empréstimos. Quando uma escrita é emprestada a outra língua, são necessárias adaptações e conversões. As adaptações mais comuns são mudanças na relação de signos, excluindo-se os sons desnecessários e incluindo novos sons. Quem pega emprestado pode também acrescentar funções combinadas, a fim de acomodar um sistema mal ajustado, como o acadiano fez com a escrita cuneiforme suméria. Para agilizar a escrita, quem pede emprestado pode mesmo elaborar outros tipos de escrita – como a hierática que os egípcios consideraram uma maneira mais rápida de escrever hieróglifos.

Classificar as escritas e os sistemas de escrita também pode ajudar a obter uma visão geral, cada classificação fornecendo alternativas. Classificar não é tarefa fácil, uma vez que a maioria das escritas e sistemas de escrita pegou empréstimos em vários níveis de elementos (Figura 41). Há inúmeras formas de classificar: pela tipologia (se logográfico, silábico ou alfabético), genealogia, cronologia, geografia ou outras. Não existe a "melhor" maneira de classificar sistemas de escrita e tipos de caracteres; só existe a "mais útil" para determinado objetivo. Algumas formas de classificar podem ser enganosas. Por exemplo, a classificação tipológica continua sendo controversa, porque todos os sistemas completos compreendem uma combinação de sinais semânticos (sentido) e fonéticos (som). E a classificação genealógica continua sendo ambígua, uma vez que a maior parte dos sistemas é combinada; empréstimo múltiplo e inovações constantes freqüentemente produzem uma semelhança superficial entre sistemas que não se relacionam (Hill, 1967).

Figura 41 Uma hierarquia dos vários elementos da escrita.

Muitas escritas e sistemas de escrita floresceram antes de 1000 a.C. em diferentes partes do mundo (Figura 42). Todos menos dois – egípcio (e seus derivativos) e o chinês – estão hoje extintos e não deixaram descendentes. As escritas e os sistemas de escrita na verdade findam com menos freqüência do que as línguas que transmitem. A escrita cuneiforme continuou um milênio depois que a língua suméria teve fim. O latim estava extinto há muito como língua viva, no entanto sua escrita, herdeira da egípcia, é a mais comum dos nossos dias. Ao longo da história, a sorte dos sistemas de escrita e dos tipos de caracteres tem sido determinada mais pela economia, política, religião e prestígio cultural do que por necessidades da língua e da escrita.

Assim que a escrita fonética mesopotâmica alcançou o Nilo, os escribas egípcios converteram-na em algo diferente para acomodar seu idioma diferente. Essa solução se apoiou em parte num pequeno conjunto de signos que reproduziam somente as consoantes. Por volta de 2200 a.C., eles escreviam raramente – independente de hieróglifos – só nesses signos consonantais. Esse costume acrescentou uma nova dimensão à relação da humanidade com a arte da fala. E mudou fundamentalmente o curso da escrita no Ocidente.

Figura 42 Os principais centros das escritas antes de 1000 a.C.: 1) Cuneiforme mesopotâmica; 2) Hieroglífica e hierática egípcia; 3) Proto-elamita e Elamita cuneiforme; 4) do Vale do Indo; 5) Alfabeto consonantal egípcio; 6) Alfabetos Proto-sinaítico e proto-cananita; 7) Silabário hitita cuneiforme e anatólio (luviano); 8) Alfabeto ugarítico cuneiforme; 9) Silabários gregos primitivos; 10) Logogramas chineses.

Capítulo 3
Sistemas de fala

"Meu garoto abriu a mão", disse um pai orgulhoso ao professor de seu filho, mais de 3.500 anos atrás, "e você fez a sabedoria pousar ali: você lhe mostrou os pontos refinados da arte do escriba". Considerada o caminho para a sabedoria, a escrita logo se espalhou por todo o Oriente Médio, e seus defensores e inovadores mais ativos foram os povos semitas. As inovações ocorreram durante uma época de mudanças no poder. Por volta de 2200 a.C., quando os primeiros silabários pictográficos sistematizados e proto-alfabetos estavam aparecendo, os acadianos da mesopotâmia tinham perdido o domínio sobre tribos vassalas. Seu império estava se desintegrando. Isso permitiu liberdades não habituais para povos semitas ocidentais da costa do Mediterrâneo Oriental, que por sua vez adquiriram subitamente riqueza e se expandiram. Começaram a estabelecer novas rotas de comércio, entrar no Egito e voltar para Canaã – aquela parte da Palestina entre o rio Jordão e o Mediterrâneo (Palestina, Israel) – com novas idéias egípcias, que rapidamente superaram os velhos costumes mesopotâmicos.

Ao tempo do renascimento do sul da Babilônia, *c*. 2080 a.C., Canaã se tornou ainda mais ligada culturalmente ao Egito, cuja influência agora se difundia por todo o Levante e para o Egeu, também domínio de gregos e outros povos. (A partir do reinado do faraó Sesostris III – 1878-1841 a.C. – a Península do Sinai e o sul da Palestina caíram sob domínio egípcio). Era a era da cultura canaanita cosmopolita, com seu sistema integrado de economia internacional e diplomacia, um período de grande riqueza e comércio ativo.

De 2000 a.C. a 1200 a.C., dois principais sistemas de escrita dominaram essa região. Primeiro, a escrita silábica mesopotâmica tinha inspirado a escrita silábica-logográfica; no entanto, o sistema canaanita não aceitou a cuneiforme mesopotâmica como sua escrita, e em vez disso usou sinais pictóricos – semelhantes aos dos egípcios – a fim de soletrar sílabas *in-di-vi-du-ais* de uma palavra. Em segundo lugar, a escrita consonantal egípcia, também numa base pictórica, inspirou proto-alfabetos. Ambos os sistemas foram altamente influentes e disseminados. Na realidade, eles eram opostos, e só um deles sobreviveria.

Inicialmente, a escrita tinha sido "um instrumento de poder nas mãos de pequenos grupos de sacerdotes, adivinhos e escribas que serviam monarcas divinos (Martin, 1994). Era a ferramenta perfeita para ascensão social, expressão da ideologia de uma pequena elite. Com a difusão da escrita seguindo a elaboração da escrita consonantal em particular, no entanto, a escrita não podia mais permanecer monopólio de ricos e poderosos. Agora servia a todos: ler e escrever podiam ser facilmente aprendidos em pouco tempo por muitas pessoas. Além disso, o sistema simples era muito apropriado para ser emprestado por línguas estrangeiras, em geral precisando de poucas conversões.

Por volta do século II a.C., a última escrita silábica-logográfica sobrevivente, a do Chipre, tinha sucumbido diante de seu concorrente mais poderoso – o alfabeto completo. A vitória ainda nos favorece hoje. De fato, o conceito alfabético elaborado há mais de quatro mil anos no Egito, Sinai e Canaã aparentemente está substituindo agora a maior parte dos sistemas de escrita do mundo, como uma das manifestações mais notáveis da globalização.

A escrita silábica de Biblos

Canaã era uma encruzilhada de regiões poderosas: Egito, Mesopotâmia, Anatólia e o Egeu. Segundo o lingüista Florian Coulmas,

> A multiplicidade cultural resultante, as muitas línguas que entraram em contato umas com as outras, assim como o conhecimento da existência de diferentes sistemas de escrita como o egípcio, assírio e hitita devem ter criado condições ideais para experimentar novas possibilidades e simplificações (Coulmas, 1989).

Mercadores, antes de todos, teriam percebido a necessidade econômica de simplificar as escritas herdadas, a fim de se liberarem da classe de escribas e efetuarem sua própria contabilidade (Childe, 1982). A escrita semítica, após adaptar sistemas de escrita anteriores, distanciou-se deles e seus dois sistemas separados aparentemente surgiram simultaneamente – talvez pouco antes de 2000 a.C. Os semitas usavam o princípio *rébus* para criar um silabário de sinais pictóricos limitado, codificado e padronizado – isto é um sinal para cada *pu, mo, ti* etc. – a fim de constituir um sistema silábico-logográfico. Por fim, viram esses sistemas – que serviu bem a seus usuários por muitos séculos e que também foi tomado emprestado por povos não-semitas da Anatólia e Egeu – sucumbirem diante do alfabeto consonantal egípcio.

Um silabário é um sistema de escrita particularmente imperfeito para línguas que, em sua estrutura básica, não são CV – isto é, consoante + vogal, como *p* + *u=pu*. Isso procede especialmente para idiomas com muitos grupos de consoantes, arranjos como *mpt* (como no inglês "exempt"), *skt* (/riskt/ de "risked") ou *rts* ("hearts"). Muitos sistemas silábicos apresentavam grande economia de expressão também, sem fazer muita distinção, por exemplo, entre consoantes sonoras/não-sonoras (*bin/pin*) ou aspiradas/não-aspiradas (*which/witch*). Isso determina uma reprodução fonológica defeituosa (concernente ao sistema sonoro da língua). De fato, esse tipo de sistema satisfaz as necessidades dentro de um contexto imediato, de usuários inteiramente familiarizados com o sistema e seu vocabulário limitado. No entanto a escrita é difícil de ser lida fora desse contexto.

Quando descobertas, algumas escritas silábicas – como a antiga escrita cretense linear B baseada na linear A – pareciam evidências de empréstimo inadequado de uma língua estrangeira. Agora, estima-se que a escrita silábica como sistema – não como uma escrita – fora usada por diferentes grupos étnicos (semitas de Biblos, luvianos da Anatólia, gregos do Egeu e Chipre) para transmitir suas línguas respectivas, usando sinais próprios e/ou sonoros (Figura 43) – isto é sua própria escrita. É o sistema silábico e não um determinado silabário de sinais, que é difícil de usar para muitas línguas. Essa dificuldade, talvez mais do que qualquer outra, fez com que a escrita silábica fosse substituída pela alfabética, que é muito mais fácil de usar no Ocidente.

Biblos foi um dos primeiros centros semitas ocidentais que teve comércio florescente com o Egito e pontos do norte e oeste no terceiro milênio a.C. Há dois momentos nos textos de Biblos: algumas poucas inscrições em pedra e metal na Idade do Bronze (antes de 1200 a.C.), redigidas em escrita pictorial chamada de "pseudo-hieróglifos", uma vez que os sinais se assemelhavam a hieróglifos egípcios (Figura 44) e aos de muitas inscrições fenícias no dialeto de Biblos que usavam alfabeto fenício e datavam de Idade do Ferro (depois de 1200 d.C.). A escrita da Idade do Bronze apresentava sinais demais para um alfabeto – cerca de 114 – mas menos do que os sistemas de escrita egípcio e mesopotâmico. Isso sugere que a escrita era um silabário simples: um número limitado de sinais reproduzindo sílabas inteiras, a maioria com uma estrutura CV (Mendenhall, 1985).

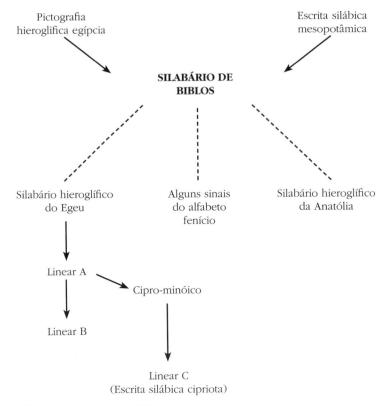

Figura 43 Hipótese da gênese de silabários primitivos.

Figura 44 O anverso (acima) e reverso (abaixo) de uma espátula da Idade do Bronze em Biblos, Canaã, inscrita com "pseudo-hieroglífico" silabário de Biblos.

Esse sistema supostamente silábico parece ser a combinação da idéia silábica da escrita cuneiforme da Mesopotâmia com a idéia "pictográfica" ou pictórica dos hieróglifos egípcios. Ou seja, os escribas de Biblos inventaram um sistema simplificado, baseado no princípio *rébus* (Colless, 1991, p.18-66; 1992, p.55-102). Mais de vinte sinais de Biblos parecem ser empréstimos diretos dos egípcios, possivelmente verbalizando itens egípcios com palavras semitas ocidentais: ou seja, "re-analisando" os valores fonéticos dos sinais emprestados, a fim de permitir sua identificação no próprio idioma. A elaboração da escrita silábica de Biblos pode talvez ser datada do início da Idade do Bronze (antes de 2000 a.C.), como indicam textos recentemente decifrados (Mendenhall, 1985). No entanto, nem todos os estudiosos concordam com essa datação tão antiga.[1] No final da Idade do Ferro, com a presença maior da escrita alfabética consonantal – isto é, não-silábica – alguns dos sinais de Biblos parecem também ter sido usados para escrever o que tinha se tornado, também em Biblos, o alfabeto linear fenício.[2]

Caracteres silábicos da Anatólia

Na *Ilíada* (24:602-17), Homero narra Aquiles venerando a inscrição em pedra anatoliana perto de Smyrna, como sendo Níobe e seus filhos, transformados em pedra por ação de Zeus – embora no tempo em que Homero fez seu canto, por volta de 800 a.C., a escrita silábica da Anatólia estivesse ainda em uso. Mais de mil anos antes, um arranjo de várias afiliações étnicas e lingüísticas penetrou pelo leste na Anatólia, e acabou fundando o que foi chamado de Império Hitita. Vindos da Mesopotâmia, eles já escreviam em escrita cuneiforme suméria-acadiana (ver Capítulo 2). Por volta de 1500 a.C., alguns desses povos começaram a utilizar uma escrita nativa, por vezes chamada de "hieróglifos hititas" (Gelb, 1991; 1963). Todos os textos conhecidos – exceto glosas de uma palavra de Urart em cântaros e vários nomes de divindades em relicários hurrianos e hititas – transmitiam o idioma luviano, uma língua indo-européia antiga (Melcher, 1996, p.120-24).

Alguns estudiosos, seguindo Homero, tendem a encarar os antigos hieróglifos da Anatólia como "pictográficos", representando cenas ou como "ideogramas", representando idéias. Atualmente, porém, a maioria aceita que a escrita hieroglífica luviana é conceitualmente silábico-logográfica. Parece tão diferente da tardia escrita cuneiforme sumério-acadiana dos hititas, que talvez ela tenha se inspirado num sistema muito anterior usado por parceiros comerciais de Canaã – especialmente de Biblos. No entanto, só o princípio da escrita silábica-logográfica foi emprestado

---

[1] Ver a polêmica *in* Colless, "The Byblos Syllabary and the Proto-Alphabet".
[2] Ibid.

de Canaã, não sinais individuais ou convenções. Consistente com sua origem canaanita, muitos dos valores silábicos reconhecíveis são indiscutivelmente baseados em *rébus*: *ta,* por exemplo, vem de *targasna* (asno, burro). Há uma tendência a se aceitar que todos os sinais do sistema tiveram origem em *rébus* nativos. Todos os sinais *rébus* identificados até agora relacionam-se especificamente com o luviano, assim é quase certo que a escrita silábica da Anatólia tenha sido originalmente criada para transmitir a língua luviana (ibidem).

A escrita aparentemente era reservada para inscrições especiais. A maior parte eram baixos-relevos em tabuletas de pedra ou esculturas em pedra ou em paredes de pedra, mas também se conhecem gravações e impressões em argila ou chumbo (Figura 45) (Gaur, 1992). A escrita foi encontrada numa ampla região da Ásia Menor e Síria. Foi evidentemente elaborada especificamente para expressar a cultura local, algo que o empréstimo de escrita cuneiforme sumério-acadiana aparentemente não conseguira fazer (Martin, 1994). É uma das escritas puramente "monumentais" do mundo (nesse sentido, comparável a escritas da Mesoamérica) ou seja, seu objetivo principal não era comunicação, mas propaganda. A escrita silábica da Anatólia foi em primeiro lugar e principalmente uma expressão nativa da franquia luviana.

Parece que a maior parte dos sinais eram de origem pictórica, reproduzindo animais, plantas, figuras humanas, partes do corpo e objetos do cotidiano.

Figura 45 Relevo luviano, do século XIX a.C., esculpido na escrita silábica da Anatólia, de Carchemish, Turquia.

Curiosamente, mesmo numerais como 1111, são usados no estilo *rébus*: o luviano *mauwa-*, ou "quatro", é o sinal para *m* ou *ma* ou *mi* – como se escrevêssemos em português: "4olhos" ou "4centão". Muitos dos sinais foram padronizados mais tarde, deixando irreconhecíveis os objetos em que se basearam. Isso sugere uma longa tradição escrita.

Lendo de cima para baixo, cada linha do texto mudava de direção. Em geral, uma inscrição compreende uma série de painéis horizontais, com as cabeças das figuras, como na escrita egípcia, sempre voltadas para o começo da linha. As linhas são escritas com freqüência com linhas divisoras horizontais. Não há espaço entre as palavras. Se os sinais estão "arranjados" verticalmente, esses arranjos também são lidos de cima para baixo. (A seqüência de sinais e o posicionamento favorecem a estética, não a fala). Há cerca de 220 sinais, muitos dos quais logogramas usados como determinativos para especificar a pronúncia de uma palavra em particular, como no egípcio. Os sinais podem ser logográficos (sinais de palavras) ou fonográficos (sinais sonoros); e muitos são ambos. Em contraste, o silabário cuneiforme hitita tem apenas cerca de cinqüenta sinais, próximo ao número de silabogramas em vários silabários do Egeu. Assim como estes, a escrita silábica da Anatólia tem dificuldade em distinguir entre consoantes sonoras e não-sonoras (b/p) e não-aspiradas e aspiradas (p/ph). Consoantes finais e todos os grupos consonantais usam vogais "vazias": *asta* é *á-s*(a)*-ta* – novamente como nos silabários do Egeu. E o /n/ pré-consonantal não é indicado na soletração: *anda* é à-ta, por exemplo, exatamente como na escrita egéia. Há grande economia de expressão nesse sistema, resultando numa reprodução muito deturpada da verdadeira fala luviana.

Os caracteres mistos silábico-logográficos da Anatólia sobreviveram até o século VII a.C.

Silabários egeu e cipriota[3]

Indo-europeus das planícies da Europa Oriental, os gregos já tinham ocupado o continente e as ilhas do Egeu, incluindo Creta, pela metade do terceiro milênio a.C. Por volta de 2000 a.C., seguindo sua consolidação de poder sobre Creta, a prosperidade advinda do comércio com a cosmopolita Canaã permitiu a criação de

---

3 Esta seção segue a recente teoria de que os gregos minóicos elaboraram as escritas hieroglíficas de Creta e de Linear A, como detalhado por Steven Roger Fischer em *Evidence for Hellenic Dialect in the Phaistos Disk*, Berne *et al.*, 1988; uma versão popular disso está em Steven Roger Fischer, *Glyphbreaker*, Nova York, 1997. Sugere-se também a leitura de teorias tradicionais que defendem que os gregos emprestaram dos minóicos pré-gregos a escrita silábica, como Emmet L. Bennett, Jr., "Aegean Scripts" *in* Daniels e Bright, eds., *The World's Writing Systems*, p.125-33; John Chadwick, *Lienar B and Related Scripts*, 2ª. ed., Londres, 1989.

uma complexa economia com grandes centros em Cnossos, Festo e outras regiões de Creta – a primeira alta civilização da Europa, a minóica. O comércio com Canaã também levou os gregos a um contato com a escrita pictórica de Biblos, cujo princípio subjacente a civilização minóica pegou emprestado. Agora os habitantes de Creta podiam também escrever sua língua grega minóica usando pequenos *corpus* de sinais silábico-logográficos representando sílabas *in-di-vi-du-ais*. Os próprios sinais e seus valores fonéticos – quase todos os V (*e*) ou CV (*te*) – eram inteiramente nativos: o que os sinais *rébus*, todos vindos do mundo de Creta, representavam, pronunciava-se em grego minóico, não em idioma semita. (O grego minóico parece ter sido um irmão arcaico do grego micênico falado no continente.)

Três formas separadas, mas relacionadas, de escrita silábico-logográfica, surgiram no Egeu entre c.2000 e 1200 a.C. – a escrita "hieroglífica" greco-minóica e a Linear A, e mais tarde a Linear B greco-micênica. Os greco-minóicos aparentemente também levaram cedo sua escrita para o Chipre, onde ela experimentou dois estágios: o cipro-minóico (evidentemente derivado do Linear A) e sua "filha" Linear C, a "escrita cipriota silábica". Todas as escritas do Egeu e de Chipre são claramente silábico-logográficas, pois a identidade objetiva de cada sinal *rébus* era imediatamente reconhecida por cada aprendiz e usuário. Parece que os determinativos não eram empregados em qualquer das escritas do Egeu oude Chipre; mas os logogramas representavam a maior parte dos itens soletrados em tabuletas de contabilidade. Todas as escritas do Egeu e de Chipre, sem contar esses logogramas separados, eram completamente fonéticas.

A escrita "hieroglífica" de Creta é o patriarca dessa robusta família, e sua inspiração talvez tenha vindo de Biblos via Chipre, por volta de 2000 a.C. (Figura 46). Como o nome indica, essa escrita usava sinais pictóricos para reproduzir o inventário silábico da língua greco-minóica, ali usada em estilo *rébus* como em Biblos. Essa escrita apareceu em pedras de selos (e suas impressões em argila), argila cozida e objetos de metal e pedra, a maior parte descobertos em Cnossos entre 2000 e 1400 a.C. (a escrita concorria com a Linear A). Existem cerca de 140 sinais diferentes ao todo – isto é, setenta a oitenta sinais silábicos e seus aloglifos (sinais diferentes com o mesmo valor sonoro), assim como logogramas: figuras humanas, partes do corpo, flora, fauna, barcos e formas geométricas. A direção da escrita ficava em aberto: da esquerda para a direita, da direita para a esquerda, mudando de sentido a cada linha, e até mesmo em espiral. Como essa escrita também incluía logogramas e numerais, é possível que inicialmente tenha sido usada para a contabilidade, entre outras funções, até ser substituída nessa função com sua simplificação, a Linear A. Depois disso, como os hieróglifos da Anatólia, a escrita hieroglífica de Creta parece ter assumido um papel cerimonial na sociedade greco-minóica, reservada para inscrições sagradas, dedicatórias e proclamações reais em discos de argila.

Figura 46 Legenda em argila cozida, c. 1600 a.C., inscrita no anverso (à esquerda) e reverso (à direita) em escrita "hieroglífica" de Creta.

Figura 47 Lado A do Disco de Festo, feito de argila cozida (16 cm de diâmetro), na variedade mais elaborada da escrita hieroglífica de Creta. No alto, dois "campos" lendo da direita para a esquerda: *e-qe-ku-ri-ti* I *de-ni-qe* ou *Ekue, Kurwitis Deneoi-que* – "Ouçam, ó povos de Creta e Danaan". É a primeira literatura da Europa e o primeiro trabalho no mundo impresso com tipos móveis.

O uso da proclamação pode ser visto no célebre Disco de Festos, de Creta (Figura 47). Das muitas variedades de escritas hieroglíficas de Creta – aparentemente cada localidade tinha a sua – a do disco de Festos, datada de *c.* 1600 a.C. apresentando os mais elaborados sinais *rébus* encontrados – é a mais extraordinária.[4] Compreendendo a primeira literatura européia, também representa o primeiro documento impresso com tipos móveis (baixo-relevo impresso em argila), do mundo. O pequeno disco, encontrado em 1908 no palácio de Festos, na costa sul de Creta, contém 241 sinais hieroglíficos cretenses em 61 conjuntos divididos em ambos os lados (31 + 30). Seus 45 sinais silábicos separados estão escritos da direita para a esquerda, espiralando para dentro, e aparentemente transmitem uma "proclamação de mobilização" na Grécia Minóica (Fischer, 1988). Muitas convenções escritas semelhantes às dos hieróglifos da Anatólia parecem ter sido usadas no Disco, evidentemente os mesmos usados para todas as variedades da escrita hieroglífica de Creta. Isto é, nem som nem aspiração são distinguidos, de forma que o mesmo sinal serve para *b/p, g/k* ou *d/dh,* por exemplo. (No entanto, /d/ se distingue de /t/.) Um sinal é usado tanto para /r/ como para /l/. Agrupamentos de consoantes são escritos com vogais "vazias". Tanto /s/ como /n/ não são escritos antes de uma consoante ou no final de uma palavra. Consoante + /w/ anula o /w/. E ditongos /ai/, /ei/ e /oi/ são escritos só com /i/.

Aparentemente, as mesmas convenções obtêm com a Linear A a estilização padronizada de muitas variedades de silabogramas hieroglíficos, criados logo depois dos hieróglifos. (A prova de que a Linear A transmite a mesma linguagem greco-minóica é que a palavra *ku-ro,* nas tabuletas de contabilidade tem o significado de "soma": isso seria o grego minóico *krŏs,* cognato do sentido *krăs* do grego continental, significando "cabeça, limite, extremidade" – étimo de "crânio", em português.) Como escrita de contabilidade, a Linear A ocorre quase exclusivamente em tabuletas de argila, embora alguns raros artefatos de osso, pedra, metal e terracota apresentem essa escrita (Figura 48). Muitos sinais da Linear A remontam claramente a fontes hierglíficas. Outros são menos transparentes e alguns nada transparentes. A Linear A aparentemente surgiu da necessidade de criar – com a ampliação da economia que seguiu a expansão para o mercado egípcio sob o faraó Sesostris III *c.* 1850 a.C. – uma maneira mais fácil e mais rápida de registrar as transações e inventários do que os trabalhosos hieróglifos, do mesmo modo que a cursiva hierática se desenvolveu a partir dos hieróglifos egípcios. A Linear A se tornou o sistema de escrita funcional da "talassocracia" minóica em Creta e nas Ilhas Cyclades, e também foi usada nos postos avançados de comércio de Creta, como Avaris no Egito. Seu uso se estendeu até 1400 a.C. (Godart e Olivier, 1976-85).

---

4 Para uma descrição completa do Disco de Festos, ver Yves Duhoux, *Le Disque de Phaestos,* Louvain, 1977. A decifração e o conteúdo estão em Fischer, *Evidence for Hellenic Dialect in the Phaistos Disk.*

HISTÓRIA DA ESCRITA

A Linear B, derivada diretamente da Linear A, pode ter sido usada pela primeira vez por volta de 1550 a.C. no continente grego pelos Danaans, gregos de Argos (Peloponeso), para transmitir a linguagem grego-micênica. Os Danaans evidentemente percebiam que sua língua era suficientemente diferente do grego-minóico – pelo menos na transcrição silábica – para justificar uma adaptação. (No entanto, quase todos os sinais silábicos micênicos retinham o valor do grego-minóico, de forma que cada objeto descrito era pronunciado à moda greco-minóica ou então o sentido era totalmente substituído pelo som.) Depois de 1450 a.C., quando a sociedade continental de Danaan estava se fundindo com a sociedade minóica, a Linear B também estava sendo escrita em Cnossos em Creta, competindo com a Linear A. Por fim, a Linear B substituiu a Linear A completamente, à medida que o grego micênico substituiu o grego minóico entre os escribas palacianos, e passou a ser escrito nos palácios de Creta em Cnossos e Cânia e nos centros continentais de Micenas, Tebas e Pilos.

Assim como a Linear A, a Linear B compreende cerca de 120 sinais, a metade deles silabogramas (cinco vogais e 54 consoantes-vogais, combinações de doze séries de consoantes) e o restante, logogramas. Estes são em geral "identificadores" de bens, uma vez que a maior parte dos textos em Linear B são tabuletas de contabilidade que registra apenas nome, logograma e número (Figura 49). Algumas inscrições, sem logogramas, também existem em objetos de pedra ou metal. Quase todo sinal da Linear B remonta a um sinal da Linear A, geralmente com ligeira modificação na forma. A Linear B aparentemente também reteve a maior parte das convenções de escrita da Linear A.

Figura 48 Linear A: (à esquerda) um texto antigo de Festos, c.1700 a.C.; (à direita) inscrição em tinta em espiral dentro de uma xícara, encontrada no palácio de Cnossos, c.1500 a.C.

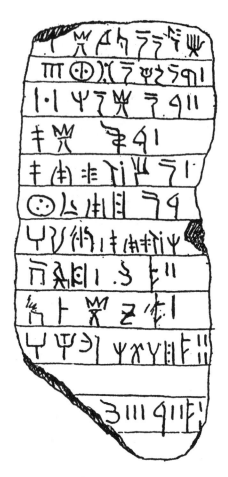

Figura 49 Primeira tabuleta de contabilidade Linear B publicada. Está presente no relatório inicial de Sir Arthur Evans sobre a antiga escrita de Creta, *The Atheneum*, 18 de maio de 1900.

No entanto, a Linear B escreveu ditongos /ai/, /ei/ e /oi/ usando só a primeira vogal de cada (a Linear A usava o sinal /i/ para os três). E também com a consoante + /w/, o /w/ é retido como uma sílaba separada (na Linear A, só a consoante aparece). Nessas e em outras formas, a Linear B reduziu ligeiramente a ambigüidade da Linear A. A escrita linear B é maior em tamanho e executada com mais cuidado do que a Linear A, uma sofisticação resultante da passagem do tempo. A escrita Linear B continuou pela esfera da influência de Danaan até cerca de 1200 a.C., quando a sociedade do Egeu entrou em colapso por razões que ainda não estão esclarecidas (Ventris e Chadwick, 1973).

Com seu primeiro exemplar datado de cerca de 1500 a.C., a escritura cipro-minóica do Chipre – escrita no estilo semítico pressionando o cinzel na argila, e não desenhando – usava cerca de 85 sinais silábicos, cinzelados de forma precisa, como a Linear B à moda da Linear A (Figura 50). Os primeiros fragmentos dessa escrita foram descobertos em 1930 (Palaima, 1989, p.121-87). A escrita cipro-minóica estava sendo largamente usada em Chipre de 1400 a 1200 a.C. Aparentemente, o cipro-minóico era um antigo dialeto helênico do Chipre.

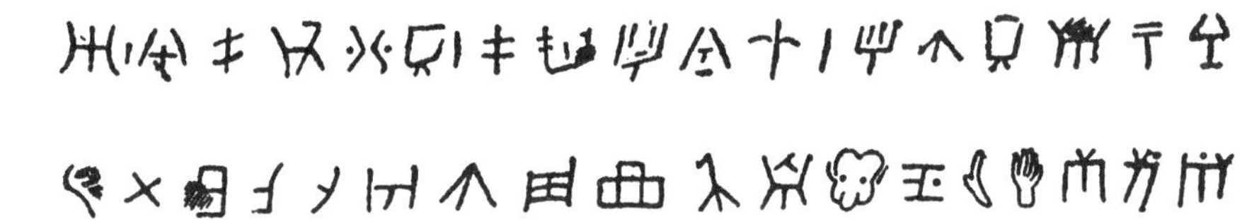

Figura 50 Silabogramas da escrita cipro-minóica do Chipre, c. 1500 a.C.

Descendente talvez dessa escrita, a Linear C ou "escrita silábica cipriota", foi elaborada quase imediatamente após o fim da escrita cipro-minóica, indicando uma transição quase sem interrupção de uma escrita silábica a outra. A mais antiga inscrição grega usando Linear C foi encontrada num espeto de bronze de Kouklia (antiga Pafos), datada de 1100 a.C. A Linear C, compartilhando muitos sinais da Linear A e B, foi usada extensamente do século VII a.C. até cerca de 220 a.C. como escrita intencionalmente arcaica em monumentos (em grego cipriota antigo), em inscrições em moedas e em contratos em tabuletas de bronze (no continente grego) (Figura 51). Fora a adoção da escrita da direita para a esquerda no estilo semita, suas convenções em geral seguiam as da Linear A e B. No entanto, os ditongos /ai/, /ei/ e /oi/ são escritos por completo – a Linear A usava apenas /i/ para as três como vimos, enquanto a Linear B escrevia /a/, /e/ e /o/. Também, todas as sílabas em Linear C terminando em r/l ou s/z, ou m/n finais eram escritos com dois silabogramas, não um, como antes (um silabograma apenas não conseguiu transmitir essas consoantes específicas). Dessa forma, entre as várias escritas silábicas gregas anteriores ao alfabeto grego, a Linear C de Chipre era a que apresentava a menor ambigüidade entre os sistemas de escrita que conseguiam transmitir a fala grega de forma precária. A Linear C é a última descendente de uma robusta família de escritas que tinha cerca de dois mil anos quando a Linear C chegou ao fim.

Exceto em Chipre, por volta de 1100 a.C. os gregos tinham abandonado a escrita inteiramente. Aproximadamente um ou dois séculos mais tarde, eles voltaram a emprestar a escrita dos cananeus, que nessa época eram chamados de fenícios. Mas agora era um sistema inteiramente diferente, mais funcional – depois da conversão – para transmitir a fala grega: o alfabeto (ver Capítulo 4).

Talvez após o contato com a antiga escrita hieroglífica minóica, por volta de 2000 a.C., bem a noroeste, os habitantes dos Bálcãs centrais, descendentes da cultura Vinča, tenham inscrito as chamadas "tabuletas de Tartária" (ver Figura 7). No entanto, a verdadeira idade dessas "inscrições" dos Bálcãs não está determinada.

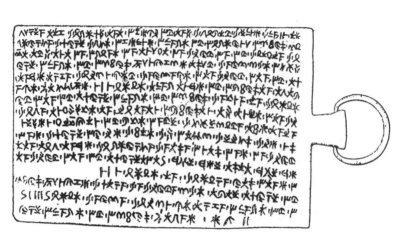

Figura 51 Tablete de bronze na escrita Linear C, do início do século v a.C., apresentando um contrato em grego entre a cidade-Estado de Idalion e a família de um médico.

Os proto-alfabetos do Egito e de Canaã

Concentrado na fala, a fonografia – sistema de escrita que representa os sons por meio de sinais individuais – reduz o número de sinais ao mínimo: são aprendidos e emprestados com mais facilidade. O reducionismo permite uma reprodução quase exata da fala também, estimulando o uso da escrita por muitas línguas diferentes. As palavras deixam de ser desenhos completos ou sílabas *in-di-vi-du-ais*, mas seqüências gráficas de sinais sonoros transmitindo pontos de articulação separados. São as *letras* de um alfabeto.

Com poucas exceções, as letras não têm significado próprio. Seu significado – seu valor sonoro – emerge quando se juntam com outra ou outras letras para produzir uma palavra. No entanto, mesmo uma escrita alfabética como o inglês lança mão de vários ideogramas, logogramas e símbolos para complementar ou suplementar o componente fonético: numerais (1, 2, 3), símbolos matemáticos (+,=), pontuação (. , !?, para pausa, entonação, distinção de sentido), e outros importantes sinais como $, £ ,†, %,, & e @. Como todas as escritas incluem esses signos, eles constituem escritas combinadas, não escritas alfabéticas "puras". E em cada uma o componente fonético predomina.

Um alfabeto não é um "degrau mais alto" na "evolução" da escrita, mas meramente outro método de reproduzir a fala. O fato é que empregar um alfabeto é estatisticamente mais eficiente para a maioria das línguas do que os hieróglifos egípcios, as sílabas cuneiformes mesopotâmicas ou os caracteres chineses. O mesmo alfabeto pode ser compartilhado por muitas línguas, pois é facilmente adaptável, acrescentando um pequeno número de marcas, pontos e sinais extra às letras existentes. Eis alguns exemplos do francês: *à, ê, é, ï, ô* etc.

HISTÓRIA DA ESCRITA

O primeiro alfabeto parece ter sido elaborado no Egito há mais de quatro mil anos. Era consonantal – isto é só as consoantes eram escritas, as vogais não. Isso porque a língua egípcia, como a maior parte das línguas hamito-semíticas, prioriza as consoantes em sua morfologia (construção de palavras). Usa um número limitado de "esqueletos" consonantais facilmente reconhecidos, entre os quais os quatro fonemas vocálicos mais importantes nos idiomas hamito-semíticos – /a/, /i/, /o/ e /u/ – variam para suprir funções gramaticais. É muito mais fácil para a maioria das línguas ser lida em consoantes (abaixo, na primeira linha) do que em vogais (abaixo, na segunda linha):

Ns pdms lr cnsnts, ms n vgs
Ó oeos e ooane, a ào oai

Isso é válido mesmo para inteiras famílias de idiomas como indo-européia e semítica. Mas não para todas. Taitiano, por exemplo, talvez só possa ser lido em vogais, nunca em consoantes.

Na longa história da escrita é significativo o fato de que com os primeiros alfabetos consonantais começou a idade dos Sobreviventes. Toda a escrita hoje – com exceção de poucos sistemas da Ásia Oriental – é mantida por descendentes dos proto-alfabetos do Egito e de Canaã.

No terceiro milênio a.C., os egípcios tinham elaborado uma forma de expressar as consoantes, o antigo "alfabeto consonantal" egípcio (Figura 21). No entanto, por muitos séculos, isso foi usado só em combinação com hieróglifos e determinativos. E também, havia muita redundância e polivalência.

Figura 52 Escrita alfabética egípcia: (na primeira linha) uma de várias inscrições de Kahun. Esta foi feita num pequeno bloco de madeira datado de c.2000-1800 a.C., e talvez forneça o nome de um proprietário de ferramentas, *Ahitob;* (na linha debaixo, uma de duas inscrições alfabéticas – c.1900 a.C. – descobertas em 1998 em Wadi el Hol, entre Tebas e Abidos.

Esse alfabeto compreende um sistema extremamente complicado de sinais que era entendido apenas por especialistas. Por volta de 2200 a.C., os escribas egípcios tinham aparentemente percebido que podiam simplificar sua escrita consideravelmente se eliminassem o "não-essencial". Assim, reduziram o sistema de escrita para o tamanho do componente consonantal da língua egípcia – em outras palavras, começaram a escrever usando só o alfabeto consonantal, e nada mais. Parceiros semitas do comércio e trabalhadores agregados observando isso, levaram o esquema e os sinais de volta para Canaã para escrever também seu idioma. Mil anos mais tarde, os gregos pegaram emprestado o mesmo esquema e sinais dos fenícios, descendentes dos cananeus, e acrescentaram vogais para criar um alfabeto completo, sistema usado na maior parte do mundo hoje em dia.

Há cerca de um século sabe-se que os egípcios também escreviam usando só o alfabeto consonantal. Várias inscrições em Kahun, datadas de c.2000-1800 a.C., foram encontradas e descritas no início de 1900 (Figura 52) (Jensen, 1969). Em 1998, foram descobertas duas inscrições alfabéticas semelhantes, datadas de aproximadamente 1900 a.C., entalhadas num muro de pedra calcária natural em Wadi el Hol ao longo de uma velha estrada de Tebas para Abidos. Mais velhos do que as mais antigas inscrições proto-alfabéticas da Península do Sinai, esses arquétipos egípcios indicam que a exclusiva escrita alfabética já ocorria com alguma freqüência nesses primórdios, sugerindo dois ou três séculos de uso anterior. A escrita alfabética não era um mero raio na roda da escrita hieroglífica: era uma roda separada.

Nem gregos nem fenícios "criaram" o alfabeto como então muitos afirmam. Os egípcios *destilaram* o alfabeto de seu sistema hieroglífico que, até o terceiro milênio a.C., usou "letras" consoantes para fazer sons revelarem palavras.

Alguns estudiosos acreditam que mercenários de fala semita, mineiros e comerciantes foram os primeiros a desenvolver o alfabeto em um contexto egípcio, simplificando os hieróglifos e padronizando essas simplificações para um pequeno repertório de símbolos alfabéticos consonantais. Não há dúvida de que povos semitas residindo no Egito logo usaram a idéia da escrita exclusivamente consonantal, assim como muitos dos sinais egípcios. Eles davam aos "desenhos" egípcios nomes semitas, dessa forma mudando os valores fonéticos do alfabeto consonantal egípcio. Elaboraram novos sinais também, usando o princípio acrofônico (ou de "primeira consoante") (Driver, [1948], 1976). Assim como com os egípcios, um som se limitava a um sinal. Menos de trinta letras ao todo eram necessárias para transmitir por escrito inteiramente a fala em idiomas semitas.

Na transição do proto-alfabeto egípcio para o *abjad* semita, ou alfabeto consonantal, a escrita proto-sinaítica (ainda indecifrada), datada de c. de 1800-1600 a.C., desempenhou um papel fundamental (Davies, 1987). Isso foi identificado pela primeira vez em várias áreas da Península do Sinai, daí seu nome. Muitas letras proto-sinaíticas combinam com letras e logogramas egípcios (ver Figura 28), mas com valores acrofônicos semitas do objeto representado: "ondas no mar", o *n* no alfabeto consonantal egípcio tinha se tornado *m*, por exemplo, reproduzindo a consoante inicial da palavra semita *mayim* (e nosso *m* de alfabeto latino é descendente direto disso, pois mostra as "ondas"). A escrita proto-sinaítica apresenta pelo menos 23 sinais distintos – e quase metade deles evidentemente emprestados do egípcio. Era escrita, no geral, ou em colunas ou em linhas horizontais, da esquerda para a direita (ao contrário do egípcio). As letras se voltavam para todos os lados sem uma orientação clara, embora cada texto proto-sinaítico seja internamente consistente (Figura 53). A escrita proto-sinaítica não era o "elo perdido" entre a escrita egípcia e o inventário consonantal semítico completo; era meramente um ramo inicial de um sistema nascente (Diringer, 1968). Este ancestral do alfabeto semita ainda em uso hoje em dia foi planejado para transmitir as consoantes de um idioma proto-semita ocidental (Figura 54) (O'Connor, 1996, p.88-107).

Um desenvolvimento posterior, o proto-alfabeto cananeu de meados da Idade do Bronze também era pictórico, linear e consonantal, transmitindo uma consoante por sinal. A economia e flexibilidade dessa nova forma de escrita no centro do comércio entre povos do Egito, Babilônia, Anatólia e Egeu, asseguraram seu rápido desenvolvimento e difusão. Escribas egípcios podem ter sido os destiladores do alfabeto, mas os escribas cananitas foram seus distribuidores. A mais antiga escrita alfabética em Canaã ocorreu nos Cântaros de Gezer (descobertos em Israel), datados de 1600 a.C.; artefatos com inscrições, ligeiramente mais recentes, foram encontrados em Lachish, Shechem, Tell el 'Ajjul e outras regiões (Figura 55) (Colless, 1991). Essas inscrições podem estar numa escrita ou em várias escritas relacionadas; até hoje ainda não puderam ser lidas. Esses textos escritos antes de 1050 a.C. – isto é, textos de escritas de Canaã, da Idade do Bronze – são conhecidos coletivamente como proto-cananeus ou cananeus antigos; depois de 1050 a.C. tornaram-se fenícios. Todas as escritas semitas do norte – fenícia, cananita, aramaica – representam alfabetos com menos de trinta letras (Coulmas, 1989).

Os escribas tradicionalmente elaboram sobre princípio herdados. Por volta de 1450 a.C., Ugarit – a moderna Ra's Shamra na costa norte da Síria, e na Idade do Bronze, periferia de influência cananita – também escrevia em um alfabeto consonantal (ver Capítulo 2). Ugarit era um importante centro de comércio que usava dez línguas e cinco escritas, sendo a mais importante a cuneiforme suméroacadiana da Mesopotâmia, que era de origem semita oriental (já que a maioria dos ugarites falavam um idioma semita ocidental). Talvez por razões lingüísticas assim como econômicas e culturais, os escribas de Ugarit resolveram inovar de uma só maneira, emprestando – aparentemente dos cananeus do sul – a idéia da escrita alfabética consonantal, enquanto continuavam a praticá-la com entalhes cuneiformes sobre argila, ao estilo mesopotâmico (ver Figura 34).

O alfabeto consonantal ugarítico compreendia uma série única de trinta combinações cuneiformes, executadas da maneira mais simples possível (incluindo cunhas individuais em várias orientações para transmitir as consoantes mais freqüentes, /g/, /?/ e /t/), a fim de representar trinta diferentes sons consonantais. Isso se tornou o método preferido de escrita dos escribas. Seu inventário consonantal reproduz o

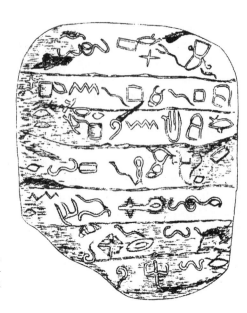

Figura 53 Escrita proto-sinaítica, c. 1850 a. C.: "Eu sou Hatsepšumoš, superintendente das rochas minerais e da região sagrada..."

alfabeto consonantal linear semita ocidental, mas inclui, surpreendentemente, três vogais longas e curtas também – o /a:/, /i:/ e o /u:/ que permitem realce máximo nas línguas semitas. O abecedário ou listas de alfabeto ugarita, em várias tabuletas preservadas, também segue, ainda que apenas em parte, a tradicional ordem das letras (como o alfabeto latino segue a ordem "a, b, c" etc.) do alfabeto linear semita ocidental, uma ordem evidentemente canonizada em Canaã por volta da metade do segundo milênio a.C. (Friedrich, 1966; Diringer, 1968). (Essa mesma ordem foi herdada, com as respectivas mudanças, pelo grego e o arábico.) Desde 1929, mais de mil tabuletas de tributos, transações comerciais e outros documentos do Estado foram encontradas em escrita alfabética ugarítica, assim como textos religiosos e literárias escritos com apenas 27 e não trinta sinais cuneiformes consonantais cunhados.

Em cinqüenta anos – entre 1225 e 1175 a.C. – sociedades da Idade do Bronze entraram em colapso, chegando ao fim mais de trezentos anos de prosperidade. O poderoso Império Hitita pereceu; a maioria dos centros do Egeu, incluindo Tróia, foram destruídos; a cultura de Creta desintegrou-se; os grandes centros de comércio de Tarso, Ugarit, Alalakh e Ashkelon foram aniquilados; a prosperidade do Novo Reino egípcio estava em ruínas. Tudo isso tinha sido causado por "Povos do Mar" Egeu ou filisteus, provavelmente vikings de Danaans (gregos micênicos) que começaram a lutar entre si e agora aterrorizavam o Dardanelos, estendendo-se pelo Levante, estabelecendo colônias onde exerciam grande influência cultural. Mudaram para sempre o Egeu, a Anatólia, Chipre e a costa Levantina, incluindo Canaã (que passou a se chamar Palestina, devido aos filisteus). O alfabeto cuneiforme ugarítico da mesma forma foi abandonado de repente. Apenas um alfabeto derivativo se impôs no período de caos que se seguiu – aquele usado pelos semitas ocidentais de Biblos: o fenício.

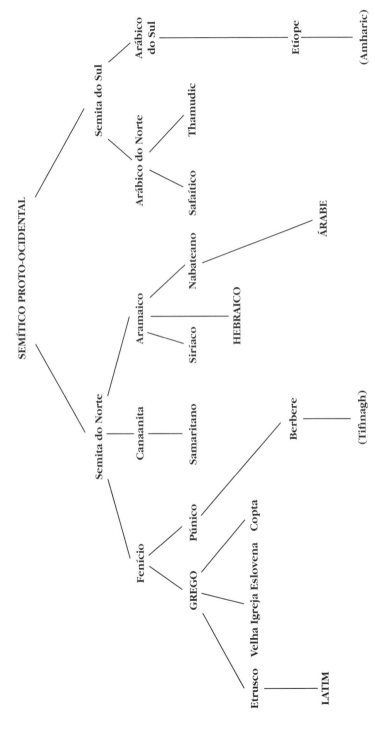

Figura 54 Escritas antigas derivadas da proto-ocidental semita (condensado).

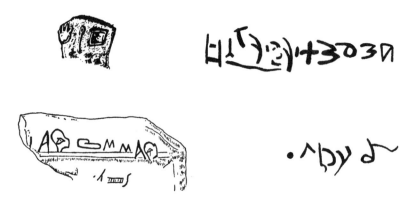

Figura 55 Escrita alfabética proto-canaanita da metade do segundo milênio a.C.: (acima, da esquerda para a direita) inscrição em fragmento de cerâmica de Gezer e inscrição de Lachish; (embaixo) placa de Shechem e inscrição de Tell el-'Ajjul.

O alfabeto fenício

O *abjad*, ou escrita linear semita, floresceu e se difundiu em duas formas separadas, ambas derivadas de variedades do proto-alfabeto cananeu (O'Connor, 1996). Em 1300 a.C., o idioma semita do Sul, com 28 consoantes, tinha já se separado do semita do Norte. Por volta de 1000 a.C, o alfabeto consonantal semita dos fenícios estava inteiramente desenvolvido, com apenas 22 consoantes (a língua tinha abandonado vários fonemas consonantais). O alfabeto fenício foi usado por cerca de mil anos, mudando para o púnico, que era escrito pelos descendentes de colonizadores fenícios no Mediterrâneo ocidental até o terceiro século d.C. Os cananeus da Idade do Bronze se tornaram os fenícios (literalmente "negociantes de púrpura") na Idade de Ferro. Os fenícios não surgiram de repente como povo, eram os habitantes semitas dos centros litorâneos de Biblos, Tiro, Sidon, Beirute e Ashkelon. Por volta de 1050 a.C. suplantaram os forasteiros danaans como governantes dos portos do Mediterrâneo, quando o poder desses "povos dos mares" diminuiu. Isso trouxe repentina liberdade para os fenícios, que lançaram expedições comerciais e depois estabeleceram centros comerciais por todo o Mediterrâneo oriental.

Era necessária uma escrita nova e mais adequada para esses centros comerciais – um alfabeto consonantal simplificado. A escrita fenícia é uma escrita semita ocidental "mais adequada" (Figura 56) (Coulmas, 1989). Está na escrita fenícia o texto legível mais antigo em língua semita ocidental: o epitáfio no sarcófago do Rei Ahiram, de *c*. 1150/1000 a.C. Tendo substituído a escrita silábica de Biblos, os fenícios converteram o alfabeto pictórico de seus ancestrais cananeus da Idade do Bronze em um alfabeto não-pictórico eficiente. Depois, levaram esse alfabeto para as vizinhanças, a fim de escrever várias línguas semitas do noroeste. Embora a aparência dessa nova escrita difira em cada lugar, todas se basearam na escrita fenícia. Os gregos antigos chamavam seu alfabeto *Phoinikia grámmata*, ou "letras fenícias". A escrita fenícia foi a preferida, por todo o Levante, entre 1050 e 850 a.C. (p.91). Durante esse período, apresentou uma direção de escrita instável – da esquerda para a direita, da direita para a esquerda e mesmo mudando de direção a cada linha. Só após 800 a.C. a escrita fenícia passou a ser exclusivamente da direita para a esquerda. Continuou a ser escrita, sem indicação de vogal, até o primeiro século a.C.

Figura 56 Eis uma das mais famosas inscrições fenícias, a Meša'Stele da terra dos moabitas, datada de 842 a.C.: "Eu sou Meša, filho de Kemošmelek, Rei de Moab de Dibon..." O idioma é hebreu antigo.

O filhote colonial mais importante da escrita fenícia foi o púnico, amplamente usado entre colonos fenícios no Mediterrâneo ocidental nos primeiros séculos d.C. (Figura 57). O púnico posterior eliminou os componentes laríngeos das letras consonantais *'alep, 'ayin, hē* e *ḥēt* e usou o que restou – copiando o alfabeto latino então dominante no Mediterrâneo – como vogais escritas entre consoantes, do jeito que usamos hoje. Isso foi notável para a escrita semita, que tradicionalmente reconhece apenas consoantes.

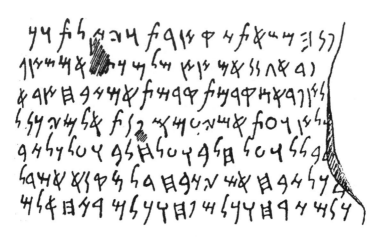

Figura 57 Seção de uma inscrição púnica da colônia fenícia em Marselha, França, anunciando tarifa cartaginesa para sacrifícios, *c.* 300 a.C.

Uma língua berbere antiga, ou mais de uma, está preservada em textos berberes: númida ou "líbio antigo". Como as línguas semita e egípcia, as berberes são subfamílias das afro-asiáticas. São faladas pelo Norte da África do Egito ocidental ao Marrocos. A escrita númida antiga parece ter derivado da púnica (Figura 58) (M. O'Connor, 1996, p.112-16). Surgindo da colonização fenícia em Berber no Norte da África, talvez tenha sido elaborada por volta do século VI a.C.; no entanto, as inscrições mais antigas datam do século II a.C. A escrita berbere aparece na cunhagem celtibérica na Espanha no século I a.C., e possivelmente também nas Ilhas Canárias. Foi usada durante a ocupação romana.

Desde 1100 d.C., toda a escrita berbere era em escrita arábica com exceção de alguns textos em escrita hebraica. A escrita Tifinigh (*ti* + o latim *punicus* para "fenício") do povo Tuareg do Norte da África preserva nos dias de hoje a antiga escrita berbere. Usada tanto por homens como mulheres em cartas de amor, ornamentação doméstica e mensagens de família (geralmente quando as mulheres não lêem o árabe), o Tifinigh é um caso extraordinário de preservação doméstica de uma escrita.

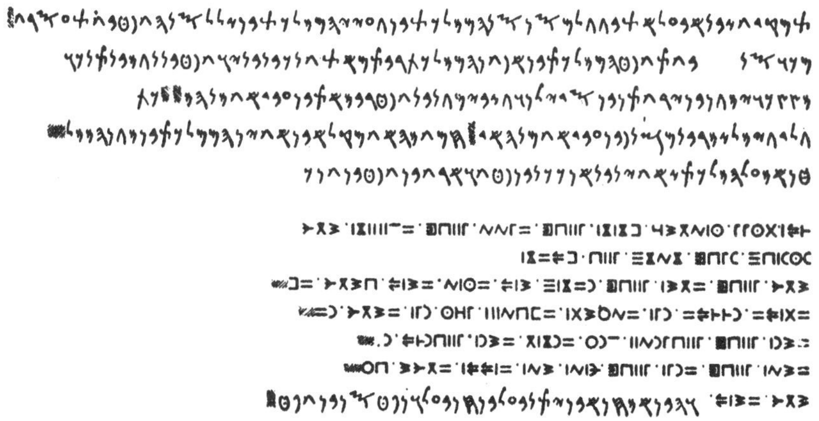

HISTÓRIA DA ESCRITA

[inscrição em púnico e númidan]

Figura 58 Conhecida por "inscrição Massinissa de Thugga" esta inscrição é bilíngüe, em púnico (parte de cima) e em númidan (parte de baixo) e data da Segunda Guerra Púnica (218-201 a.C.): "Este templo os cidadãos de Thugga construíram para o Rei Massinissa..."

A família da escrita aramaica

Por volta do século X a.C., surgiram duas outras escritas semitas do norte – o aramaico e o cananeu (Figura 59). O aramaico se tornou tão significativo como o idioma fenício, uma vez que foi a fonte não apenas do hebraico ou árabe, as duas escritas do Oriente Médio mais amplamente adotadas anos mais tarde, mas provavelmente também pelas centenas de escritas do subcontinente indiano e além.

No início, os falantes do aramaico do norte do Levante, sul da Anatólia e norte da Mesopotâmia usavam escrita fenícia. As inscrições mais antigas em aramaico, ainda fenício, datam do século IX a.C. Mas nesse tempo, os falantes do aramaico já estavam elaborando uma escrita própria, também chamada de aramaico (Figura 60). Por volta do século VIII ou VII a.C., o aramaico tinha se tornado a língua mais amplamente falada no antigo Oriente Médio, a interlíngua de toda a região. Por fim, acabou se tornando o idioma oficial do Império Persa (550-330 a.C.).

Reintroduzindo uma prática adotada por escribas semitas de Ugarit muitos anos antes, escritores da escrita aramaica começaram a indicar as vogais longas no final das palavras, depois dentro das palavras, usando letras consonantais existentes numa função suplementar como sinais de vogais especiais chamadas *matres lectionis*, ou "mães da leitura". (Vogais curtas só foram assinaladas bem mais tarde.) Escrever somente com consoantes aparentemente estava criando muita ambigüidade, especialmente para palavras com "esqueletos" consonantais muito curtos que permitiam várias leituras (em inglês equivaleria ao *mn* consonantal de "man", "men" "moon", "mean", "mane", "mine" etc.). Além disso, o vocabulário limitado das inscrições antigas estava sendo suplantado por um vocabulário mais complicado, que requeria uma reprodução mais exata da fala. Assim, os escritores do aramaico começaram a indicar vogais longas. Muito útil, essa prática logo foi adotada por quem usava escritas canaanitas aparentadas. (Os povos semitas do Sul, no entanto, continuaram a escrever apenas com consoantes).

À medida que a influência do aramaico se espalhou com o avanço do Império Persa, a escrita imperial aramaica se tornou a principal escrita do Ocidente. E substituiu inclusive a cuneiforme assíria, agora usando tinta sobre pele ou papiro

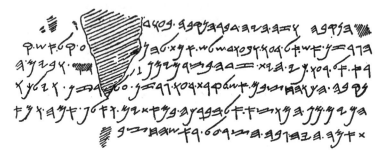

Figura 59 Conhecida por "Inscrição de Siloam" em escrita canaanita, esta inscrição foi descoberta em 1880 na passagem do túnel Siloam, perto de Jerusalém, e recorda a escavação de um canal subterrâneo, c.700 a.C.

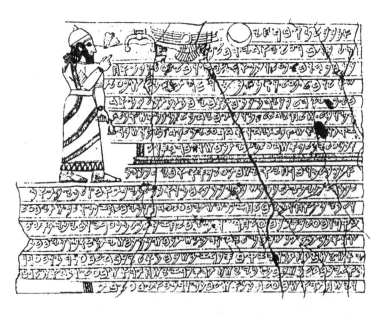

Figura 60 Metade superior da famosa "Inscrição de Kilamuwa", canaanita-aramaica, que reconta em aramaico antigo, o tributo pago pelo príncipe Kilamuwa, filho de Khaya, rei de Ya'di, ao rei assírio Shalmaneser III (858-824 a.C.).

no lugar de cunhagem em argila. A Idade da Argila ia aos poucos chegando ao fim, para nunca mais voltar. A escrita aramaica se espalhou tanto e se tornou tão influente que sobreviveu mesmo ao próprio colapso do Império Persa (Aquemênida). As condições políticas continuaram a manter a estabilidade e uniformidade da escrita por algum tempo. A escrita aramaica foi levada para o Irã, depois para o sul e centro da Ásia. No entanto, ao final do século III a.C., estava se transformando em novas escritas. No Ocidente, os nabateus elaboraram uma forma própria (que mais tarde se tornou o árabe). No deserto da Síria, os palmiranos fizeram o mesmo. No norte e sul da Mesopotâmia, surgiram vários derivativos (O'Connor, 1996). A escrita hebraica, da nação judaica, também surgiu da aramaica.

Entre os hebreus cananeus por volta de 850 a.C., o fenício consonantal já tinha inspirado a escrita hebraica antiga, principalmente documentada em literatura religiosa (Figura 61). Seu uso secular foi interrompido quando um *abjad* hebraico linear foi escrito durante o "Cativeiro da Babilônia", período de exílio dos judeus (597-539 a.C.). Nessa época, a escrita hebraica antiga foi substituída por uma variedade da escrita aramaica que por sua vez havia sofrido grande influência da hebraica antiga. (A escrita hebraica antiga continuou em uso, para objetivos especiais, até 135 d.C.; foi o modelo para a escrita samaritana do século I a.C., que ainda é usada pelos judeus em alguns contextos sagrados.) (Birnbaum, 1971). Por volta do século V a.C., a maioria dos judeus utilizava a escrita aramaica, que padronizaram regularizando cada letra numa moldura quadrada – por isso o nome *kĕtab merubbā'*, ou "escrita quadrada". Por volta do século I a.C. – como nos Rolos do Mar Morto (Figura 62) – a escrita estava inteiramente padronizada. Mais tarde, surgiram duas variações: sefaradi com linhas circulares (espanhol oriental) e a asquenazi angular. A hebraica "quadrada" se tornou a escrita de todos os textos judaicos, secular e sagrado. Durante a Idade Média, sobreviveu apenas o uso sagrado, mas em 1800 os escritores judeus começaram a usá-la novamente para usos profanos. É a escrita atual do Estado de Israel.

A escrita hebraica "quadrada" continua muito próxima da aramaica do século I a.C., assim como nossas letras maiúsculas são bem parecidas com o alfabeto latino do mesmo período. Os hebreus herdaram as marcações de vogais da escrita aramaica, e estenderam o princípio para reduzir mais a ambigüidade. As inscrições sírias primeiro usaram diacríticos – barras e pontos especiais combinados em volta de consoantes – para indicar vogais. Isso provavelmente impeliu a inclusão na escrita hebraica de sinais diacríticos também, junto com marcações do aramaico para vogais longas, que serviam ao mesmo propósito (Jensen, 1996). No entanto, já nos últimos séculos do primeiro milênio a.C., os escribas hebreus usavam mais do que um sistema de diacríticos. Usado hoje em dia para marcar vogais em poesia, livros infantis e especialmente em textos sagrados, o "Sistema de Tiberíades" dos diacríticos hebraicos foi elaborado no importante porto de Tiberias, na Palestina, há mais de 1.100 anos (Figura 63).

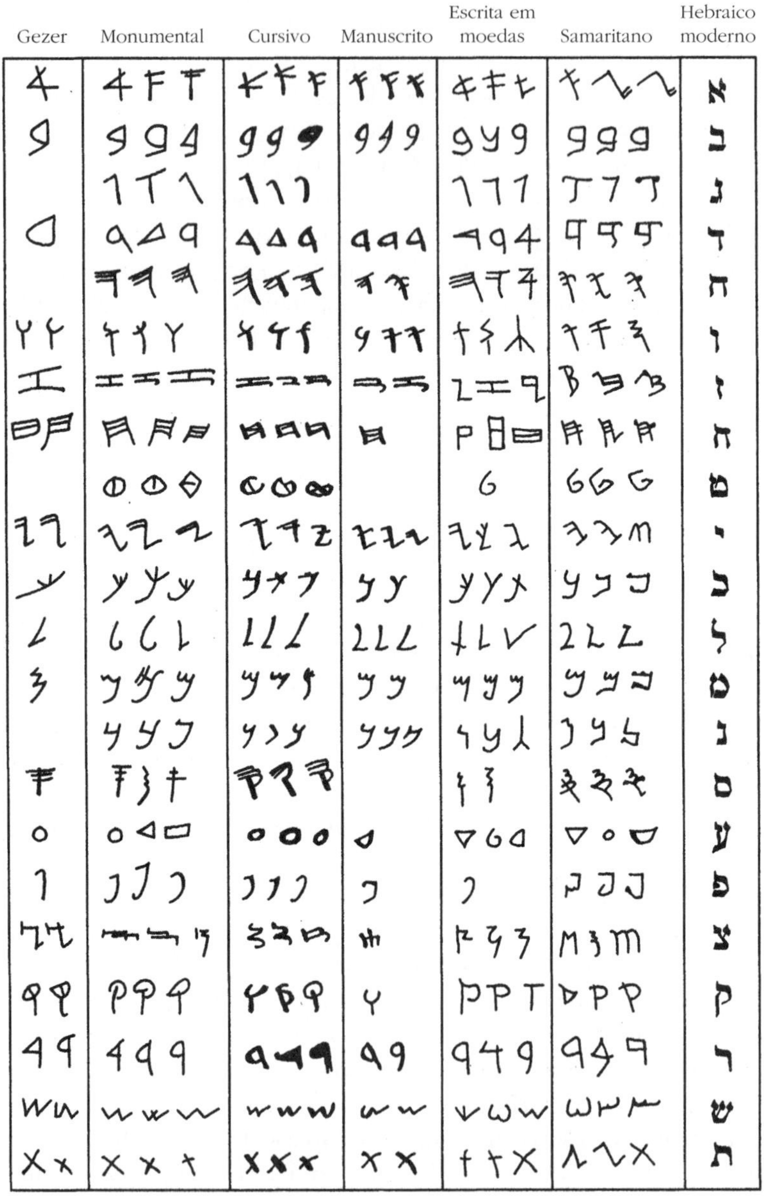

Figura 61 Estágios do alfabeto hebraico antigo.

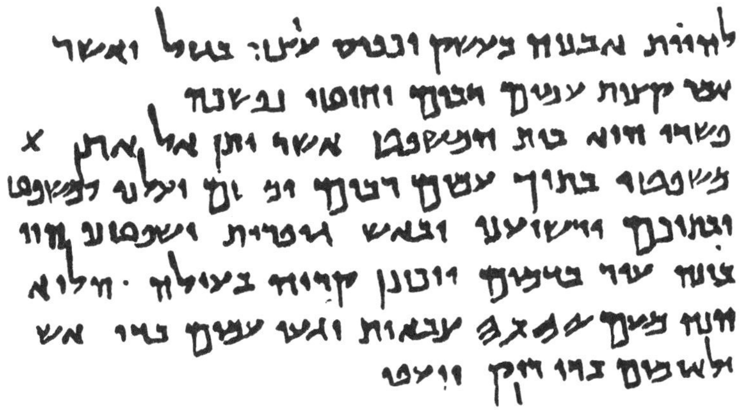

HISTÓRIA DA ESCRITA

[Hebrew manuscript text]

Figura 62 Texto do profeta Habakkuk, num dos rolos em couro Mar Morto (c. 170 a.C.), em um estágio inicial da escrita hebraica "quadrada". Na penúltima linha, a terceira palavra da direita se lê "YAHWEH", numa escrita hebraica mais antiga, aí com função honorífica.

בְּרֵאשִׁית בָּרָא אֱלֹהִים אֵת הַשָּׁמַיִם וְאֵת הָאָרֶץ: וְהָאָרֶץ הָיְתָה תֹהוּ וָבֹהוּ וְחֹשֶׁךְ עַל־פְּנֵי תְהוֹם וְרוּחַ אֱלֹהִים מְרַחֶפֶת עַל־פְּנֵי הַמָּיִם:

bə-rē'šíþ bārā' älōhim' eþ ha-ššāmajim wə' eþ hā-'āräṣ. wə hā-'āräṣ hājəþā þōhū wā-þōhū wə ḥošäχ 'al-pənē þəhōm, wə rūăḥ 'älōhim mərahäfäþ 'al-pənē ha-mmājim.

Figura 63 Gênesis I:1,2 na moderna escrita hebraica "quadrada" usando o "Sistema Tiberíades" de sinais diacríticos: "[I] No começo Deus criou o céu e a terra.[2] E a terra estava sem forma e vazia; e a escuridão brotava das profundezas. E o Espírito de Deus se espalhou pelas águas."

Embora fosse formalmente ainda um alfabeto consonantal, o hebraico, com suas consoantes herdadas que também marcavam vogais longas e seus próprios sinais diacríticos indicando outras vogais, é em muitos sentidos vocalicamente mais preciso do que a maioria dos alfabetos latinos modernos (Coulmas, 1989). Ainda mantém a distinção gráfica entre vogais longas e curtas, perdida no hebraico falado moderno. (O inglês britânico só indica a duração da vogal por descuido, como em "cot" *versus* "cart"). A escrita hebraica, portanto, é arcaica, com muitas redundâncias. Por exemplo, /i/ pode ser escrito ou como uma consoante *jodh* ou como um ponto sob a consoante precedente; alguns escritores usam ambas as formas. No uso diário, assim como a escrita árabe, a hebraica na verdade são duas escritas em uma: uma repleta de marcações, mostrando cada vogal; a outra muito reduzida, deixando a identificação a cargo do contexto (Navon e Shimron, 1984, p.91-102). O hebraico de hoje continua muito dominado por consoantes que, como nos sistemas semitas, constituem o verdadeiro fundamento da escrita.

Os árabes nabateus usavam o aramaico como uma segunda língua especialmente cultural. Escreviam em escrita aramaica entre século I a.C. e III d.C. (Figura 64). Os nabateus eram um conjunto de tribos árabes nômades morando numa região entre a Península do Sinai, norte da Arábia e leste do Jordão. No período helenista, após as conquistas de Alexandre, o Grande, formaram um reino que durou aproximadamente de 150 a.c. até a conquista feita pelos romanos em 105 d.C.; a capital era a insuperável Petra, cidade de pedra. A forma nabatéia que deram à escrita aramaica logo se aproximou da escrita árabe.

Como a hebraica, a árabe é uma escrita religiosa importante, cujo significado, longevidade e expansão se deve à veneração que merecem por serem veículos (Diringer, 1968) da fé. Representante mais nova do semita do norte, foi elaborada no século IV d.C. (Figura 65) – isto é, antes do islamismo. Uma vez escolhida para transmitir o Corão no século VII, sua hegemonia na região e além ficou assegurada. Hoje em dia, o alfabeto consonantal arábico é lido e escrito na Pernínsula Arábica, por todo o Oriente Médio, na Ásia ocidental, central e sudoeste, em partes da África e em todas as áreas da Europa com influência do islamismo (Figura 66). A escrita árabe foi adaptada para mais línguas pertencentes a mais famílias do que qualquer outra escrita semítica, incluindo berbere, somali, swahili (Figura 67), urdu, turco, uighur, kazakh, farsi (persa), kashmiri, malaio, e mesmo o espanhol e o esloveno na Europa (Coulmas, 1989). Depois de "emprestadas", as letras árabes nunca foram abandonadas, mas letras novas ou derivadas com freqüência foram acrescentadas para reproduzir sons estranhos ao repertório árabe. O árabe facilita esse processo, fazendo a distinção de algumas letras apenas pela variação de quantidade de pontos nelas; essa função pode então ser facilmente explorada por línguas estrangeiras que necessitem novas letras compatíveis com a aparência fundamental do árabe (Sommer, 1942). A árabe é uma das grandes escritas do mundo, e certamente sobreviverá por muitos séculos.

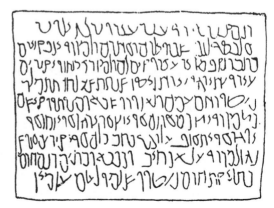

Figura 64 Inscrição nabatéia do século I a.C.: "Esta é a tumba que 'Aidu, filho de Kuhailu, filho de Elkasi, construiu para si e seus filhos..."

Como todas as escritas semitas, a árabe usa o alfabeto consonantal comumente indicando a raiz das palavras, mas com um repertório mais rico de 28 letras básicas e demais aumentos, alguns criados com adição de um ponto sob as letras existentes (Figura 68). (Uma "29ª" letra é a ligatura de *lām* e *'ālif*.) O arábico também herdou o uso da vogal longa e diacríticos especiais para sinalizarem outras vogais. No entanto, vogais em árabe são indicadas consistentemente apenas no Corão e em poesia. Todos os outros textos usam apenas consoantes, com os diacríticos auxiliando ocasionalmente para evitar ambigüidade de leitura. O uso do *'ālif* para /a:/ longo é uma inovação árabe. Os /a/, /i/ e /u/ curtos usam formas derivadas de consoantes simplificadas: para /a/, uma barra horizontal sobre a consoante; para /i/, barra semelhante sob a consoante; e para /u/, um pequeno gancho sobre a consoante. Se um pequeno círculo estiver escrito acima da consoante, isso significa que nenhuma vogal acompanha a consoante. Todas, com exceção de seis letras árabes aparecem em quatro formas diferentes, cada uma determinada pela posição da letra na palavra: independente (forma neutra ou padrão), inicial, no meio e no final (Figura 69).[5]

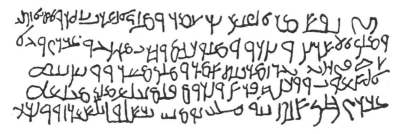

Figura 65 Esta inscrição de Namara, na Síria, datada de 328 d.C., revela um estágio de transição do árabe nabateu, especialmente em seu uso das ligaturas (linhas ligando letras).

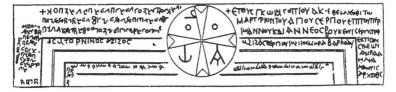

Figura 66 Inscrição trilíngüe: à direita, na parte superior, em grego; à esquerda, em siríaco e embaixo, em árabe, de 512 d.C. É a mais antiga inscrição conhecida de uma escrita árabe.

---

5 Ibid.

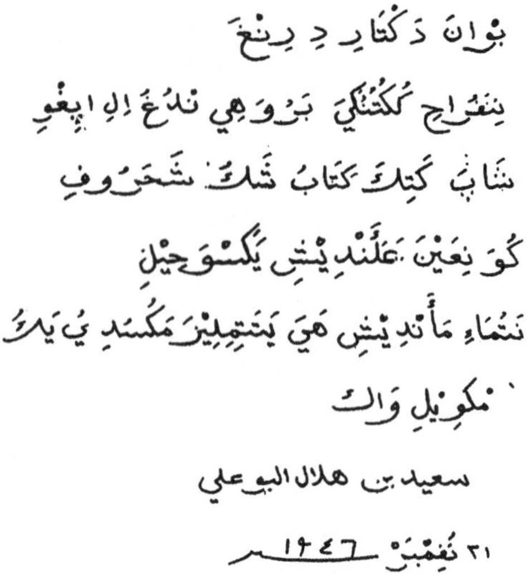

بْوَانَ ذَ كْتَايِ دِ بِنْغَ

بِنَفْرَاج كُكْثُنْكِيَ بَرُوهِي ثَلْدُعَ اِلِ اِبْغُوِ

شَابُ كِتِكَ كَتَابُ ثَلكَ شَحَرُوفِ

كُوَ نِعَيْنَ عَلْنَدِ يِتْنِ يُكْسُوَ حِيْل

نَتْمَاءِ مَأْتِدِ يِتْنِ هَيَ يَنْتِبِيزَ مَكْسَدِ يَ يَمكُ

نْكُوِنِلِ وَاكَ

سعيد بن هلال البوعلي

٢١ نُفِمْبَرْ ١٩٤٦

Figura 67 Carta escrita na língua swahili, da direita para a esquerda, usando um alfabeto árabe consonantal adaptado com diacríticos completos acima e abaixo das consoantes para mostrar todas as vogais.

A imensa expansão geográfica árabe gerou uma grande variedade de usos locais do árabe, como ocorria com o alfabeto latino na Europa Ocidental na mesma época. No entanto, a escrita árabe estava tão intimamente associada com o Corão e seus comentários, que desenvolveu um conservadorismo inerente – a escrita pouco mudou, enquanto que a língua mudou dramaticamente. As escolas se aliaram ao conservadorismo religioso e assim houve uma crescente divergência entre a escrita e a fala árabe (Sommer, 1942; Ziadeh e Winder, 1957; Cowan, 1964; Smart, 1986; Mahmoud, 1979). Embora agora sejam distintas, as duas formas são vistas como variedades de uma mesma língua.

A escrita semita do sul que se separou do semita do norte por volta de 1300 a.C. originou-se na Península Arábica. Esse *abjad* do sul linear, que acabou no primeiro milênio d.C., serviu de modelo para escritas aparentadas transmitindo as línguas árabe do norte (da Síria) e da Abissínia (da Etiópia). Seus dois membros mais importantes são o árabe do sul e o etíope. A escrita árabe do sul, como a semita do norte, é altamente simétrica, com angularidade pronunciada.

A escrita etíope de inscrições (não a etíope silábica, que é diferente) inicialmente carecia de vogais. As inscrições etíopes estão em Ge'ez, idioma da Igreja Cristã etíope nos primeiros anos da d.C. No século IV d.C., os escribas começaram a inovar, imprimindo alterações sistemáticas nas formas das consoantes, afim de indicar uma das sete vogais, formando uma sílaba CV do *abugida*, o silabário do Ge'ez. Desta forma, a escrita etíope posterior se tornou um alfabeto completo (Figura 70). A vocalização do etíope é uma exclusividade entre as escritas semitas. Segundo um estudioso, ela teria sido desenvolvida pelo contato com a escrita indiana kharosthi que opera com o mesmo princípio – isto é, cada letra representa uma consoante + /a/, com diacríticos para outras vogais – e antecedeu, por muitos

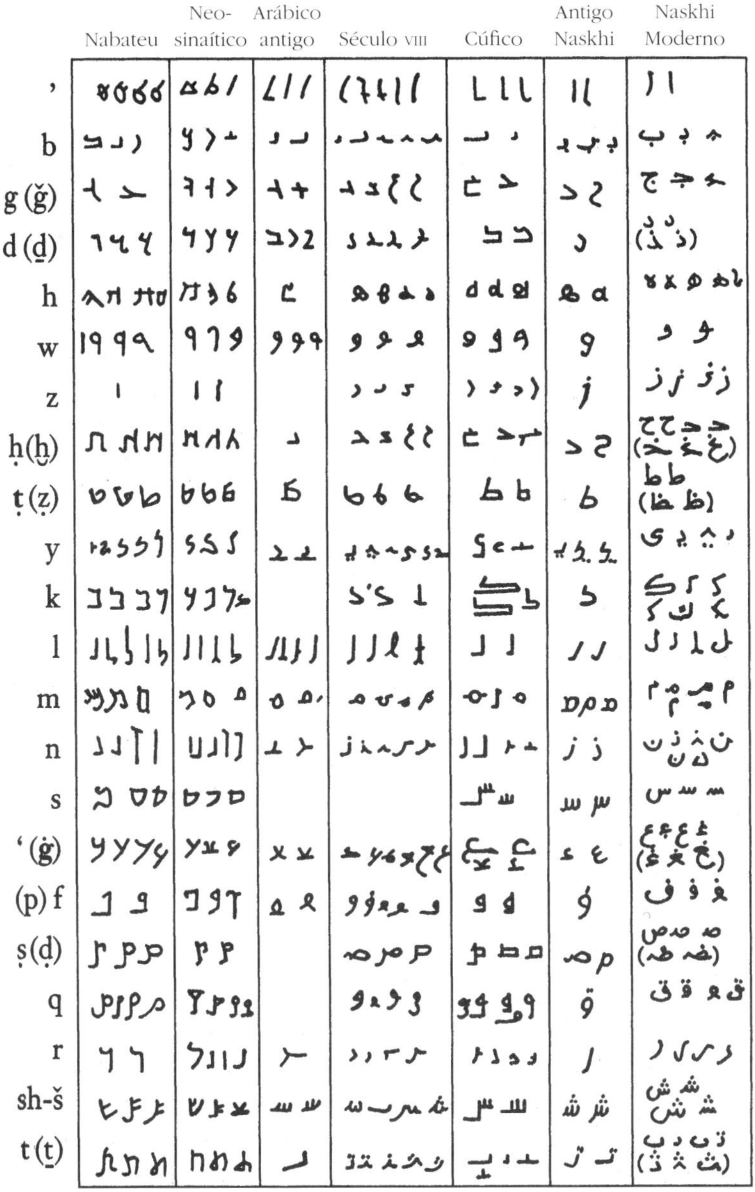

HISTÓRIA DA ESCRITA   93

	Nabateu	Neo-sinaítico	Arábico antigo	Século VIII	Cúfico	Antigo Naskhi	Naskhi Moderno
'							
b							
g (ğ)							
d (ḏ)							
h							
w							
z							
ḥ (ḫ)							
ṭ (ẓ)							
y							
k							
l							
m							
n							
s							
' (ġ)							
(p) f							
ṣ (ḍ)							
q							
r							
sh-š							
t (ṯ)							

Figura 68 Do antigo nabateu ao moderno naskhi, a escrita árabe padrão.

Nome	Inicial	Média	Final	Isolada	Valor
'elif			ﺎ	ا	;
bā	ﺑ	ﺒ	ﺐ	ب	b
tā	ﺗ	ﺘ	ﺖ	ت	t
ṯā	ﺛ	ﺜ	ﺚ	ث	ṯ
ǧīm	ﺟ	ﺠ	ﺞ	ج	ǧ
ḥā	ﺣ	ﺤ	ﺢ	ح	ḥ
ḫā	ﺧ	ﺨ	ﺦ	خ	ḫ
dāl			ﺪ	د	d
ḏal			ﺬ	ذ	ḏ
rā			ﺮ	ر	r
ẓā			ﺰ	ز	z
sīn	ﺳ	ﺴ	ﺲ	س	s
šīn	ﺷ	ﺸ	ﺶ	ش	š
ṣād	ﺻ	ﺼ	ﺺ	ص	ṣ
ḍād	ﺿ	ﻀ	ﺾ	ض	ḍ
ṭā	ﻃ	ﻄ	ﻂ	ط	ṭ
ẓā	ﻇ	ﻈ	ﻆ	ظ	ẓ
ʿain	ﻋ	ﻌ	ﻊ	ع	:
ġain	ﻏ	ﻐ	ﻎ	غ	ġ
fā	ﻓ	ﻔ	ﻒ	ف	f
kaf	ﻗ	ﻘ	ﻖ	ق	k(q)
ḵāf	ﻛ	ﻜ	ﻚ	ك	k
lām	ﻟ	ﻠ	ﻞ	ل	l
mīm	ﻣ	ﻤ	ﻢ	م	m
nūn	ﻧ	ﻨ	ﻦ	ن	n
hā	ﻫ	ﻬ	ﻪ	ه	h
wāw			ﻮ	و	w
jā	ﻳ	ﻴ	ﻲ	ي	j
lām-elif			ﻼ	لا	lā

Figura 69 O alfabeto consonantal naskhi moderno, ou arábico padrão: um inventário de posições.

séculos, a inovação etíope (Friedrich, 1966). Outro fator que sugere algum empréstimo (mas não do kharosthi) é que só o etíope, entre as escritas semitas, é lido da esquerda para a direita. A escrita etíope de hoje preserva a língua Ge'ez da Igreja Cristã da Etiópia há muito extinta. Ao longo dos últimos setecentos anos, a língua amharic se desenvolveu na Etiópia, tornando-se o idioma oficial, e nesse tempo a escrita etíope foi adaptada para transmitir o amharic e outras línguas nativas.

	+ă	+ū	+ī	+ā	+ē	sem vogal	+ō
h	ሀ	ሁ	ሂ	ሃ	ሄ	ህ	ሆ
l	ለ	ሉ	ሊ	ላ	ሌ	ል	ሎ
ḥ	ሐ	ሑ	ሒ	ሓ	ሔ	ሕ	ሖ
m	መ	ሙ	ሚ	ማ	ሜ	ም	ሞ
š	ሠ	ሡ	ሢ	ሣ	ሤ	ሥ	ሦ
r	ረ	ሩ	ሪ	ራ	ሬ	ር	ሮ
s	ሰ	ሱ	ሲ	ሳ	ሴ	ስ	ሶ
q	ቀ	ቁ	ቂ	ቃ	ቄ	ቅ	ቆ
b	በ	ቡ	ቢ	ባ	ቤ	ብ	ቦ
t	ተ	ቱ	ቲ	ታ	ቴ	ት	ቶ
ḫ	ኀ	ኁ	ኂ	ኃ	ኄ	ኅ	ኆ
n	ነ	ኑ	ኒ	ና	ኔ	ን	ኖ
'	አ	ኡ	ኢ	ኣ	ኤ	እ	ኦ
k	ከ	ኩ	ኪ	ካ	ኬ	ክ	ኮ
w	ወ	ዉ	ዊ	ዋ	ዌ	ው	ዎ
'	ዐ	ዑ	ዒ	ዓ	ዔ	ዕ	ዖ
z	ዘ	ዙ	ዚ	ዛ	ዜ	ዝ	ዞ
j	የ	ዩ	ዪ	ያ	ዬ	ይ	ዮ
d	ደ	ዱ	ዲ	ዳ	ዴ	ድ	ዶ
g	ገ	ጉ	ጊ	ጋ	ጌ	ግ	ጎ
ṭ	ጠ	ጡ	ጢ	ጣ	ጤ	ጥ	ጦ
p̣	ጰ	ጱ	ጲ	ጳ	ጴ	ጵ	ጶ
ṣ	ጸ	ጹ	ጺ	ጻ	ጼ	ጽ	ጾ
ḍ	ፀ	ፁ	ፂ	ፃ	ፄ	ፅ	ፆ
f	ፈ	ፉ	ፊ	ፋ	ፌ	ፍ	ፎ
p	ፐ	ፑ	ፒ	ፓ	ፔ	ፕ	ፖ

Figura 70 Escrita etíope: em consoantes que já possuem um /a/ com valor curto, uma série regular de marcas em algumas posições são feitas para sinalizar outras vogais, formando assim um alfabeto completo.

As escritas indianas da Índia e do Sudeste da Ásia

As centenas de escritas do passado e do presente do subcontinente indiano e seus numerosos derivativos asiáticos e do Pacífico – a maior riqueza em termos de escritas do mundo – não podem ser suficientemente descritas, nem mesmo listadas, numa breve história da escrita. Fosse este trabalho em cinco volumes, as escritas índicas preencheriam três deles. Apesar disso, mais de 50% da população da Índia continua analfabeta, e centenas de línguas de minorias ali não têm escrita. Existe uma preferência pela comunicação oral nessa região. Os brâmanes, classe de sacerdotes da Índia, por longo tempo consideravam a escrita inferior à fala. Talvez essa seja uma das razões pelas quais a escrita não se instalou no subcontinente indiano até cerca do século VIII a.C. (A escrita do Vale do Indo já estava extinta há mil anos, não tendo deixado descendentes). A transmissão oral continuou por muitos séculos depois de a escrita começar ali. Finalmente, a arte da escrita floresceu para formar uma grande literatura em uma variedade de línguas e escritas – embora se mantivesse restrita a pequenos grupos de praticantes e geralmente destituída da honra e prestígio que envolvia a escrita em quase todo lugar.

A Índia apresenta uma das "mais ricas e mais variadas tradições literárias" do mundo (Coulmas, 1989). Desde a criação do Estado indiano, em meados dos anos 1900, têm havido muitos apelos para a adoção de uma só escrita para todos os indianos. Esse apelo tem sido em vão. De fato, de acordo com um estudioso indiano, "hoje uma nova escrita é criada na Índia quase a cada três meses" (Pattanayak, 1979, p.43-59). Isso mostra a importância sócio-simbólica da escrita: muito mais do que um instrumento para registrar a fala, a escrita é emblema de privilégio social. Esse fato é mais bem exemplificado na Índia do que em qualquer outro lugar (Kannaiyan, Madras, 1960).

Segundo o folclore indiano, a escrita foi inventada pelo deus da sabedoria, Ganesh, o deus com cara de elefante: ele teria quebrado uma de suas presas para usar como lápis. Estudiosos, por outro lado, concordam em geral que a escrita semita foi a fonte direta para a escrita no subcontinente hindu, provavelmente a escrita aramaica que dominava o Oriente Médio no primeiro milênio a.C. Embora fragmentos de escrita indiana anterior sejam conhecidos, o documento antigo mais longo são os famosos éditos do rei Asoka de c.254-250 a.C., escavados em pilares de rochas por todo o Hindustão. Ambas as escritas indianas anteriores – kharosthi e brâmane – aparecem nas inscrições de Asoka. Nelas já está claro que a escrita não é nativa. De fato, nenhuma escrita foi jamais "criada" dos rabiscos do subcontinente indiano. Embora a região possa orgulhosamente reivindicar mais de duzentas escritas, elas derivaram inteiramente da escrita brâmane, que por sua vez derivou de uma fonte semita (Figura 71).

Para ser lida da direita para a esquerda, a escrita kharosthi do Norte da Índia aparentemente se inspirou no aramaico, língua e escrita presentes em vasta região que ia do oeste da Síria ao leste do Afeganistão (Figura 72). No kharosthi, cada letra transmite um *Ca* (isto é, uma consoante + a vogal /a/) a menos que outra vogal seja especificada – assim como a escrita etíope posterior – e nesse caso há uma indicação de seu diacrítico junto à consoante. Embora alguns estudiosos encarem isso como um silabário, a estrutura consonantal identifica aí um sistema *abudiga*, em que cada caractere composto representa uma consoante à qual uma vogal específica se une; as vogais restantes são representadas por uma consistente modificação do sinal de cada consoante. (O nome *abudiga* é na verdade etíope, criado a partir das primeiras quatro consoantes e primeiras quatro vogais da ordem tradicional da escrita). Comumente foi usado por todo o noroeste da Índia nos primeiros séculos a.C., quando o kharosthi sucumbiu perante a escrita brâmane que ascendia.

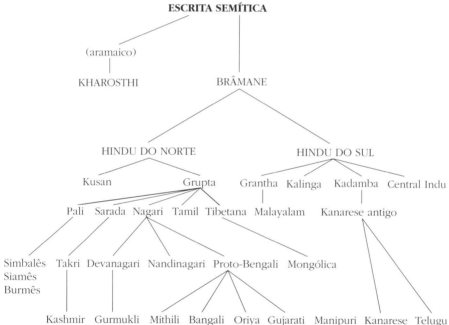

Figura 71 Árvore genealógica de algumas das escritas índicas mais importantes.

As escritas índicas subseqüentes eram modeladas intencionalmente no brâmane, ancestral de toda a escrita índica, fora a kharosthi. O brâmane teve origem no século VIII ou VII a.C. e já estava bem espalhado por volta do século V a.C. (Figura 73). Tendo também feito empréstimos da escrita semita, a brâmane compreende um sistema muito parecido com o da kharosthi, da mesma forma seguindo a *abudiga*. Parece que os escribas hindus redesenharam conscientemente a escrita semita emprestada, de acordo com princípios fonológicos bem absorvidos (Ibid). Os hindus eram os melhores lingüistas da Antigüidade; o Ocidente só alcançou o nível deles no início de 1800 – e em alguns casos só em 1900 (Fischer, 1999). Os escribas hindus da Antigüidade classificavam as letras de acordo com lugares de articulação (uma prática surpreendentemente "moderna"): primeiro as vogais e ditongos, depois consoantes (com "padrão" /a/), na mesma ordem, de trás para frente da boca humana: guturais, palatais, cerebrais (palatais), dentais, labiais, semivogais e aspirantes. Parece confirmar uma igualdade fundamental entre os sistemas de escrita, o fato de os hindus, possuindo essa percepção lingüística, não terem abandonado seu "desajeitado" sistema em favor de um alfabeto eficiente quando se defrontaram com a escrita grega. Isto é, mantiveram seu sistema porque ele transmitia melhor todo o repertório de sons hindus (Coulmas, 1989). A "sílaba gráfica" de seu sistema *abudiga* de consoante + diacrítico parecia, pelo menos para os escribas hindus, render mais informação fonética do que uma mera letra. Assim, em todas suas derivativas, a escrita índica permaneceu alfabética consonantal.

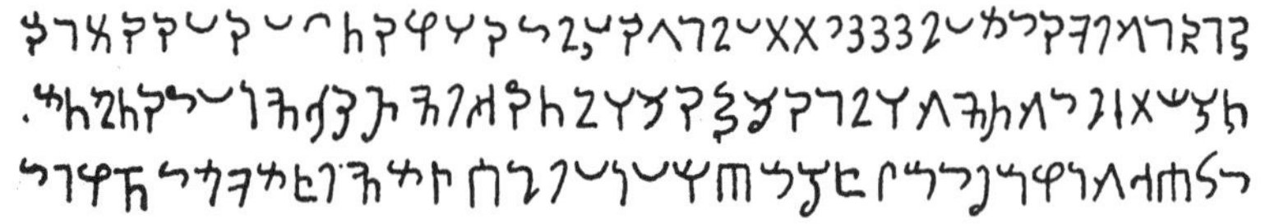

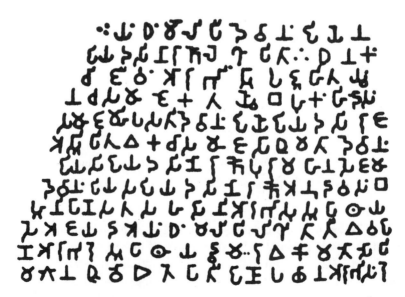

Figura 72 Inscrição em escrita kharosthi, século III a.C.

Figura 73 Escrita brâmane de inscrições de Asoka, *c.* 253-250 a.C.: "Isto é um decreto do rei Piyadasi, amado dos deuses..."

HISTÓRIA DA ESCRITA

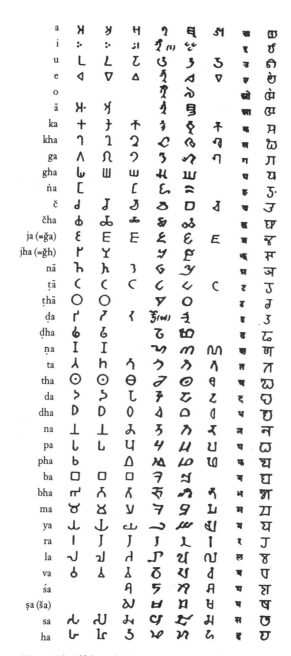

Figura 74 Alfabeto brâmane e algumas derivações.

Nas consoantes brâmanes existe um /a/ inerente, a menos que um diacrítico anexado indique outra vogal (Figura 74). Vogais iniciais – isto é, /a/, /i/, /u/ e /e/ começando uma palavra – têm letras próprias separadas, também chamadas de "vogais silábicas". Os "esqueletos" consonantais simples que se está acostumado a encontrar em escritas semitas aqui se complicam em vista do grande repertório de C (consoantes) das línguas índicas e estruturas de V (vogais), que exigem a identificação de vogais específicas: V, CV, CCV, CCCV, CVC, VC e outras possibilidades silábicas. O brâmane é em geral escrito da esquerda para a direita, como nas inscrições de Asoka, embora as antigas inscrições brâmanes, como a maioria das escritas semitas, sejam escritas da direita para a esquerda. Ninguém sabe por que os escribas brâmanes de repente inverteram a direção da escrita, mais de dois mil anos atrás.

Duas das mais importantes famílias lingüísticas são transmitidas por escritas derivadas do brâmane: os idiomas dravidianos nativos, falados hoje principalmente no sul da Índia, e os indo-europeus derivados do sânscrito, do norte da Índia e partes do sudoeste da Índia. Cerca de dois mil anos atrás, a escrita brâmane se dividiu em duas famílias principais: Do norte e do Sul da Índia (ver Figura 71), cada uma compreendendo muitas escritas diferentes. Todas usavam o mesmo princípio brâmane de indicação de vogal por meio de diacríticos, e muitas eram parecidas. No entanto, conseguir ler uma não facilitava a leitura de outra: embora o sistema de escrita subjacente fosse quase idêntico, as formas das letras e diacríticos não eram.

As escritas do Norte da Índia se estendiam no noroeste da Índia ao sudoeste da Ásia, e incluíam as escritas do Nepal, Tibete e Bangladesh. Um ramo antigo desta, do século IV d.C., foi a escrita gupta, primeiro filhote importante da escrita brâmane. O gupta se espalhou pelo poderoso Império Gupta do norte, centro e oeste da Índia, do início do século IV ao final do século VI d.C. O alfabeto gupta se tornou o ancestral da maior parte das escritas índicas (em geral por meio do devanagari que veio posteriormente). Havia quatro subtipos principais do gupta, derivados do alfabeto gupta original: da Ásia oriental, ocidental, central e do sul. O gupta da Ásia central ramificou-se no gupta inclinado da Ásia central (com as variantes agneano e cucheno) e no gupta cursivo da Ásia central, ou kotanês.

व्यवहारान्नृपः पश्येद्विद्वद्भिर्ब्राह्मणैः सह ।
धर्मशास्त्रानुसारेण क्रोधलोभविवर्जितः ॥ १ ॥

Figura 75 Devanagari, principal veículo da literatura em sânscrito: "O governante deve examinar os inquéritos junto com brâmanes instruídos, à luz da Lei, livre e ira e paixão."

Tendo surgido por volta de 600 d.C., o gupta inspirou importantes escritas: nagari, sarada, tibetana e pali. O nagari, do noroeste da Índia, apareceu por volta de 633 d.C. No século xi, totalmente desenvolvido, o nagari se tornou devanagari, ou "nagari do céu" uma vez que agora era, dentre muitos outros, o principal veículo da literatura sânscrita (Figura 75) (Khubchandani, 1983). O alfabeto do devanagari compreendia 48 letras: 13 vogais e 35 consoantes, com uma ordem fixada desde a Antigüidade por gramáticos hindus (Figura 76). Há muitas convenções de escrita que um estudante precisa aprender: diferentes formas de vogais para as posições inicial e média; e outros detalhes, especialmente o uso de ligaturas, que são muito complexas e numerosas, em particular no sânscrito (Bright, 1996, p.384-90). Assim como com todas as escritas índicas, o devanagari é escrito da esquerda para a direita. E por suas convenções especiais, a divisão de palavras apenas necessita ser mostrada em conjunturas especiais. Isto é, a costumeira barra horizontal unindo todas as consoantes é quebrada em certas instâncias: quando uma palavra termina em vogal, ditongo, nasal ou consoante fricativa; ou quando as palavras começam com uma consoante. De outra forma, todas as palavras são escritas junto. A divisão de palavras só é marcada por meio de *sandhi*, que os escribas de sânscrito distinguiam com cuidado: priorizando a sentença sobre as palavras constituintes, os escribas marcavam "grupos de respiração" (como hoje fazem os cantores profissionais). O final de uma sentença era marcado com I; uma passagem completa do texto terminava com I I (ver Figura 75).

Em certo momento, o devanagari se tornou a principal escrita hindu. Também se tornou uma das mais importantes do mundo, e foi usada para transmitir muitas outras línguas da região, como o hindi (Figura 77), nepalês, marwari, kumaoni e outras línguas não indo-arianas. O devanagari não conseguiu se tornar a única escrita hindu talvez por causa da longa desunião regional. Subseqüentemente tornou-se parente, entre outras escritas, da gurmukhi, que os sikhs elaboraram em 1500 a fim de escrever suas línguas punjabi (Figura 78). Hoje em dia, o devanagari sobrevive na Índia sendo uma das dez mais importantes escritas (incluindo os alfabetos latim e pérsico-árabe), dentre cerca de 190 outras de menor significado.

Outro membro importante da escrita do norte da Índia derivou do nagari (não do devanagari): o proto-bengalês (Figura 79) que tem sido usado há mais de quinhentos anos para transmitir vários idiomas importantes. São eles: bengalês, assamês (que adicionou quatro letras) (Figura 80), manipura (Figura 81), mithili (Figura 82), alguns idiomas tibetano-burmês e o grupo santhali de línguas (de Bangladesh ocidental, Bihar e Orissa). O idioma oriá, de Orissa, elaborou escrita própria, baseada na escrita bengalesa (Figura 83). As escritas gujarati (Figura 84) e kaithi (Figura 85) que transmitem o gujarati e o bihari, estão bem próximas da escrita bengalesa; no entanto, o devanagari é agora usado para escrever o bihari.

*	+						
ऋ		a	क	k		प	p
अ	–		ख	k-h		फ	p-h
आ	ा	ā	ग	g	GUTURAIS	ब	b	LABIAIS
			घ	g-h		भ	b-h
			ङ	ṅ		म	m
इ	ि	i	च	c		य	y
ई	ी	ī	छ	c-h		र	r
उ	ु	u	ज	j	PALATAIS	ल	l	SEMIVOGAIS
ऊ	ू	ū	झ or स	j-h		व	v
			ञ	ñ			
ऋ	ृ	r (or ri)	ट	ṭ		श	ś (or ç)
ॠ	ॄ	ṝ (or r̄i)	ठ	ṭ-h	CEREBRAIS	ष	ṣ	CONSOANTE FRICATIVA
ऌ	ॢ	l (or li)	ड	ḍ		स	s
			ढ	ḍ-h		ह	h
			ण	ṇ			
ए	े	e	त	t		:	ḥ
ऐ	ै	ai	थ	t-h	DENTAIS		
ओ	ो	o	द	d		˙m or ṁ
औ	ौ	au	ध	d-h			
			न	n			

Figura 76 Alfabeto consonantal devanagari, como usado na literatura sânscrita.

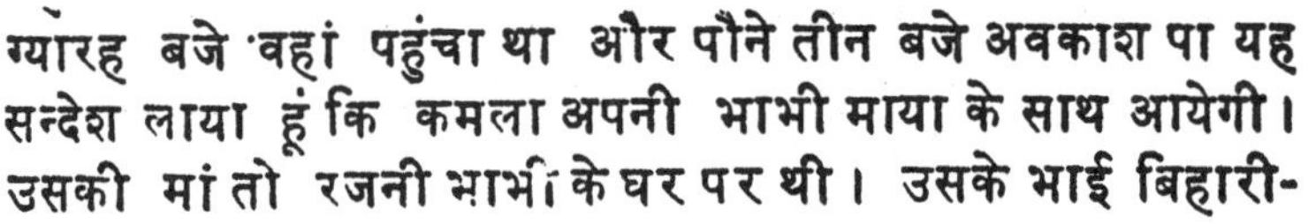

ग्यारह बजे वहां पहुंचा था और पौने तीन बजे अवकाश पा यह
सन्देश लाया हूं कि कमला अपनी भाभी माया के साथ आयेगी।
उसकी मां तो रजनी भार्भां के घर पर थी। उसके भाई बिहारी-

Figura 77 Hindi.

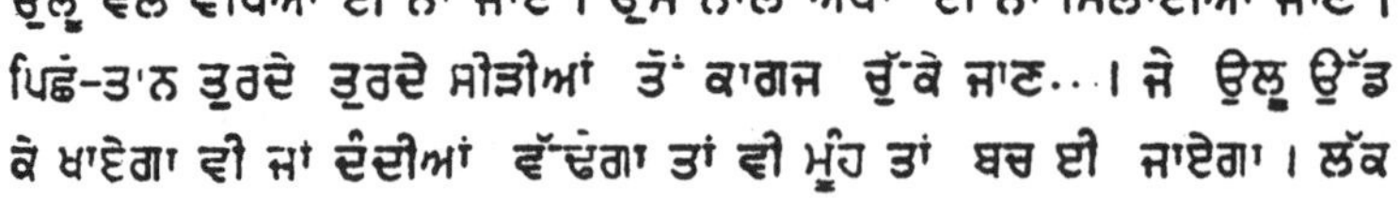

ਉਲੂ ਵਲ ਵੇਖਿਆ ਈ ਨਾਂ ਜਾਏ। ਉਸ ਨਾਲ ਅੱਖਾਂ ਈ ਨਾ ਮਿਲਾਈਆਂ ਜਾਣ।
ਪਿਛੇ-ਤਾਂ ਤੁਰਦੇ ਤੁਰਦੇ ਸੋੜੀਆਂ ਤੋਂ ਕਾਗਜ ਚੁੱਕੇ ਜਾਣ... । ਜੇ ਉਲੂ ਉੱਡ
ਕੇ ਖਾਏਗਾ ਵੀ ਜਾਂ ਦੰਦੀਆਂ ਵੱਢੇਗਾ ਤਾਂ ਵੀ ਮੂੰਹ ਤਾਂ ਬਚ ਈ ਜਾਏਗਾ। ਲੱਕ

Figura 78 Gurmukhi.

বদলে রইলো এই ঘড়ি। একটু অদ্ভুত ঘড়ি। এই ঘড়িটাই শব্দ ক'রে
তাল দিতো গানের সঙ্গে-সঙ্গে। একটা যন্ত্র ঘুরিয়ে দিলে প্রত্যেকটি
টিকটিক আওয়াজ রীতিমতো জোরে তবলার বোলের মতো টকটক

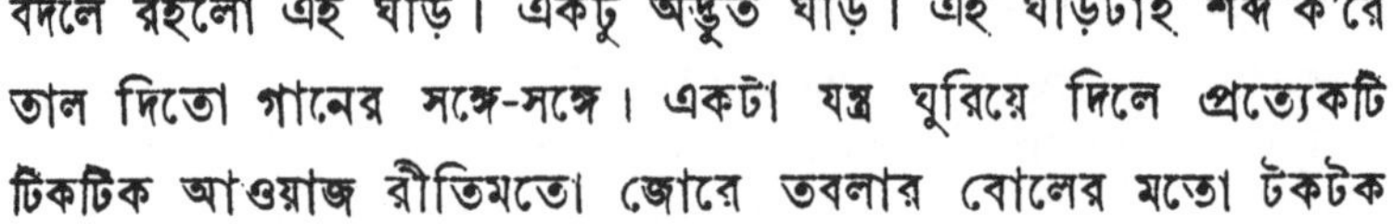

Figura 79 Bengalês.

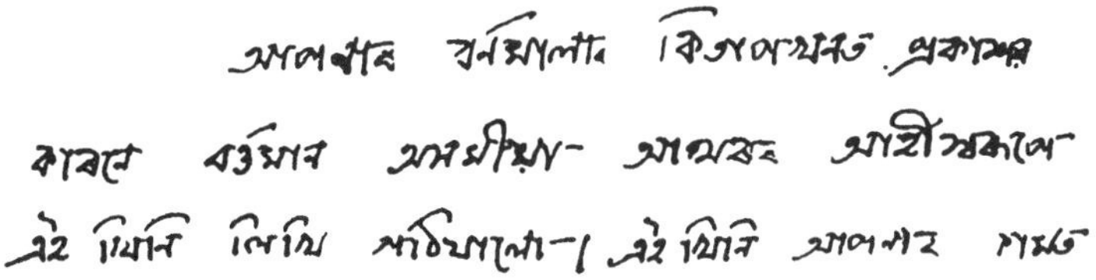

HISTÓRIA DA ESCRITA 103

Figura 80 Assamês.

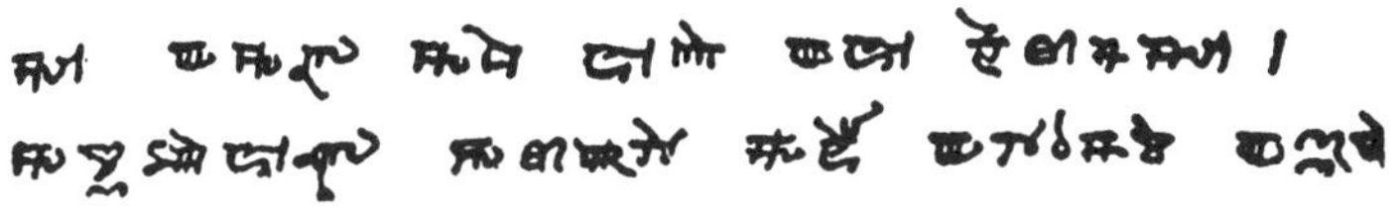

Figura 81 Manipuri.

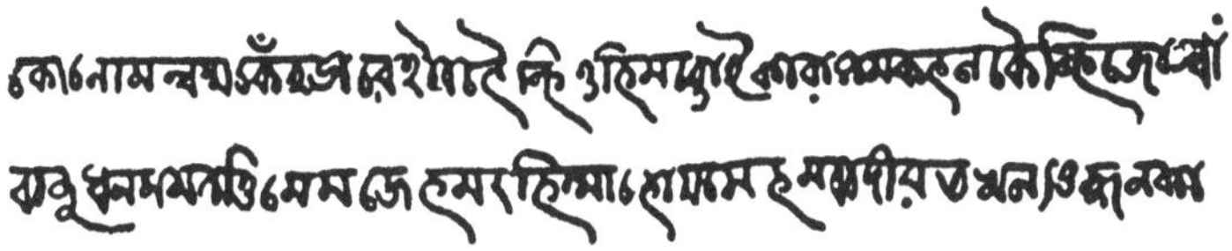

Figura 82 Maithili.

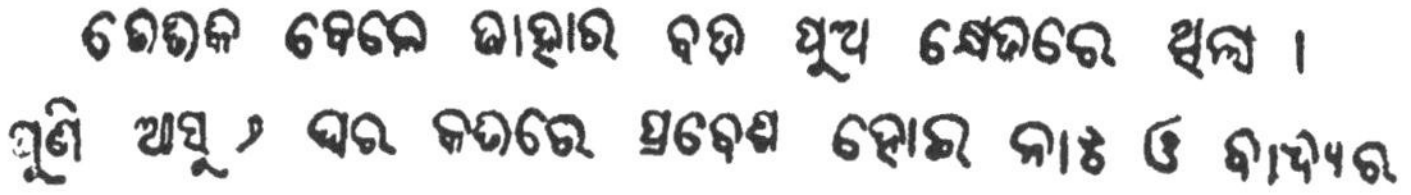

Figura 83 Oriá.

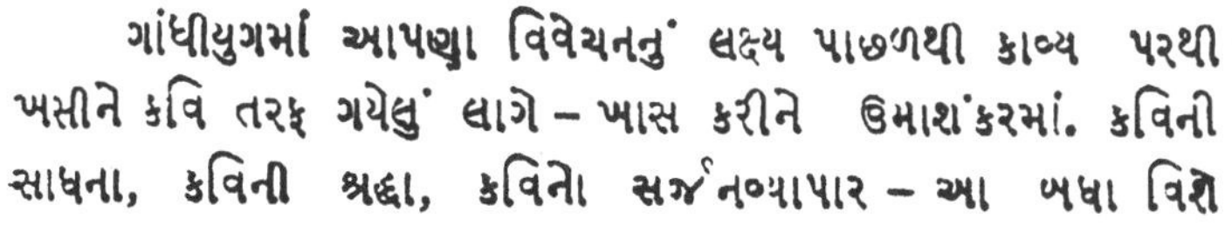

Figura 84 Gujarati.

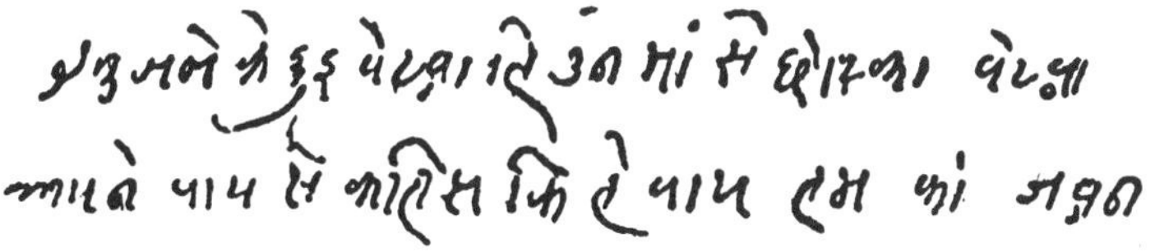

Figura 85 Kaithi.

Um filhote do gupta é o sarada, que produziu a escrita takri. Esta, por sua vez, gerou a escrita caxemira, da Caxemira.

Outro descendente do gupta, a escrita páli, era aparentada com muitas escritas (siamesa ou antigo thai, burmesa, kavi, singalesa e outras), especificamente elaboradas para escrever em prácrito – os vernáculos do norte e centro da Índia, surgidos a partir de ou conectados com o sânscrito – envolvido com o budismo. À medida que o budismo se expandiu, as escritas páli se espalharam. Hoje em dia não há escritas páli na Índia. As muitas que sobreviveram estão nos países budistas do sudeste e centro da Ásia, assim como nas ilhas da Indonésia, onde forneceram um modelo para muitas escritas novas. A escrita siamesa ou antigo thai exclusivamente desenvolveu um método para indicar fonemas (Haas, 1956). E como a língua thai mudou depois da introdução da escrita, algumas consoantes na escrita se tornaram supérfluas: essas letras "extra" acabaram se tornando letras tonais. O thai tem também quatro sinais diacríticos que são apostos no "ombro" direito da consoante para transmitir o tom. (Se a consoante já tem uma vogal diacrítica, então o indicador de tom é escrito sobre ela.) Vogais sucessivas são comuns em thai, mas não nas línguas indo-arianas. E letras mudas que mantêm ortografia histórica – que não se pronuncia mais, como o *a* no inglês "bean" – também recebe um sinal diacrítico, algo como "bea*n".

Outra escrita páli era o kavi. Ela se desenvolveu com várias novas escritas nas ilhas da Indonésia durante a prolongada influência religiosa e cultura da Índia. O kavi prevaleceu em Java entre os séculos IX e XV. Moldado no siamês, serviu, sobretudo, a falantes do javanês, a maior comunidade lingüística das ilhas. O kavi utilizava convenções índicas para indicar as vogais. A variedade javanesa do kavi, no entanto, introduziu características interessantes: sinais especiais usados para correspondência distinguindo o *status* do missivista com relação ao destinatário (isto é, mais elevado, mesmo nível, ou inferior; o kavi javanês é a única escrita índica que codifica os relacionamentos sociais); marcas de pontuação denotam novos parágrafos; e maiúsculas são usadas para escrever cada letra de nomes próprios (Casparis, 1975). Há várias escritas derivadas do kavi na região (Figura 86). O kavi também gerou as únicas escritas da Oceania antes do contato com outros povos: as escritas macassar-buginese em Celebes (talvez por meio da escrita batak de Sumatra), e as agora extintas tagala e bisaya das Filipinas, pela primeira vez descobertas pelos ocidentais em 1521.

Uma escrita páli, a sinhalesa do Sri Lanka e ilhas Maldivas, no sul da Índia, é baseada na convenção páli, mas também fortemente influenciada pela escrita malaiala do sul da Índia (Figura 87).

Outro importante membro do norte da Índia talvez tenha derivado diretamente do gupta – sendo assim irmão do nagari, sarada e páli (Figura 88) (Scharlipp, 1984). No entanto, a língua tibetana utiliza a escrita estrangeira indo-ariana com certo desconforto. A escrita retém o alfabeto consonantal índico com sinais

HISTÓRIA DA ESCRITA

Figura 86 Escritas em lascas de bambu nos anos 1800, esta escrivã rejang, derivada da kavi do sul de Sumatra transmite a língua malaia.

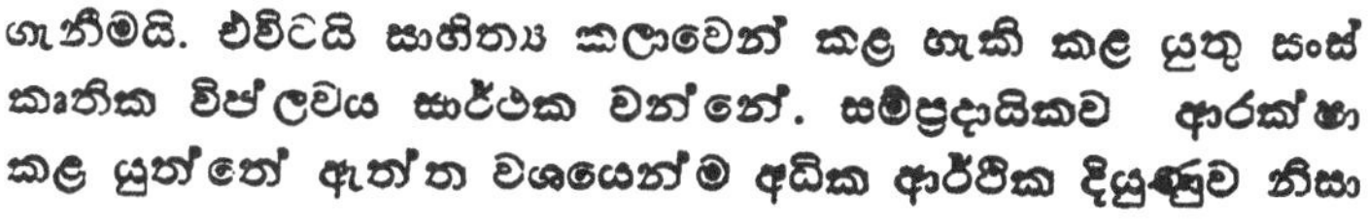

ගැනීමයි. එවිටයි සාහිත්‍ය සලාවෙන් කළ හැකි කළ යුතු සංස්
කෘතික විප්ලවය සාර්ථක වන්නේ. සම්ප්‍රදායිකව ආරක්ෂා
කළ යුත්තේ ඇත්ත වශයෙන්ම අධික ආර්ථික දියුණුව නිසා

Figura 87 Singalês.

གཞན་གྱི་བུ་བ་མི་ཤེས་ཀྱང་
དེ་དང་དེ་ཡི་སྒྲུང་པ་སྒྲུང་

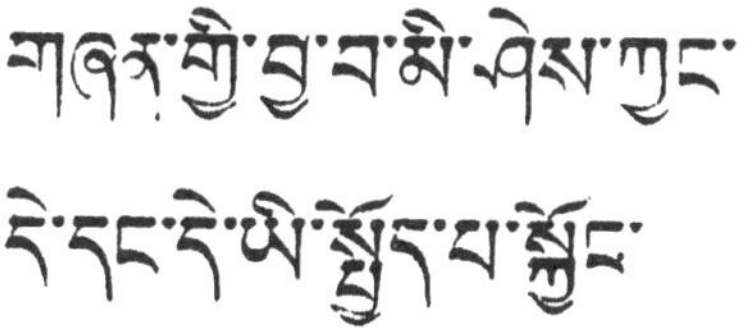

Figura 88 Tibetano.

diacríticos para indicar vogais – mas com apenas uma letra vogal, o /a/, que é igual ao valor de /a/ do próprio sistema. Essa letra /a/ é então usada para anexar outros diacríticos a fim de indicar outras vogais. Como a língua tibetana mudou muito desde c. 700 d.C. (quando a escrita foi elaborada pela primeira vez do gupta) enquanto a escrita permaneceu quase imutável, o tibetano é extremamente difícil de ler hoje. Seu maior problema é que a escrita não indica nenhum tom de sua linguagem tonal. Embora os tibetanos tenham há muito tentado adaptar o tibetano escrito ao tibetano falado, um alto índice de analfabetismo é o preço de não se atingir isso. As escolas do Tibete, por decreto do governo, agora ensinam apenas a escrita chinesa e a língua chinesa.

Há duas principais escritas mongóis, ambas alfabéticas: phags-pa e uighur adaptada. O phags-pa é uma remodelagem da escrita tibetana feita pelo Dalai Lama 'Aphags-pa-blogros-rgyal-mthsan em 1260, por decreto do imperador mongol da China, Kublai Khan. Uighur é, no final das contas, de origem aramaica; escribas mongóis emprestaram alguns sinais e marcas do tibetano para remodelar o uighur nos anos 1300, afim de criar um alfabeto mais útil, chamado galik. A moderna escrita mongol (Figura 89) redigida em colunas verticais da esquerda para a direita, surgiu disso.

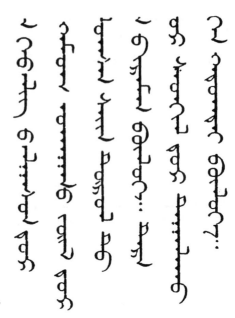

Fig 89 Mongol moderno.

As escritas do sul da Índia transmitem sobretudo a principal família lingüística nativa, dravidiana, assim como o grupo do norte em geral, embora não exclusivamente, representa o intrusivo ramo indo-ariano, que chegou na região por volta de 1900 a.C. As línguas índicas do sul não são tão amplas e influentes como as do norte, cujas escritas transmitem tâmil, telugu, malaiala, kanarese e outras. Duzentos anos antes da elaboração do nagari, variedades de mais de cinco diferentes escritas do sul eram redigidas. De início, a escrita de kadamba tomou como modelo a kanarese antiga, a qual por sua vez inspirou vários tipos de escritas, com grande importância regional no sul da Índia. Por volta de 1500 d.C., formas posteriores da kanarese antiga, a kannada (Figura 90) e a telugu (Figura 91) começaram a desenvolver um sistema moderno que hoje são os dois mais modernos do sul da Índia.

Outra importante escritura do sul da Índia foi o grantha. Cerca de oitocentos anos atrás, serviu de modelo para a escrita malaiala, que transmitia o malaiala assim como o sânscrito do sul da Índia (Figura 92). (Hoje, no sul, transmite apenas malaiala, mas no oeste também telegu). O grantha gerou a escritura tamil por volta de 750 d.C.; é funcionalmente semelhante a escritas do norte da Índia, talvez por via nagari. A redação do tamil tradicional é conhecida por sua simplicidade e facilidade de leitura; a redação do tamil moderno é carregada de dificuldades (Figura 93) (Britto, 1986). A escrita da velha língua tamil não necessitava indicar as consoantes aspiradas como /ph/ ou consoantes fricativas como /f/, e assim seu repertório de cerca de vinte letras era pequeno. (Em contraste, o kanarese antigo tinha cerca de quarenta letras e o malaiala, 53).

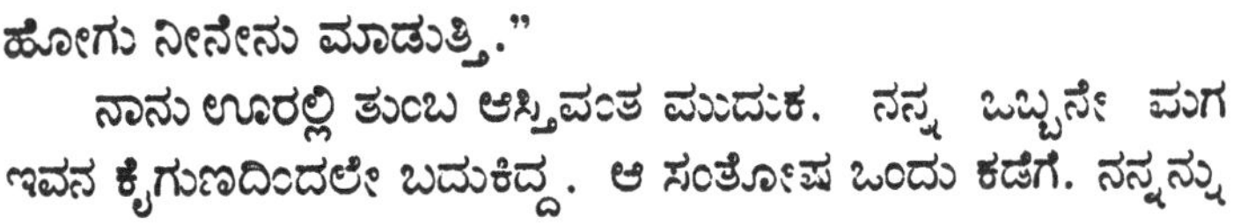

ಹೋಗು ನೀನೇನು ಮಾಡುತ್ತಿ."
  ನಾನು ಊರಲ್ಲಿ ತುಂಬ ಆಸ್ತಿವಂತ ಮುದುಕ. ನನ್ನ ಒಬ್ಬನೇ ಮಗ
ಇವನ ಕೈಗುಣದಿಂದಲೇ ಬದುಕಿದ್ದ. ಆ ಸಂತೋಷ ಒಂದು ಕಡೆಗೆ. ನನ್ನನ್ನು

Figura 90 Kannada.

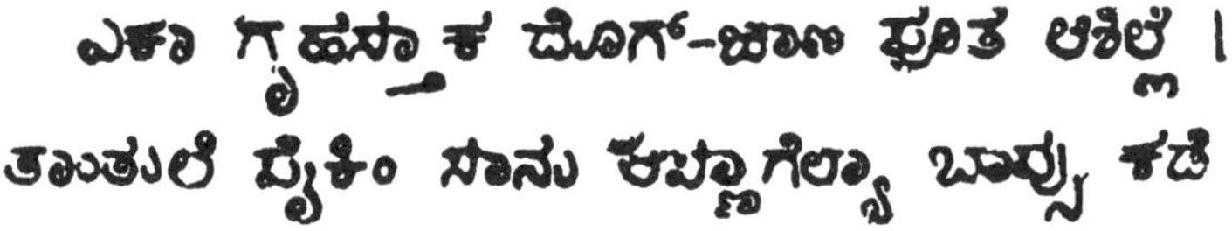

ఎకా గృహస్థా క దొగ్-జాణ ఘూత ఆశెల్ల ।
తొంతులె వైశీం సొను కఘ్తొగెల్యొ బావ్సు శడి

Figura 91 Telugu.

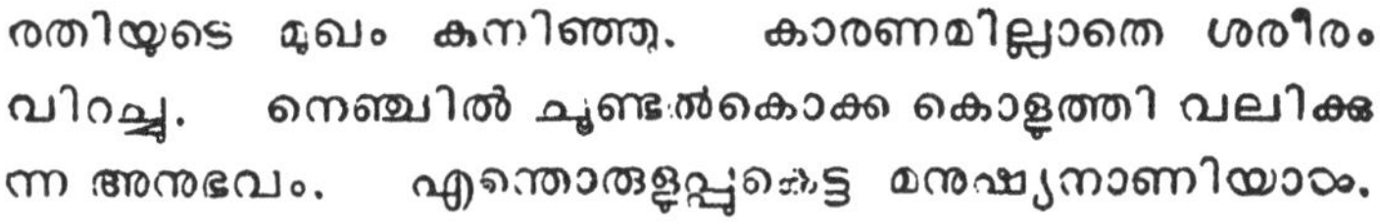

രതിയുടെ ദുഖം കനിഞ്ഞു. കാരണമില്ലാതെ ശരീരം
വിറച്ചു. നെഞ്ചിൽ ചൂണ്ടൽകൊക്ക കൊളുത്തി വലിക്ക
ന്ന അനുഭവം. എന്താരള്ളപ്പെട്ട മനുഷ്യനാണിയാം.

Figura 92 Malaiala.

சுதந்திர புருஷர்களாய் இந்த மண்ணில் வாழ்ந்த முன்னோர்
களின் நினைவு தோன்றி அவர்கள்போல் நாமும் சுதந்திரப்
பிரஜைகளாய் வாழ வேண்டும் என்ற தீவிரம் நமக்கு

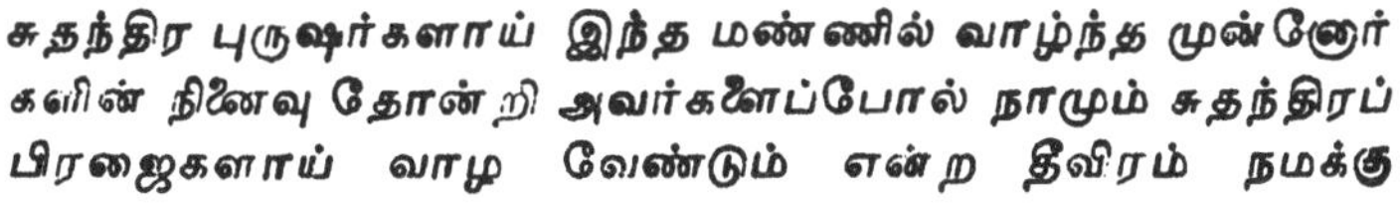

Figura 93 Tamil.

O norte e o sul da Índia partilhavam os princípios brâmanes de sinais consonantais com diacríticos obrigatórios para indicar vogais. As diferenças variavam da língua que os sinais transmitiam. Todas as escrituras índicas diferem externamente muito mais do que internamente, como se fossem uma grande família usando roupagens diferentes. A forma interior da escrita, o sistema alfabético consonantal, liga-as geneticamente; a forma externa da escrita, as centenas de escritas diferentes, separa-as socialmente. As pessoas geralmente identificam-se com grafias externas – a forma de uma letra – antes de qualquer coisa. O sistema como um todo é raramente percebido.

A maior parte das escrituras índicas não foi mencionada aqui – aquelas de origem brâmane que transmitiu centenas de línguas por mais de 2.400 anos. Essa escrita tocou uma grande porção da humanidade. No início do terceiro milênio d.C., a região mantém a maior diversidade do mundo em termos de escrituras. Simplificação e redução – e sem dúvida ampla substituição – inevitavelmente decorrerão da globalização. No entanto, as mudanças levarão mais tempo aqui do que em outros lugares.

A era dos primeiros sistemas de escrita foi seguida pela acelerada difusão e diversificação da escrita. A escrita silábica foi praticada por muitos séculos em Biblos, Anatólia e no Egeu. A escrita alfabética consonantal gradualmente se espalhou, primeiro do Egito, depois do Levante, para finalmente substituir toda escrita silábica. A escrita alfabética consonantal continuou transmitindo, com uma conversão maior do sistema, línguas do subcontinente indiano, e da Ásia central e do sudeste. Mas isso apenas em parte, porque o princípio estrutural subjacente no alfabeto consonantal – a representação de fonemas consonantais – tornou fácil o empréstimo. Raramente é a eficiência de uma escrita ou de um sistema de escrita que determina sua longevidade e influência; é mais o poder econômico e prestígio dos que a utilizam. A escrita e sua ascensão e queda consistiam primeiramente no barômetro do poder das sociedades antigas: o fenício para o aramaico e para o árabe traçaram uma história de mil e setecentos anos de ascensão e ruína de fortunas no Oriente Médio. O sistema de escrita de uma sociedade poderosa – o alfabeto consonantal – marcaria a história, enquanto o sistema de uma sociedade frágil, pereceria.

Mesmo assim, a escrita consonantal não foi sempre algo tranqüilo. Pode ter sido útil em estruturas semitas, mas em idiomas não-semitas que requeriam a mesma representação de consoantes e vogais deixou a desejar. Nenhum sistema de escrita é intrinsecamente "melhor" do que outro, mesmo os de povos poderosos e ricos. A maior parte dos povos pré-letrados pegaram emprestado e adaptaram escritas alheias, como vimos. Para muitos, foi necessária uma inovação maior na escrita para torná-la utilizável. As três classes de escrita – logográfica, silábica e alfabética (e seus usos de transição e combinação) – são, cada uma delas, aprimoradas por um idioma, sociedade e era particulares (Fischer, 1999). Como nas ciências naturais, o sucesso ou sobrevivência de um sistema não autoriza atribuir superioridade, mas avaliar a adaptabilidade.

Esse quadro conduziu à última e maior inovação na história da escrita, um presente dos gregos – o alfabeto completo, evidentemente adaptável para tudo, de alfa a ômega.

Capítulo 4
De Alfa a Ômega

"Os fenícios que vieram com Kadmos", escreveu Heródoto no século v a.C. a respeito do lendário príncipe fenício de Tiro e irmão de Europa, "...introduziram na Grécia, após seu estabelecimento no país, um número de realizações, das quais a mais importante foi a escrita, uma arte que, creio eu, era desconhecida pelos gregos até então". Se os gregos receberam a escrita alfabética consonantal dos fenícios, já estava bem familiarizados com a escrita silábica há muito tempo (ver Capítulo 3). Como Kadmos viveu, ainda segundo Heródoto (Swiggers, 1996, p.261-70), cerca de 1.650 anos antes – isto é, quando a escrita silábica dos ancestrais dos fenícios chegaram em Hellas – talvez o historiador esteja se referindo a uma lenda relacionada com o primeiro empréstimo da escrita feita pelos gregos e não o segundo.

É evidente que os egípcios, e não os gregos ou fenícios, foram os primeiros a representar consoantes individuais com apenas um sinal correspondente a cada fonema consonantal em sua língua. (Um fonema é um som de fala considerado a partir de suas relações funcionais num sistema lingüístico, como *b* e *p*, em inglês *bin* e *pin*.) Esta forma brilhante de escrita – um, e só um sinal para cada fonema – espalhou-se para o Sinai e Canaã e revolucionou a escrita em termos de flexibilidade e economia. Não era mais preciso aprender centenas de sinais; em geral, menos de trinta "letras" (sinais em um alfabeto) eram necessárias para transmitir os fonemas consonantais de qualquer idioma. Dessa forma, a escrita se tornou acessível para todos.

A inovação como foi particularmente desenvolvida e documentada nas escritas semitas do norte, espalhou-se rapidamente, tornando-se ancestral de três desenvolvimentos geográfica e lingüisticamente diversificados. Os fenícios inspiraram a escritura aramaica que, por sua vez, inspiraram centenas de escrituras do sul e sudeste da Ásia (ver Capítulo 3). E mais, a escritura aramaica inspirada na fenícia também motivou as escrituras da Mongólia e do império Manchu, com influência secundária de escrituras com alguma conotação índica. Antes de tudo isso, porém, os fenícios inspiraram os gregos. E foi por meio do empréstimo que os gregos fizeram e da esplêndida adaptação do alfabeto fenício que o alfabeto "completo" – dando às vogais o mesmo *status* das consoantes – surgiu. (Só o alfabeto fonético lingüístico é completo, mas é pesado demais para o dia-a-dia).

O alfabeto grego

Todos os estudiosos concordam que os gregos receberam suas "letras fenícias" diretamente dos mercadores peripatéticos de Tiro, Sidon, Biblos, Ashkelon e outros portos ricos do Levante que, depois da queda dos "Povos do Mar", dominaram o comércio do Mediterrrâneo. No entanto, não estão de acordo quanto à época e local em que esse empréstimo ocorreu. Reivindicações recentes de que os gregos "inventaram" o alfabeto para o único objetivo de redigir a obra de Homero é fantasia. A reivindicação relacionada de que o colapso da civilização micênica no século XIII a.C. levou os gregos a perder a arte da escrita por muitos séculos (Sampson, 1985) é inverídica: os gregos de Chipre transformaram sua escrita cipro-minóica em Linear C, pouco depois dessa data. Depois tomaram emprestada a escrita fenícia, que usaram ao mesmo tempo que a Linear C.

O empréstimo posterior evidentemente decorreu do contato próximo com mercadores fenícios cuja escrita os escribas cipriotas reconheceram ser mais rápida e fácil para a contabilidade do que a escrita silábica. Essa opinião foi acelerada por algumas ocorrências da escrita alfabética cipriota anterior: ela apresentava utilizações que só escribas acostumados à escrita silábica poderiam apresentar. Embora a data exata de quando se deu o empréstimo dos gregos do alfabeto fenício seja desconhecida, há um consenso entre classicistas de que teria ocorrido por volta do século X a.C., e no mais tardar por volta de 850 a.C.[1] Segundo declaração, em

---

1 Roger D. Woodard, *Greek Writing from Knossos to Homer: A Linguistic Interpretation of the Origin of the Greek Alphabet and the Continuity of Ancient Greek Literacy*, Oxford, 1997. David Diringer, *The Alphabet: A Key to the History of Mankind*, 3ª ed., Londres, 1968, acredita que os gregos tomaram emprestado o alfabeto fenício por volta de 1000 a.C. Florian Coulmas, *The Writing Systems* of the World, Oxford e Nova York, 1989, endossa o século X, "pelo menos". Já em 1907, W. Larfeld, *Handbuch der griechischen Epigraphik*, Leipzig, estimou a data como século XI a.C. Classicistas mais conservadores, como Swiggers, "Transmission of the Phoenician Script to the West", acredita que o empréstimo ocorreu na Grécia entre 800 e 775 a.C. Especialistas em línguas semitas acreditam que a data é muito anterior, de 1750 a 1100 a.C.; o principal defensor de empréstimo precoce (ainda que fique num conservador 1100 a.C.) é Joseph Naveh, *Early History of the Alphabet*, 2ª. ed., Leiden, 1987.

1906, de Edward Maunde Thompson, Diretor e Chefe dos Bibliotecários do British Museum, isso teria ocorrido um século mais tarde: "Os gregos aprenderam a arte da escrita dos fenícios pelo menos no século x a.C.; e não é improvável que tenham adquirido um ou dois séculos antes" (Thompson, 1906).

Assim, uma tradição de escrita sem interrupção coube aos gregos, que nunca abandonaram a escrita por completo e que, tendo-a adquirido do Levante por volta de 2000 a.C., nunca abriram mão dela. Nenhum outro povo indo-europeu possuiu escrita por tanto tempo.

Isso também significa que comunidades de fala grega antiga experimentaram dois empréstimos de escrita, e de dois diferentes sistemas também, ambos do Levante. Por volta de 2000 a.C. os gregos minóicos de Creta tomaram emprestada, de Biblos, a idéia de escrita silábica (mas não seus sinais individuais, nem valores semíticos). Depois, por volta de 1000-900 a.C., os gregos cipriotas tomaram emprestado a idéia dos fenícios da escrita alfabética (dessa vez incluindo os sinais assim como seus valores semíticos). A escrita alfabética, então, difundiu-se entre os gregos do Egeu – primeiro via Rhodes e Creta, depois pela Eubéia – por volta de 850-775 a.C. Esse desenvolvimento do silábico para o alfabético emprestou crescente vocalismo à escrita grega, semelhante ao que logo mais o subcontinente indiano haveria de experimentar. O desenvolvimento vocálico de ambas as regiões contrastaram com sua fonte semita, que continuou essencialmente consonantal.

O segundo empréstimo que os gregos fizeram de um sistema de escrita levantino representou uma "transmissão direta", no sentido de que o ato gerou uma forma inteiramente nova de escrita que então, por meio da "transmissão secundária", (Jeffery, 1990) difundiu-se por todas as comunidades de fala grega. Foi essa transmissão secundária que a seu tempo criou as ricas variedades locais do antigo alfabeto grego, testemunhadas pelo inventário arqueológico. As muitas adaptações locais no alfabeto eventualmente coincidiram com a dinâmica histórica da re-expansão grega, principalmente por meio dos eubéios, que logo começaram a levar o novo alfabeto para além das costas de Hellas (Macrakis, 1996). No início do século VIII a.C. em particular, os eubéios abriram caminho para a expansão mercantil da Grécia, levando sua forma característica de alfabeto grego com eles ao estabelecerem colônias desde a Síria no Oriente até Ischia perto de Nápoles no Ocidente (McCarter, Jr., 1975). A escritura eubéia foi uma elaboração do século VIII, uma versão mais moderna daquelas antigas formas gregas do alfabeto usado, por exemplo, em Creta, Tera e Melos, que permaneceram mais próximos do modelo fenício.

Os gregos foram os primeiros na história a representarem sistemática e consistentemente fonemas vocálicos. (Com suas *matres lectionis*, que os escribas aramaicos alcançaram setecentos anos mais tarde, seguidos pelos hebreus com seus diacríticos vocálicos; ver Capítulo 3). E mais, eles conferiram a cada vogal grega um sinal como se fossem consoantes, e depois escreveram esses sinais sozinhos ou acompanhados de uma consoante. Usando consoantes e vogais juntos dessa forma, reproduziram a fala muito mais fielmente do que qualquer sistema inventado antes ou depois. Assim, os gregos alcançaram o primeiro "mapeamento" dos sons relevantes de uma língua. E embora eles quisessem só transmitir seu dialeto particular do grego, usando a nova escrita fenícia, os escribas de Chipre apresentaram uma inovação a qual, sofrendo em geral apenas pequenas adaptações, podia transmitir qualquer língua do mundo. Dessa forma, os gregos "aperfeiçoaram" a escrita alfabética, dentro de suas limitações.

Tendo emprestado a escrita silábica *c.*2000. a.C., os gregos tinham tido de elaborar todo um novo conjunto de silabogramas pictóricos baseados em nomes greco-minóicos para coisas, de acordo com o princípio rébus. Agora, com a escrita alfabética, os gregos cipriotas se apropriaram da idéia alfabética e dos sinais fenícios, uma vez que se tratavam de letras, não desenhos. Isto é, o som do sinal era importante, e não seu significado. E porque era assim, os gregos chegaram a adotar nomes do antigo fenício para cada sinal, e em suas seqüências semitas tradicionais também – *ālep, bēt, gïmel, dālet* etc. – mas com pronúncia grega – *alpha, bēta, gamma, delta.* O significado de cada nome não era importante. Bastava que fossem os nomes das letras.

Em outras palavras, os gregos fizeram o que muitos tinham feito milênios antes em circunstâncias semelhantes: tomaram emprestado o sistema de outros e depois o adaptaram às necessidades imediatas da língua local. Cerca de quinhentos anos antes, os escribas de Ugarit já usavam as três vogais longas e curtas, /a/, /i/ e /u/ para "completar" seu alfabeto consonantal. O alfabeto grego de consoantes e vogais foi simplesmente outra variante deste. Os próprios fenícios já estavam utilizando um alfabeto que era "completo" para suas necessidades, o que representava uma escrita alfabética avançada (Figura 94). No entanto, em vista de sua simplicidade e adaptabilidade, a contribuição dos gregos cipriotas deve ser encarada como a última grande inovação na história da escrita.

Por que os gregos fizeram mudanças? Segundo o lingüista Florian Coulmas, "O alfabeto semita aplicado a uma linguagem não-semita não podia ser usado para representar os sons da língua sem adaptações significativas" (Coulmas, 1983). Diferente da língua semita fenícia, o grego usa vogais e consoantes igualmente como portadores de informação. As vogais já eram inerentes à antiga escrita silábica grega, o que certamente os escribas cipriotas muito apreciavam. Esses escribas agora criavam vogais a partir do alfabeto dos fenícios. Quando recitados como uma ladainha usando todos os nomes de cada vogal, esse alfabeto continha sons semelhantes aos das vogais gregas conhecidas, mas tendo à frente consoantes que os gregos ou não percebiam (pois esses sons não existiam em grego) ou optaram por ignorar, a fim de explorar seu valor vocálico em vez de consonantal (Threatte, 1996, p.271-80). A reinterpretação das letras fenícias provavelmente ocorreu "automaticamente como uma conseqüência do aprendizado do nome das letras e do princípio acrofônico, por parte de falantes de uma língua de um sistema fonológico não-semita" (Sampson, 1985).

A fonologia semita – sistema de sons significativos de uma língua – era muito diferente da grega. Todas as palavras fenícias começam com consoantes, mas muitas palavras gregas começam com vogais. Os escribas do grego foram obrigados a efetuar grandes mudanças meramente para pronunciar os nomes das letras fenícias, cujos significados agora se perderam. Algumas consoantes cujos sons não eram necessários ao grego falado por volta de 1000 a.C. foram tomadas emprestado então apenas pelas vogais em seu nome. Dessa forma, a "consoante fraca" ou sons "semi-vocálicos" das letras fenícias foram ouvidas ou simplesmente escolhidas para serem usadas, como puras vogais em vez de consoantes ou semi-vogais. Assim o antigo fenício '$\bar{a}lep$, glotal', tornou-se o grego A, o *alpha*. O $h\bar{e}$ do antigo fenício foi interpretado como o grego E. (O /h/ não foi marcado, embora com freqüência esteve presente no grego; mais tarde, funcionou como diacrítico, quando necessário.) O fenício antigo $y\bar{o}d$, o som *y*- se tornou o grego I. O fenício antigo '$ayin$, glotal', tornou-se o grego O. A antiga escrita alfabética grega já apresentava essas formas.

O grego /Y/ para /y/ (como o francês *tu*) foi tomado de outro lugar, uma vez que seu som não está presente no antigo fenício; séculos mais tarde, os gregos distinguiram Y de oσ (como BOOT em inglês) – exatamente como o francês moderno distingue *u* de *ou*. No entanto, o Y era também o $w\bar{a}w$ do fenício antigo, o /w/ que, em forma alterada, mais tarde tornou-se o "digamma" do grego antigo ou /w/ (que por fim caiu fora do alfabeto quando a língua grega mudou).

Além disso, os gregos acrescentaram três novos sinais, provavelmente tirados da escrita cipriota antiga. Eles transmitiam os freqüentes sons consonantais gregos que não estavam presentes no fenício antigo: Φ para /ph/, originalmente um som de *p* + *h* (como "top hat"); X por "kh"; e Ψ para a consoante dupla /ps/.[2] Também a extensão da vogal era fonêmica no grego antigo – isto é, uma vogal curta contrastava significativamente com uma vogal longa em algumas palavras. Assim, nas primeiras inscrições do grego clássico, as duas vogais longas mais freqüentes receberam cada uma letra especial: Ω para o /o:/ longo (abrindo-se a base do *o* grego breve), e H para o longo /ε:/ (do fenício antigo $b\bar{e}t$, que é pronunciado com um longo som /e:/ ou AY).

Em seu começo, o alfabeto grego provavelmente tinha um inventário bastante completo. Ainda assim, escrevê-lo continuava sendo um negócio "primitivo" (Figura 95). Por muitos séculos, não havia ortografia grega padronizada. Também não havia distinção entre maiúsculas e minúsculas, não havia pontuação e separação de palavras e cada região seguia convenções locais – algumas vezes usando

---

2 Ver Hans Jensen, *Sign, Symbol and Script*, Nova York, 1969, para a literatura extensa sobre a origem das letras suplementares gregas. Há duas hipóteses principais: que elas representam a diferenciação das letras gregas existentes, ou que são emprestadas de fontes não-gregas.

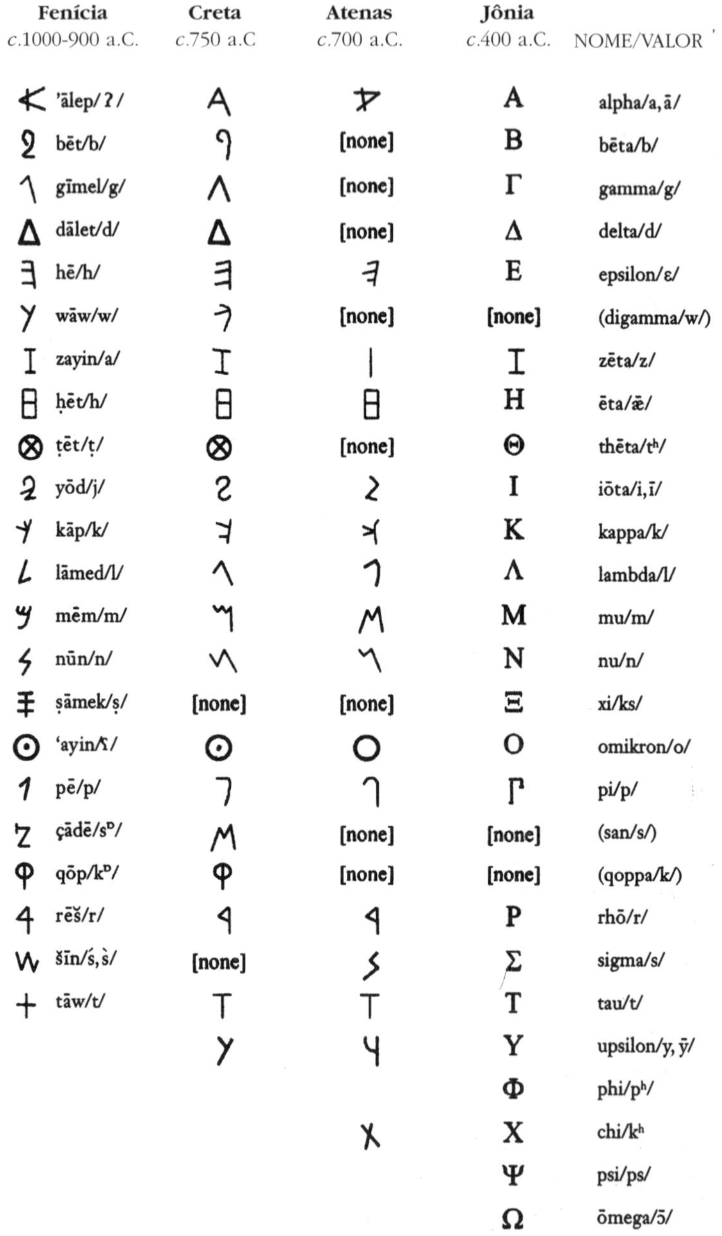

Fenícia c.1000-900 a.C.	Creta c.750 a.C	Atenas c.700 a.C.	Jônia c.400 a.C.	NOME/VALOR
ʾālep/ʾ/	A	⍌	A	alpha/a,ā/
bēt/b/	ᑫ	[none]	B	bēta/b/
gīmel/g/	Λ	[none]	Γ	gamma/g/
dālet/d/	Δ	[none]	Δ	delta/d/
hē/h/	Ǝ	Ǝ	E	epsilon/ɛ/
wāw/w/	Ƨ	[none]	[none]	(digamma/w/)
zayin/a/	I	I	I	zēta/z/
ḥēt/ḥ/	日	日	H	ēta/æ/
ṭēt/ṭ/	⊗	[none]	Θ	thēta/tʰ/
yōd/j/	⟨	⟨	I	iōta/i,ī/
kāp/k/	⅂	⅂	K	kappa/k/
lāmed/l/	∧	⌐	Λ	lambda/l/
mēm/m/	M	M	M	mu/m/
nūn/n/	M	M	N	nu/n/
sāmek/ṣ/	[none]	[none]	Ξ	xi/ks/
ʿayin/ʕ/	⊙	O	O	omikron/o/
pē/p/	⌐	⌐	Γ	pi/p/
ṣādē/sᵒ/	M	[none]	[none]	(san/s/)
qōp/kᵒ/	Ϙ	[none]	[none]	(qoppa/k/)
rēš/r/	◁	◁	P	rhō/r/
šīn/ś,š/	[none]	Ϟ	Σ	sigma/s/
tāw/t/	T	T	T	tau/t/
	Y	Ч	Y	upsilon/y,ȳ/
			Φ	phi/pʰ/
		X	X	chi/kʰ/
			Ψ	psi/ps/
			Ω	ōmega/ɔ̄/

Figura 94 O alfabeto consonantal fenício tomado de empréstimo pelos gregos, com cada letra sendo representada por apenas uma de muitas variantes possíveis.

letras locais próprias. As mais antigas inscrições gregas estão escritas à moda semita da direita para a esquerda, ou alternando a direção a cada linha, feito um arado abrindo a terra. Por volta do século VI a.C., no entanto, a maioria dos escribas preferia escrever da esquerda para a direita em linhas sucessivas. Esse método, por fim, substituiu todos os outros.

Os três principais grupos da antiga escrita alfabética grega compreendiam os alfabetos arcaicos de Creta, Tera e Melos; os alfabetos orientais do Egeu, Ática e da costa ocidental da Ásia Menor; e os alfabetos ocidentais da Grécia ocidental e colônias da Sicília. Ao longo da maior parte desse período, a Grécia compreendia uma mistura heterogênea de cidades-Estado independentes, e não um reino ou nação unificada. Pela metade do século IV a.C., no entanto, todas as versões concorrentes do alfabeto grego tinham sido descartadas, restando um só alfabeto jônico, uma das escrituras orientais da Jônia (hoje Turquia Ocidental). Esse alfabeto contava com a preferência dos escribas gregos, que agora escreviam grego clássico (o ático, baseado na língua de Atenas) (Figura 96). Principalmente por causa da *Ilíada* e da *Odisséia* de Homero, o jônico tinha se tornado a escrita mais prestigiada para os gregos clássicos de Atenas que, em 403-402 a.C., tornaram o alfabeto jônico compulsório para todos os documentos atenienses.

Ao tempo de Heródoto (século V a.C.), os livros consistiam de rolos de papiros, alguns com mais de vinte metros. Nessa época, peles de animais usadas em séculos anteriores tinham se tornado curiosidade etnológica. Muitos documentos em couro (qualquer pele tingida por agentes como vagens de acácia ou casca de carvalho se tornava couro) escritos em hieróglifos egípcios datados de 2500 a.C. sobreviveram. No início da Antigüidade, as peles eram populares como material de escrita por toda a Ásia ocidental, Iraque e Pérsia. Só o lado sem pêlos servia para escrever, assim surgiu o formato de rolos, feitos com folhas unidas de couro escritas num lado só. Como escreveu Heródoto n'*As Histórias*, "Os jônios também chamam papiros de *peles*, algo remanescente da Antigüidade quando o papiro era difícil de se obter, e eles usavam na verdade peles de cabra e ovelha para suporte da escrita. Mesmo hoje, muitos povos estrangeiros usam esse material". (Claro que no primeiro milênio d.C., peles de animais – em sua forma processada de pergaminho e velino – voltaram a ser material de escrita predileto, quando escritores cristãos passaram a dar preferência ao velino; ver Capítulo 7). Por muitos séculos, gregos, etruscos e romanos escreveram em pedra, folhas, cascas de árvores, linho, argia e cerâmica, em paredes, metais preciosos, chumbo, bronze, madeira e às vezes peles de animais. No entanto, a maior parte da escrita ocorreu em tabuletas revestidas de cera – *pínaksoi* ou *déltoi* em grego e ceræ ou tabulæ em latim – e em folhas de papiros, ao longo da Antigüidade clássica, já acessíveis a partir dos vastos recursos egípcios. Isto formou rolos ou, raramente, livros encadernados com folhas individuais: *biblói* em grego e *libri* em latim.

Figura 95 Cântaro Dipylon (c. 730 a.C.), descoberto perto do velho portão ocidental de Atenas, traz a mais antiga inscrição em letras gregas: "para ele que dança da forma mais delicada".

Histórias da escrita em geral se concentram na escrita formal, com freqüência chamada de "manuscrito". No entanto, a maioria das escritas formais – como era o caso dos hieróglifos egípcios – acabaram elaborando formas mais rápidas e simples de escrever coisas comuns, reservando o manuscrito para fins especiais. Essas escrituras mais simples eram em geral cursivas ou soltas, e muito mais foi escrito em cursiva do que em manuscrito. A escrita cursiva grega data, no mínimo, do século III a.C., e a maior parte foi feita em papiros (Figura 97). É evidente que se pretendia fazer um traço por letra; algumas vezes as letras eram ligadas, formando uma ligatura. A escrita grega cursiva se tornou a escritura do cotidiano, usada em papiro, tabuletas de cera, óstracos (fragmentos de vasos destinados à escrita), grafites e outras coisas (Figura 98). As inscrições em monumentos de pedra, objetos de metal e argila de todo tipo eram feitas quase exclusivamente em manuscrito.

A paleografia – estudo de antigas escritas e inscrições – grega e latina não identifica distinções entre letras maiúsculas (letras grandes ou caixas-altas) e minúsculas (letras pequenas ou caixas-baixas) As escritas grega e latina antigas eram só feitas em maiúsculas, das quais havia dois tipos: as capitulares e as unciais.

As capitulares, a mais velha forma de letras alfabéticas gregas, usavam traços que formavam ângulos para evitar curvas, a menos que as curvas fossem necessárias para identificar alguma coisa; as capitulares eram as letras padrão para monumentos e outras inscrições formais. As unciais, que permitem curvas, são mais facilmente escritas em material macio como o papiro. Nos papiros da Grécia antiga, a uncial é a forma de letra comum. A escrita uncial, que se parece com as maiúsculas modernas, embora mais arredondada, era especialmente popular entre os séculos IV e VIII d.C., em manuscritos que quase exclusivamente usavam pergaminho e velino.

Por causa da influência militar (Alexandre, o Grande), econômica e cultural da Grécia, o alfabeto grego se tornou o modelo para alfabetos "completos" (isto é, com todas as vogais) que surgiram na Europa nos anos seguintes. Por fim ele se difundiu quase exclusivamente por intermédio dos alfabetos latino e cirílico, "netos" do grego. Foi um processo que se deu por todo o mundo – e que hoje, dois mil anos mais tarde, continua vivo (Figura 99).

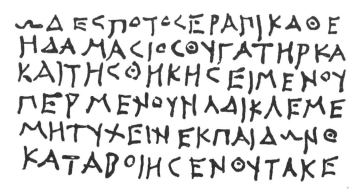

Figura 96 Grego clássico: o chamado "Papiro de Artemísia" – que aqui se insurge contra o pai de seu filho – datado da primeira metade do século III a.C., um dos primeiros exemplares sobreviventes do grego literário ou manuscrito.

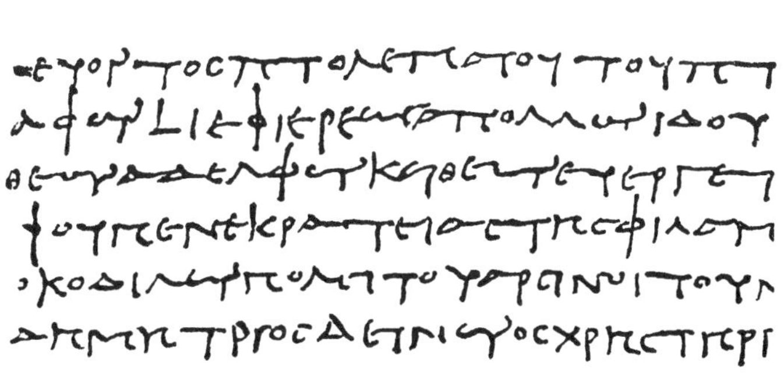

Figura 97 Grego cursivo antigo: testamento de Demétrio, filho de Deinon, 237 a.C.

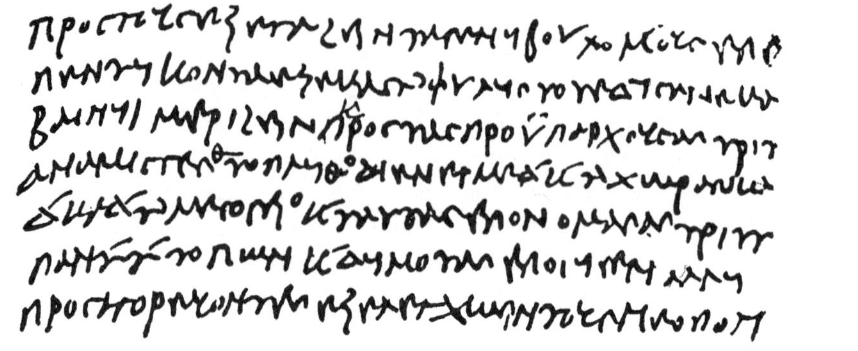

Figura 98 Grego cursivo posterior: cópia da *Constituição de Atenas*, de Aristóteles, c.100 d.C.

No primeiro milênio d.C., na Ásia Menor (hoje Turquia), o alfabeto grego inspirou um grande número de povos não-gregos a elaborarem seus próprios alfabetos anatólios: cário, lídio, lício, panfílio, pisidiano (do período romano) e sidético (Swiggers e Jenniges, 1996, p.281-7). Essas escrituras, porém, não tiveram uma duração significativa em vista do declínio econômico da região, seguido de inúmeras grandes invasões.

O monge armênio São Mesrob (c.345-440) teria elaborado a primeira escrita da Armênia, por volta de 405 d.C. O armênio é um ramo separado da supra-família indo-européia de línguas (à qual tanto o grego quanto o germânico, que inclui o inglês, também pertencem). Baseado no alfabeto grego, a escrita armênia originalmente consistia de cerca de 36 letras principalmente maiúsculas. Por volta de 1200, o *notrgir* armênio, ou escrita cursiva, desenvolveu-se, e substituiu a escrita em maiúsculas (Figura 100).

Também se credita a São Mesrob a invenção do alfabeto georgiano no início de 400 d.C. – o georgiano é uma língua caucasiana, não indo-européia – assim como o alfabeto albanês. (Essas múltiplas atribuições sugerem que o papel de Mesrob tenha sido apócrifo). A escrita eclesiástica georgiana usava 38 letras; com o correr do tempo, foram desenvolvidos muitos estilos de escrita georgiana, com número variado de letras (Figura 101). O *mkhedruli*, ou "escrita secular", que começou como veículo de textos não-sagrados, é a escrita georgiana mais empregada até os dias de hoje.

No Egito (ver adiante), o alfabeto grego inspirou o copta, que substituiu uma das mais antigas escritas tradicionais do mundo. Nos Bálcãs, a Grécia gerou as escritas glagolítica e cirílica, que acabaram gerando a escrita russa, entre outras. A Grécia inspirou várias escritas na península italiana, sendo a mais importante a etrusca, que por sua vez inspirou a escrita latina – a de maior sucesso no mundo.

O meroítico e o copta

O meroítico era a língua e escrita dos africanos no "Reino de Kush", cuja capital era Meroë (hoje Begrawiya, no Sudão) (Davies, 1987). Por volta de 250 a.C., os escribas meroítas tomaram os hieróglifos egípcios emprestado, e usaram sinais de criação egípcia, a fim de escrever sua língua em um alfabeto de 23 letras, cada uma transmitindo uma das três vogais ou uma das 15 consoantes, uma inicial /a/ e quatro sinais silábicos especiais. O primeiro texto meroítico datado é uma inscrição hieroglífica do templo da rainha Shanakdakhete (c.180-170 a.C.). A escrita meroítica era realizada em pedras, papiro, óstraco, cerâmica, estátuas, *stelæ* (tabuletas verticais. N.T.), paredes do templo, altares, santuários e mesas de oferendas.

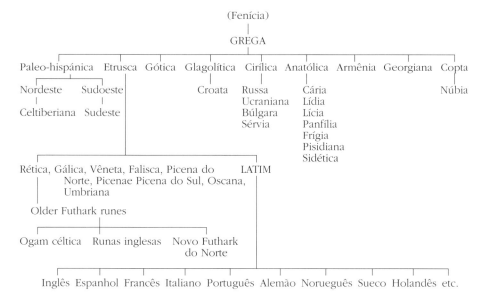

Figura 99 Uma linhagem das escritas derivadas do grego.

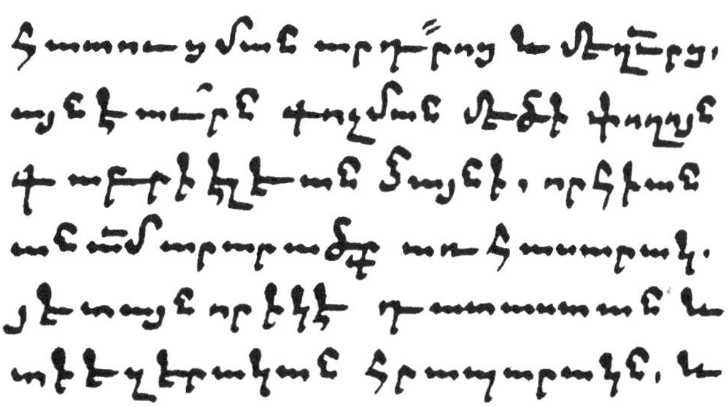

Figura 100 Escrita armênia *notrgir*, 1616.

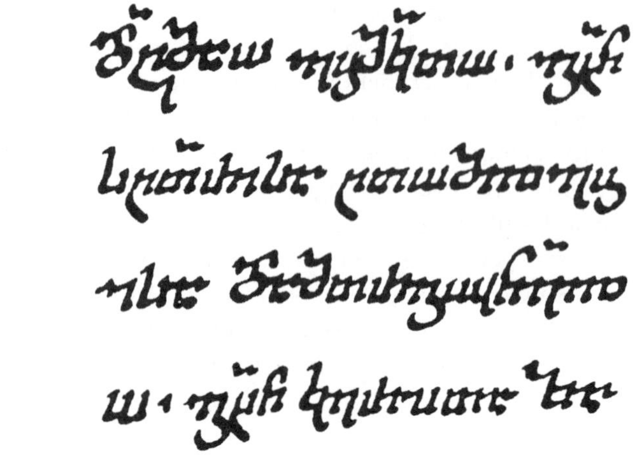

Figura 101 Manuscrito eclesiástico geogiano de um livro de orações, 1621.

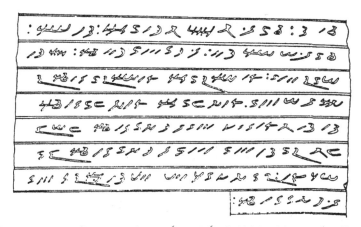

Figura 102 Escrita cursiva linear meroítica: " Ó...Isis! Ó...Osiris! Aqui jaz o nobre Tameye..."

A simplicidade do sistema indica origem semita, pois parece seguir as mesmas regras aramaicas que mais tarde, via nabateus, produziu o árabe (ver Capítulo 3). A aparência externa da escrita meroítica pode ter sido egípcia, mas seu sistema interno era de natureza semita. Há de fato duas escrituras meroíticas. A escrita hieroglífica meroítica raramente usada, assim como os hieróglifos egípcios que ela copiou, era pictórica e reservada apenas para fins de realeza ou sagrados. A cursiva meroítica linear, como a demótica egípcia que lhe serviu de modelo, era escrita em todas as situações e por fim substituiu completamente os hieróglifos (Figura 102).

Os hieróglifos eram em geral escritos em colunas, a escrita cursiva em linhas horizontais, lendo-se da direita para a esquerda (como com toda a escrita semita). Semelhante à escrita índica, no entanto, no meroítico a consoante automaticamente era emparceirada com a vogal /a/, a vogal "padrão", a menos que seguida de uma dessas letras: /i/, /e/ ou /o/ (Millet, 1996, p.84-6). Isto é, se nenhuma vogal for escrita depois de uma consoante, lê-se /a/ nessa posição. No início de palavras, uma letra /a/ separada é usada – uma vez que não pode ser automaticamente emparceirada com a consoante como *Ca* (consoante + /a/). As combinações silábicas freqüentes *ne, se, te* e *to*, tinham suas letras específicas, e a letra /e/ também é usada para marcar ausência de uma vogal seguindo a consoante. Algumas consoantes finais comuns, como /s/ e /n/, nem sempre são escritas, pois sua presença pressupõe-se evidente (como nas escritas silábicas do Egeu). Na escrita cursiva meroítica, /i/ tem em geral ligatura com a consoante anterior.

Mais de mil textos meroíticos foram juntados em uma vasta região ao sul do Egito. Infelizmente, como com o etrusco, embora os textos possam ser transliterados (convertidos por exemplo para letras da nossa escrita latina), apenas poucas palavras são transliteráveis. Isso porque a língua meroítica que a escrita transmite ainda é muito pouco desvendada, não sendo nem afro-asiática (como o egípcio e o semita) nem aparentemente relacionada com qualquer língua subseqüente da região. Portanto, a maior parte das inscrições não pode ser lida. O cursivo meroítico continuou a ser usado para escrever a língua meroítica até cerca de 325 d.C., quando o império meroítico entrou em colapso. Foi então usado para transmitir línguas núbias por algum tempo. Depois do século V d.C., o cursivo meroítico também acabou.

A partir da conquista do Egito por Alexandre, o Grande, em 332 a.C. (Alexandria, esse magnífico centro de comércio e cultura tinha sido fundado no início de 331 a.C.), a língua e escrita gregas, fortalecendo o comércio e inspirando a cultura escrita, influenciaram grandemente a escrita no Egito. Nos primeiros séculos da d.C., as escritas egípcias nativas (hieroglífica, hierática e demótica) e o grego eram usados lado a lado com sucesso. No entanto, cada vez mais documentos em língua egípcia apareciam com o alfabeto grego. Uma nova escrita surgiu com o proselitismo de missionários cristãos, gnósticos e maniqueístas no século IV d.C. Esses indivíduos traduziram a Bíblia e outras escrituras usando um alfabeto grego modificado que transmitia o vernáculo egípcio do cotidiano ou copta – que vem do árabe *Qubti*, ou "Egípcio", que provinha do grego *Aigúptios* (Priese, 1973, p.273-306). A escrita grega aparentemente continuou a ser usada no Egito para comércio e transações oficiais até pouco depois da chegada dos árabes em d.C. 639/40. Hoje, o copta designa principalmente a língua e a escrita egípcia do século V ao X d.C.

A escrita copta compreende 32 vogais e consoantes: 25 da escrita grega uncial da época, e sete da escrita demótica do próprio Egito. Os sinais demóticos eram usados porque muitas letras gregas não tinham som correspondente na fonologia copta. Especialmente no antigo copta, o número de empréstimos do demótico variaram de acordo com o dialeto. Na escrita do dialeto padrão Sa'idic do copta, por exemplo, eram usados seis sinais demóticos (Figura 103) (Till, 1955).

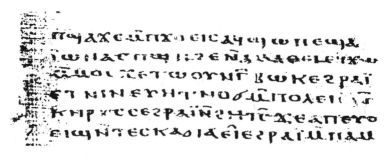

Figura 103 Bíblia copta em papiro, dialeto Sa'idic, início do século IV d.C.

O copta antigo era costumeiramente escrito da direita para a esquerda, em estilo semita. No entanto, o copta padrão era escrito da esquerda para a direita, ao estilo grego (Crum, 1939). Em sílabas com letras sonoras – /r/,/l/, /m/,/n/ etc. – com freqüência deixavam de apresentar marcas de vogais acompanhantes; no copta sa'idic, no entanto, essas vogais perdidas eram indicadas por um traço sobre as sonoras. Como sua fonte grega contemporânea, o copta não separava as palavras ou colocava pontuação. Alguns diacríticos marcavam letras em posições especiais: circunflexo ^ sobre a vogal, por exemplo, mostrava que ela se constituía em sílaba separada (embora essa prática só tenha sido introduzida após o século VII d.C.).

Embora a vitória do islamismo no século VII tenha levado a língua e a escrita árabe para o Egito, a escrita copta continuou até o século IX como escrita normal de trabalho (Gaur, 1992). A língua e escrita copta continuaram entre os cristãos egípcios até os anos 1200, e mesmo mais tarde em alguns locais. Depois disso, no entanto, tornou-se apenas uma língua e escrita litúrgica – isto é, usada apenas no ritual cristão da Igreja egípcia copta (sobrevivendo hoje, com uso restrito, na liturgia da Igreja Ortodoxa Copta).

Ao sul do Nilo, a Igreja Núbia tomou emprestado o alfabeto copta e adaptou-o para a língua local. Entre outras mudanças, o núbio acrescentou três novas letras baseadas em sinais do cursivo meroítico (com seus valores). A Igreja Núbia depois usou isso para escrever livros litúrgicos na língua do cotidiano da Núbia.

O etrusco

O mais significativo empréstimo do alfabeto grego ocorreu na Península Itálica. Por volta de 775 a.C., colonos de Eubéia, na Grécia, estabeleceram uma colônia em Pithekoussai, oeste de Nápoles; era o primeiro pé da Grécia na Itália. Cumas se estabeleceu depois. Dessas duas bases, a cultura grega começou a influenciar os etrucos do centro e norte da Itália, que em certo momento se tornaram intermediários principais entre os gregos e outros povos da Europa Ocidental. Entre os empréstimos culturais mais importantes que os etruscos tomaram estava o alfabeto grego, que usaram para escrever sua língua pela primeira vez. Hoje, o etrusco permanece grandemente desconhecido – não se relaciona com nenhuma língua conhecida. Segundo Giuseppe Della Fina, diretor do Museu Arqueológico em Orvieto, "Tentar entender o etrusco pelos poucos exemplos que temos tem sido como tentar aprender italiano olhando para epitáfios. Cada novo texto aumenta dramaticamente nossas chances de algum dia decifrar a linguagem antiga".[3]

O etrusco se fundou sobre uma base da Eubéia. O alfabeto eubéio-etrusco que surgiu desse processo foi emprestado, por sua vez, entre outros, para os romanos para escreverem sua língua latina (Figura 104). Isso explica por que o alfabeto latino de hoje difere tanto da escrita grega moderna.

As mais antigas inscrições etruscas conhecidas datam do século VII a.C. (Figura 105). São conhecidas cerca de 1.300 inscrições etruscas, a maioria descoberta no norte de Roma na parte oeste da Península Itálica onde era a antiga Etrúria. Muitas são homenagens a mortos, recordando datas e nomes de pessoas e lugares (Figura 106). Na Itália, a escrita etrusca só fica atrás da latina, em termos de quantidade de documentos; era a forma predominante de escrita até c.200 a.C., quando a Etrúria foi assimilada pelo Império Romano (Bonfante, 1996, p.297-311).

A língua etrusca difere muito da grega (Pfiffig, 1969). Em primeiro lugar, ela não tinha contraste surdo/sonoro em suas consoantes oclusivas – assim não era necessário distinguir /b/ de /p/, /d/ de /t/, ou /g/ de /k/. (Os etruscos acabaram abandonando /b/ e /d/ em seu alfabeto). Também não havia /o/ (e o sinal também foi abandonado). O ḥēt fenício manteve seu antigo valor h, embora o grego começasse a usar o sinal para H, ou a vogal ēta. X era a dupla consonantal /ks/, não o grego /χ/ ou 'kh'. Havia três maneiras diferentes de escrever /k/, dependendo do contexto: C por /k/ antes de /a/; ϙ por /k/ antes de /u/; e Γ por /k/ antes de /i/ e /e/. O sinal eubeu *gamma* C era empregado para a maioria dos usos de /k/, uma vez que os etruscos não tinham /g/. (Durante o século V a.C., no norte da Etrúria ocasionalmente se usava K por /k/ antes de /a/.) Várias sibilantes – como /s/, /z/, /š/ (sh) etc. – refletiam o uso etrusco. Interrupções surdas (/p/, /t/, /k/) alternavam com aspiradas (/f/, θ ou 'th', /χ/ ou 'kh') em várias palavras etruscas: os sons /k/ e /χ/, por exemplo, eram trocados com freqüência em inscrições; no entanto, depois de consoantes brandas e nasais – /l/, /r/, /m/, /n/ – só se escreve /χ, nunca /k/. O /f/ original, escrito como F + o ḥēt fenício para reproduzir /wh/, foi substituído durante o século VI a.C. por uma nova letra 8, acrescentada no final do alfabeto etrusco. O etrusco Z era sempre um /ts/ mudo (Bonfante e Bonfante, 1983).

---

3 "Etruscan Text Find", *in Archaeology*, LII/5, '999, p.16.

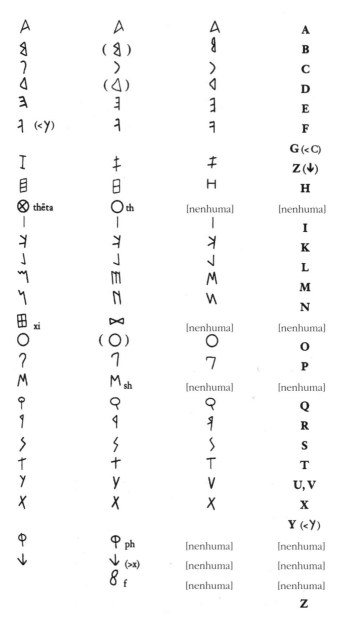

Figura 104 Empréstimos que etruscos tomaram do grego de Eubéia, com derivativos latinos.

HISTÓRIA DA ESCRITA

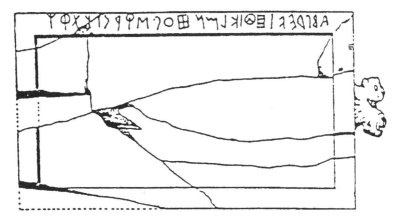

Figura 105 A tabuleta marsiliana, um alfabeto etrusco (grego) numa tabuleta de marfim encontrada em Marsiliana d'Albegna, Itália.

Figura 106 Inscrição etrusca no monólito Vetulonia, século v a.C., de Vetulonia na Toscana, Itália.

Os nomes semitas das letras, tomadas emprestado pelos gregos, não prosseguiram com os etruscos (Sampson, 1985). Em vez disso, deram às vogais o nome de seus verdadeiros sons, e às consoantes também acrescidas da vogal etrusca neutra /e/, ou AY – de forma que T era *te* (TAY), P era *pe* (PAY) etc. A letra especial K e Φ eram *ka* (KAH) e *ku* (KOO) devido a seu uso restrito, enquanto C era o *ke* (KAY) normal. Aspiradas – consoantes que prolongam o som, como *f, v,* etc. – eram nomeadas por sua pronúncia com uma expressão vocal: assim, S era "sss", L era "lll" etc. Mais tarde, a vogal /e/ serviu de prefixo a essas aspiradas em analogia com as consoantes. Dessa forma, S se tornou /es/ e L se tornou /el/, como continuam sendo chamadas até hoje no inglês. X era /eks/ e não /kse/ porque um /ks/ inicial, ao contrário do grego, (supõe-se) não ocorria no etrusco. Todos os 21 nomes etruscos para as letras do alfabeto – baseados não no princípio acrofônico do objeto-palavra mas só no som – acabou sendo, com duas exceções, os nomes romanos. Por fim, devido a mudanças normais de som ao longo de séculos, também se tornaram os nomes em inglês: a, b, c etc. (Healey, 1990).

A direção da escrita etrusca em geral é da direita para a esquerda, ao estilo das escritas eubéia e fenícia antigas. No entanto, algumas inscrições etruscas posteriores seguiram a direção latina da esquerda para a direita. Não havia separação de palavras até o século VI a.C., e os escribas costumavam usar um ou dois pontos para separar as palavras.

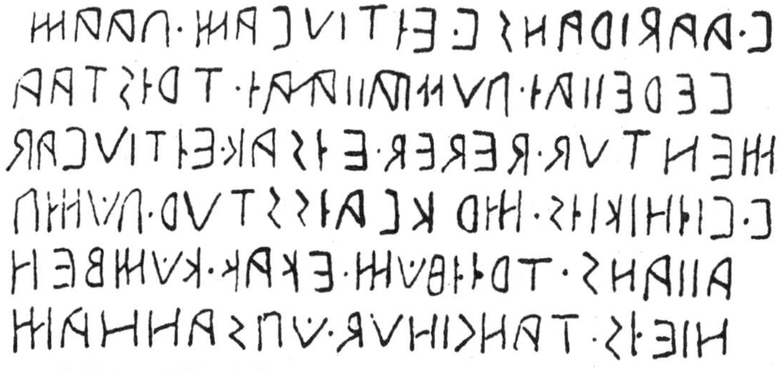

Figura 107 Inscrição osca de Pompéia, século I a.C.

Há muito ainda que se saber sobre a escrita etrusca, que deixou de ser usada no século II a.C. quando o latim (língua e escrita) dos romanos prevaleceu. Achados significativos ainda estão sendo feitos. Em 1999, uma tabuleta de bronze com 32 linhas de texto etrusco foi desenterrada durante uma construção em Cortona, Toscana. A tabuleta é datada de c. 300 a.C. e conhecida como *Tabula Cortonensis,* e é um de dez textos com uma extensão significativa que sobreviveram. Ela contribui com 27 palavras novas para um vocabulário conhecido de cerca de quinhentos termos, e parece ser um contrato de propriedade entre duas famílias.

O alfabeto etrusco também foi usado por não-etruscos em uma vasta região da Etrúria, Campania e Emilia. A escrita etrusca inspirou também os alfabetos de povos não-romanos da Itália, com exceção do sul da Itália e Sicília, onde predominou o alfabeto grego. No entanto, todas as escritas descendentes da etrusca – a latina (veja adiante), liguriana, lepôntica, rética, gaulesa, vêneta, falisca, picena do norte, picena do sul, osca (Figura 107) e umbra – traziam, em contraste com a etrusca enigmática, traços de línguas reconhecidamente indo-européias.

Latim

Cerca de um século depois da fundação de Roma em 753 a.C., os romanos tomaram emprestado a escrita e o sistema de escrita etruscos, da cultura etrusca do norte. Os romanos se apropriaram da parafernália de escrita também, e suas denominações etruscas: *stilus*, um utensílio de escrita; cera (para as tabuletas); *ēlēmentum*, uma letra do alfabeto; e *diphtherā*, pele (uma superfície para escrita). A mais antiga inscrição latina em monumento – linhas alternadas da direita para esquerda e da esquerda para a direita no *Lápis Niger* (Pedra Negra), no Fórum de Roma – data do segundo quarto do século VI a.C. Como aconteceu com cada empréstimo feito ao longo do tempo, os romanos adaptaram a escrita do anfitrião a fim de acomodar as necessidades particulares do latim. Esse processo levou muitos séculos (ver Figura 104).

Na época do empréstimo, os etruscos ainda estavam escrevendo *b* e *d*, e assim os romanos puderam usar essas letras para sons latinos pertinentes. As três diferentes letras do alfabeto etrusco para /k/ também foram usadas; para elas os romanos usaram C, K e Q (para Φ). No entanto, o K, redundante para o latim, era reservado para palavras arcaicas especiais. Alguns usos sonoros do C, sobras da prática etrusca, também foram retidos, como a abreviação 'C.' para o nome Gaius. E os romanos começaram a usar Q apenas como o som especial /kw/ quando /k/ vinha antes de /u/, escrevendo então QV (hoje transformado em *QU-*). A dupla consoante (agrupada) /ks/ era simplesmente X. E os romanos mantiveram o Z etrusco na sétima posição do alfabeto herdado, embora o latim não possuísse o som /dz/.

As vogais em latim não recebiam indicações de duração: cada A, E, I, O e V podia ser tanto curto quanto longo, dependendo do contexto. As letras I e V também eram usadas para designar as semi-vogais /j/ (que tem o som de *y*) e /w/ (Figura 108).

No século III a.C., o diretor de uma escola particular romana, Spurius Carvilius Ruga, observou que o alfabeto romano precisava de um /g/, então ele pegou o C etrusco e colocou-lhe um gancho – G – para complementar o alfabeto com esse som. Dessa forma, Ruga "sonorizou" o C romano acrescentando um traço, mostrando reconhecimento de que a única diferença entre os dois sons era um contraste entre o surdo (C) e o sonoro (G) – sofisticada percepção da estrutura interna da língua que, nessa época, era compartilhada apenas pelos gramáticos do sânscrito na Índia. Ruga então inseriu essa nova letra G na sétima posição no alfabeto romano, removendo o Z que era inútil e por fim colocando-o no final, razão pela qual o abecedário hoje em dia termina no "z". A substituição ordenada – e não simples suplementação – revela quão canônica a ordem do alfabeto era encarada pelos romanos do século III a.C. (Sampson, 1983).

Um século mais tarde, assim que Roma foi conquistada pela Grécia, o imenso afluxo da cultura e palavras gregas para a vida diária romana, impeliu o empréstimo de dois sons que estavam faltando na língua latina: /y/ (como no francês *tu*) e /z/ (do grego antigo /dz/). A primeira já tinha sido emprestada do grego através dos etruscos como V por /u/, assim a forma grega posterior Y do século II a.C. podia agora simplesmente ser copiada para o som /y/. O nome dessa letra, *upsilon*, continuou grego. (Hoje, os alemães ainda chamam seu 'y' de *Ypsilon*, e os franceses de *y-grec*). O "inútil" Z latino que Ruga baniu para o final do alfabeto era agora chamado de *zēta* grego, origem do *zed* do inglês da comunidade britânica; os norte-americanos, em analogia com outras letras, mudaram seu nome para /zi/.

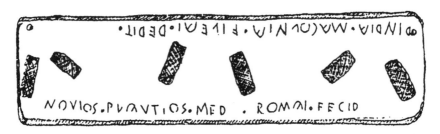

Figura 108 Inscrição latina antiga na tampa da *Ficoroni Cista*, uma caixa do século V a.C. com produtos de higiene, de Praeneste, Itália: "NOVIOS – PLAUTIOS – MED – ROMAI – FECID – DINDIA – MACOLNIA – FILEAI – DEDIT " (Novios Plautions me fez em Roma/Dindia Macolnia me deu para sua filha").

As formas básicas das letras romanas eram capitulares usadas em inscrições de monumentos em pedra. A escrita latina em capitulares tinha duas linhas: maiúsculas quadradas e rústicas, e unciais. A maioria dos manuscritos latinos que sobreviveram estão em maiúsculas rústicas, mas as maiúsculas quadradas são igualmente antigas. Maiúsculas quadradas tendem a ser de monumentos, enquanto as rústicas são atuariais – isto é a escritura preferida para contabilidade. As maiúsculas quadradas são grossas e com ângulos retos, suas bases e topos terminam com traços refinados e pendentes (Figura 109). As maiúsculas rústicas são mais finas, com traços cruzados curtos e sem remates (Figura 110).

QVRTSX·I

Figura 109 As inigualáveis maiúsculas quadradas de monumentos latinos: letras da Coluna de Trajano, em Roma, consagrada em 113 d.C.

Os romanos mudaram a tradição mono-linear, pela qual todas as linhas das letras deveriam ser igualmente finas ou grossas: as maiúsculas de Roma Imperial usavam espessuras diferentes em cada letra, dependendo do bico de pena na escrita à tinta (O bico de pena podia ser apontado e deixado na largura que se quisesse). Os romanos também enfatizavam o uso de serifas – linhas suaves ou traços cruzando ou projetando do final de uma linha ou traço principal de uma letra – muito mais do que os gregos s, permitindo melhorar a legibilidade e geralmente aumentando a beleza da escritura. (A Coluna de Trajano, consagrada em 113 d.C., é considerada "o apogeu da inscrição de monumento romano"). Os leitores do presente livro são capazes ler uma dessas escrituras antigas a partir do ponto em que as maiúsculas quadradas romanas, ancestrais de nossa própria escrita, aparecem marcadas.

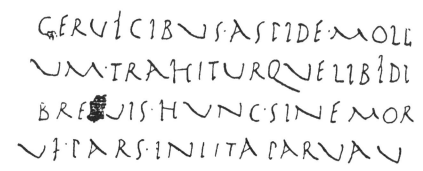

Figura 110 Escrita latina rústica em maiúsculas: fragmento de um poema sobre a Batalha de Ácio escrita em Herculano antes de sua destruição pela erupção do Vesúvio em 79 d.C.

A escrita uncial foi uma modificação da escrita em letras maiúsculas quadradas (Figura 111). Nesse texto, a caligrafia evitou os ângulos usando curvas, com os traços verticais principais geralmente passando acima ou caindo abaixo da linha de escrita. A escrita uncial romana passou a ser adotada na cultura letrada por volta do século iv d.C. De 400 a 700, a escrita uncial era a principal caligrafia da cultura letrada latina.

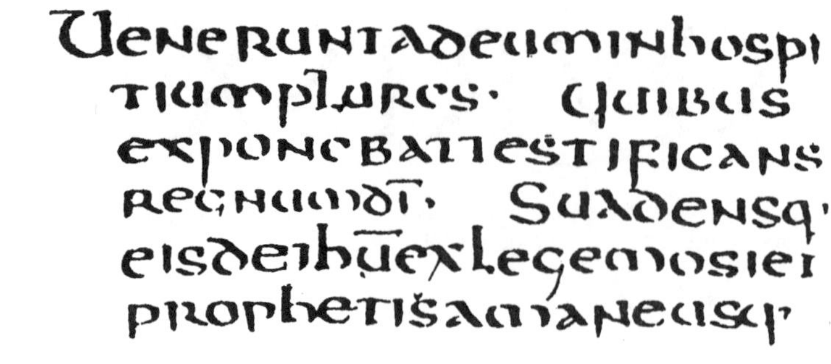

Figura 111 Escrita latina uncial: Manuscrito Fulda do Novo Testamento, copiada c.d.C. 546.

Como os gregos, os romanos também desenvolveram a escrita cursiva, embora ela não tivesse as letras "flutuantes" e conectadas, como o nome "cursiva" indica. As cursivas romanas quase sempre mantinham letras separadas. Sua principal característica era a tentativa de reduzir o número de traços por letra e manter a legibilidade; assim como a escrita grega, quase cada letra era reduzida a um traço solitário de caneta ou buril. Os grafites em Pompéia e Herculano compreendem algumas das mais antigas escritas cursivas romanas que sobreviveram, a maioria escrita entre 63 e 79 d.C., quando as duas cidades foram destruídas pela erupção do Vesúvio (Figura 112). As telhas e tabuletas enceradas romanas também preservam escrita cursiva (Figuras 113, 114). Sendo a escrita do dia-a-dia do Império, o latim cursivo era comumente escrito com rapidez. As antigas letras foram sendo modificadas ao longo do tempo, e por fim, séculos mais tarde, surgiram as minúsculas. Acredita-se que os grafites de Pompéia e outros apresentavam uma forma que já estaria em uso duzentos ou trezentos anos antes. Muitas letras cursivas podem causar certa confusão, pois distinções significativas iam se perdendo na pressa com que se escrevia.

A natureza da comunicação e o efeito que se pretendia atingir, determinavam a escolha do estilo de letra romana. Assim como fazemos hoje, os romanos consideravam que o meio era parte significativa da mensagem. Estilos de letreiros tinham particular associação cultural e social, beneficiando determinada classe ou circunstância. Mesmo um simples aviso como este: *CAVE CANEM* (Cuidado com o cão) em azulejo em frente de uma residência romana em Narbonne no sul da França refletia a posição social – ou a almejada posição social – dos moradores.

Como com os gregos, a maior parte da escrita era feita em tabuletas enceradas ou papiro. (O papiro foi preferido até o século II d.C., quando começou a rarear; na França, no entanto, continuou sendo usado até o século VI). O velino – pergaminho refinado feito de pele de novilho, sendo um material especial de escrita durante o governo dos primeiros imperadores romanos – tornou-se o meio de escrita para a religião que surgia: o cristianismo. O velino acabou substituindo

HISTÓRIA DA ESCRITA 131

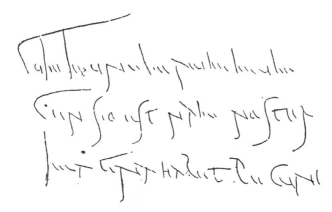

Figura 112 Escrita latina cursiva antiga rabiscada no reboco de uma parede em Pompéia antes de 79 d.C.: "communem nummum.../censio est nam noster.../magna habet pecuni[am]".

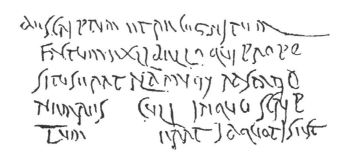

Figura 113 Cursivo latino numa tabuleta encerada (datada de 167 d.C.) encontrada em Alburnus Major na Dácia (Verespatak, Hungria), registrando o licenciamento de uma empresa funerária: "Descriptum et recognitum/factum ex libello qui propor/situs era..."

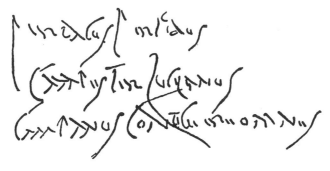

Figura 114 Cursivo latino em azulejo do século I ou II encontrado em Silchester, Inglaterra, provavelmente usado como material de aula de escrita:"Pertacus Perfidus / Campester Lucilianus / Campanus conticuere omnes" .

o papiro, e junto com ele o mundo pagão que o papiro "representava" (ainda que só no sentido metafórico). As produções literárias mais refinadas, escritas nas mais sofisticadas escrituras, tiveram representantes em Homero, no mundo grego e Virgílio no período clássico romano; isso foi superado pela Bíblia, em velino, já nos primeiros séculos da Igreja cristã. Esses escritos foram mais valorizados e procurados do que outros, e assim um grande número deles foi produzido.

Quem podia ler esses trabalhos dois mil anos atrás? Durante os primeiros séculos d.C., o letramento se espalhou pelo império romano. É o que se depreendeu em Vindolanda, antiga base militar romana no norte da Inglaterra, ao longo da Muralha de Adriano. Desde 1973, cerca de duas mil cartas e documentos em tabuletas de madeira foram descobertas ali, atestando a difusão da escrita na sociedade romana antiga, mesmo nos mais longínquos rincões do império. Constituindo o maior arquivo de escritos romanos antigos jamais descobertos, a literatura de Vindolanda data de um período entre 85 e 120 d.C. Todas as inscrições eram escritas a tinta ou entalhadas com buril sobre cera e transmitem os pensamentos de homens e mulheres comuns se correspondendo entre si. O fato de que tal tesouro, em local tão isolado, exista, prova a imensidão da correspondência que deve ter havido entre os romanos durante o império.

A escrita mantinha o contato pessoal e em última instância preservava a rede de relacionamentos sociais e a cultura romana mesmo em regiões estrangeiras mais primitivas. Essa correspondência também assegurava suprimentos militares, sancionava ordens, assim como transmitia conhecimento essencial. Em outras palavras, a escrita manteve o império funcionando. Mais recentemente, outros locais romanos na Bretanha – Carlisle, Ribchester e Caerleon em Gales, para citar só três – revelaram esconderijos semelhantes de tabuletas de madeira. Sabe-se agora que o letramento romano foi muito mais espalhado do que se pensava uma geração atrás.

O alfabeto latino não foi um avanço, em termos de estrutura, sobre o sistema etrusco que tomou emprestado. Isto é, também manteve letras de status semelhante, contando tanto vogais como consoantes. É claro que era um mundo aparte da escrita semita, em que as vogais são transmitidas algumas vezes por meio de diacríticos acima e abaixo das consoantes. É também diferente das escritas encontradas desde a Índia até a Indonésia, descendentes do brâmane, nas quais séries regulares de vogais são anexadas, ou incorporadas, no inventário do alfabeto consonantal. Todas as escrituras derivadas do latim compartilham a característica distintiva de uma letra = um som (vogal ou consoante). A maneira de cada escrita fazer isso varia de língua para língua, uma vez que um alfabeto não é um regulamento, mas uma ferramenta.

Durante o século I a.C., o alfabeto latino tinha praticamente chegado a um fonetismo ortográfico completo – isto é, quase toda letra constituía um som distinto no inventário de sons latinos (Allen, 1965). Isso é algo que o inglês, por exemplo, está longe de alcançar (ver Capítulo 8). O alfabeto latino substituiu todas as outras escrituras da Península Itálica, com exceção do grego – a escrita da cultura e da educação – e por fim se tornou a escrita oficial da parte ocidental do império romano. (O grego permaneceu como escrita oficial da parte oriental). Mais tarde, o alfabeto latino se tornou o veículo de uma das mais importantes religiões do mundo, o cristianismo, assim como, ao mesmo tempo, o alfabeto árabe se tornou o veículo do islamismo da Espanha à Indonésia. Nesse sentido, o alfabeto latino assumiu um papel especial na sociedade ocidental, evitando ser substituído pelo alfabeto rúnico alemão ou o ogâmico dos Celtas, durante a Idade Média (ver Capítulo 7).

O alfabeto latino, primeiro por causa do cristianismo, depois por causa da colonização e, em seguida, da globalização, continuou se espalhando "para mais línguas do que qualquer outra escrita antes ou depois" (Coulmas, 1983).

Escrita ibérica

Os povos do nordeste e sul da Península Ibérica (Espanha e Portugal) utilizavam quatro diferentes escrituras no primeiro milênio a.C.: a ibérica do nordeste (ou simplesmente ibérica), ibérica meridional (ou lusitana do sul), grega jônica e latina (Swiggers, 1996, p.108-12). As escritas ibéricas nativas e suas inúmeras variantes parecem ter derivado de uma escrita original paleo-hispânica. É evidente que essa escritura original deve ter derivado de um protótipo grego ou semita (fenício), embora seja impossível determinar de qual dos dois (Untermann, 1975-90). Afigura-se que a variante sudoeste da ibérica meridional, por seu aparente conservadorismo, tenha sido mais próxima da escrita original, talvez tendo surgido já no século VI a.C. A ibérica meridional pode ter se espalhado para o norte da Espanha ao longo do século seguinte.

Todas as variantes ibéricas nativas da escrita apresentam três características impedindo que sejam atribuídas definitivamente à grega ou à semita. Primeiro, o sistema de escrita ibérico combina alfabeto e sinais silábicos – isto é, todas as vogais e consoantes fricativas (/r/, /m/, /n/ etc.) têm uma letra, mas cada parada na língua ibérica, como /k/, é escrita junto com a vogal seguinte como um silabograma separado (sinal *ka*). Em segundo lugar, os silabogramas, não as letras, apresentam variação cronológica e geográfica. E em terceiro lugar, os silabogramas são labiais, dentais e velares, mas, como o etrusco, não fazem contrastes; assim, parece não fazer diferença se se usa *b/p*, *d/t* ou *g/k*. No entanto, as inscrições gregas e latinas na Ibéria mostram um contraste, de forma que talvez os ibéricos propositadamente escolheram usar uma escrita incompleta para sua(s) língua(s), sendo que só o contexto definiria o contraste.

Poucas inscrições ibéricas têm mais do que uma palavra. Quando há várias palavras em um texto, a separação das palavras é feita com dois pontos ou um ponto centralizado. O ibérico do noroeste é escrito da esquerda para a direita (existe uma inscrição com as duas direções), como no grego e latim posteriores. O ibérico meridional é escrito da direita para a esquerda, como em todas as escrituras semitas, sugerindo que possa ser a escrita mais antiga. No entanto, não existe um padrão nas diferenças entre as formas dos sinais do noroeste e meridional: algumas são idênticas, enquanto outras são totalmente diferentes. Como a(s) língua(s) subjacente(s) ainda são desconhecidas, não é possível, hoje, apresentar uma análise gramatical e semântica das inscrições ibéricas. Assim como com o etrusco, o conhecimento presente se vê em geral limitado a identificar nomes próprios e reconhecer limitadas seqüências contextuais para desvendar possíveis elementos gramaticais.

Figura 115 Ibérico do noroeste, c. 300 a.C.

A escrita ibérica do nordeste, cujas inscrições foram as que mais sobreviveram, foi a única escrita (com raras exceções) a ser usada de c. 400-100 a.C. no noroeste da Espanha e sul da França (Figura 115). Seu uso foi uniforme, sugerindo um tempo curto e uma sociedade homogênea usando uma língua. Cada letra em ibérico do nordeste possui um mínimo de duas variantes. Os celtiberos – celtas que por volta de 600 a.C. invadiram o norte colonizando de forma permanente amplas áreas da Espanha – tomaram emprestada essa escrita e o latim, para inscrições em sua língua celtibérica. As adaptações revelam peculiaridades fonológicas: por exemplo, *r* foi distinguido de outro tipo de *r* usando um sinal diacrítico, enquanto um sinal grego especial transmitia determinado *s*. A escrita celtibérica também reduziu os 15 silabogramas do ibérico do nordeste para apenas cinco consoantes – b, Δ, T, Γ e K. Elas então eram escritas usando vogais, como numa escrita alfabética normal.

Ao sul dessa região, três escrituras eram empregadas simultaneamente: ibérica do nordeste, ibérica meridional e grega. Na Andaluzia, no sul da Espanha, a maior parte das inscrições estão em ibérico meridional, com alguns raros exemplos de ibérico do nordeste.

A ibérica meridional teve tempo de se dividir em duas famílias de escrita, sudoeste e sudeste. A escrita do sudoeste, também chamada de "tartessiana", da mesma forma transmite uma língua desconhecida. Usando várias letras que são diferentes das de outras escritas, essa talvez seja a escrita ibérica mais próxima da original paleo-hispânica. A ibérica do sudeste compartilha mais características com a ibérica do nordeste, como se constituísse o veículo da antiga difusão.

As escritas ibéricas nativas parecem ter sido abandonadas em favor da escrita latina por volta do século I a.C.

O gótico

Os godos do leste da Alemanha se destacaram durante a Grande Migração dos séculos IV e V d.C. (Ebbinghaus, 1996, p.290-93). Hoje conhecemos suas línguas góticas principalmente por meio de alguns fragmentos de traduções da Bíblia. O bispo visigodo Wulfila (morto em 383 d.C.), segundo avaliação de três historiadores eclesiásticos cem anos mais tarde, criou as "Cartas Góticas" a fim de traduzir a Bíblia para a língua visigótica. O alfabeto grego do século IV aparentemente foi a única fonte de Wulfila (Ebbinghaus, 1979, p.15-29). Embora o manuscrito original do bispo não tenha subsistido, escrituras derivadas próximas, preservadas em dois outros manuscritos góticos posteriores, do século VI no máximo, foram conservadas (Figura 116).

A "escrita de Wulfila", como talvez devesse ser chamada, é alfabética, grafada da esquerda para a direita, sem separação de palavras. Os espaços indicam sentenças ou passagens, como o fazem os dois pontos ou o ponto centrado (como nas escritas ibéricas). A suspensão nasal – isto é, marcação onde um /m/ ou /n/ deveria estar – é, às vezes, indicada por um macro sobre a letra anterior. As ligaturas eram ainda mais raras do que os macros. Há constantes contrações: por exemplo, *ius* é com freqüência usado para soletrar "Jesus". Além de raras relíquias profanas – veja-se a escritura latina-gótica de Nápoles, do século V – a escrita de Wulfila, considerada por algumas poucas inscrições que sobreviveram, parecem transmitir exclusivamente textos eclesiásticos.

A escrita gótica, que Wulfila criou a partir do alfabeto grego, não teve descendentes. Depois do século VI d.C., foi substituída por quase toda parte por descendentes dos alfabetos grego e latino. A última sentinela gótica, o *Codex Vindobonensis 795* do século IX, nessas alturas talvez fosse apenas uma antigüidade curiosa.

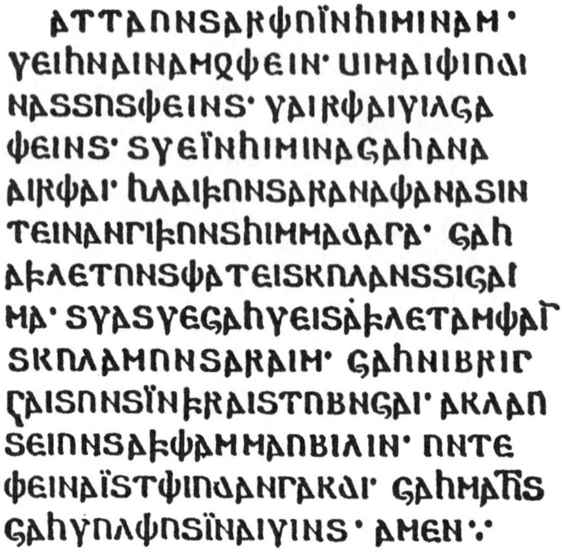

Figura 116 O gótico ou "Escrita de Wulfila": O *Paternoster* do *Codex Argenteus*, da Itália do Norte, datado do século VI: "ATTA UNSAR THU IN HIMINAM..." (Pai nosso, que estais no céu...")

As runas

As runas são a única escrita nativa de povos germânicos que, diferente do gótico, não copia qualquer alfabeto conhecido. Na grande saga nórdica, a criação da escrita é atribuída ao deus Odin (Wodan da Alemanha Ocidental). No entanto, as runas foram claramente inspiradas em alguma escrita alfabética mediterrânea. A maior parte dos estudiosos atualmente prefere considerar a origem imediata das runas na escrita de inspiração etrusca, do norte da Itália – talvez rética ou lepôntica (Lugano) – tomada emprestado e bastante adaptada por uma tribo alemã desconhecida. Isso provavelmente ocorreu no início do século I d.C., durante o reinado do imperador Tibério.

As mais antigas inscrições rúnicas que se conhece, datadas da segunda metade do século II d.C., já estavam inteiramente desenvolvidas (Figura 117). Muitas delas foram encontradas na Jutlândia, no extremo sul da península dinamarquesa que também inclui o estado de Schleswig-Holstein na Alemanha, indicando que essa área pode ter compreendido um maior ponto de difusão para as runas. Cerca de cinco mil inscrições foram encontradas até agora, quase todas na Escandinávia, a maioria na Suécia. As runas se espalharam pela sociedade alemã por pelo menos 1.100 anos, até sucumbirem perante o alfabeto latino da Igreja.

Diferente da maioria das escritas do mundo, as runas nunca se tornaram literárias ou utilitárias. Como o nome indica – o nórdico antigo *rún* significava "saber secreto ou escondido" – as runas permaneceram socialmente restritas a um domínio limitado de uso: na maior parte se encontravam em pedras de monumentos, mas também em anéis, broches, fivelas, armas, recipientes de marfim e outros objetos valiosos (Schultze, 1986, p.315-26). Por causa desse uso restrito, as runas nunca contribuíram para a criação de uma sociedade letrada na Alemanha. Os materiais em que as escritas foram gravadas, pedaços de madeira e ossos em que a faca pudesse entalhar melhor linhas verticais, aparentemente determinaram sua angularidade característica (Gaur, 1992).

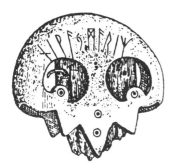 

Figura 117   Entre as primeiras runas do "Futhark antigo" germânico estão inscrições datadas de c. 200 d.C., nos dois lados da fivela de um porta-espada descoberto em um pântano em Thorsberg perto de Schleswig, Alemanha.

Embora houvesse várias escritas rúnicas diferentes sendo usadas da Islândia ao Mar Negro, registrando muitas línguas germânicas diferentes, elas podiam ser divididas em dois tipos cronológicos principais: o alemão antigo e o nórdico. Como aconteceu ao longo do tempo, quando os alemães tomaram emprestado de uma fonte de escrita, fizeram-no de acordo com as necessidades da fonologia de sua língua. Foram altamente seletivos, descartando a ordem tradicional do alfabeto etrusco para criar uma nova ordem exclusiva. As primeiras seis runas na nova ordem deram às antigas runas – isto é, do alemão antigo – seus nomes: FUTHARK – alfabeto usado de 200 a 750 d.C., aproximadamente. As 24 letras do alfabeto rúnico Futhark foram tradicionalmente divididas em três grupos de oito famílias chamadas ættir.

Algumas runas são idênticas a letras etruscas (ou variantes do latim), enquanto que outras são exclusivas. Elas fornecem uma reprodução mais exata dos sons germânicos do que os alfabetos etrusco e latino fariam. Diferente do alfabeto latino atual, e recorrendo a um exemplo em inglês, as runas distinguiam entre um o *ng* fonemicamente separado em *ungodly* (n+g), de *sing* (ng). Usando o alfabeto latino, agora nós ambiguamente escrevemos essas duas palavras usando um digrama ou combinação de letras (*ng*), enquanto um escriba rúnico teria usado três runas separadas (*n, g* e *ng*) para essa tarefa. A transmissão rúnica reflete a precisão de uma escrita nativa designada para acomodar sua própria língua.

Cerca de 250 inscrições subsistiram no que agora se chama o "antigo Futhark", runas escritas antes do século VIII. Todas menos cinqüenta delas são escandinavas e apenas na Suécia e Noruega pode-se encontrar inscrições em pedra em Futhark antigo. Existe um número pequeno de inscrições em outros objetos menores – tais como broches encontrados ao longo do Reno, na fronteira da Alemanha com a França. É possível que a língua dessas runas antigas não seja o vernáculo contemporâneo, mas uma língua arcaica formal escrita em nórdico antigo e/ou em dialetos da Alemanha Oriental. No entanto, essa hipótese é viável apenas para o Futhark antigo.

As inscrições Futhark são em geral padronizadas, e as formas das runas em geral são idênticas em toda parte, com exceção do /k/ e /j/. Cada runa tem seu nome de acordo com um princípio acrofônico, um método evidentemente emprestado da assumida fonte – a escrita do norte da Itália – (embora os valores germânicos sejam diferentes): /f/ era *fehu*, ou "gado", /i/ era *isaz*, ou "gelo", /h/ era *haglaz*, ou "granizo" etc. Assim, uma runa servia para duas instâncias diferentes: um som e um objeto (Elliott, 1996, p.333-9).

Apesar da padronização das runas, a direção e orientação de leitura era notavelmente arbitrária. Linhas nas duas direções e letras de ponta cabeça apareciam. Duas runas podiam se combinar formando outra. Consoantes dobradas como *dd* ou *ss* poderiam ser expressas com uma consoante. Raramente havia separação de palavras. Por volta do final do século V, cinco pontos amontoados ou linhas podiam servir para separar as palavras ou marcar o final de um trecho (Page, 1987).

Já se pressupunha que as runas em primeiro lugar tinham valor de xamã para seus usuários e observadores (a maioria dos quais não eram leitores); que, ao serem grafados, os desejos, bênçãos e mesmo pragas poderiam ser realizados. No entanto, os estudiosos agora avaliam que as runas serviam a muitos objetivos. Na tumba de Rö, no norte da Bohuslän, na Suécia, eis o que está escrito em Futhark antigo, datado de cerca de d.C. 400: "Swabahari, com feridas abertas. Eu, Stainawari, pintei. Eu, Hrar, coloquei a pedra aqui no barranco". Os nomes dos donos com freqüência aparecem em objetos preciosos. Algumas vezes, mesmo o nome do fabricante ficava gravado: "Eu, Hlewagastir, o amável, fiz a cornucópia" está gravado no famoso Chifre de Ouro de Gallehus, Dinamarca, também talhado por volta de 400. Apesar desses usos profanos, o letramento entre os povos germânicos antigos não alcançou os níveis de seus contemporâneos de fala grega e latina.

As runas do Futhark antigo chegaram à Inglaterra com os anglo, saxões e jutos entre 450 e 600 (Page, 1973). As runas da Inglaterra eram exclusivamente provenientes dos invasores alemães. Os celtas britânicos nativos nunca as usaram; na verdade, provavelmente as consideravam símbolos da intrusão alemã. Tanto na Frísia na costa do Mar do Norte e como na Inglaterra, uma nova série de runas se desenvolveram a partir do Futhark antigo. Escribas de runas ingleses imprimiram mudanças no sistema, particularmente nas vogais: quatro novas runas foram acrescentadas, chegando a um total de 28. (Por volta de 800 d.C., escribas na Úmbria do Norte aumentaram o número para 33). A mais antiga inscrição em inglês antigo nesse alfabeto "Futhork" veio de Caistor-by-Norwich. No século VII, missionários cristãos da Irlanda e do continente começaram a reintroduzir o alfabeto latino na Inglaterra – o latim tinha sido usado na maior parte da Bretanha desde a ocupação romana. Ao contrário da Escandinávia, as runas na Inglaterra "anglo-saxônica" também eram às vezes grafadas em objetos com inscrições no alfabeto latino.

Não há evidência de que a Igreja cristã inglesa tenha querido eliminar o uso de runas. E a tradição cristã estava enraizada demais num alfabeto de base latina para ser transmitida inteiramente por elas. As escrituras sagradas e comentários da Igreja de Roma e outros trabalhos literários eram todos em alfabeto latino. Toda a educação judaico-cristã e greco-romana na Europa ocidental era no alfabeto latino. As runas alemãs não podiam competir. Percebendo isso, a Igreja evidentemente evitou provocar hostilidades.

As últimas runas na Inglaterra datam do século X, quando mesmo a Igreja usava com freqüência runas em lápides, cruzes e relicários. Por volta de 1066, o alfabeto latino já tinha substituído as runas e a Conquista Normanda só reforçou o avanço da escrita latina, impedindo um retorno a fundamentos alemães.

No continente, as runas da Frísia, muito semelhantes das inglesas, foram usadas até o século IX. Nas regiões do Reno francês e Alamânia (Sudoeste da Alemanha e Suíça), as últimas runas tinham sido entalhadas dois séculos antes, quando missionários cristãos – muito antes de fazerem isso na Inglaterra – decisivamente substituíram a escrita germânica pela da Igreja latina.

Só na Escandinávia as runas resistiram (Düwel, 1983). E, de fato, experimentaram um ressurgimento. Como a Inglaterra, a Escandinávia também tinha inovado. No entanto, ali não tinha ocorrido uma expansão, mas uma simplificação massiva do sistema: um terço do inventário rúnico tinha sido apagado, caindo de 24 para 16 letras. Uma runa individual devia agora transmitir seis ou mais sons. (A ortografia do inglês de hoje às vezes sofre grau semelhante de ambigüidade.) Acontece que o novo alfabeto escandinavo tinha menos letras do que o necessário para transmitir adequadamente a fonologia do nórdico antigo. Por volta de 800, esse "Futhark mais novo" já estava inteiramente desenvolvido, e foi iniciada uma simplificação na forma das letras, processo que continuou por muitos séculos. No século X, por exemplo, foram introduzidas runas com pontos para corrigir as inadequações do sistema fonêmico por demais simplificado; isso permitiu distinguir entre consoantes surdas/sonoras (*b/p*, *d/t* e *g/k*) e mesmo vogais (*e/i*). O avanço do latim na Escandinávia, no entanto, forçou as runas a seguirem a ordem do alfabeto latino: *a, b, c* etc.

Um renascimento da escrita rúnica acompanhou a expansão viking. As inscrições em runas em monumentos, entalhadas desde Nassaq, na Groenlândia, até os Pirineus, na Grécia, datam do começo da era viking até a Alta Idade Média. Por volta do século XI, com o crescimento da influência da Igreja cristã na Escandinávia, as runas apareceram com mais freqüência em monumentos de pedra, e com inscrições bem mais longas. Os escandinavos também começaram a escrever uma boa quantidade de material profano em runas, inclusive códigos e textos literários.

As runas do Futhark mais novo da Escandinávia por muito tempo foram preferidas ao alfabeto latino, que era visto como estrangeiro. No entanto, por volta de 1200, o alfabeto latino da rica Liga Hanseática e da poderosa Igreja começaram a oferecer pelo menos uma alternativa viável. Em determinado momento, as vantagens lingüísticas da escrita rúnica deixaram de ser apreciadas quando se avaliaram lucros e danos. Nos séculos seguintes, as runas curvaram-se mais perante a supremacia latina: como já acontecera na Inglaterra séculos antes, o veículo para todo o conhecimento na Escandinávia tinha se tornado a Igreja latina. Ainda assim, até o início de 1900, as runas ainda eram escritas em muitas regiões da Suécia.

Hoje, a escrita rúnica, que chegou a ser a voz de todos os povos germânicos, envolve apenas meia dúzia de acadêmicos e são hobby de amadores.

Os ogamos

Os ogamos, *ogam* do irlandês antigo, são o primeiro sistema de escrita que se conhece dos celtas da Irlanda e Ilhas Britânicas. Seu uso em monumentos data do início do século v indo até o século vii d.C. (McManus, 1996, p.340-45). Diferentes das runas dos anglos, saxões e jutos na Inglaterra, a escrita ogâmica é também a única escrita das ilhas em que a idéia emprestada de escrever alfabeticamente foi elaborada de uma única exclusiva. Os ogamos – as letras dessa escrita – foram muito usados do sul da Irlanda (provável ponto de difusão) até a Ilha do Homem, Escócia e Gales. A escrita ogâmica enfeitou principalmente tumbas e monumentos de pedra, embora também decorasse aduelas de madeira, escudos e outros objetos.

A origem dos ogamos é incerta, assim como sua ordenação (Carney, 1975, p.53-65). Uma possível fonte de inspiração podem ter sido as runas, uma vez que os celtas mantinham contato ativo com os povos que adotavam a runa – anglos, saxões e jutas – ao tempo da elaboração dos ogamos. Como os ogamos compreendem uma escrita alfabética, é evidente que o sistema tenha se originado de um derivativo do etrusco (ou do latim); aqui novamente as runas são a explicação mais conveniente. Também a escrita ogâmica distingue entre os sons /u/ e /w/, uma distinção que o latim não tem mas as runas mantêm. A evidência de ser uma adaptação gaélica celta da escrita-fonte – não britônica celta (isto é, cúmbrica, galesa, córnica e bretã) – indica uma elaboração irlandesa: não há som /p/ no alfabeto ogâmico; esse som estava ausente no irlandês primitivo também, mas presente em todas as línguas britônicas. A escrita ogâmica na Irlanda apresenta apenas os ogamos, que sugerem um ponto de difusão, enquanto os britônicos celtas algumas vezes os escreviam junto com o latim.

A maioria dos estudiosos não considera literária ou utilitária a escrita ogâmica, mas representava a escrita secreta dos celtas da Irlanda e das Ilhas Britânicas (embora também existissem os ogamos alemães). Mesmo seu nome, assim como com as runas alemãs, sugerem isso: o *ogam* do irlandês antigo era uma forma de discurso críptico envolvendo substituição fonológica – um tipo de irlandês "na língua do P".

Há vinte letras no alfabeto ogâmico (McManus, 1991). Como as runas, cada letra ogâmica tem um nome que é acrofônico: o ogamo para /b/ é o *beithe* do irlandês antigo, ou "birch" ["bétula"]; para /l/, *luis* ou "herb" ["erva"], para /f/, *fern* ou "alder" ["amieiro"] etc. Cada uma é escrita com entalhes retos ou diagonais, usando de um a cinco entalhes, acima, abaixo ou através de uma linha horizontal ou vertical. A aparência exterior do ogamo lembra um memento. Com freqüência essa linha é uma aresta – o canto formado pelo contato angular de duas laterais adjacentes – de um monumento em pedra ou aduela de madeira. A linha ou aresta ogâmica sempre dá a orientação da escrita ogâmica.

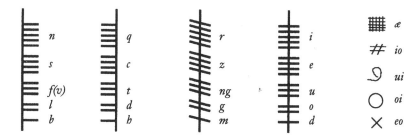

Figura 118 As cinco "famílias" alfabéticas ogâmicas, lidas de baixo para cima.

Os vinte sinais tipo "escrita de registro de contas" são divididos, como as runas, em "famílias" ou grupos (mas aqui são quatro em vez de três das runas) ou cinco sinais cada (Figura 118). As primeiras três famílias são consoantes: de um a cinco entalhes cortados para a direita (família um), para a esquerda (família dois), e em diagonal (família três) da linha ogâmica. A quarta família tem as vogais; costumeiramente, esses são entalhes cortados diretamente na linha ogâmica, mas eles também aparecem como entalhes curtos horizontais cruzando a linha. Uma quinta família suplementar compreende tanto consoantes como vogais, mas foi posteriormente adaptada para transmitir ditongos e digramas (duas letras escritas juntas formando um som, como *œ*). A escrita ogâmica não tem separação de palavras, pontuação ou outro tipo de marcação adicional.

Existem duas tradições de escrita ogâmica, com aparência quase idêntica. A escrita ogâmica ativa, que envolveu principalmente inscrições em monumentos, começou no século v (Figura 119). Essas inscrições de monumentos em geral dispõem os ogamos alternando a direção a cada linha, começando de baixo, à esquerda da pedra, subindo depois para cima e para baixo em direção à direita. A tradição de monumentos acabou no século VII, seguida da tradição de manuscritos, que durou até a Alta Idade Média. Esses ogamos acadêmicos como as letras manuscritas são chamadas, eram escritos só em manuscritos irlandeses, horizontalmente da esquerda para a direita, imitando a escrita latina; ocasionalmente, apresentavam um sinal > entre as palavras. Os mesmos valores de letras prevalecem nas duas tradições, mas os textos manuscritos posteriores incluíram acréscimos de sons do irlandês.

Dessa forma, a escrita ogâmica foi retomada e comentada por vários séculos após uso público ativo, pelo menos na Irlanda. Na Alta Idade Média, no entanto, muitas inscrições ogâmicas aparentemente começaram a ser "neutralizadas" com o entalhe de uma cruz cristã ao lado. No final, como com as runas alemãs, o alfabeto latino monolítico da Igreja acabou superando a notável escrita ogâmica celta.

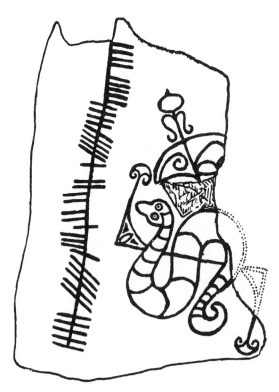

Figura 119 Inscrição ogâmica da Escócia, provavelmente do século VII d.C., em que se lê, de baixo para cima: "IRATADDOARENS".

As escritas eslavas

Os dois alfabetos eslavos mais importantes são o cirílico e o glagolítico (croata) (Cubberley, 1996, p.346-55). Segundo a tradição, o rei Rastislaw da Morávia pretendia se libertar da Igreja romana controlada pelos germânicos, e pediu ao imperador bizantino que mandasse instrutores habilitados a pregar no vernáculo. O imperador enviou dois irmãos: Constantino (mais tarde chamado Cyril) e Methodius. Esses missionários romperam com a tradição romana – que só permitia escrita em hebraico, grego e latim – realizando suas próprias traduções da Bíblia em esloveno antigo. Dessa forma, foram "criados" o cirílico e o glagolítico.

O problema com o "mito de Constantino" é que eram dois alfabetos separados sendo "criados" ao mesmo tempo para servir às necessidades eslovenas. Durante muito tempo, não estava claro qual das escritas era a "invenção" de Cyril para transmitir a língua eslovana "pela primeira vez". Hoje, a maior parte dos estudiosos aceita que o glagolítico foi adaptado por Cyril – e não criado ou elaborado por ele – a partir de uma escrita elovena existente para o esloveno da Macedônia.

O alfabeto glagolítico tem quarenta letras, o cirílico 43. Seus valores fonéticos são quase iguais. As duas escritas diferem muito na aparência. Isso talvez porque o cirílico derive, com exceção de poucas letras insignificantes, das úncias gregas bizantinas (maiúsculas) do final do século IX, enquanto o glagolítico teve origem nas letras cursivas greco-bizantinas muito anteriores. Além dessas diferenças puramente externas, as duas escrituras compartilham quase o mesmo sistema de escrita. Parece que o cirílico tomou emprestado algumas de suas letras do glagolítico, que é anterior: teria sido elaborado já no século VII, por razões ainda desconhecidas. Nos anos 860, o glagolítico foi formalizado e adaptado por Constantino (São Cirilo), que acrescentou certas letras para transmitir alguns sons especiais do esloveno da Macedônia. Essas letras adicionais talvez tenham vindo do armênio (as consoantes) e variantes do grego (as vogais). Uma geração mais tarde, nos anos 890, os discípulos búlgaros consideraram a escrita glagolítica de São Cirilo inadequada para textos eclesiásticos e escolheram a escrita uncial greco-bizantina – então encarada como mais formal e nobre – para escrever escrituras sagradas. Nascia a escrita cirílica. Só em séculos posteriores foram dados nomes para as duas escritas: *glagólica*, de *glagol* ("palavra, dizer") e *kiríllica* de Cirilo, o nome monástico adotado por Constantino.

Originalmente, o glagolítico servia muito bem para a língua eslovena da Macedônia. Depois do século IX, o glagolítico e o cirílico existiram lado a lado na Macedônia e na Bulgária (Figura 120). No entanto, nos séculos seguintes, o cirílico evidentemente casou a substituição de muitas letras glagolíticas originais. E nos anos 1100, tornou-se dominante (Figura 121). A difusão do glagolítico para a Sérvia e a Bósnia exigiu muitas mudanças para acomodar diferenças dialetais. Foram introduzidos dígrafos e ligaturas para transmitir sons eslovenos que não existiam no alfabeto greco-bizantino tomado emprestado. Dos anos 1300 a 1500,

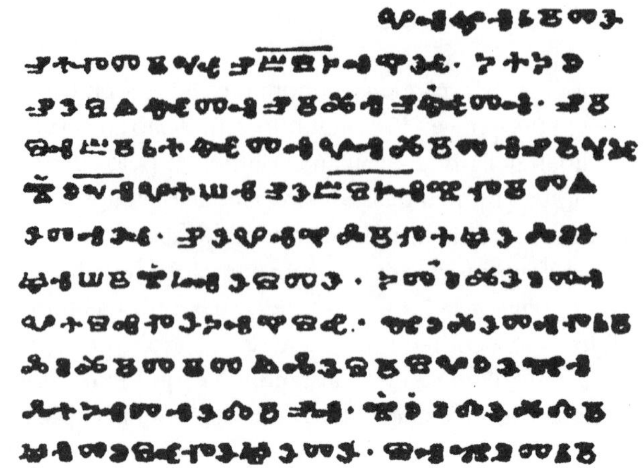

Figura 120 Escrita glagolítica: Mateus 6:26 do *Codex Zographensis*, final do século x, início do século xi.

O glagolítico foi usado em liturgias de algumas comunidades checas e polonesas. Depois disso, foi sendo abandonado por toda parte, menos na Croácia, em que, no início dos anos 1800, assumiu uma forma cursiva para uso em transações oficiais da administração local. Hoje, o glagolítico sobrevive como uma escrita litúrgica em muitas dioceses católicas romanas na Dalmácia e Croácia, em que o esloveno (e não o latim) foi sempre a língua litúrgica.

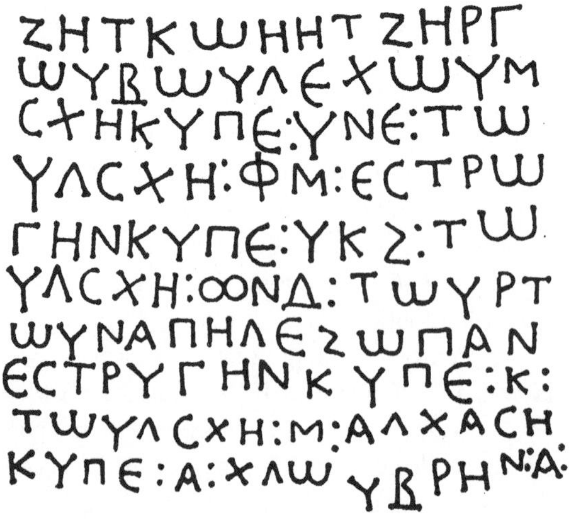

Figura 121 Inscrição cirílica em búlgaro antigo, numa coluna da igreja em Bjal-Brjag, distrito de Preslav, Bulgária orienta, *c.* 1050.

A terra natal do cirílico foram por longo tempo Bulgária, Sérvia e Kiev, na Rússia (Figura 122) (Stilman, 1960). Os anos 1700 presenciaram importantes mudanças ortográficas na forma russa da escrita cirílica, principalmente para facilitar a impressão de trabalhos seculares e ampliar o alcance do letramento: letras com formas mais simples foram padronizadas, e variações redundantes da Igreja, abandonadas (Cubberley, 1993, p.20-59). A grande reforma de 1918, com o nascimento da União Soviética, completou a última das importantes reformas ortográficas, chegando à escrita cirílica que é usada hoje na Rússia e em sua esfera de influência, com apenas pequenos ajustes subseqüentes (Figura 123).

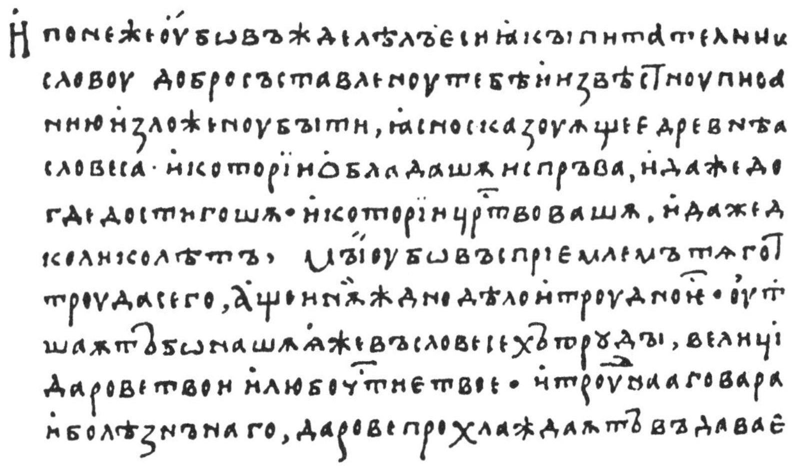

Figura 122 Manuscrito esloveno do sul (datado de 1345), em "poluustav", ou semi-ustav, escrita cirílica que serviu de modelo principal para as primeiras impressões de livros eslovenos nos anos 1500.

O cirílico se tornou uma das maiores escritas do mundo e condutora de uma longa e muito influente tradição literária. Sofrendo muitas reformas ortográficas que implicaram enormes mudanças em sua aparência externa mas não no sistema interno, o cirílico se tornou a escrita da maioria dos povos eslovenos. (Eslavos ocidentais e alguns eslavos do sul preservaram ou reintroduziram o alfabeto latino). A escrita cirílica foi adotada por todos os russos, ucranianos, búlgaros e sérvios como veículo da Igreja Ortodoxa Grega que todos seguiam. Assim, entre todos esses povos, o cirílico se tornou a escrita de todo o conhecimento (como aconteceu com o latim na Europa Ocidental). Com o crescimento da importância da Rússia no cenário internacional, o cirílico acabou sendo reconhecido como "alfabeto russo". Pelo menos oficialmente, substituiu quase todas as escrituras na antiga União Soviética, assim transmitindo, com variados graus de adequação, mais de sessenta línguas diferentes.

О любви рассказать я хотела—
Говорят: это частное дело.
Не согласна! Не стану таить!
Я считаю, любовь—это нить
Между сердцем моим и Отчизной.
Песнь любви—это здравица жизни!

О любви рассказать я хотела—
Говорят: это частное дело.
Не согласна! Не стану таить!
Я считаю, любовь—это нить
Между сердцем моим и Отчизной,
Песнь любви—это здравица жизни!

Figura 123 Em cima: cirílico russo moderno; em baixo: versões em itálico do mesmo poema.

Desde o colapso da União Soviética, ocorreu renovado interesse, entre não-eslavos envolvidos, em escrever suas línguas usando o árabe, latim ou outra escrita. Essa substituição de escrita tem com freqüência o sentido de afirmar identidade étnica.

Vários séculos antes do alfabeto consonantal fenício ter se espalhado para o Oriente, ele se difundiu para o Ocidente pelas ligações mercantis e culturais antigas entre levantinos e gregos. Como resultado, no século I d.C. a escrita alfabética tinha penetrado em amplas regiões da sociedade ocidental, preenchendo a maioria das funções que as escritas preenchem hoje. Deixando de ser monopólio da elite de contabilistas ou poderosos sacerdotes, o letramento se expandiu em centros prósperos a ponto da escrita se entranhar em todas as atividades humanas – das mais exaltadas (inscrições sagradas e de monumentos, prosa e poesia reverenciadas) às mais mundanas (cartas pessoais, avisos públicos, grafites). Por volta do século IV d.C., as lojas no mercado bizantino de Beirute, por exemplo, eram identificadas na soleira com endereços escritos em alfabeto grego. Em particular com o alfabeto grego, a escrita se tornou indispensável na sociedade civilizada na maior parte do Ocidente. De fato, a escrita passou a definir, em muitas instâncias, o significado de "civilização".

Por seu papel crucial na sociedade clássica grega, atribuiu-se recentemente à escrita a responsabilidade, de certa forma, pelo desenvolvimento das primeiras democracias, uma vez que promovia o letramento geral. A teoria do "Efeito Alfabeto" pressupõe um Ocidente alfabetizado, livre, com pensadores e cientistas, oposto aos "caracteres pictográficos" do Oriente que de alguma forma produziam um pensamento holístico. Embora atraente, essa teoria é falaciosa em dois pontos. Um alfabeto – seja grego, aramaico ou índico – não tem nada a ver com democracia. A expansão do letramento necessária para uma democracia é um desenvolvimento relativamente moderno que também existe na maioria das nações não-democráticas. Os caracteres chineses podem retardar o letramento, por serem tão difíceis de aprender, mas não o impedem. E talvez mais importante que isso: o pensamento analítico é possível em qualquer sistema de escrita, seja logográfico, silábico ou alfabético. Pensamento analítico é possível sem a escrita. É verdade que a sociedade como a conhecemos não pode existir sem a escrita. No entanto, a escrita é um efeito da sociedade, não uma causa.

O alfabeto pleno de vogais dos gregos não mudou a maneira das pessoas pensarem. Facilitou a forma das pessoas escreverem o que pensavam. Nesse sentido, favoreceu um maior letramento, mais discussões, e assim mais domínios complexos de pensamento. No entanto, a escrita grega não gerou a democracia, a teoria da ciência ou a lógica formal. Auxiliou a preservar os pensamentos daqueles que refletiram sobre tais coisas, e a treinar outros a construir sobre essas idéias e outras semelhantes.

Uma tradição filosófica significativa também existiu na China – sem escrita alfabética plena. Pois a escrita na Ásia Oriental tinha tomado uma direção inteiramente diferente.

Capítulo 5
A "re-gênese" da Ásia Oriental

Muitos estudiosos afirmam que a "re-gênese" da escrita na Ásia oriental no século II a.C. foi um fenômeno independente. Outros, ao contrário, afirmam que foi inspirado no Ocidente. É uma polêmica antiga. A agenda atual do governo chinês pode alimentar a primeira explicação. No entanto, o peso cumulativo das evidências arqueológicas aceitas parece, pelo menos no presente, sugerir uma inspiração vinda do Ocidente. A escrita completa nunca "surge do nada". Ou existe um período prolongado de "escrita incompleta" que leva à escrita completa, como aconteceu na antiga Mesopotâmia (ver Capítulo 1), ou a súbita aparição da escrita plena sinaliza um empréstimo.

Se a escrita completa, desenvolvida de forma semelhante, tivesse aparecido com freqüência na pré-história, o argumento de origens múltiplas da escrita plena talvez fosse convincente. No entanto, o fato de ela aparecer só na Mesopotâmia como destilação final de uma longa tradição de elementos mnemônicos gráficos – e da Mesopotâmia, em adaptações locais, seguir gradualmente para todo canto, com as regiões mais longínquas apresentando escrita mais recente – estimula, acreditam muitos, o reconhecimento de uma difusão lenta da escrita completa por todo o mundo. Tendo sido praticada na Mesopotâmia e pontos do leste por cerca de dois mil anos, a idéia da escrita completa aparentemente se disseminou dali para o centro-norte da China, onde, devido às exigências da língua chinesa, a escrita adotou seu elenco exclusivo no leste da Ásia.

Uma vez desenvolvida, a escrita chinesa tornou-se o principal veículo de transmissão da cultura chinesa por todo o leste da Ásia. Não tendo oposição de qualquer outra forma de escritura, tanto o sistema de escrita chinês como sua escrita *hànzi* – os "caracteres" ou sinogramas também conhecidos como *hanja* coreano e *kanji* japonês – foram emprestados indiscriminadamente para transmitir línguas tão diferentes do chinês que a leitura não só era difícil, como equivocada. Em tempo foram feitas adaptações. Duas delas produziram extremos sistêmicos jamais vistos. A escrita hankul da Coréia é provavelmente o método mais eficiente, na história, de reproduzir a fala humana. E em contraste, os dois sistemas de escrita do Japão que utilizam três escritas combinadas seguindo regras arbitrárias, talvez constituam as formas mais complicadas de escrita jamais inventadas.

Por sua supremacia regional, a escrita chinesa tem sido chamada às vezes de "latim do Extremo Oriente". É verdade que o budismo e sua língua e escrita chinesa desempenhavam na Ásia Oriental o mesmo tipo de papel que o cristianismo e sua língua e escrita latina desempenhavam na Europa Ocidental no mesmo período. Como vimos (Capítulo 4), a difusão do latim forneceu o veículo para o cristianismo atingir alemães, celtas e outros povos não-romanos. Da mesma forma, o budismo e sua língua e escrita chinesa se espalhou entre os japoneses, coreanos, vietnamitas e outros povos não chineses. Mas Roma desagregou-se, enquanto a China se tornou mais forte a ponto de a língua e escrita chinesas permearem a Ásia Oriental. Aqui, escrita e língua chinesas eram mais do que um ideal definitivo, como o latim tinha se tornado no Ocidente. Eram a própria cultura.

Toda escrita da Ásia oriental começa, então, com a escrita chinesa. A influência dela, e de muitos de seus *hànzi* (caracteres), permanecem vivos cerca de dois mil anos depois de seu empréstimo a não-chineses, e a despeito de suas muitas adaptações e subseqüentes mudanças. A história da escrita do leste da Ásia é a glória da escrita chinesa – e a agonia de sua conversão feita por povos culturalmente reprimidos que, para melhor ou pior, algumas vezes falavam línguas que essa escrita dificilmente conseguia transmitir.

A escrita chinesa

A escrita chinesa, a mais antiga do leste da Ásia, parece, de fato, à primeira vista, ter "emergido do nada" (Boltz, 1996, p.189-90). Tendo aparecido no centro-norte da China na segunda metade do segundo milênio a.C. quase inteiramente desenvolvida, tornou-se não só a forma de escrita mais importante do leste da Ásia, mas também o principal meio de expressão escrita da humanidade. Um estudioso avaliou que até meados dos anos 1700 d.C., mais livros tinham sido publicados em chinês do que em todas as outras línguas somadas (Creel, 1943). A escrita chinesa está em uso há mais de três mil anos, com muito poucas mudanças em seu sistema

HISTÓRIA DA ESCRITA   151

(mas com grandes mudanças na forma de alguns hànzi [caracteres] individuais). Foi e continua a ser um dos maiores veículos culturais do mundo.

A antiga escrita chinesa compreendia oráculos divinatórios em omoplatas de bois e cascos de tartaruga datados talvez de 1400 a.C. durante a formação da Dinastia Shang, a primeira civilização confirmada da China (Figura 124). Um local com 21 desses ossos divinatórios foi descoberto recentemente em 1971, perto de Anyang, ao norte da província de Henan. Muitos estudiosos afirmam, a partir da aparência convencional das primeiras inscrições chinesas, que a escrita chinesa teria tido um desenvolvimento local protelado. Segundo alguns, a evidência disso está em fragmentos de cerâmica, datadas de 4800 a.C., que trazem algum tipo de marcas entalhadas (Kwong-yue, 1983, p.323-91). Acontece que essas marcas não apresentam qualquer semelhança com os caracteres Shang posteriores, e assim segundo estudiosos ocidentais, não evidenciam que a "escrita incompleta" chinesa caminhava para se tornar completa.

Figura 124 Inscrição em osso divinatório chinês (cerca de 1200 a.C.) descoberto perto de Anyang, na província de Henan.

Outros consideram a súbita emergência da escrita quase totalmente desenvolvida no centro-norte da China por volta de 1400 a.C. como argumento elementar de empréstimo cultural. Como com o Egito antigo, o "estágio de desenvolvimento que falta" na escrita da China sugere um modelo estrangeiro. Esse argumento é convincente, pois é o mais econômico. As mais antigas inscrições chinesas apresentam a escrita característica em colunas, para serem lidas de cima para baixo e da direita para a esquerda, característica essa que distingue as inscrições no reverso dos monumentos mesopotâmicos (até cerca de 1500 a.C.). A escrita chinesa também incorpora o princípio mesopotâmico de um sinal para cada sílaba falada – um logossilabário não-padronizado na escrita chinesa antiga – assim como o princípio *rébus*. Dada a amplitude das possíveis manifestações da escrita, essas múltiplas semelhanças fundamentais evidentemente não deveriam ser consideradas coincidência. Tanto na generalidade quanto na especificidade, há indicações de empréstimo da escrita mesopotâmica (seus princípios e orientação), em meados do segundo milênio a.C. (Já no início dos anos 1900, os estudiosos afirmavam que a escrita chinesa tinha se inspirado no modelo mesopotâmico) (Ball, 1913; Ungnad, 1927.) No entanto, isso não fica provado. Os sinais do sistema antigo chinês transmitiam, no estilo *rébus*, apenas a língua chinesa, e certamente não foram parte de qualquer importação. Se um empréstimo ocorreu, a escrita chinesa em seu início – como aconteceu com a do Egito, Egeu e Ilha de Páscoa antigas – jogou um manto nativo sobre uma estrutura estrangeira.

A forma original da escrita chinesa era o *wén*, ou "unidade de caractere". Como na Mesopotâmia e no Egito, um simples esboço de um objeto conhecido induzia sua pronúncia. Como o egípcio antigo era uma língua polissilábica, tinha usado o princípio *rébus* para compor sons discretos, a fim de construir uma palavra inteira por meio de vários hieróglifos (ver Capítulo 2). No chinês antigo monossilábico, no entanto, uma sílaba era um *wén*, que, na maioria dos casos, já era uma palavra completa. A homofonia permitia expansão léxica, pela qual uma só pronúncia incluía várias palavras diferentes do chinês antigo. O contrário, a polifonia, também prevalecia; palavras semanticamente relacionadas eram transmitidas com um *wén*. Por exemplo, o wén de "boca" podia ser usado para significar "chamar". Tanto a homofonia quanto a polifonia impregnaram a escrita chinesa antiga com "polivalência gráfica" – um só *wén* com diferentes valores dependendo do contexto. Isso deu grande versatilidade à escrita chinesa antiga (Boltz, 1994).

No entanto, também criou ambigüidade. O sistema era solto demais, uma vez que só o contexto não basta para identificar qual a leitura correta do *wén*. Na escrita da dinastia Shang, também não havia um conjunto padronizado de *wén*, mas uma ampla variação em formas e valores. Isso também era evidência de um sistema só recentemente elaborado. A rápida centralização da sociedade do centro-norte da China e o reconhecimento do potencial da escrita exigiram uma padronização. Viu-se que para atenuar a ambigüidade seria importante converter o *wén* em caracteres compostos.

Dos mais de 2.500 *wén* usados por volta de 1200 a.C. – já sendo escritos com pincel e caneta – pode-se identificar cerca de 1.400 identificáveis como fonte dos caracteres padrão chineses posteriores (Figura 125) (Yao, 1981). A escrita Shang permaneceu logossilábica, com um caractere transmitindo uma palavra – ou um morfema monossilábico. (Morfema é uma unidade lingüística que transmite um sentido e não é possível de ser decomposta em outros sentidos; a palavra *writing*, em inglês, por exemplo, contém os morfemas *write* e *–ing*). Dessa forma, cada caractere Shang é um logograma. Havia dois tipos de logogramas no sistema Shang. Primeiro, havia o *wén*, que causava, como vimos, muita ambigüidade. Depois, havia a solução do problema: o *zì*, ou caractere composto, compreendendo dois ou mais *wén* unidos, como um só sinal. Aí se encontra a característica exclusiva da escrita chinesa. Um elemento fonético (identificador de som) ou um elemento significante (identificador de sentido, como o determinativo egípcio, mas que não pode, como o egípcio, ficar sozinho) pode ser anexado ao *wén* para ajudar a identificar que palavra na língua ele significa. O caractere zì composto é portanto uma combinação de um *wén* e um desses dois identificadores.

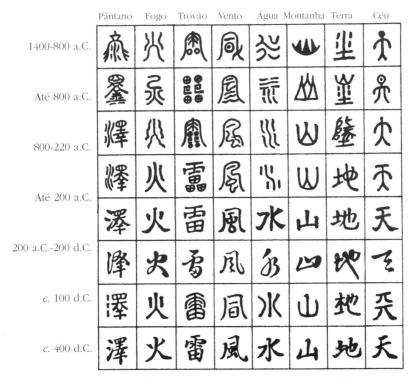

Figura 125 Desenvolvimento de alguns caracteres importantes da dinastia Shang em escrituras derivativas.

Combinando-se desta forma, a escrita chinesa podia expressar todo o leque da fala chinesa. Qualquer caractere, não importa quão complexo, transmitia uma só sílaba que, parece, servia para uma só palavra. Alguns caracteres sempre transmitiam a mesma palavra, mas a maioria oferecia várias possibilidades.

No entanto, assim como com o *wén*, os escribas logo deram aos caracteres compostos *zi*, múltiplos significados e múltiplos sons. Uma vez que as combinações criavam a palavra composta, um terceiro nível de complexidade era acrescido ao sistema. A solução para esse novo problema era acrescentar mais componentes de caracteres a um sinal afim de identificar seu sentido e/ou som. (Dessa forma, até seis componentes de caractere podem ocorrer agora num sinal comum chinês – tais como *yù* para "preocupado" composto por seis componentes individuais. E mesmo mais de seis ocorrem em caracteres pouco comuns ou especiais).

A escrita chinesa antiga era bastante transparente: podia-se em geral reconhecer e pronunciar os caracteres simples. No passado, o sistema representava essencialmente uma fonografia incompleta que acrescentava elementos significantes (identificadores de sentido) para diminuir a ambigüidade. No entanto, o chinês falado mudou ao longo dos séculos. O fonetismo não era mais consistente, por isso mais elementos significantes precisaram ser acrescentados. O resultado foi a perda do *status* fonográfico: a relação entre os morfemas na linguagem e caracteres no sistema de escrita não era mais transparente. Dessa forma, a escrita chinesa tornou-se inteiramente logográfica (sentido e som, mas principalmente sentido).

A natureza logográfica ou "escrita da palavra" da escritura chinesa domina o sistema, reproduzindo unidades do chinês falado. Os caracteres transmitem palavras, não idéias ou objetos concretos. O filósofo inglês Bertrand Russel certa vez pensou que os caracteres chineses eram "ideográficos", acreditando que cada um "representava uma idéia" (Russell, 1922). Isso é incorreto. Os caracteres chineses, como unidades ou blocos de componentes, são palavras – ou morfemas monossilábicos únicos – na língua chinesa, e nada mais.

Embora a escrita chinesa seja principalmente silábica, não é um sistema de escrita silábica porque a maior parte dos caracteres possui um elemento significante (identificador de sentido). Por essa razão, a escrita chinesa foi denominada "escrita morfemo-silábica", que é talvez a melhor definição do lugar exclusivo do sistema no mundo da escrita (Chao, 1968). Lingüisticamente falando, então, os caracteres chineses são "morfo-silabogramas" – sílabas reproduzindo morfemas (dos quais uma pequena parte, como os numerais, podem ser ideogramas, um subconjunto do sistema). Cada caractere é dois em um: um morfema e uma sílaba na qual esse morfema é transportado. Há muito mais caracteres na escrita chinesa do que sílabas na língua chinesa, mas um número igual de morfemas. Como uma pessoa só consegue reter um número limitado de caracteres na mente, o componente silábico domina. Ainda assim, a transmissão de sons permanece vaga, incapaz muitas vezes de fornecer a reprodução exata.

Como todos os sistemas de escrita, o chinês abriga uma fraqueza. Compostos semântico-fonéticos revelam uma variedade grande e contraditória de uso: não há marcas padronizadas e consistentes para indicar qual elemento de um *zì* é o sentido e qual é o som, tanto graficamente quanto pela posição. Os papéis de cada um também variam. Por exemplo, alguns fonetismos detêm sílaba e tom consistente, outros variam o tom, e alguns variam tanto a sílaba quanto o tom. Os elementos significantes também são variáveis.

Quaisquer que sejam seus valores, tanto o elemento fonético quanto o significante são lidos no mesmo instante por um adulto chinês instruído. Leitores com menos experiência buscam no primeiro ou no segundo uma chave inicial para a leitura correta. Por isso, há duas maneiras de ler o chinês: leitura instantânea da "palavra-total", e indução da combinação semântico-fonética. A maior parte dos chineses chega a ler no estilo "palavra-total", como fazemos no português, assim que dominamos o básico e internalizamos as exceções. Os elementos significantes na verdade têm papel restrito na decodificação dos caracteres chineses. O fonetismo é muito mais importante no processo de leitura (Coulmas, 1989). De fato "o elemento fonético é muito superior para indicar a pronúncia do que o elemento semântico para indicar o sentido" (DeFrancis, 1984). No entanto, o fonetismo e o elemento significante juntos retêm uma "chave visual" exclusiva, aparentemente, para memorizar o som e o sentido.

É por isso que parece mais adequado chamar os sinais chineses de "caracteres". "Sinal" reflete unidade, enquanto que "caractere" sinaliza flexibilidade combinatória (como nos glifos maias e *rongorongo* da Ilha da Páscoa). Cada caractere chinês expressa a dinâmica de um ou mais sinais de sentido combinados com um ou mais sinais de sons, e cada componente da combinação deve ser lido em qualquer número de formas, assim como o produto final. Só um caractere, e nunca um sinal, alcança um desempenho tão multidimensional.

Cada caractere chinês deve ser aprendido individualmente também, como se aprende individualmente palavras numa língua. Há várias chaves para a pronúncia e o sentido – fonética, significante, contexto etc. – mas não há como predizer. Diferente de um alfabeto, que fornece a chave para uma ilimitada "abertura" de um léxico, cada morfema-silábico chinês é "codificado" no sistema de escrita e requer um processo individual de desvendamento. O processo na verdade parece ativar regiões do cérebro diferentes das usadas pelos leitores do alfabeto (ver adiante).

A dinastia Zhou ocidental (1028-771 a.C.) primeiro produziu alguns textos oraculares, mas depois apenas inscrições em vasilhas de bronze usando modelo de argila e aplicando a técnica "cera perdida". A forma dos caracteres, mais tarde designados como "Escrita do Grande Selo", diferia das da dinastia Shang, principalmente pelo uso da cera macia para modelar. As formas curvas foram mais tarde copiadas em bambu, seda e madeira usando pincel e tinta. Ao longo dos séculos, isto, junto com decorrências da desunião política – muitos escribas usavam idiomas e convenções de escrita diferentes – criou um grande leque de formas regionais de escrita e texto (Figura 126). No entanto, o sistema de escrita permaneceu o mesmo, apesar da grande variedade de caracteres (Boltz, 1994).

Figura 126   A *Shuo-wén* era uma escritura padronizada de chancelaria, usada principalmente por volta da metade do primeiro milênio a.C.; esta inscrição é do período da Dinastia Qin (221-206 a.C.).

Figura 127   Lendo da direita para a esquerda, cada uma das colunas duplas possui um dos seis principais tipos de escrita chinesa tradicional.

Por volta do século III a.C., as diferenças ortográficas acumuladas impediam a legibilidade universal. Qin Shi Huang-di, primeiro imperador da China unificada, reconheceu a utilidade da escrita para unir povos díspares e explorou-a como instrumento de poder político. O império de Qin, durante a articulação administrativa e militar do Reino do Meio, lançou-se à padronização da escrita chinesa como veículo principal para alcançar seus objetivos. Durante a Grande Reforma da Escrita de 221 a.C., o grande conselheiro de Qin, Li Su, simplificou a Escrita do Grande Selo, tornando-a o novo padrão: a Escrita do Pequeno Selo. Esta foi o maior esforço do mundo antigo para uma reforma consciente da escrita tencionada a efetuar uma centralização política e social. O sucesso imediato desse processo se prendeu principalmente na assustadora onipotência do novo regime Qin. Também prenunciou a mais importante demarcação na história da escrita chinesa, pois a Escrita do Pequeno Selo de Li Su produziu todas as subseqüentes escrituras chinesas.

No entanto, logo o império Qin se desintegrou. Durante a dinastia Han (202 a.C. – 220 d.C.), as mudanças ortográficas continuaram. Havia muitas formas de escrita em uso: o arcaico Pequeno Selo e várias escrituras clericais, assim como os três estilos de escrita caligráfica (regular, corrente e cursiva). Elas ainda estão em uso hoje em dia (Figura 127). Surgiu uma nova tendência, com os silabogramas padronizados que ignoravam os elementos significantes (os identificadores de sentido); isso pode ter se desenvolvido para um silabário e depois para um sistema silábico completo. Mas os estudiosos logo insistiram numa ênfase mais consciente do significante de cada *zì*; de fato, os significantes se tornaram a parte essencial de cada *zì*.

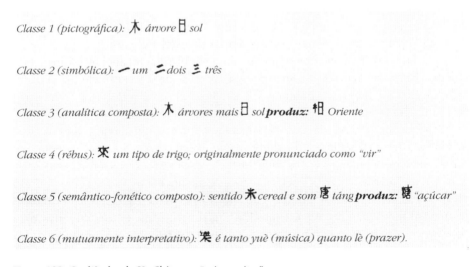

Figura 128 Os *liù shū* de Xu Shèn, ou "seis escritas".

Uma importante padronização ortográfica do chinês ocorreu por volta de 120 d.C., complementado pelo famoso *Shuō wén jiĕ zì* ("Explicando wén, Analisando zì") de Xu Shèn. Ali, Xu Shèn estabeleceu as diferenças entre as unidades de caracteres *wén* e os caracteres compostos *zì*; identificou 540 elementos gráficos diferentes (significantes ou classificadores semânticos), produzindo uma base para a classificação semântica de cada caractere, independente de sua complexidade; e designou cada caractere chinês para uma das seis (quatro gráficas, duas práticas) classes diferentes.

Os *liù shu* de Xu Shèn, ou "seis escritas" dos caracteres ilustram da melhor maneira como os caracteres chineses são compostos (Figura 128). A primeira classe é pictográfica: "árvores", "sol" etc. A segunda classe é simbólica (ou ideográfica), como os numerais "um", "dois", "três". A terceira classe é analítica composta, como "árvore" mais "sol" resultando em "Oriente". A quarta classe compreende o empréstimo fonético ou *rébus*, como se vê em *lai*, ou "um tipo de trigo" que também é usado para "vir", pois era um homófono (pronunciados da mesma forma). A quinta e mais importante classe inclui os compostos semântico-fonéticos – isto é, caracteres que têm um significante para o sentido e a fonética para o som: "açúcar" é escrita com o classificador "cereal" e a fonética *táng*. A sexta classe contém *r*, ou "símbolos mutuamente interpretativos" em que um caractere transmite uma palavra de significado idêntico ou semelhante mas com uma pronúncia diferente: por exemplo, o caractere *yuè* para "música" também pode ser usado para transmitir *lè*, ou "prazer". Enquanto a classe cinco abarca cerca de 90% de todos os caracteres chineses, a classe seis é encontrada apenas em um a cada dois mil.

O próprio Xu Shèn usava a Escrita do Pequeno Selo de Li Su como base de sua escrita, mas isso falhou em se tornar a escrita chinesa do cotidiano. Em séculos posteriores, a Pequeno Selo mudou para *li shū*, ou "escrita clerical", que era amplamente usada em atividades oficiais. E foi na verdade o *li shū* que serviu de modelo para todas as formas subseqüentes de escrita chinesa.

O número de caracteres chineses aumentou tremendamente ao longo do milênio. Inscrições da dinastia Shang registram mais de 2.500 caracteres. O dicionário de Xu de *c.* 120 d.C. contém 9.353 caracteres. Por volta de 1100, havia cerca de 23 mil caracteres em uso. O *Dicionário de Caracteres Kāng Xī* da dinastia Qing, de 1716, que ainda serve de padrão para a literatura chinesa clássica, lista mais de 47 mil caracteres. E o dicionário chinês mais recente (1986-90) lista sessenta mil. Afirma-se que somando todos os caracteres chineses de todos os tempos – descartando os de variadas escritas – podem chegar a oitenta mil (Alleton, 1970). A razão disso é a escrita chinesa ser "aberta": cada nova palavra na língua automaticamente requer um novo grafema no sistema. E a China teve mais de três mil anos para coletar novas palavras. (Já um sistema alfabético "fechado", como o que permeia a escritura latina, pode reproduzir foneticamente qualquer nova palavra com um pequeno repertório de letras).

De qualquer maneira, o número de caracteres ativos – ao contrário dos caracteres passivos – corresponde a apenas um décimo dos existentes. E apenas um terço dos caracteres ativos é reconhecido por todos. Isto por que o domínio do leitor médio chinês parece oscilar entre dois mil e 2.500 caracteres. Assim, a maior parte dos caracteres listados num dicionário chinês são pouco ou nada usados.

A forma física de escrever chinês também requer menção especial, pois ela também difere do que acontece no resto do mundo. Por mais de dois mil anos, os chineses seguiram uma convenção de escrever cada caractere, apesar de sua complexidade, da mesma forma quadrada, algumas vezes chamada *fāngkuàizi*, ou "tetragramas" (Mair, 1996, p.200-208). Até recentemente, todos os textos chineses eram escritos em colunas lidas de cima para baixo e da direita para a esquerda, sem separação de palavras ou pontuação (Figura 129); só nos anos 1900 a pontuação se tornou comum, embora não padronizada. Agora muitos textos publicados também aparecem em linhas horizontais, lidas da esquerda para a direita, ao estilo das escrituras modernas derivadas do latim.

Figura 129 O livro impresso preservado mais antigo do mundo: texto budista *Sutra do Diamante*, com 5 m de comprimento e 30 cm de largura, datado de 868 d.C.

A escrita chinesa antiga era feita com pincel e tinta sobre casca de árvore, lasca de bambu, madeira e outros materiais, assim como entalhada em marfim, omoplata de boi e cascos de tartaruga, ou modelada em cera para fundição em bronze. A seda como suporte de escrita se tornou comum durante a dinastia Han Oriental (25-220 d.C.) para composições, documentos oficiais e correspondência. No entanto, como a seda era cara, seu uso era limitado. Por volta do século I d.C., fazia-se uma pasta com seda velha e se espalhava a massa gelatinosa resultante numa camada fina dentro de um suporte para secar, produzindo um material aproveitável para escrever. Esse processo foi provavelmente descrito pela primeira vez pelo eunuco Cai Lun na corte Han do imperador Wu Di em 105 d.C., um dos inúmeros experimentos feitos na China na época para criar um material de escrita barato (Gaur, 1992). Foi precursora na aparência do que se tornaria por fim o material de escrita mais comum do mundo: o papel. A invenção de Cai Lun, supostamente mais barata do que a seda, era feita de trapos, redes de pesca e cascas de árvore. Botânicos modernos que examinaram o papel mais antigo sobrevivente da China, do século II d.C., afirmaram que era composto de trapos, fibras cruas (loureiro, amoreira e grama chinesa). Até os anos 700, a manufatura de papel permaneceu monopólio do Estado e sua técnica era um segredo bem guardado (Figura 130), cujo conhecimento só tinha chegado até o Turquestão.

Figura 130 Fabricação de papel chinês, nos anos 1600.

HISTÓRIA DA ESCRITA   161

Quando escreve com caracteres chineses, o escritor precisa seguir o número de traços prescritos (de um a 25) para cada caractere, numa ordem dada e partindo de um ponto específico. Há oito traços básicos (embora os calígrafos anotem 64). Todos os caracteres contêm um ou mais de cada. O número, ordenamento e orientação do traço não servem apenas à estética – também servem para organizar cada caractere dentro de um grupo de caracteres semelhantes memorizados para facilitar recuperação posterior. Esses recursos mnemônicos são necessários num sistema de escrita que envolve complicados caracteres semântico-fonéticos, os quais reproduzem cada morfema-sílaba da língua.

A caligrafia, a arte da bela escrita, foi sempre importante para os chineses. (Em comparação, a maioria dos currículos do Ocidente, abandonou a "arte da escrita" no último quarto do século XX). Um chinês encara a caligrafia como *a escrita*, e não seu refinamento ou manifestação comercial. Em séculos passados, a caligrafia igualava em importância a música, a pintura e a poesia. De fato, grandes calígrafos com freqüência tinham maior prestígio na sociedade chinesa do que os melhores pintores e poetas do país.

Figura 131 Aforismo de calígrafo chinês *Jin shēn li shui*, ou "Ouro pode ser encontrado em Lishui", escrito da esquerda para a direita em vários caracteres tradicionais: Pequeno Selo, de Escriba, Regular, Corrente e Cursiva.

Os calígrafos precisavam de um sortimento de pincéis, papéis, porta-papéis, tinteiro, caneta e uma pequena tigela para água. Os pincéis eram feitos com pêlos de marta, cabra ou lebre: afirma-se que os pincéis feitos de pêlos de martas selvagens velhas ofereciam os melhores resultados para as linhas dos caracteres. Escribas experientes podiam dizer o pêlo de qual animal tinha sido usado pela vivacidade dos traços. A escrita chinesa ainda pode ser vista como arte em miniatura e cada caractere expressa a instrução, habilidade e dom artístico do calígrafo (Figura 131). Enquanto os alfabetos ocidentais são quase inteiramente funcionais, os logogramas chineses por sua própria natureza são funcionais e artísticos ao mesmo tempo. Os escritores do árabe são os que melhor podem se identificar com isso – embora seu alfabeto consonantal careça da mesma amplitude de potencial artístico – o que não acontece com o escritor dos alfabetos grego e latino.

No entanto, a escrita chinesa continuou imprecisa, uma vez que nem o elemento fonético ou significante de uma combinação zǐ oferece uma indicação exata do sentido ou som, mas só uma aproximação. Segundo Victor Mair, "Leitores [do chinês] precisam adivinhar ou memorizar o som da fonética adequada de cada caractere; também precisam associar a grafia com a palavra que já conhecem. Só depois podem alcançar o sentido do sinograma [caractere] em questão" (Mair, 1996). Alguns elementos fonéticos possuem até 12 pronúncias diferentes, cada uma determinada pelo caractere em que se acha. Também existem muitas pronúncias para um caractere (isto é, vários sentidos) e muitos caracteres para cada pronúncia. Essa polivalência não foi sempre uma característica da escrita chinesa. Com freqüência, o que se acha hoje é o resultado de uma fonologia convergente ao longo dos séculos – a própria língua chinesa mudou, produzindo aspectos superficialmente idênticos que tinham sido diferentes historicamente.

A escrita chinesa pode ser morfemo-silábica, mas há ainda muitas palavras polissilábicas, mesmo na linguagem escrita clássica ou literária. Aqui, prevalece o som sobre o sentido, apesar da logografia. (No moderno mandarim, por exemplo, o tamanho médio de uma palavra é de duas sílabas, em contraste com a natureza monossilábica predominante do chinês antigo). Haveria assim necessidade de dois caracteres para escrever uma palavra, como se esperaria? Ao contrário. Os caracteres continuam monossilábicos, mas são pronunciados de forma polissilábica, como visto na palavra de um só caractere: *qiānwa* "quilowatt", *túshūguan* "biblioteca" e *wèn*ti "pergunta".

O chinês clássico trabalha bem com esse sistema, mas não as línguas vernáculas chinesas e variantes regionais (dialetos chineses). Só há convenções adequadas para transmitir o chinês literário. Segundo Mair: "Ainda hoje, e mesmo para o idioma pequinês (que é o fundamento corrente do mandarim, a língua franca) os autores reclamam que é impossível escrever todas as suas expressões prediletas em caracteres" (Ibid). Isto ocorre porque muitos dos morfemas mais usados nas oito mais importantes línguas chinesas não são representados no conjunto padrão de sessenta mil caracteres. Para escrever nas línguas do Cantão ou Taiwan, têm-se dois recursos: inventar caracteres específicos, ou lançar mão de caracteres latinos. (Desde o final dos anos 1800, esta última tem sido a alternativa preferida.) No presente, há uma grande divergência entre o chinês escrito e o falado. Embora a escrita chinesa, tanto em termos de sistema quanto de caracteres, permaneceu notavelmente estável ao longo dos últimos dois mil anos, as línguas chinesas faladas, sendo entidades vivas, mudaram dramaticamente. O que é escrito hoje, com freqüência não reflete o que é falado – como no inglês as palavras *light* e *enough* – pelo fato de a língua instável estar sendo transmitida por uma ortografia que é permanente.

Reformar a escrita chinesa para lidar com essa divergência não é idéia nova. Já mencionamos a frustrada tentativa de cerca de dois mil anos atrás para converter o chinês a um sistema de escrita silábica. Desde os anos 1100, estudiosos chineses conheciam a escrita fonética (Mair, 1993, p.331-41). No entanto, dois fatores principais proibiam uma mudança de sistema: conservadorismo cultural (que permeia todos os sistemas de escrita), e ligação pessoal aos caracteres chineses (considerados "identidade étnica"). Houve movimentos iniciais em direção da romanização por volta do final da dinastia Ming (1368-1662) com a chegada de jesuítas na China: vários esquemas foram propostos uma vez que os missionários usavam caracteres derivados do latim para transmitir textos cristãos em variedades regionais do chinês que antes não tinham escrita.

Pelo final dos anos 1800, protestos contra o governo manchu e sua política levaram a um esforço geral pela reforma de toda a cultura chinesa. Muitas propostas fonéticas foram desenvolvidas para tornar a China "rica e forte", como então se anunciou. Com a queda do regime manchu em 1911, o governo republicano substituiu o chinês clássico pelo mandarim como língua escrita oficial da China. Um alfabeto fonético nacional (AFN) foi difundido em 1913, o que ajudou na propagação do mandarim; o AFN é ainda usado em Taiwan, como uma técnica de fixar o som em caracteres chineses.

A fundação da República Popular da China, de orientação comunista, em 1949, deu dois empurrões importantes na reforma da escrita: mais romanização e uma drástica simplificação dos caracteres chineses. A romanização do chinês vinha sendo há muito tempo uma questão particularmente polêmica, em geral vista como invasão estrangeira. Embora o sistema Wade-Giles* seja o método mais comum de romanização do chinês no Ocidente, a República Popular impulsionou o sistema Pinyin (do chinês *pīnyīn*, ou "som-soletrado"). Isso porque um dos principais planos sociais de Mao Tse-tung, já anunciado nos anos 30, compreendia a romanização do sistema de escrita chinesa. Mao percebia que a China estava tendo um certo grau de analfabetismo: seu sistema tradicional de escrita era difícil demais para muitos aprenderem em um tempo adequado. (Estima-se que os alunos chineses e japoneses precisam de três anos a mais de escolaridade para alcançar o mesmo

---

* Wade-Giles, às vezes abreviado Wade, é um sistema de romanização (notação fonética e transliteração para a língua chinesa), baseado no mandarim. Foi desenvolvido a partir de um sistema produzido por Thomas Francis Wade na metade do século XIX, e chegou à forma final com o Dicionário Chinês-Inglês de Herbert Giles, de 1912 (N.T.)

nível de competência em leitura que sua contrapartida no Ocidente). No entanto, a implementação do Pinyin foi suspensa pelos estudiosos, como acontecera dois mil anos antes com o silabário proposto.

Mão, então, ofereceu uma solução de compromisso: a simplificação dos caracteres chineses. A simplificação era uma prática já observada por muitos séculos. No entanto, sob Mao, que acabou introduzindo a Escrita Simplificada por toda a China em 1955 (embora a maioria dos chineses ainda continue a escrever em cursivas regulares), a reforma alcançou uma amplitude sem precedentes – eliminando quase todos os *alloglyphs* (caracteres redundantes) e reduzindo drasticamente o número de traços dos que foram mantidos. Em muitos casos, os caracteres tradicionais foram reduzidos para derivativos não identificáveis. A maioria dos chineses do continente não consegue mais ler formas mais complicadas do chinês literário mais antigo. E os chineses de Taiwan acham difícil ler a Escrita Simplificada do continente (Figura 132).

Em 1958, apesar das objeções dos especialistas, Mao começou a implementar o Pinyin, a escrita latina usada hoje como sistema oficial de escrita chinesa para sons e para transcrever caracteres chineses. O sistema também se tornou a forma oficial para soletrar os nomes chineses no estrangeiro, o que explica porque no final dos anos 1900, Pequim tenha se tornado Beijing (para os de fala inglesa). No entanto, durante a Revolução Cultural do final dos anos 60, o Pinyin foi considerado contaminação estrangeira, e a Guarda Vermelha destruiu amostras da escrita. Por muitos anos, os chineses ficaram confusos sem saber qual das três formas de escrita utilizar.

No início dos anos 2000, a confusão permanece. A Escrita Simplificada continua sendo nova e difícil de aprender, enquanto a Escrita Padrão tradicional parece arcaica e pouco prática no mundo moderno. A escrita Pinyin é agora a escrita oficial para a educação elementar (junto com a Escrita Simplificada), para sinais de estrada, mapas, lojas e restaurantes da moda, nomes de marca, Braille chinês e, talvez mais importante, linguagem de computador, além de outros usos. A perplexidade do povo chinês perante a escrita não pode continuar por muito tempo. "Toda uma geração, tanto em termos de gente como de tempo, tem sido inutilmente sacrificada numa tímida, balbuciante e previsivelmente mal-sucedida tentativa de alcançar o letramento maciço por meio da simplificação de caracteres" (DeFrancis, 1984).

Aparentemente por negligência, então, a China adotou oficialmente uma política de dígrafos, em que a Escrita Simplificada e o Pinyin são usados complementarmente. O Pinyin é agora visto em geral como a forma padrão de romanização do mandarim. Se ele será adotado em termos de escrita e sistema de escrita na China não se pode afirmar ainda. Na escola, as crianças aparentemente aprendem o Pinyin muito mais depressa do que a Escrita Simplificada. Alguns estudiosos predizem que se essa prática persistir, o Pinyin pode vir a substituir inteiramente os caracteres tradicionais, embora não para uma pequena elite instruída e dedicada a estudos clássicos.

HISTÓRIA DA ESCRITA

Figura 132 (No alto) Reprodução de jornal da China continental impresso horizontalmente na nova Escrita Simplificada, para ser lido da esquerda para a direita; (embaixo) reprodução de jornal de Taiwan, impresso em modelo tradicional – colunas verticais em caracteres chineses tradicionais, lidos de cima para baixo, da direita para a esquerda.

A escrita chinesa sofreu mais duas pressões que agora exigem uma decisão: da linguagem eletrônica e de nomes e palavras estrangeiras. Surpreendentemente, talvez a primeira seja menos importante que a segunda, pois se podem processar caracteres chineses com sucesso sem o recurso do Pinyin. Palavras e nomes estrangeiros é que são as verdadeiras ameaças. A China sempre resistiu a influências externas, tendo criado uma estrutura social que é ao mesmo tempo monolítica e intransigente, refletida em seu sistema de escrita: a escrita chinesa está virtualmente fechada para elementos não-chineses. Se um escritor em chinês quiser escrever uma palavra ou nome estrangeiro (que pode ser realizado com *rébus*, foneticamente), precisará usar tantos caracteres quanto numa sentença inteira em chinês. Isso é impraticável e não pode continuar. Pois as palavras e nomes estrangeiros, em virtude da nova sociedade global, estão inundando o léxico chinês.

Para quem conhece intimamente o chinês e seu sistema de escrita, não parece provável que a escrita fonográfica, como o Pinyin, possa substituir com sucesso toda a escrita chinesa logográfica, pelo menos não como escrita e sistema de escrita e regular da nação. A logografia chinesa desenvolveu muitos mecanismos para eliminar ambigüidades que a fonografia raramente poderia resolver com a mesma conveniência. E a sociedade chinesa talvez venha a abraçar para sempre seu tradicional *hànzi* como a mais completa expressão visual da identidade cultural chinesa. No entanto, enquanto fatores mais importantes do que eficiência sistêmica ou identidade étnica determinarem a história da escrita, o futuro da escrita chinesa fica em aberto.

A escrita vienamita

A língua vietnamita ou anamita pertence ao grupo *mon-khmer* da família de línguas austro-asiáticas. Por mais de mil anos – de 111 a.C. a 939 d.C. – o Vietnã foi governado pela China, e assim o chinês literário, ali introduzido em 186 d.C., era também a língua escrita vietnamita. Duas tradições conviviam, lado a lado: o chinês escrito e o idioma vietnamita oral, este conservando inalterada sua literatura antiga. Somente após séculos de domínio chinês, duas tradições diferentes, mas relacionadas, de escrever o vietnamita se desenvolveram, usando caracteres chineses (Dinh-Hoa, 1996, p.691-5). Tanto o vietnamita *chū nôm*, ou "escrita do sul", atestada em 1343 d.C. quanto o *chū Hán*, ou "escrita Han (chinesa)", valeram-se do fato da língua vietnamita antiga se assemelhar ao chinês antigo. Por tomar emprestado a escrita chinesa para transmitir o vietnamita antigo, apresentou poucos problemas.

O *chū nom* derivou diretamente do chinês literário. No entanto, o *chū Hán* modificou a escrita chinesa para conseguir um resultado mais nativo; essa escrita modificada está preservada principalmente em inscrições pós 1300 (Gaur, 1992). Tanto o *chū nom* como o *chū Hán* adaptaram os caracteres chineses de três formas (repetindo o que os coreanos e os japoneses tinham feito séculos antes; ver mais adiante). Primeiro um *wén* chinês (caractere unitário) ou *zì* (caractere composto) transmitiria o mesmo som em vietnamita. Segundo, um *wén* ou *zì* chinês receberia um sentido diferente em língua vietnamita. E terceiro, um novo *zì* seria criado em vietnamita usando métodos padrão chineses.

Nos anos 1600, o estudioso jesuíta Alexandre de Rhodes (1591-1660) codificou um alfabeto derivado do latim para transmitir a língua vietnamita. Essa romanização foi então introduzida no Vietnã por missionários portugueses que a usaram em suas gramáticas, dicionários e publicações cristãs na língua vietnamita. No entanto, a escrita alfabética era ignorada pelos eruditos vietnamitas, que a consideravam intrusão estrangeira. Apegaram-se principalmente ao *chū nôm* como emblema de identidade e independência vietnamita.

A anexação do Vietnã por parte dos franceses, feita com violência em 1883, com a subseqüente "europeização", também atingiu a escrita. Em 1910, por decreto, a França substituiu as duas escritas nativas vietnamitas pelo alfabeto dos missionários ocidentais. Hoje em dia, o *quoc-ngu*, ou "língua nacional" como essa escrita alfabética passou a se chamar, é ainda a escrita oficial do Vietnã. Ela usa diacríticos para indicar vogal e/ou marcar um dos seis tons do dialeto de Hanói, o dialeto padrão nacional. Até o momento, a volta à tradicional escrita *chū nom* parece improvável.

A escrita coreana

Nos anos 1400 d.C., o rei Sycong da Coréia declarou que a escrita de seu país, inspirada na chinesa, era "complicada, imperfeita, e inconveniente demais para os coreanos usarem para expressar suas idéias e pensamento, por ter um número excessivo de *hanja* (caracteres chineses). Os coreanos precisavam de suas próprias letras para escrever a língua coreana" (Sangbaek, 1970). A substituição proposta por Seycong à escrita de inspiração chinesa – o Hankul exclusivo da Coréia – acabou representando o sistema mais eficiente jamais imaginado na história da escrita. (Esta polêmica segue a transliteração de Yale do coreano.)

O imperador Wu Di da dinastia Han, o mesmo para quem o papel foi inventado, conquistou a maior parte da Coréia em 108 d.C. e depois implementou uma política de colonização chinesa. Embora a China tenha logo perdido o norte da Coréia, a cultura chinesa permaneceu firmemente enraizada no sudoeste, onde floresceu. A mais antiga evidência do uso do *hanja* (ou caracteres chineses) para escrever a língua coreana é uma inscrição em pedra datada de 414 d.C. (King, 1996, p.218-27). Textos em língua chinesa do século VII transmitiam nomes próprios e termos coreanos sem equivalentes chineses. Os escribas coreanos usavam dois métodos para isso: um *hanja* era usado só para seu som chinês, ou um *hanja* era usado para seu significado, mas pronunciado em coreano antigo. Em seguida, os escribas começaram a escrever em sintaxe do coreano antigo – um seqüenciamento significativo de frases ou sentenças – criando uma escritura oficial, ou *itwu* ("leitura de escrevente"), que transmitia as tarefas oficiais cotidianas, no final do século VII.

Em termos de tipo e sintaxe, o coreano antigo não podia estar mais longe do chinês letrado. O coreano antigo era uma língua de aglutinação (o chinês uma língua isolada), em que cada palavra também podia consistir de morfemas de raízes polissilábicas que precisavam um amplo leque de morfemas de sufixo para a gramática. (Esse foi também o problema do acadiano, quando tomou a escrita sumeriana emprestada; ver Capítulo 2.) Além disso, a sintaxe do coreano antigo colocava o verbo no final das frases, com a preposição após a palavra regida. Apesar dessas diferenças, a escrita chinesa, a única escrita que os coreanos conheciam, passou a transmitir o coreano antigo. Foi uma mudança infeliz.

O *itwu* usava um conjunto limitado de *hanja* para expressar os morfemas gramaticais coreanos; os morfemas léxicos (palavras não-gramaticais) continuaram a ser escritas com o repertório completo de *hanja*. (Nesse sentido, o *itwu* era muito semelhante ao sistema japonês.) Isso evidentemente produziu complexidade e ambigüidade indesejadas, uma vez que as partes gramaticais eram indistintas das partes léxicas. Além disso, o número de *hanja* usados como sílabas individuais logo cresceu de forma desajeitada. Em certo momento, os coreanos também escreviam *hanja* usando o método *hyangchal* (muito parecido com o *manyōgana* japonês antigo, no qual provavelmente se inspirou; ver mais adiante). Aqui, o tronco lexical chinês (sentido) era lido no coreano antigo, enquanto sufixos e partículas gramaticais (sons) eram lidos em sino-coreano. Além disso, a escrita coreana era por demais imprecisa e ambígua para transmitir a língua coreana antiga com a mesma facilidade e eficiência que a escrita chinesa transmitia o chinês letrado.

Nos anos 1200 e 1300, muitos dos caracteres gramaticais foram simplificados para se diferenciarem graficamente dos *hanja*, e o leitor pudesse reconhecê-los com facilidade. Esse novo conjunto de caracteres gramaticais era chamado de *kwukyel*. Usava *hanja* abreviados em um sistema parecido com o *kana* do Japão, e também anotava textos chineses.

Os coreanos percebiam que a escrita chinesa transmitia precariamente sua língua polissílaba e aglutinadora. Também continuaram a resistir ao domínio chinês e expressar a afirmação coreana, o que era difícil enquanto os coreanos escrevessem em caracteres chineses. Já por volta de 690 d.C., a corte do rei Sinmum escrevia o coreano silabicamente, inspirados talvez pelos textos do budista Devanagari. No entanto, os 36 silabogramas eram difíceis de distinguir dos caracteres chineses; ao longo do tempo, um aumento do número de silabogramas complicou o sistema. Por volta da Alta Idade Média, novas pressões sociais sobre a Coréia forçaram uma reavaliação das necessidades de escrita do país. Foi nessa época também, nos anos

1200, que a primeira ocorrência histórica séria da invenção chinesa de imprimir com tipos móveis aconteceu na Coréia (Sampson, 1985). Em 1403, os tipógrafos coreanos já imprimiam com tipos móveis de metal (uma geração antes de Gutenberg na Alemanha). Esse progresso tecnológico aparentemente levou os eruditos coreanos a avaliar a desnecessária complexidade de sua escrita e sistema de escrita: além da óbvia incompatibilidade com a língua coreana, eles eram inconvenientes demais para a nova tecnologia. E retardavam a exploração do evidente potencial do sistema de impressão. Uma avaliação criteriosa tinha sido feita. O resultado foi uma revolução efetiva na escrita, produzindo "um dos conjuntos de caracteres mais científicos e eficientes do mundo" (King, 1996).

Ao rei Seycong, que governou a Coréia de 1419 a 1450, é atribuída a criação de uma nova e radical escrita e sistema de escrita. No entanto, o verdadeiro papel do rei em seu Escritório de Sons Padrão – se inventor, administrador ou líder – ainda não está claro. A nova escrita e sistema de escrita ficaram prontos por volta de janeiro de 1444, sendo promulgados dois anos mais tarde no édito de Seycong *The Standard Sounds for the Instruction of the People* [Os Sons Padrão para a Instrução do Povo]. Irritados pelo que foi visto como dessacralização da escrita tradicional, estudiosos coreanos apelidaram a nova escrita de *onmun*, "escrita-sonora", um nome pejorativo que permaneceu até surgir o hankul no início dos anos 1900.

A inspiração, ou inspirações da nova escrita e sistema de escrita são obscuras. Alguns estudiosos apontam para os mongóis que usavam duas escritas alfabéticas nessa época, phags-pa e o uighur adaptado. Outros sugeriram o acesso a um alfabeto simples derivado do latim, implicando influência européia. Há pouca dúvida de que Seycong e seus eruditos conhecessem o princípio *abudiga* do índico (consoante + vogal como diacrítico), provavelmente por meio de escrituras budistas; é também possível que o alfabeto ocidental fosse conhecido por eles. O sistema alfa-silábico do hankul era muito parecido com o *abudiga*, e algumas formas das letras lembravam superficialmente o phags-pa mongol (Ledyard, 1966). (Por outro lado, é possível que a escrita hankul tenha influenciado mais tarde os eruditos da Manchúria que adotaram o sistema mongol para o manchu) (King, 1987, p.197-217). No entanto, o próprio sistema evidentemente não se originou no phags-pa ou em qualquer outro sistema segmentado. O hankul é o único sistema de escrita *personalizado* do mundo – isto é, um sistema capaz de reproduzir as características básicas distintivas da língua anfitriã. Não há precedente para isso. (A escrita hankul, por outro lado, e não seu sistema, parece ser uma drástica redução e simplificação do *hanja* chinês herdado). O hankul é resultado, então, não de proteladas e discretas adaptações de um sistema emprestado, mas uma deliberada invenção lingüística (Coulmas, 1983). No entanto, sua capacidade de atingir uma integridade lingüística personalizada o coloca em uma dimensão separada, junto com "invenções" inspiradas no Ocidente, como o silabário cherokee ou a escrita da Ilha da Páscoa.

À primeira vista, o hankul parece ser um "silabário alfabético", como um erudito o chamou (Figura 133) (Taylor, 1980, p.67-82). Mas é bem mais que isso. É alfabético no sentido de que letras individuais transmitem consoantes e vogais, que têm o mesmo *status* (um alfabeto completo). No entanto, essas letras são então escritas juntas para formar "blocos" silábicos, à moda pseudo-chinesa. Um dos aspectos mais notáveis do hankul é que a forma como cada letra copia a maneira em que o som se forma na boca: o /k/, por exemplo, representa uma língua tocando o palato. Havia 28 letras básicas no hankul original, 24 das quais estão em uso até hoje. São usados diacríticos sistematicamente para fornecer os fonemas não representados por letras.

		ㅏ	ㅑ	ㅓ	ㅕ	ㅗ	ㅛ	ㅜ	ㅠ	ㅡ	ㅣ
		a	ya	eo	yeo	o	yo	u	yu	eu	i
ㄱ	g(k)	가	갸	거	겨	고	교	구	규	그	기
ㄴ	n	나	냐	너	녀	노	뇨	누	뉴	느	니
ㄷ	d	다	댜	더	뎌	도	됴	두	듀	드	디
ㄹ	r(l)	라	랴	러	려	로	료	루	류	르	리
ㅁ	m	마	먀	머	며	모	묘	무	뮤	므	미
ㅂ	b	바	뱌	버	벼	보	뵤	부	뷰	브	비
ㅅ	s	사	샤	서	셔	소	쇼	수	슈	스	시
ㅇ	※	아	야	어	여	오	요	우	유	으	이
ㅈ	j	자	쟈	저	져	조	죠	주	쥬	즈	지
ㅊ	ch	차	챠	처	쳐	초	쵸	추	츄	츠	치
ㅋ	k	카	캬	커	켜	코	쿄	쿠	큐	크	키
ㅌ	t	타	탸	터	텨	토	툐	투	튜	트	티
ㅍ	p	파	퍄	퍼	펴	포	표	푸	퓨	프	피
ㅎ	h	하	햐	허	혀	호	효	후	휴	흐	히

Figura 133 Como a escrita hankul coreana combina consoantes (coluna da esquerda) e vogais (fileira de cima) em cada "letra silábica".

Segundo o rei Seycong, em seu édito de 1446, "O [hankul] consegue fazer uma distinção clara entre consoante surda e sonora, e gravar música e canção. É bom para qualquer uso prático, e mesmo o som do vento, o gorjeio dos pássaros, o canto dos galos e o latido dos cães podem ser perfeitamente descritos com ele" (Sangbaek, 1970). Isso é quase verídico. As consoantes do hankul estão organizadas de acordo com cinco lugares de articulação diferentes: bilabial (lábios), dental (dentes), alveolar (céu da boca), velar (palato mole) e glotal (garganta). Suas três formas de vogais, no entanto, eram, de forma ostensiva, organizadas "metafisicamente" em Céu (ponto circular), Terra (linha horizontal) e Homem (linha vertical), – para legitimar o sistema filosoficamente, para eruditos coreanos que exigiam uma conceituação à moda chinesa para dignificar o novo sistema. Assim, o hankul manteve uma clara distinção tanto gráfica quanto conceitual entre consoantes e vogais.

Escreve-se o hankul silabicamente e não alfabeticamente, começando cada silabograma com uma consoante. Se a sílaba não tem consoante, o sinal "O" a substitui. (O sinal "O" é normalmente uma semi-consoante /j/ ou *y*; no fim do silabograma, transmite /ng/.) Uma vogal pode agir como um sufixo ou aparecer abaixo do primeiro elemento para completar o silabograma, que é graficamente um bloco. A função de um "tapa-buraco" é principalmente estética, preservando a integridade gráfica do "bloco silábico" para alcançar uma aparência exterior regular rememorativa de uma escrita derivada do chinês tradicional. Embora seus componentes sejam prontamente distinguíveis, cada silabograma hankul assume principalmente um *status* de unidade escrita, como cada letra na escrita alfabética. Blocos de sílabas parecidos com a *abudiga* índica são assim formados, compostos de consoante + vogal; no entanto, em hankul, a consoante e a vogal de cada bloco têm o mesmo *status*, como no alfabeto completo. E finalmente, essa "escrita em bloco" infere a dignidade tradicional da escrita chinesa, e ao mesmo tempo fornece um sistema capaz de transmitir o coreano adequadamente.

O hankul é um sistema que representa visualmente os sons de consoante e vogais, como observou o lingüista britânico Geoffrey Sampson, principalmente pelo uso de técnicas conjuntivas (Sampson, 1985). Se se dobra ou acrescenta traços a cada uma das cinco consoantes /k/, /n/, /s/, /ms/ e /ng/, pode-se transmitir a aspiração (um som de respiração acompanhante) e outras características lingüísticas do coreano. De forma semelhante, precisa-se apenas combinar as formas das três vogais (ponto circular, linha horizontal e linha vertical) de várias maneiras para transmitir todas as vogais e ditongos no coreano. Para quem esteja aprendendo os sistemas de escrita do mundo, a "beleza" principal do hankul está no fato de as consoantes serem na verdade representações gráficas da maneira de articulá-las, enquanto as vogais são incluídas em três conceitos metafísicos graficamente assinalados.

Apesar de suas óbvias vantagens, o hankul encontrou forte resistência de estudiosos e sacerdotes, guardiões do tradicional coreano antigo. Embora a escrita *hyangchal* estivesse extinta nos anos 1400, as outras duas escritas tradicionais continuaram a dominar a escrita coreana por muitos séculos. Mudanças subseqüentes ocorreram no hankul: formas antigas geométricas e quadradas desapareceram com o uso de pincel na escrita, assim como as letras reproduzindo sons que não existiam mais na língua. O *onmun* foi visto nesses séculos como o domínio de mulheres e crianças e pessoas de baixo escalão social. Fosse o hankul sempre escrito por pessoas instruídas, palavras emprestadas do chinês ainda seriam escritas em *hanja* e pronunciadas em sino-coreano (não em coreano).

Assim, o hankul não foi o substituto da escrita chinesa na Coréia, como Seycong pretendia. Tornou-se meramente um sistema e escrita supletivos, escritos para ajudar na pronúncia, para fornecer palavras e partículas gramaticais, e esclarecer ambigüidades do chinês. O *hanja* chinês continuou sendo uma escrita de prestígio, a marca de uma pessoa educada e de padrão elevado. Houve também poucas correções coreanas dos caracteres chineses, diferente das milhares de revisões *kún* dos caracteres chineses tomados de empréstimo. Mesmo hoje no sul da Coréia, o nível da erudição de alguém é medido pelo seu conhecimento do *hanja* tradicional.

O *onmun* de Seycong, recebeu várias denominações durante esse período: "sons corretos para a instrução do povo", "caracteres vulgares", "escrita nacional" e outras. O nome "hankul" – "escrita Han" – foi cunhado pelo lingüista Cwu Sikyeng (1876-1914) durante sua célebre campanha para promover a língua e a literatura coreana no início dos anos 1900. O nome hankul foi então promovido ativamente a fim de refinar sua imagem "prosaica" de séculos.

O fato é que, havendo uma preferência pelo chinês, o coreano não era usado com freqüência como linguagem escrita até os anos 1880 (Figura 134). Nos anos 10 e 20, a difusão da mídia popular e uma forma ocidental de educação estimularam o desenvolvimento de uma "escrita mista" sino-coreana, tanto em chinês quanto em coreano. Isto é, palavras emprestadas eram ainda escritas usando *hanja,* mas palavras coreanas e finais gramaticais eram agora escritos em hankul (King, 1987). Só após o final da Segunda Guerra Mundial o coreano se tornou uma língua escrita padrão usada pela população geral. E assim que findou o domínio japonês em 1945, a influência do *hanja* diminuiu dramaticamente. Diferente da escrita japonesa, a escrita coreana moderna não mais usou caracteres chineses para transmitir o vocabulário coreano; só o hankul serviu a esse propósito.

Em 1949, a Coréia do Norte, comunista, aboliu o uso popular do *hanja,* embora até hoje determinadas escolas ainda o adotem. Os norte-coreanos ainda têm de escrever só em *cosenkul,* ou "escrita coreana", nova denominação do hankul. A Coréia do Sul tem sido muito menos rigorosa. Quase todos os jornais diários ainda usam algum *hanja.* Como no Japão, estudantes que se formam no secundário devem dominar cerca de 1.800 hanja. E alguns ministros do governo utilizam-nos mais do que outros.

Os quinhentos anos de escrita hankul acompanharam uma luta constante entre os fonemicistas (que promovem o som) e os morfo-fonemistas (a palavra); os primeiros queriam escrever o coreano como falado, enquanto os últimos queriam manter a base tradicional de verbos e substantivos como monumentos gráficos, desprezando as mudanças sonoras da língua. A história viu o hankul mudar de som para a palavra, de forma que nos anos 2000, pelo menos nos substantivos, é predominantemente morfo-fonêmico – isto é, reproduz principalmente as palavras e morfemas do coreano falado, mais do que os próprios sons. Isso também permitiu

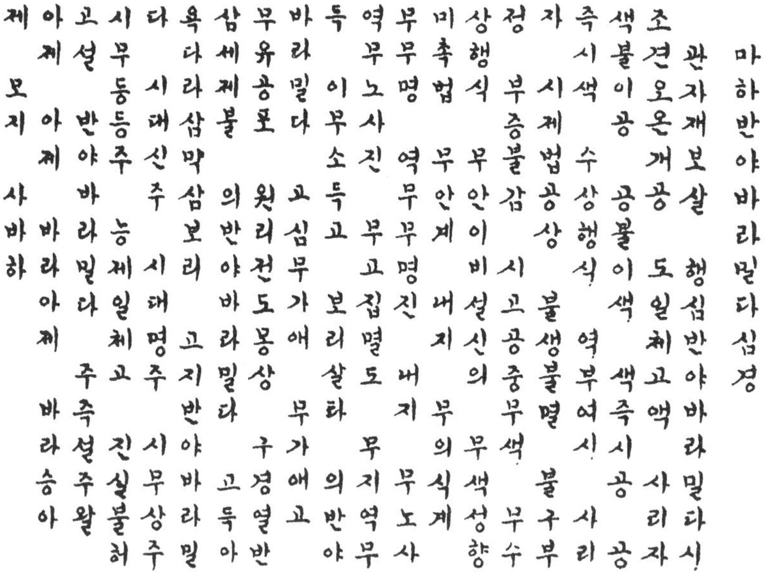

Figura 134 O Sutra do Coração numa tradução coreana.

o desenvolvimento de uma ortografia unificada (como as regras de soletração do padrão do inglês, que menosprezava os dialetos) que, desde 1945, estava em uso em ambas as Coréias. Houve várias tentativas de reformas do hankul nos anos 1900, incluindo manter "lado-a-lado" escrita e substituições indiscriminadas de romanização. No entanto, desde o final dos anos 50, o sistema hankul permaneceu essencialmente intocado e institucionalizado.

No início dos anos 2000, uma escrita mista de *hanja*, hankul e palavras européias emprestadas e nomes em escrita latina caracterizam a escrita sul coreana, com clara inclinação para abandonar os componentes chineses. A Coréia do Norte já usa o hankul quase que exclusivamente. A re-unificação inevitável das duas Coréias certamente modificará a escrita ali de alguma forma. Qualquer que seja a escrita que prevaleça, é preciso concordar com a avaliação de Geoffrey Sampson de que o hankul é "uma das maiores realizações intelectuais da humanidade" (Sampson, 1985).

A escrita japonesa

A língua japonesa é no momento transmitida por meio do que talvez seja a escrita mais complicada já existente: dois sistemas separados (um logográfico estrangeiro, um silábico nativo) redigidos em três escritas (uma chinesa e duas japonesas) ao mesmo tempo. A maior parte dos sistemas de escrita no mundo representa algum tipo de combinações, onde um sistema dominante, como nosso alfabeto latino, permite raras intrusões de algum componente externo, como ideogramas (como 8, +, ? %, >:, † e muitos outros). No entanto, o japonês tem uma classificação própria. Os caracteres chineses tomados emprestados pelos japoneses têm revisões tanto chinesas quanto japonesas, com toda a complexidade dos seis diferentes tipos de caracteres chineses já descritos. Essencialmente, a escrita japonesa representa a destilação de uma complicada re-análise, promovida ao longo de muitos séculos, da escrita chinesa, voltada para transmitir tanto a fala japonesa quanto palavras chinesas emprestadas, em vários diferentes e distintos níveis de interação social. A complexidade da escrita japonesa reflete a complexidade da própria sociedade japonesa.

A base de toda a escrita japonesa, e na verdade sua fonte, é a escrita morfemo-silábica *kanji*, ou "escrita Han", caracteres que o Japão tomou de empréstimo da China (Smith, 1996, p.209-17). Muitos séculos após esse empréstimo, os japoneses desenvolveram seu próprio sistema de escrita silábica *kana*, que usa dois silabários para diferentes necessidades: *hiragana* e *katakana*. Ao longo do último século, o *rōmaji*, ou alfabeto latino, foi usado cada vez mais para palavras não japonesas. Por fim, há também o *kigō*, ou "símbolos", em geral intercalado em textos japoneses, que usam todas as escritas e sistemas de escrita já mencionados, ao mesmo tempo.

Não se sabe se houve escrita no Japão antes da introdução da escrita chinesa. Parece que um sistema de anotações com nós, como o conhecido nas ilhas Ryūkyū, ao sul do país, pode talvez ter sido usado no Japão (Jensen, 1969). Após a invasão Han da Coréia em 108 d.C., a escrita chinesa (tanto o sistema quanto a escrita) tornaram-se conhecidos de um círculo bem limitado de médicos japoneses. Muitas importações culturais feitas pela dinastia Han influenciaram a sociedade japonesa nessa época, incluindo espelhos entalhados de metal. Em 370 d.C., o Japão invadiu a Coréia, mantendo seu domínio por cerca de duzentos anos. Durante esse tempo, o imperador japonês Ōjin supostamente teria levado dois eruditos coreanos para a corte japonesa para serem tutores do príncipe, ensinando-lhe, entre outras coisas, escrita e literatura chinesa.

O budismo se tornou a religião oficial do Japão em meados do século VI, introduzindo a escrita chinesa a outras esferas e centros; eruditos japoneses faziam peregrinações regulares à China para seus estudos. Em 645 d.C., o Japão estabeleceu uma administração central de inspiração confuciana, que floresceu por mais de quinhentos anos. Foi durante esse tempo que a escrita chinesa foi institucionalizada e adaptada para transmitir o japonês antigo, fundando a civilização japonesa histórica (Figura 135).

Como o coreano antigo, o japonês antigo era também uma língua aglutinadora e polissilábica – completamente diferente do chinês literário transmitido em *kanji*. A primeira escrita japonesa foi o *kanbun*, ou "escrita Han". Essa foi uma tentativa de escrever em sintaxe japonês, usando só caracteres chineses. Havia duas formas de leitura do *kanbun*: em chinês literário, ou na tradução japonesa do chinês literário (usando sinais auxiliares entre as colunas). O *kanbun* era quase inteiramente uma língua escrita, não falada. Sua posição na cultura japonesa era semelhante ao latim no Ocidente: a maior parte dos estudiosos podia lê-lo, mas poucos o falavam. O *kanbun* não era japonês, mas um instrumento letrado entre o chinês e o japonês.

Quando os japoneses tomaram os caracteres chineses de empréstimo, emprestaram não só o sentido como também seu *on*, ou "som" – embora isso pertencesse a uma língua estrangeira. Depois de séculos de empréstimo, a predominância do *on* chinês na escrita japonesa foi compensada dando a cada caractere um valor nativo japonês – era o *kun*, ou "falsa". Cada *kanji* (caractere chinês emprestado)

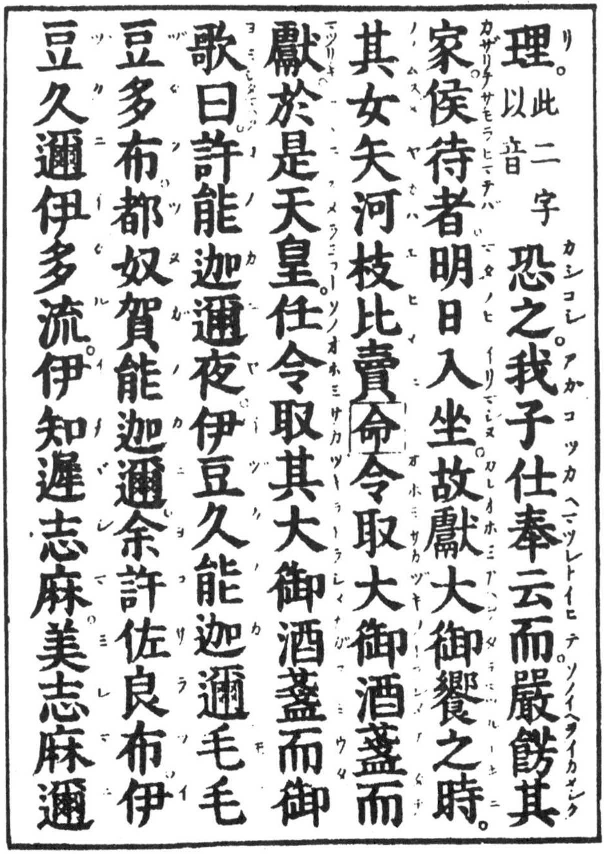

理。此二字以音恐之。我子仕奉云而嚴餝其
家候待者明日入坐故獻大御饗之時。
其女矢河枝比賣命令取大御酒盞而
獻於是天皇任令取其大御酒盞而御
歌曰許能迦邇夜伊豆久能迦邇毛毛
豆多布都奴賀能迦邇余許佐良布伊
豆久邇伊多流伊知遲志麻美志麻邇

Figura 135 O *Kōjiki*, primeiro texto literário japonês, datado de 712 d.C., relata a história antiga do país em *kanji* chinês. Eis aqui uma reprodução de 1803, impressa em tipos de madeira, usando sinais auxiliares para pronúncia na escrita silábica *katakana*.

japonês, pode agora possuir vários *on* e *kun*, embora sem regra fixa: como um grande número de caracteres, o caractere *sai* (para "aptidão" e "sufixo para cálculo de idade") tem apenas esse som *on*, por exemplo. No entanto, não existe um caractere com apenas uma leitura *kun* japonesa nativa. As leituras *on* serão na verdade suplementadas com uma ou mais leituras *kun*, apenas se o japonês possuir uma palavra de significado aproximado do *on* chinês.

A complexidade aumenta pela prática de escrever compostos *on-kun* (sino-japonês) assim como compostos *kun-on* (japonês-chinês), em que cada componente pode ter várias possibilidades de leituras. E os japoneses criaram várias centenas de *kanji* que não havia no chinês, com leituras tanto *on* quanto *kun*. Embora palavras *on* individuais adornem a língua japonesa (todas empréstimo do chinês), a maior parte dos *on* são compostos de um ou mais caracteres *on* para formar palavras de duas ou mais sílabas. Dessa forma, os três *kanji* lidos com *on* para "som", "voz" e "campo de estudo" formam *onseigaku* ou "fonética" em japonês, por exemplo.

Como na China, a escrita no Japão era feita com pincel e tinta em colunas verticais de cima para baixo e da direita para a esquerda. (Por volta do século VII, os japoneses também estavam manufaturando e usando papel como material de escrita). No entanto, desde os primeiros tempos da escrita japonesa em *kanbun*, percebeu-se que o sistema de escrita estrangeiro, do jeito que era, não podia transmitir o que os escribas necessitavam. Por muitos séculos, os escribas japoneses contavam com a habilidade dos leitores de "preencher" mentalmente os finais de palavras e partículas gramaticais que a escrita deixava de incluir. Era uma forma trabalhosa e equivocada de ler o japonês, e de várias maneiras a instância mais desajeitada de empréstimo feita na história. Era necessária uma solução drástica.

Já nos primeiros séculos do empréstimo, para conseguir reduzir as ambigüidades e transmitir mais adequadamente a fala japonesa – e não apenas os sentidos e sons chineses – os japoneses lançaram mão de vários métodos de adaptação, usando as mesmas estratégias que se pode encontrar entre os coreanos e vietnamitas. Os japoneses usavam o sentido chinês do *kanji*, mas com pronúncia japonesa – isso era a leitura *kun*, ou "falsa" usada no *kanbun*. Também faziam alguns *kanji* representar valores puramente fonéticos independentes do sentido, formando *wabun*, ou "escrita japonesa". Já cerca de 1.300 anos atrás então, a escrita japonesa tinha menos a ver com a verdadeira escrita "chinesa" do que com a percepção japonesa.

Os escribas logo começaram a misturar *kanbun* e *wabun* – isto é, combinar sentido e som. Por volta do século VIII, isso introduziu o princípio bi-sistemático subjacente na escrita japonesa de hoje: não apenas um, mas dois sistemas de escrita usados combinadamente. A escrita-sonora *wabun* utilizou o chamado *manyōgana*, um silabário usado no início do Período Heian (794-1192 d.C.) que provavelmente foi inspirado pela escrita *hyangchal* coreana. O silabário era escrito em tamanho diminuto entre os caracteres chineses ou entre as colunas para orientar a leitura ou fornecer comentários sobre sutras budistas. Mas o *manyōgana* era canhestro, havendo em geral dez vezes mais caracteres chineses sendo usados do que sílabas na língua japonesa: no século VIII, os escribas japoneses utilizavam mais de 970 caracteres chineses diferentes para transmitir apenas cerca de 88 sílabas japonesas.

A partir dessa redundância inicial, no entanto, logo surgiram as simplificações *kanji* – o silabário japonês *kana*. (A palavra *kana* pode ter derivado dos dois primeiros elementos de um silabário coreano que começava "ka-na-ta-ra", aproximando *kana* de "alfabeto" que é a junção das letras *alpha* e *bēta*) (Sansom, 1962). O *kana* era um tipo completamente diferente de sistema de escrita – silábico – que estava preso, intercalado e um tanto parasita da escrita logográfica chinesa herdada. Tinha duas formas, o *hiragana* e o *katakana*. Ambos eram silabários idênticos, diferindo apenas na forma exterior e uso (mesmo sistema; escritas diferentes).

A forma cursiva dos caracteres de som *manyōgana* se tornou a escrita *hiragana* nos séculos VIII e IX. Era também conhecido como onna-de, ou "escrita de mulheres", pois eram praticados principalmente pela elite feminina. (O maior texto literário da Idade Média no Japão, *The Tale of Genji* (*O Conto de Genji*) de Lady Murasaki Shikibu foi composto e distribuído originalmente em *hiragana*.) Sua " irmã" *katakana*, ou escrita "kana em parte" também emergiu no século IX diretamente do manyōgana, e nem sempre de sílabas correspondentes das quais os sinais *hiragana* tinham derivado (explicando assim seu contraste exterior). Ao final dos anos 1100, o sistema de escrita *kana-majiri* – isto é, uma escrita mista *kanji* chinesa e *kana* japonesa – estava em uso. Esse método continuou no Japão, com mudanças e ajustes ocasionais, até o presente.

Ao longo da Idade Média, o *kanji* permaneceu sendo a escrita preferida do Japão. Documentos de Estado eram escritos em *katakana*. As mulheres escreviam *hiragana* e *katakana* tanto na literatura quanto na correspondência particular. O *kanji* resistiu por longo tempo como principal escrita do Japão, como o *hanja* na Coréia, embora ainda fosse muito prestigiada, em seus limitados domínios, a literatura *hiragana* da elite feminina. Nos anos 1700, no entanto, as mulheres também eram autorizadas a usar o *kanji*. Hoje, não existem fronteiras sociais ou de gênero ligadas ao uso de qualquer escrita ou sistema de escrita no Japão.

Ao final dos anos 1800, os vários membros alofônicos – diferentes sinais com o mesmo som – do repertório *kana* antigo foram eliminados, reduzindo para 96 os silabogramas, ou 48 em cada uma das duas escritas *kana*. Assim, uma sílaba japonesa agora tinha apenas um silabograma representando-a em cada alfabeto *kana*. Na segunda metade dos anos 1900, dois sinais na série *w* (pares de *i* e *e*) também caíram em desuso. Isso reduziu a 92 os silabogramas *hiragana* e *katakana* (46 cada um) mais o –*n* que freqüentemente termina as sílabas japonesas, somando 94 sinais silábicos (dois –*n*) no total. Esses continuam sendo lidos do alto para baixo e da direita para a esquerda em *Gōjū-on-zu* ("tabela de cinqüenta sons", incluindo alguns silabogramas arcaicos) de acordo com um modelo emprestado da escrita tamil do sul da Índia (Figura 136). A maior parte dos léxicos japoneses é organizada "alfabeticamente" de acordo com essa tabela.

Cada um dos dois alfabetos *kana* do Japão são caracterizados por uma forma exterior que permite reconhecimento instantâneo – *hiragana* geralmente curvo, o *katakana* de linhas retas. Essa distinção crucial é explorada na arte gráfica japonesa, com o *katakana* sendo preferido para letreiros de lojas sinais e anúncios, e o hiragana para caligrafia e outras expressões mais "harmoniosas" (Figura 137).

Os respectivos papéis do *kanji* e do *kana* na escrita cotidiana japonesa se tornaram "padronizadas" só no século passado. Os caracteres *kanji* são escritos para transmitir as categorias lexicais principais – nomes não-ocidentais (chineses e japoneses), raízes verbais, adjetivos e em alguns advérbios. Até a segunda metade dos anos 1800, os silabogramas *katakana* forneciam os morfemas e palavras funcionais necessários; desde a fixação oficial das formas *kana* em 1900, os silabogramas *hiragana* os transmitem. Mas *hiragana* ainda o faz sem consistência. É possível encontrar uso completo, uso pela metade ou nenhum uso de *hiragana* em qualquer sentença japonesa – isto é, com freqüência apenas caracteres *kanji* aparecem, forçando o leitor a "preencher" mentalmente a gramática, como no início da Idade Média. Os silabogramas *katakana*, por outro lado, agora transmitem nomes estrangeiros e palavras emprestadas, exclamações, palavras miméticas, onomatopaicos e terminologia especializada.

	ワ わ wa	ラ ら ra	ヤ や ya	マ ま ma	ハ は ha	ナ な na	タ た ta	サ さ sa	カ か ka	ア あ a
	ヰ ゐ i	リ り ri	イ い i	ミ み mi	ヒ ひ hi	ニ に ni	チ ち chi	シ し shi	キ き ki	イ い i
	ウ う u	ル る ru	ユ ゆ yu	ム む mu	フ ふ fu	ヌ ぬ nu	ツ つ tsu	ス す su	ク く ku	ウ う u
	ヱ ゑ e	レ れ re	エ え e	メ め me	ヘ へ he	ネ ね ne	テ て te	セ せ se	ケ け ke	エ え e
ん ン n	ヲ を wo	ロ ろ ro	ヨ よ yo	モ も mo	ホ ほ ho	ノ の no	ト と to	ソ そ so	コ こ ko	オ お o

Figura 136 "Tabela de Cinqüenta Sons" japonesa, que se lê de cima para baixo e da direita para a esquerda. Os destaques mostram vogais redundantes.

HISTÓRIA DA ESCRITA 179

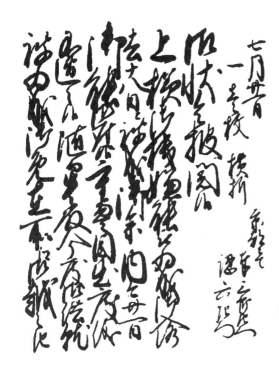

Figura 137 Modelo para correspondência oficial japonesa há duzentos anos: o muito considerado "estilo capim".

Cresceu muito o uso do *katakana* desde o final da Segunda Guerra Mundial, e essa escrita recuperou a importância perdida quando o *hiragana* usurpou sua função gramatical. Devido à "contaminação" de termos estrangeiros, o *katakana* agora aflui em placas de néon e outros anúncios de rua, loja, TV, Internet e revistas. Também é usado para dar determinadas ênfases, indicar eufemismos, sinalizar ironias etc. Os jovens usam-no com mais freqüência agora em seus alfabetos mistos, dando um tom coloquial ao texto (Smith, 1996). Os silabogramas *katakana* se tornaram o "alfabeto itálico" da escrita japonesa.

Os silabários japoneses *hiragana* e *katakana*, que também fazem uso de um pequeno repertório de diacríticos – tais como ["], que pode mudar um *k* para um *g*, e [°], que pode transformar um *h* em um *p* – são capazes de transformar tudo na fala moderna japonesa. De fato, na maior parte dos livros para crianças e adolescentes, quase todos os *kanji* aparecem com sinais *hiragana* em miniatura perto deles. São chamados *furigana*, ou "*kana* acrescentado" e, embora pretendam sonorizar um *kanji* não familiar, a prática só serve para mostrar quão supérfluos se tornaram, na verdade, os caracteres *kanji* (Figura 138).

Nesse sentido, levantam-se duas questões. Primeiro, por que o Japão necessita de dois silabários? A explicação normalmente dada é que o *hiragana* é para a escrita informal e o *katakana* para documentos oficiais e outros contextos formais. No entanto, esta observação é histórica, não uma justificativa contemporânea.

O Japão na verdade fragmentou o objetivo da escrita, isolando, como no antigo Egito (hierático *versus* demótico), contextos nos quais apenas um ou dois alfabetos eram tolerados. Hoje, o domínio separado de cada alfabeto se mantém. Isso é uma convenção, não uma necessidade.

Em segundo lugar, por que adotar complicados sistemas e alfabetos mistos? Esta questão trai uma inclinação pelo alfabético. Alguém que não seja japonês sente que o Japão é "confrontado" com três escolhas: manter o presente sistema, adotar a escrita *kana* apenas, ou usar o *rōmaji* ocidental, o alfabeto latino. Demonstrou-se, por exemplo, que japoneses cegos podem ler o Braille *kana*, o qual não usa *kanji*, muito mais facilmente do que japoneses com visão podem ler os sistemas mistos da escrita japonesa. É lógico que se deve admitir que abandonar totalmente o *kanji* (como a Coréia parece disposta a fazer com seu *hanja*) adotando o *kana* seria vantajoso para a sociedade japonesa como um todo, em termos de alfabetização, extensão da instrução e avanço econômico e social em geral. Os japoneses poderiam mesmo adotar o *rōmaji*, e assim desfrutar sua eminente adaptabilidade. E não-japoneses ainda poderia acrescentar que em 1885 a "Sociedade para o Alfabeto Romano" japonesa tentou eliminar tanto o *kanji* como o *kana*. Em resposta, um japonês observaria que não houve uma demanda igualmente forte desde então, demanda para escrever só em *kana*. De fato, não há nada "confrontado" o Japão: a escrita japonesa está firmemente entrincheirada na sociedade japonesa.

耳なし芳一のはなし

いまから七百年あまりまえのことです。下関海峡の壇の浦で、ながいあいだ天下をあらそっていた源氏と平家のあいだに、さいごの決戦がおこなわれました。平家は、この壇の浦で、われわれが今日、(1)安徳天皇とおよびしている、あのご幼帝、それに平家の一門の女や子どもたちといっしょに、まったくほろびてしまったのです。

その後七百年のあいだ、壇の浦の海とあのへんいったいの海岸とは、ながらく平家の亡霊にたた

Figura 138 Para ser lido de cima para baixo e da direita para a esquerda, o Capítulo inicial deste livro moderno para adolescentes japoneses fornece quase todo caractere *kanji* com uma *furigana* miniatura para orientar a pronúncia.

Em termos de eficiência, o povo japonês aprecia o fato de os atuais sistemas de escrita no Japão serem os que melhor acomodam o problema inerente da homofonia (palavras diferentes que soam parecidas). Quanto à inteligibilidade, a escrita logográfica parece ser muito mais importante para os japoneses do que para os chineses (Sampson, 1985). A língua culta japonesa se desenvolveu com milhares de *kanji* emprestados. Eles só podem ser distinguidos em sua expressão gráfica – e não na fala. (Imagine-se a confusão se resolvêssemos simplificar a palavra inglesa *know* para *no* com o argumento de que o *k* e o *w* são "supérfluos"; a escrita japonesa fornece a prova mais forte de que a *imagem gráfica* de uma palavra escrita é também transmissão semântica). Isso aconteceu porque o Japão reduziu a maior parte das palavras homófonas de origem chinesa, por meio da fonologia original japonesa ou por mudança histórica: vinte caracteres chineses excedentes (com suas pronúncias diferentes) foram reduzidos para *kan* japoneses, por exemplo. O japonês escrito apenas em *kana* ou *rōmaji* levaria à ambigüidade, que é exatamente o oposto do objetivo da escrita. Não haveria nenhuma "simplificação".

No âmbito social, os caracteres *kanji* são parte da tradição japonesa antiga – o que significa ser japonês. Muitos japoneses se ressentem do abandono desse sistema meramente pela (questionável) razão de ser "mais fácil e eficiente". Mas acima disso está a questão social. Cada sistema de escrita detém uma inércia interior. Escritas e sistemas de escrita não são só instrumentos, mas pilares de uma sociedade.

Espera-se dos alunos de primário japoneses, após dominarem os dois silabários *kana* – primeiro os 47 *hiragana*, depois os 47 *katakana* – que aprendam em oito anos de escolaridade 960 caracteres *kanji,* começando com leituras *kun* japonesas deles. Para se formarem no secundário, têm de dominar mais mil *kanji* (além das versões *on* emprestadas dos chineses, desses 960 *kanji* aprendidos no secundário). Assim, espera-se de uma pessoa de instrução média que domine cerca de dois mil *kanji* para satisfazer funções normais. (Alguém particularmente instruído dominaria cinco mil ou mais). Os *kanji* correntes em jornais e revistas totalizam cerca de 3.200 – muitos deles lugares e nomes de família usando *kanji* obscuros, geralmente glosados com *furigana* para auxílio de leitura. O conhecimento de dois mil *kanji* exigido para a leitura ordinária é uma exigência relativamente nova: resulta de reformas rigorosas introduzidas durante a ocupação americana. Antes da Segunda Guerra Mundial, o analfabetismo era comum, devido em boa parte à dificuldade de aprender a escrita japonesa. Embora o analfabetismo seja agora muito menor, ele ainda existe, pela mesma razão.

Durante a década de 1980 uma corrente de palavras estrangeiras, principalmente do inglês, apareceu em *rōmani,* em contextos em que antes se usava *katakana*. O aumento dos *rōmani* também é significativo em textos japoneses na Internet. A vocação de "esponja" da escrita japonesa sinaliza adaptabilidade e, portanto, viabilidade.

O Japão ainda segue o costume tradicional chinês de escrever em colunas verticais para serem lidas de cima para baixo e da direita para a esquerda. Como a moderna escrita chinesa, no entanto, muitos textos japoneses agora aparecem horizontalmente, à moda do alfabeto ocidental, para serem lidos da esquerda para a direita. Continua não havendo separação de palavras, mas isso não tem tanta importância quanto para a escrita alfabética. A compreensão é alcançada com dicas de segmentação (mistura de escritas e sistemas de escrita) e pontuação ocidental moderna.

Como na China, a caligrafia tem sido uma das maiores formas de arte do Japão, aqui representando uma mistura de três escritas. Alguns trabalhos aparecem em apenas um deles, como uma manifestação gráfica especial. Na caligrafia japonesa, literatura e arte gráfica se tornam uma coisa só (Figura 139). Uma escrita romanizada não poderia assumir papel artístico como esse. Ao contrário das noções ocidentais de caligrafia, em que a legibilidade é mais importante do que a estética, tanto na China quanto no Japão, a estética precede a legibilidade. (Isso atinge tal grau que uma pessoa instruída nessas sociedades pode até se sentir insultada se lhe disserem que sua caligrafia é "claramente legível"). Habilidade caligráfica é a marca da Ásia Oriental erudita, tanto na produção quanto na leitura. Isto, também, reverte conceitos ocidentais sobre o objetivo principal da escrita.

A situação do Japão parece ser o caso extremo na história da influência da escrita sobre uma língua. O Japão não tinha fronteira com a China, e poucos visitantes chineses tinham se aventurado tão longe; nunca houve uma invasão chinesa bem-sucedida no Japão. No entanto, mais da metade do vocabulário japonês de hoje consiste em empréstimos sino-japoneses (palavras chinesas em fonologia japonesa). Isso significa que a maciça influência da China sobre a língua japonesa aconteceu quase inteiramente por meio da escrita, algo que não ocorreu com qualquer outra língua na história da humanidade.

Por sua complexidade, as escritas e sistemas de escrita japoneses talvez tenham sido também o caso difamado da história. Isso é especialmente válido para os especialistas da história da escrita que priorizam nela a "facilidade e eficiência".[1] Como vimos, há várias razões para os *gaijin*, ou "não-japoneses", questionarem a racionalidade de se manter essa evidente complexidade. Ninguém discute que a escrita japonesa é a mais difícil de se aprender e a mais complexa. (Eu comecei a aprender a língua e escrita japonesa em 1956, quando me mudei para Okinawa, e até hoje, 45 anos depois, sinto-me um iniciante).

No entanto, é possível aprender a escrita japonesa e fazê-lo com sucesso. Ela tem sido, por muitos séculos, veículo de um povo culto e próspero, com tradição escrita extremamente rica. Orgulhando-se de uma das taxas mais altas de

---

1 Ver particularmente Coulmas, *The Writing Systems of the World*, a esse respeito.

Figura 139 Caligrafia, pintura e poesia se fundem neste trabalho de Ikeno Taiga (1723-1776), mostrando um cão negro na neve (à direita) e um barco junto a um barranco (à esquerda).

alfabetização do mundo (maior do que a dos Estados Unidos ou da França com sua escrita alfabética "mais simples"), o Japão também pode se vangloriar de ser o maior consumidor de material escrito. Alguns cientistas chegaram a afirmar que o esforço mental para dominar a escrita japonesa é um treinamento para realizações em outros domínios. É sabido que devido a seu sistema de escrita, o Japão força seus jovens a suportar muito mais anos de formação – colocando exigências sobre os jovens, a um alto custo para o Estado – o que não acontece em outros países. E isso também pode explicar, ainda que em parte, o sucesso do Japão. Uma coisa é clara: de forma alguma a escrita do Japão impediu o avanço intelectual de seus usuários. Talvez não seja coincidência que a escrita mais complexa do mundo se encontre no país tecnologicamente mais avançado do mundo (Smith, 1996).

A escrita japonesa, com tal complexidade e polivalência, certamente não é a "versão gráfica da fala humana" que geralmente se atribui à escrita. A possibilidade de múltiplas leituras com um sinal – e mesmo com leituras adicionais deles com compostos – expõe a multidimensão da escrita em geral, envolvendo níveis de percepção que transcendem a fala. Isso pode ser encontrado em parte em outros sistemas de escrita também, embora nunca na extensão sistêmica observada no japonês.

As duas lições principais da escrita japonesa são que a escrita e os sistemas de escrita podem ser tudo que seus usuários não só precisam mas também desejam, e que a complexidade da escrita de forma alguma impede completa realização.

"O axioma das lingüísticas ocidentais, de acordo com as quais a língua é principalmente um sistema de formas faladas, e a escrita é um meio subsidiário que serve para tornar visível a língua falada, é muito difícil para um asiático oriental aceitar," escreveu Geoffrey Sampson (1985). Isso porque – particularmente para um chinês ou japonês, cuja linguagem contém um número extraordinário de homófonos – a língua falada também pode ser ambígua, imperfeita e só inteiramente transparente por meio da escrita. A língua escrita, ensina-nos a escrita da Ásia oriental, não é subordinada à língua falada.

Há ainda outras percepções a partir do estudo da escrita da Ásia Oriental. A sobrevivência e sucesso da escrita chinesa contradizem a noção de que os sistemas da escrita "evoluem" e que a escrita alfabética completa é o apogeu dessa "evolução". A escrita pode ter inúmeras formas, servindo eminentemente aos usuários em qualquer delas. Falantes do chinês conhecem a escrita alfabética por mais de dois mil anos. Esse conhecimento nunca os levou a mudar "para o melhor".

Por muitos séculos, a língua e literatura chinesa clássica eram consideradas o cânon de instrução elevada por toda a Ásia oriental. Inicialmente, a escrita chinesa foi emprestada só para desfrute – principalmente a literatura chinesa clássica e escrituras budistas em tradução chinesa. Assim, a língua e o alfabeto chinês foram emprestados como unidade inseparável. Só mais tarde o empréstimo foi usado para transmitir línguas locais. Como sempre, isso necessitava de adaptações de acordo com o grau de diferença da língua que emprestava o chinês. A língua vietnamita era muito parecida com o chinês e, portanto, foram poucas as adaptações necessárias. O coreano e o japonês, no entanto, eram muito diferentes. Com o tempo, esse processo fez emergir sistemas completamente novos, que ajudaram a aumentar nosso conhecimento sobre a capacidade intrínseca dos sistemas de escrita.

O caso da Ásia oriental ainda indica que o curso da história da escrita é essencialmente determinado não pela eficiência ou adequação na transmissão, mas por fatores sócio-políticos. Embora a escrita chinesa sirva eminentemente à língua chinesa, agora claramente se curva perante o sistema estrangeiro de escrita alfabética, que, no entanto, provavelmente nunca substituirá inteiramente o sistema herdado. Por muito tempo, os vietnamitas usaram o chinês como língua literária antes de adaptá-lo à língua vietnamita, mas depois abandonaram seu patrimônio durante o domínio francês, adotando a escrita alfabética, que permanece até hoje, apesar da independência política do país. Os coreanos também tomaram a língua chinesa de empréstimo, mas depois a suplementaram, nos anos 1400, com uma criação nativa que só agora está substituindo a herança chinesa. O Japão também emprestou tanto a língua quanto a escrita chinesa que, por se adequar tão pouco ao japonês quanto ao coreano, foi logo expandido para dois sistemas de escrita usando três escritas. Como vimos, esse híbrido exclusivo é mantido de forma imutável como principal expressão da identidade cultural do Japão.

A escrita chinesa e suas derivativas apresentam grande habilidade para ter um valor semântico, na base de caractere para caractere. Isso é bem diferente da escrita alfabética que é conectiva, com a comunicação sendo feita na seqüência letra a letra de sons separados. Assim, o efeito visual da escrita da Ásia oriental é muito mais forte do que no sistema alfabético ou outros (embora alguns afirmem que a leitura da palavra inteira, como ocorre no sistema alfabético, não atinge o mesmo efeito ou efeito similar). A distinção visual é importante. Parece que numa população altamente instruída, as habilidades de produção, recepção e retenção da língua estão neurologicamente ligadas à forma escrita da língua. Enquanto chineses e japoneses controlam os caracteres escritos não para distinguir entre homófonos ambíguos, mas como parte da transmissão e retenção fundamental da língua – um "meio termo" único entre a língua falada e escrita. "As diferenças entre sistemas de escrita baseados no morfema [como o chinês] e sistemas de escrita baseados em sons [como o inglês]" escreve o lingüista Florian Coulmas, "não são apenas distinções superficiais de códigos, mas têm conotações neuropsicológicas relativas às diferentes formas de armazenagem e processamento das unidades da língua escrita" (Coulmas, 1989). Em chinês e japonês, em particular, a imagem gráfica da palavra é aparentemente armazenada na mente como parte do processo de recuperação léxico, talvez a um grau muito maior do que o processo de recuperação da "palavra-total" do alfabeto do Ocidente.

Parece, então, que ocorre um processo mental diferente nos habitantes da Ásia oriental durante a leitura da escrita morfemo-silábica. A atividade mental desenvolvida perante a escrita não é uma função constante do cérebro, mas depende do tipo de escrita que se usa. No japonês, por exemplo, o fato de um dano cerebral poder levar alguém se ver privado do *kanji* (caracteres chineses), mas conseguir manter o *kana* (silabogramas japoneses) – ou acontecer o contrário – também mostra que importantes diferenças neurológicas estão implicadas em um sistema de escrita e no outro. Isso indica que o *kanji* e o *kana* japonês estão neurologicamente dissociados entre si, sugerindo diferenças significativas de processamento para os sistemas de escrita mundiais em geral. Não há evidência dessa ruptura, no entanto, entre os dois tipos de *kana* – o hiragana e o *katakana*. Embora sejam dois alfabetos separados, parecem estar codificados como um só no cérebro. A partir disso, provavelmente pode-se generalizar que em todo o mundo alfabetos diferentes, mas relacionados (latino, grego, rúnico, ogâmico etc.) são processados de forma semelhante no cérebro humano, enquanto diferentes sistemas de escrita (logogáfico, silábico, alfabético) não.

A escrita chinesa tem tido "um efeito mais duradouro na identidade cultural da Ásia Oriental do que qualquer outro traço cultural" (ibidem). Isto pode se consolidar de formas mais gerais e mesmo universais, que só agora estão se revelando. Representa uma "re-gênese" de uma ordem superior: o começo de nosso entendimento de como o cérebro humano processa o milagre da escrita.

Capítulo 6
As Américas

Em 1986, um monólito de basalto de dois metros de altura, ou monumento, foi descoberto no rio Açula, perto da aldeia La Mojarra, no sudeste do México, região não especialmente conhecida por realizações culturais. Os descobridores, portanto, ficaram surpresos de encontrar, em 21 colunas verticais, uma longa inscrição de 520 "glifos" (abreviação de "hieróglifos") revestindo, adornando e legendando uma figura real (Figura 140). O texto, decifrado em 1993 (Justeson e Kaufman, 1993, p.1703-11), incluía numa escrita epiolmeca as datas de 143 e 156 d.C.

Era a mais antiga inscrição das Américas.

Até a descoberta e decifração do monólito, estudiosos acreditavam que, na Mesoamérica, só os maias possuíam um sistema de escrita inteiramente desenvolvido – essa crença foi endossada no final dos anos 80. Sendo cerca de 150 anos anterior à mais antiga inscrição maia que trazia alguma data, o "monólito de La Mojarra", como passou a ser chamado, não só provou que o povo epiolmeca possuía um sistema de escrita completamente desenvolvido, mas que seu sistema misto logossilábico (palavra-sílaba) tinha algum tipo de relacionamento genético com inscrições maias posteriores. A maior parte dos arqueólogos agora aceita que os textos epiolmecas sejam as inscrições legíveis mais antigas das Américas. Com a descoberta do monólito muitas pessoas também passaram a acreditar que a escrita tinha uma história mais antiga e complexa na região. De fato, crescentes evidências parecem sugerir a existência de várias tradições de escrita locais sofisticadas, séculos antes da civilização maia (Morell, 1991, p.268-70).

A escrita elaborada dos maias teria se desenvolvido a partir dessas tradições, cuja existência e natureza os estudiosos só agora estão começando a estudar de fato.

Até 1980, arqueólogos e historiadores da escrita costumavam sustentar que as escritas maias e asteca "permaneciam no limiar de uma escrita adequada... Em ambos os sistemas, encontramos um contraste marcante entre complexidade gráfica e sofisticação de um lado e baixo desenvolvimento sistemático... A maior parte dos estudiosos concorda que nenhum dos dois são sistemas inteiramente desenvolvidos" (Coulmas, 1989). No entanto, como resultado da decifração bem-sucedida da escrita maia nos anos 80 (depois que o russo Yuri Knorozov descobriu a "chave" fonética nos anos 50), logo seguida pelo monólito epiolmeca de La Mojarra, calculou-se que quinze tradições de escrita distintas podem ter florescido na Mesoamérica pré-Colombiana, várias delas preservadas em uma só inscrição sobrevivente. Esses textos, suficientemente extensos para permitir uma análise significativa, parecem demonstrar que, pelo menos nas escritas principais da Mesoamérica, um só sistema logossilábico dominava a escrita, com extremos de logografia e fonografia entre e dentro das tradições.

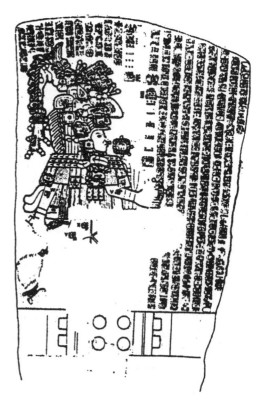

Figura 140 O monólito La Mojarra epiolmeca de Veracruz, México, século II d.C.

Embora os pedigrees dos alfabetos da Mesoamérica continuem obscuros (Figura 141), cinco tradições principais foram identificadas para a região que, em termos culturais, compreende o centro e o sul do México, Guatemala, Belize, El Salvador e uma grande área de Honduras. A mais antiga é a tradição zapoteca de escrita logossilábica, que provavelmente gerou as tradições mixteca e asteca posteriores. Talvez compartilhando uma fonte proto-zapoteca com zapoteca, uma tradição olmeca talvez posterior aparentemente inspirou, através de uma intermediária mixe-zoqueana, as duas tradições principais dos epiolmecas e dos maias. É possível que a mixe-zoqueana também tenha inspirado o povo paracan do Peru nos primeiros séculos a.C. a elaborar um tipo especial de escrita puramente fonográfica, que mais tarde sociedades andinas tomaram emprestado e adaptaram.

Figura 141 Um quadro hipotético condensado das famílias de escritas da Mesoamérica.

Textos em zapoteca, epiolmeca e maia eram todos anteriores a 900 d.C, enquanto textos mixtecas e astecas foram escritos de 1100 d.C. até o primeiro século da colonização espanhola. As primeiras três tradições são conhecidas quase que só por monumentos entalhados em pedra; inscrições mixtecas e astecas, no entanto, ocorreram principalmente em livros de pano pintado, papel feito de casca de árvore ou couro de animais. Todas as inscrições da Mesoamérica conhecidas contêm apenas o que sobreviveu – isto é, não dão conta de tudo que houve. Se no passado elas eram vistas como um tipo elaborado de iconografia, as inscrições em monumentos da Mesoamérica hoje são vistas como registros históricos detalhando nascimentos, casamentos, mortes da realeza, batalhas travadas, prisioneiros feitos e sacrifícios de sangue. Era central em cada mensagem a data exata de determinada ocorrência. De fato, a datação era intrínseca à escrita da Mesoamérica, uma tradição exclusiva. Glifos de números eram associados com o calendário, um dos calendários mais complexos e socialmente difundidos do mundo.

Os alfabetos da Mesoamérica parecem compreender apenas um sistema de escrita logossilábico misto. Esse sistema misto, que ocasionalmente incluía pictografia, apresentava graus variados, e às vezes extremos, de logografia e fonografia. Nenhuma tradição da Mesoamérica alcançou uma padronização ortográfica. Toda escrita completa da região – isto é, escrita que excluísse pictografia – em geral favorecia a escrita logográfica, pela qual os glifos representavam objetos, idéias ou sons (de nomes dos objetos). Havia também silabários distintos de glifos escritos puramente fonéticos, como classificadores fonéticos, em livre associação com outros glifos.

A inferência lógica dessa tradição de escrita altamente desenvolvida, única e compartilhada é o desenvolvimento de uma escrita na Mesoamérica há muito mais tempo do que se supõe – pode ser anterior ao primeiro milênio a.C. – ou uma importação cultural que já tinha sido desenvolvida durante um prolongado período em outro lugar (Fischer, 1999).

As origens

As recentes revelações das tradições epiolmeca e maia levaram os estudiosos a acreditar que podiam entender melhor como a escrita da Mesoamérica se originou (Marcus, 1992). A teoria que prevalece é que ela surgiu independente de qualquer outro sistema no mundo. De fato, a maior parte das histórias da escrita evoca "os três casos conhecidos de invenção independente de escrita", em geral listando o sumério, chinês e o maia.[1] No entanto, como já se mencionou (ver capítulo 5) nunca ficou provado que a escrita chinesa tenha surgido de forma independente; algumas evidências sugerem algo diferente. E a escrita maia é hoje vista como apenas uma das várias derivativas de uma só tradição de escrita da Mesoamérica.

A escrita completa nunca surge "automaticamente" no desenvolvimento de sociedades complexas. As sociedades complexas podem ser especificamente as que escolhem usar a escrita. No entanto o sistema emergente e sua orientação quase sempre reproduzem um fenômeno semelhante em outro lugar: o sistema de escrita que seja mais próximo no tempo e no espaço. O bom senso talvez defenda a idéia de que a escrita simplesmente se difundiu na história a partir de uma fonte original. A difusão também pode explicar o uso súbito do foneticismo sistêmico pelos responsáveis pela iconografia das Américas por volta de 700 a.C.

---

1 Como, por exemplo, Peter T. Daniels, "The Invention of Writing" *in* Peter T. Daniels e William Bright, eds., *The World's Writing Systems*, Nova York, 1996, p.579-86.

Os textos mais antigos da Mesoamérica – simples pares ou grupos de três glifos em seqüência – datam de 700-400 a.C., período das culturas anteriores à formação do Estado, chamadas de Período Formativo Médio. Esses textos são achados no sul do México, do Vale de Oaxaca através do Istmo de Tehuantepec até a região olmeca do sul da Vera Cruz e Tabasco. Segundo alguns estudiosos, por volta de 500 a.C. já havia duas tradições na Mesoamérica, zapoteca e a do sudeste, ambas derivadas do mesmo precursor. Se isso estiver certo, a escrita estaria se desenvolvendo na Mesoamérica por um tempo considerável. A primeira aparição de símbolos inscritos em jade e machados cerimoniais espiralados, usados em rituais por toda a Mesoamérica, sugerem uma iconografia primitiva que por fim se desenvolveu numa iconografia mais intrincada. A partir desta, acreditam alguns, foi dado um "passo natural" para o invento da logografia e da fonografia.

Muitos dos mais antigos símbolos da Mesoamérica aparecem em artefatos dos olmecas, um povo poderoso que surgiu por volta de 1200 a.C. ao longo da costa do Golfo, em Vera Cruz. Os olmecas possuíam um repertório iconográfico amplo, incluindo retratos dos governantes. Evidentemente, para identificar esses líderes, motivos simbólicos eram aplicados em adornos de cabeça para dar nome às pessoas. Se por volta de 1000 a.C. os líderes eram retratados sentados antes de serem enterrados, por volta de 500 a.C., a iconografia em machados, cerâmica e outros objetos portáveis confinaram as imagens a partes do corpo: uma cerimônia de saudação ou semeadura de milho, por exemplo, podia ser transmitida mostrando só a mão lançando o grão. Os ícones abreviados então se tornaram abstratos, transmitindo idéias, criando a ideografia primitiva. O sistema de sinais, ainda independente da fala, pois era meramente uma iconografia abreviada, por fim assumiu um *status* logográfico, quando mais exigências foram feitas ao sistema, pelo crescimento da urbanização. Os membros da elite social precisavam se expressar publicamente "para registrar seus feitos e dinastias como forma de legitimar seu papel na sociedade".[2] Alguns afirmam que esse público precisava produzir uma escrita completa.

No entanto, a exibição pública foi certamente o resultado social da escrita, não causa subjacente. Os povos da Mesoamérica podem ter possuído uma iconografia elaborada desenvolvida ao longo de muitos séculos, como os polinésios da Ilha da Páscoa. No entanto, ligar essa iconografia ao foneticismo sistêmico – à escrita completa – só se tornou possível quando a idéia da escrita completa, a arte gráfica representando a fala (e não só idéias), foi inventada ali por meio de outra dinâmica ou encontrada por visitantes estrangeiros que já possuíam escrita completa. É preciso perceber que a passagem da iconografia para o foneticismo sistêmico não é conseqüência automática de uma sociedade em expansão. Nem é um insignificante movimento de padronização gráfica. É um imenso salto de descoberta. A fala

---

2 Michael D. Coe, citado *in* Morell "New Light on Writing in the Americans".

precisa estar ligada à arte gráfica de maneira que todo um *sistema* abstrato – que substitua o valor semântico de um ícone ou símbolo por seu valor fonético dentro de um repertório de valores limitados semelhantes, cortando a ligação ao referente externo (ver Capítulo 1) – seja criado, sendo de fácil compreensão e ensino.

Outros estudiosos acreditam que o passo para a fala gráfica na Mesoamérica foi dado com a invenção do calendário ritual de 260 dias. Esse atraente argumento precisa ser levado a sério, embora a data proposta para a invenção – a época dos epiolmecas – na verdade pós-datou em vários séculos o surgimento da escrita completa na Mesoamérica. O calendário epi-olmeca usava barras e pontos para representar os numerais, os dias eram representados por ícones de animais, plantas e outros objetos facilmente reconhecíveis. Um registro no calendário podia ser "3 veado" ou "10 jaguar", por exemplo. A justaposição especial de números e ícones pode ter levado à escrita completa, afirma-se, quando elementos fonéticos foram acrescentados para evitar ambigüidade.

Evidentemente, as origens não podem ser discutidas sem invocar analogias. A que surge imediatamente na mente nesse sentido, e por várias razões, é a escrita chinesa do primeiro milênio a.C. São tantos os aspectos da antiga escrita chinesa que encontram contrapartida na escrita antiga da Mesoamérica – a maior parte identificada só após as decifrações bem-sucedidas das escritas epiolmeca e maia – que é difícil acreditar que não estejam relacionadas entre si:

- O princípio organizador das escritas chinesa e da Mesoamérica são as colunas verticais.
- As colunas verticais são lidas de cima para baixo.
- Ambos os sistemas incluem "blocos de glifos" compostos, contendo dois ou mais sinais.
- Esses blocos de glifos tinham, na maior parte das vezes, valor logossilábico.
- Tendo logogramas compostos, ambos os sistemas usavam elementos fonéticos para auxiliar na identificação e pronúncia.
- Os determinativos semânticos da escrita maia (o cartucho de glifo "dia" e o *ahaw* cachecol para "lorde"), sinalizando o tipo de fenômeno ao qual as palavras foneticamente dadas pertenciam, correspondem aos classificadores semânticos da escrita chinesa.

Dentre as centenas de escritas e sistemas de escrita do mundo, só as escritas chinesa (e suas derivadas) e da Mesoamérica incluem cada um desses aspectos. Seria desafiar o bom senso atribuir esse fato à coincidência.

Há mais questões históricas indicando que a escrita nas Américas pode ter sido emprestada de outros locais. Em primeiro lugar, não havia necessidade imediata da escrita lá. Assim, quando foi encontrada, não servia aos objetivos básicos de contabilidade e cálculos, pois essas funções já eram preenchidas por meios tradicionais (anotações com pontos, por exemplo). No entanto, como aconteceu com a escrita emprestada em todo o mundo, a importação era imediatamente associada com governantes e deidades, para registrar o que antes não era registrável. Se foi realmente emprestada, a escrita da Mesoamérica provavelmente o fez da China. Pode ser relevante que por centenas de anos, os galeões espanhóis tenham encontrado uma passagem natural do Leste da Ásia para as Américas, direcionando os navios para o Norte até latitudes do Japão, passando a zona de comércio Oriente-Ocidente. Aqui os ventos do oeste conduziriam os barcos para o Oriente na corrente marítima Kuroshio. Uma vez na corrente do Pacífico Norte, os navios seguiriam para a Califórnia, depois costeariam para o sul até o México, para Acapulco que fica ao norte de Oaxaca, onde era efetuado translado para Vera Cruz no Golfo do México.

Isso continua objeto de especulação. As semelhanças entre a escrita chinesa do primeiro milênio a.C. e da escrita da Mesoamérica no mesmo período, é, de fato, demasiado notável para ser coincidência. No entanto, semelhanças não constituem prova. Da mesma forma que não se pode aceitar como fato que "foi o povo zapoteca, e não maia ou olmeca, que inventou a escrita na Mesoamérica" (Coe, 1992), não se pode afirmar como certo que um povo proto-zapoteca tenha emprestado idéia, sistema e a orientação da escrita de um chinês instruído por volta de 700 a.C. A explicação chinesa é provavelmente a mais moderada das duas. No entanto a moderação pode ser um guia, não um paradigma.

Dependendo ainda da descoberta de evidências mais conclusivas, talvez se devesse adotar a posição de que "os habitantes da Mesoamérica ou tomaram emprestado a escrita dos chineses ou elaboraram independentemente a própria escrita", reconhecendo que os dados são insuficientes para provar qual das duas explicações é a correta.

Zapoteca

A primeira evidência de escrita completa na Mesoamérica ocorreu entre o povo zapoteca, que ocupou ampla região do sul do México, desde o Vale do Oaxaca até o Istmo de Tehuantepec. Por volta de 600 a.C., no reduto do Monte Albán e em centros da vizinhança no Vale do Oaxaca, líderes locais ergueram monumentos de pedra celebrando vitórias e alardeando cativos torturados e sacrificados. E mais que isso, os monumentos proclamavam o nome do rival conquistado (e/ou sacrificado), de seu povo e a data que isso ocorreu (Ibid).

Os monólitos 12 e 13 de Zapotec em San Jose Magote são vistos correntemente como os mais antigos exemplos de escrita notável na Mesoamérica, datada de *c.* 600 a.C. A organização e as formas abstratas dos glifos parecem alfabetos logossilábicos dos povos epiolmeca e maia posteriores. A escrita zapoteca, tendo continuado até o final do período colonial nos anos 1500 d.C., experimentou muitas mudanças. Isso refletiu não só as mudanças lingüísticas que ocorrem naturalmente ao longo do tempo, mas também a própria dinâmica da sociedade zapoteca – seu poder crescente, subjugação de Estados rivais, expansão dinástica, e sua genealogia real cada vez mais complexa. Em séculos posteriores, escribas zapotecas escreveram códigos coloridos em papel feito de plantas nativas; durante o período colonial, também usaram papel importado da Espanha. No corpus de literatura, havia livros de contabilidade (provavelmente registrando impostos), livros de genealogia e também mapas territoriais dos domínios zapotecas (Marcus, 1983, p.91-6). A maior parte das inscrições parece registrar "o número de cativos feitos por determinado guerreiro, em determinado dia e numa cidade específica" (Morell, 1991). Nesse meio tempo, os monumentos zapoteca são esculturas com legendas, que parecem incluir verbo, um glifo de nome e um glifo de lugar.

Enquanto as inscrições de Monte Albán I e II (c. 600 a.C. – 100 d.C.) apresentam glifos de largura regular amontoados em colunas, depois de c. 100 d.C., os textos zapoteca mostram menos regularidade nas formas dos glifos, os quais se apresentam mais separados; alguns estudiosos atribuem isso à influência vinda do México Central (Berlo, 1989, p.19-47). A escrita zapoteca ainda não foi decifrada. Há poucos monumentos com inscrições, que são sempre breves. Muitos glifos só aparecem uma vez. Entre cem e trezentos glifos ou elementos glíficos foram classificados (Marcus, 1992). O pensamento corrente é de que a escrita compreende um sistema misto – pictografia, logografia, ideografia e fonografia – evidente em toda a escrita da Mesoamérica, e novamente sem um padrão de porcentagem de uso de cada componente.

A escrita zapoteca parece ter feito pouco uso do foneticismo. (Isso também foi característica da escrita chinesa de c. 700 a.C.; na maioria dos sistemas de escrita, o foneticismo aumenta quando usado com mais freqüência.) Um estudioso afirmou que como a língua zapoteca era monossilábica (como o chinês) não tendia para o foneticismo, mas confiava principalmente na logografia para transmitir uma mensagem.[3]

Epiolmeca

Por volta de 500 a.C., duas tradições de escrita da Mesoamérica – zapoteca e do sudeste – tinham aparentemente surgido de um sistema hipoteticamente proto-zapoteca. A escrita do sudeste era usada por herdeiros da grande cultura olmeca (1200-300 a.C.), atestada por vários locais ao longo do Golfo do México. Eram os mesmos povos que deixaram uma coluna vertical de três símbolos no Monumento 13, chamado "O Embaixador", nas ruínas de La Venta, indicando que

---

3 Justeson, citado em Morell, "New Light on Writing in the Americas".

o olmeca posterior, pelo menos, pode ter possuído escrita completa.[4] A tradição do sudeste, primeiro representada pelo olmeca posterior e depois talvez por um derivado, o mixe-zoqueano, mais tarde se ramificou nas tradições complexas dos povos epiolmeca e maia clássico.

A escrita inconfundível dos epiolmecas, grafada entre aproximadamente 150 a.C. e 450 d.C., no coração da antiga civilização olmeca (Justeson e Kaufman, 1993), pode ter se desenvolvido de uma tradição olmeca mais antiga. A língua dos epiolmeca é a zoqueana antiga, um ramo da família mixe-zoqueana. (Como o proto-zoqueano era falado por volta de 600 d.C., os textos epiolmecas são na verdade pré proto-zoqueanos.) A escrita epiolmeca é principalmente conhecida a partir de duas inscrições encontradas no estado de Vera Cruz, no México: no monólito La Mojarra (ver Figura 140) de 156 d.C., e na Estátua Tuxtla, de 163 d.C. A sofisticação epiolmeca se traduzia numa longa, reverenciada e muito usada tradição de escrita, cujo principal legado está para ser descoberto nas florestas tropicais de Vera Cruz.

A mais significativa das duas escritas é que a do monólito de La Mojarra, com seus mais de quinhentos glifos representando um rei-guerreiro epiolmeca e anunciando uma descrição um tanto longa de sua ascensão à realeza que inclui anos de luta e rituais. Como tantas outras escritas da Mesoamérica, o monólito La Mojarra é outro monumento de propaganda e autopromoção. O padrão de repetição de certos glifos demonstra que aqui, também, a escrita compreendia um sistema misto logográfico e fonográfico. Os glifos simples e abstratos do monólito parecem ser fonéticos, e os glifos mais complexos, logográficos. Outros monumentos mais antigos, tanto em Vera Cruz quanto em Chiapas – o monólito C em Tres Zapotes está provisoriamente datado de 32 a.C. – pertencem à mesma tradição e usam formatos semelhantes em colunas, embora com inscrições erodidas ou destruídas. Em geral, os textos epiolmecas parecem ser mais "prosaicos, discursivos e explícitos do que os textos maias" (Ibid).

Como as línguas mixe-zoqueanas fornecem fundamentos apropriados para o desenvolvimento dessas convenções de soletração identificadas no monólito La Mojarra, concluiu-se que foi essa tradição que inspirou o maia clássico posterior. Existe de fato uma grande relação entre as escritas epiolmeca e maia. Alguns glifos parecem ser compartilhados, mas com valores sonoros diferentes, sugerindo uma logografia tradicional que foi reinterpretada de acordo com as necessidades lingüísticas locais. Por exemplo, o sinal para uma pedra lustrosa é *tza'* em epiolmeca e *tūn* em maia. E alguns glifos epiolmecas podem ter o mesmo valor sonoro que glifos idênticos na escrita maia. As tradições epiolmeca e maia podem na verdade estar ligadas mais fortemente do que se mostra correntemente. O alto grau de foneticismo – "glifos auxiliares" que mostram como um glifo principal deve ser pronunciado, como na fonética chinesa – pode também explicar o foneticismo do maia clássico posterior.

---

4 Marcus, citado em Martha J. Macri, "Maya and Other Mesoamerican Scripts", *in* Daniels and Bright, *The World's Writing Systems*, p.172-82.

A língua maia

Já entrado nos anos 80, as espetaculares ruínas da grande civilização maia – estendendo-se do leste de Chiapas e Tabasco até o oeste de Honduras – continuavam mudas, e as histórias da escrita continuava a afirmar que as centenas de inscrições maias em monumentos eram pouco mais do que decorações pictóricas. Agora, talvez cerca de 85% do *corpus* hieroglífico maia, considerados escritas completas podem ser lidos. Isso confere ao império maia antigo o *status* de "a única verdadeira civilização histórica no Novo Mundo, com registros que remontam ao terceiro século depois de Cristo" (Coe, 1992). Embora ainda não totalmente decifrada, a escrita maia tem é a mais bem compreendida entre todas as escritas pré-colombianas da Mesoamérica. Suas feições características encontradas em relevos de monumentos, em madeira, pintadas em cerâmica e em códigos em papel, podem ser a quintessência da tradição americana (Figura 142).

Figura 142 Escrita hieróglifa maia em relevo na madeira, da metrópole de Tikal, Guatemala, *c.* 700 d.C.

A recente decifração do alfabeto maia por vários estudiosos brilhantes de várias nações permitiu uma melhor compreensão de outras culturas americanas. De várias formas, uma discussão da estrutura interna e funcionamento dos maias serviria para ilustrar também essas outras culturas.

Entre 600 a.C. e 50 d.C., os maias das terras baixas parecem ter herdado seu sistema de escrita de uma cultura anterior (Schele e Grube, 1995). O sítio de Cerros no norte de Belize, datado de 50 a.C., fornece os mais antigos exemplos, dos contextos arqueológicos reconhecidos dos glifos maias que possuem valores identificados. Já nesse período primitivo, os três glifos importantes *ahaw* ("lorde"), *k'in* ("sol") e *yax* ("primeiro") eram usados da mesma maneira que nas inscrições maias clássicas de épocas posteriores. Por isso, considera-se agora que os primórdios da tradição clássica maia remontam ao período entre 200 a.C. e 50 d.C. O mais antigo texto maia legível, em jade, datado de cerca de 50 a.C., já está organizado em colunas duplas para serem lidas da esquerda para a direita, de cima para baixo. Também usam "blocos de glifos" que incluem tanto glifos principais (logogramas) quanto afixos (identificadores fonéticos). Em outras palavras, esses primeiros textos legíveis ocorrem de uma forma inteiramente desenvolvida.

Essa tradição de escrita acompanhou e deu poder à civilização maia clássica, um termo usado para caracterizar o elevado ponto da cultura maia que floresceu de c. 250 a 900 d.C. (Justeson *et al.*, 1986). A escrita maia clássica difere significativamente da zapoteca e epiolmeca. Seu repertório de glifos – tanto os glifos principais quanto os afixos – são diferentes, em particular quanto à freqüência e distribuição. De acordo com a especialista em Mesoamérica Joyce Marcus, "Essas diferenças indicam estruturas gramaticais e fonéticas diferentes, e diferentes graus de foneticismo" (Marcus, 1992). Uma explicação para isso é que cada tradição reflete de perto sua respectiva fonologia – isto é, seu sistema de significados sonoros na língua. Tanto o epiolmeca quanto o maia parecem ter desenvolvido uma facilidade muito maior para explorar componentes fonéticos do que as tradições anteriores. Isso sugere que ambos herdaram de uma fonte de alfabeto mixe-zoqueano uma propensão para o foneticismo que os distanciou da preferida logografia do ramo zapoteca da escrita da Mesoamérica. De fato, o volume de foneticismo tanto na escrita epiolmeca quanto na maia surpreende os estudiosos que decifraram ambos os alfabetos nos anos 80 e 90.

A escrita maia – e por inferência outras tradições da Mesoamérica – faz uso de quatro tipos de sinais (Schele e Grube, 1995). Primeiro, o *logograma* denota o som e sentido de uma palavra inteira, como o glifo *balam* para "jaguar". O *rébus* transmite o som de uma palavra usando outra palavra que compartilha esse som; esse tipo de sinal é de fato raro na escrita maia, e seu único uso claro é *lak* para "prato", também usado para transmitir "próximo". O *complemento fonético* indica a pronúncia desejada, se houver mais de uma pronúncia possível. Por fim, o *determinativo semântico* denota qual dos vários significados em potencial ler;

os determinativos semânticos mais freqüentes são o glifo ornamental "dia" (para data) e o chanfro *ahaw* (para o título "lorde").

Cada par de colunas numa inscrição maia é lido em toda sua extensão, e em seguida o leitor prossegue para o segundo par de colunas; colunas únicas ou horizontais em dintéis e pequenas inscrições portáteis são exceções. Em um dado "bloco de glifo" (um só sinal), o leitor começa a ler também da esquerda para a direita, de cima para baixo. Glifos unitários – isto é sinais sem afixos de qualquer espécie – geralmente constituem logogramas, denotando palavras inteiras. Glifos multi-unitários também podem ser palavras inteiras, mas com afixos ou outros elementos gramaticais. Estes podem ser marcações e artigos pessoais, ou afixos de derivação ou inflexão – em outras palavras, elementos incluídos para mostrar a gramática maia. Esse sistema de raízes logográficas sendo afixados por sinais fonético-silábicos para expressar finais gramaticais, evidentemente prefiguram o sistema que as escritas coreana e japonesa posteriores usaram para expressar finais gramaticais em raízes da logografia chinesa emprestada. Na escrita maia, o leitor primeiro lê os afixos que aparecem acima ou em frente do sinal principal maior do glifo composto ou caractere, da esquerda para a direita (se possível). Depois lê o próprio sinal principal, seguido pelos afixos abaixo e atrás dele.

Dessa forma, a tradição de escrita maia, como antes a epiolmeca, é fonética com glifos que denotam palavras inteiras e sinais componentes que transmitem sons silábicos da língua maia, geralmente em forma CV, ou seja, consoante + vogal. Mais de 150 sinais maias foram identificados como tendo uma função fonético-silábica, todas (com exceção das vogais puras), da variedade CV. A escrita maia também compreende glifos que são pictogramas, designando um objeto a ser falado em voz alta.

Há ampla permissão, na escrita maia, para liberdade artística (Macri, 1996). Um glifo pode possuir dupla função, tanto logográfica (representando um morfema ou o nome inteiro de um objeto) quanto silábica (representando a primeira sílaba do nome do objeto, para ser pronunciado separadamente). Assim, a maior parte das palavras maias pode ser escrita em várias formas diferentes, combinando logografia e fonografia em várias soletrações (Figura 143). (Escrevemos muitas palavras em inglês de muitas formas diferentes também, variando maiúscula, minúscula, fonte, itálico, cursivo e mesmo com soletração diferente; no entanto, normalmente permanecemos com sinais alfabéticos, exceto para os numerais (ideogramas), e raramente sistemas mistos). Essa alternância ou complementação sistêmica introduziu maior complexidade, e, portanto ambigüidade, à tradição maia.

Cerca de oitocentos glifos expandem o repertório maia. Muitos deles são logogramas arcaicos – a maior parte nomes de membros da família real, escritos apenas uma vez (Coe, 1992). Ao longo do tempo, um escriba maia talvez usasse duzentos ou trezentos glifos. Muitos provavelmente eram alográficos (glifos de formas diferentes com o mesmo valor) ou homofônicos (múltiplos glifos compartilhando o mesmo som). Muitos glifos maia são também polivalentes – isto é, cada um pode transmitir certo número de sons e significados diferentes. (Eis um exemplo em inglês: o dígrafo *ch* é foneticamente polivalente: *chest, cholera, chef* e *loch*.) E mais, os escribas maias às vezes trocavam sinais dentro de blocos de glifos, ou combinavam dois glifos contíguos tornando um, sem razão aparente. Todas essas possibilidades aumentavam muito a ambigüidade da escrita maia.

Figura 143 Cinco soletrações possíveis para o termo maia *balam* ("jaguar"), com logograma inicial permitindo aumentar a fonografia: o glifo no alto à esquerda é totalmente logográfico, enquanto o debaixo à direita – composto de três sinais fonéticos – é totalmente fonográfico.

A tradição maia transmitia inteiramente a língua escrita e era capaz de comunicar cada nuance de som, gramática, sintaxe e convenção literária que se exigia (Schele e Grube, 1995). Como acontecia com quase todas as outras escritas e sistemas de escrita do mundo, eram também imperfeitos. Primeiro, a obstrução glotal tão importante em todas as línguas maias nunca ganhou um sinal separado como outras consoantes. Era apenas indicado pela re-duplicação da vogal depois da qual ela aparecia: *m(o)-o-o* era escrito para transmitir *mo'* ("arara"), por exemplo (Coe, 1992). E embora a língua maia de Yucatán contenha dois tons fonêmicos tão distintos entre si como em inglês *bin* é de *pin*, não há evidência de distinção tonal na escrita de Yucatán.

Assim como na escrita chinesa, japonesa e suméria, entre outras, embora os escribas maia tivessem à sua disposição uma fonografia completa, não a usavam para simplificar seu sistema misto, como "esperaria" alguém acostumado com a tradição alfabética. Por todo o mundo, a escrita logográfica é mantida por seus praticantes, por razões que às vezes transcendem facilidade e eficiência. Esses sistemas herdados mantêm grande prestígio ou são acompanhados de tabus sociais. E mais que isso talvez, a escrita logográfica é com freqüência semanticamente superior à escrita fonográfica na transmissão de mensagens, uma vez que a reificação gráfica pode ser processada mais rapidamente pelo cérebro do que a abstração fonética (alfabetismo). Parece que os escribas maias não sentiam compulsão de descartar seu componente logográfico. De fato, entre povos posteriores da Mesoamérica (ver mais adiante), a logografia foi claramente preferível à fonografia.

Encontradas por toda parte na Mesoamérica, as inscrições públicas maias tinham conteúdos limitados, lidando quase que exclusivamente com pássaros, questões de herança, posse de cargos, mortes, guerras e outros detalhes a respeito de governantes. Textos de monumentos maias são muito redundantes, repetindo os mesmo eventos com poucas alterações ou variando a ênfase em outros aspectos. Quase todas as inscrições sobreviventes do período maia clássico envolviam a esfera pública, compilando a história em pedra, e assim legitimando a autoridade de um governante local. Algumas vezes, como nos grandes centros de Tikal e Palenque, as escritas públicas traziam sanções sobrenaturais aos governantes que as tinham comissionado, um motivo também muito presente nas inscrições em monumentos do Egito Antigo. A idéia de que a principal função da escrita era engrandecer as dinastias também pode ser falsa: é que só inscrições públicas em pedra sobreviveram, ao passo que milhares de livros feitos de papel à base de cascas de árvore, contendo histórias e genealogias (como nos códigos mixtecas) foram perdidos para sempre; registros de impostos, trocas e comércio; prescrições de rituais etc. A indicação mais clara da existência de grandes bibliotecas maias era o alto *status* do escriba naquela sociedade (Coe, 1973).

Os escribas maias, os *ah dzib*, pertenciam à casta real. O ofício do escriba aparentemente era considerado um dos mais importantes na sociedade. Pouco se sabe de suas tarefas cotidianas ou hierarquia profissional, mas pode-se compará-lo com o do escriba do Egito antigo, que parece ter tido responsabilidades semelhantes. A maior parte das tarefas dos escribas maias era executada em papel feito com cascas de árvore e códices de couro de veado, sempre passando uma demão de cal. Linhas eram desenhadas com tinta vermelha e as áreas preenchidas com várias cores. O vermelho era feito de compostos de ferro; as outras cores provavelmente também eram extraídas de metais. A pintura preta feita de carvão ou fuligem era depois usada para realçar os números. Os escribas notoriamente "brincavam com a escrita" (Coe e Kerr, 1998), alternando a dimensão semântica (logografia) e a fonética (fonografia), assim como explorando estágios intermediários entre elas. O que impregnava e dava a dinâmica de toda a escrita maia era a falta de um padrão ortográfico. A tradição dos escribas maias continuou em séculos mais tarde, primeiro com os escribas mixtecas e depois com os astecas, que parecem ter gozado do mesmo *status* em suas respectivas culturas. O papel do escriba tradicional da Mesoamérica, e o respeito de que gozava adentraram bem a era colonial.

Por muitos séculos, a escrita maia serviu a muitos milhões de pessoas nas terras baixas. Será que essas pessoas conseguiam ler as inscrições de monumentos, e outras inscrições? Existem duas visões opostas. Alguns estudiosos estimam um baixo índice de alfabetismo, mostrando que a simples palavra *escrever* tinha ampla dispersão nas línguas maia, enquanto existiam muitas palavras diferentes para "ler", todas heterogêneas e pós-conquista (Brown, 1991, p.489-96). Outros estudiosos acreditam que não tenha sido tão difícil aprender a ler a escrita maia, e que o homem e a mulher comum, olhando um monólito pintado em cores numa praça pública, era perfeitamente capaz de ler pelo menos a data, os eventos e nomes dos principais protagonistas – especialmente se acompanhados de um retrato (Coe, 1992).

Figura 144 Glifo aplicado em uma caneca maia, *c.* 500 d.C.: cacau (chocolate).

Se o letramento era de fato comum nas antigas terras maias, a escrita teria tido um efeito imediato e profundo na população e na língua – e na opinião pública. Não apenas os monólitos, mas os batentes de portas, dintéis de templos e palácios, degraus levando para essas edificações, tumbas de governantes e outros monumentos em áreas públicas, inscritas e pintadas da mesma maneira com cores brilhantes, proclamavam as vidas gloriosas e genealogias de personalidades poderosas maias. Não era "história factual", no sentido moderno, mas mais uma ferramenta de propaganda para manter a liderança, proclamar grandeza e justificar cobrança de tributos (Marcus, 1992). Como o antigo olmeca mil anos antes, parece que a elite maia usava a escrita pública principalmente para legitimar seu acesso ao poder. No entanto, cerâmicas comuns também eram decoradas com glifos, identificando utensílios do dia a dia, como canecas para tomar chocolate (Figura 144), embarcações funerárias etc.

Ao final da era maia clássica, milhares de papéis feitos de casca de árvore ou códices em couro cru de veado provavelmente ornamentavam bibliotecas maias, cheios de histórias, genealogias, tabelas de astronomia, prescrições de rituais e outros tipos de textos. Após a destruição da literatura maia, seguindo a invasão espanhola nos anos 1500, apenas quatro códices escaparam miraculosamente das fogueiras, todos produções pós-clássicas, compreendendo tabelas de rituais e de astronomia. Essas são o *Codex Troano-Cortés* em duas partes, em Madri; o *Codex Dresdensis*, em Dresden; e o *Codex Peresianus*, em Paris. Assim, o conhecimento acumulado dessa que foi a grande civilização do Novo Mundo desapareceu quase sem deixar traços. "Mesmo a queima da biblioteca de Alexandria", lamentou o especialista em maias americano, Michael Coe, "não apagou a herança de uma civilização tão completamente quanto esta" (Coe, 1992).

Outras escritas

Várias culturas no primeiro milênio da d.C. na Mesoamérica aparentemente usavam um "sistema de escrita" altamente pictográfico que mostravam alguma logografia. De 400 a 700 d.C. em Mixteca Baja, região de Oaxaca, a cultura Ñuiñe usava um alfabeto preservado em breves inscrições na maior parte em urnas e pedras, semelhante às inscrições do Monte Albán (como visto acima, sobre os zapotecas). Um estudioso relacionou 142 temas, com mais de duzentos componentes distintos (Moser, 1977). Talentosos artistas da cultura teotihuacan, que floresceu entre c. 200 a.C. e 650 d.C., aparentemente fizeram pelo menos uma distinção entre pictografia e iconografia, já que 120 sinais de suas "escrituras" parecem ter algum tipo de significado (Langley, 1991, p.285-98). Um estudioso na verdade interpreta os sinais dos teotihuacan como fonte para os glifos convencionados mais tarde, glifos encontrados por todo o México central (Berlo, 1989).

No entanto, por volta dos anos 1500, mixtecas, aztecas e zapotecas dispunham em suas centenas de códices coloridos, contendo mitos e histórias, um sistema de escrita altamente exaurido, que combinava o máximo de pictografia com um mínimo de logografia, reduzindo o elemento fonético quase à insignificância. Hoje, esses códices são mais "interpretados" do que lidos, uma vez que o necessário contexto para a leitura palavra-por-palavra é desconhecido (Macri). É curioso que a maior fonte de textos escritos das culturas posteriores mixteca e azteca de 900 a 1521 d.C. se constitua especificamente desses códices em papel feito de cascas de árvore ou em couro cru de veado pintados com brilho que figuram tão tragicamente na história maia. Muitos desses documentos pós-maias são de fato cópias de manuscritos anteriores hieroglíficos ou pictóricos, e os mixtecas, aztecas e mesmo zapotecas continuaram produzindo-os, no período colonial adentro.[5]

---

5 Uma completa documentação desses fascinantes manuscritos pictóricos está disponível em John B. Glass, "A Survey of Native Middle American Pictorial Manuscripts", *in* Howard F. Cline, ed., *Guide to Ethnohistorical Sources*, 3, Handbook of Middle American Indians 14, Austin, 1975, p.3-80; "A Census of Native Middle American Pictorial Manuscripts", in Cline, ed., *Guide to Ethnohistorical Sources*, p.81-252.

Mixtecas

O povo mixteca, que ocupou a área do sul de Puebla e norte de Oaxaca, adotou a antiga escrita zapoteca tipicamente para registrar "número de prisioneiros feitos por determinado guerreiro, num dia determinado e numa cidade em particular" (Morell, 1991). Na maior parte, os escribas mixtecas escreviam (e reescreviam) "histórias" genealógicas e de dinastias – isto é, propaganda que cada elite local queria que outros soubessem. Em essência, os textos mixtecas compreendiam legendas de nomes em esculturas pictóricas ou sobre papel ou sobre códices em couro cru, incluindo no máximo um glifo de nome e glifo de lugar. Por isso, tanto a escrita mixteca quanto a asteca eram chamadas de escritas de "etiquetagem" ou "legendagem".

A maioria dos códices mixteca se lia de forma randômica, embora alguns fossem organizados em páginas duplas. Escribas mixtecas só raramente usavam colunas verticais como princípio organizador. Não era realmente necessário, pois o texto fornecia apenas legendas destinadas a reduzir a ambigüidade, ajudando a distinguir os governantes numa determinada cena ou identificar as cidades conquistadas (Smith, 1983, p.238-45). Para alguns isso não era escrita completa. No entanto, o uso de logografia para transmitir nomes de pessoas, de lugares, ações e outros detalhes justifica incluir a escrita mixteca entre os sistemas de escrita completa do mundo. O uso do princípio *rébus*, por exemplo, é extenso entre os mixtecas (e raro entre os maias); por exemplo, o nome do lugar Chiyocanu ("fundação grande e inclinada") é representado com o desenho de um pequeno homem inclinando a fundação de uma plataforma.

Parece que as tradições mixteca e asteca eram desenvolvimentos divergentes que talvez tenham experienciado algum empréstimo (Marcus, 1992). Evidentemente, os mixtecas herdaram características dos zapotecas, antecessores seus na região. A influência da cultura tolteca (1000-1200) aparece em calendários mixteca e talvez também na escrita mixteca, embora ainda não esteja confirmado se os toltecas possuíam escrita completa.

Astecas

Até recentemente, a escrita asteca do Vale do México, era considerada um sistema de palavra desenhada, no qual só os primeiros passos na direção do fonetismo tinham sido dados, "deixando-a na soleira da escrita adequada" (Coulmas, 1989). Agora considera-se que como os mixtecas, os astecas utilizavam um sistema misto que incluía pictografia, fonografia e logografia, assim como componentes ideográficos (Marcus, 1992). A escrita asteca pós-conquista pode de fato ter contido a maior porcentagem de pictografia entre os sistemas da Mesoamérica (Figura 145).

No entanto, os códices astecas antes da conquista são raros, e é possível que esses trabalhos anteriores contivessem uma maior porcentagem de logografia e fonografia do que os posteriores.

Mesmo textos astecas pós-conquista incluíam uma quantidade significativa de fonografia. Essa fonografia aparece de três diferentes maneiras:

- por meio de pictografia: um topo de montanha curvo (*coltic*) denota o nome de Colhuacán;
- por meio de ideografia homófona: um nadador de braços erguidos significa "alegria ruidosa", ou *ahauializpan* em nahuatl, empregado para transmitir Ahuilizapan, nome de lugar;
- por meio de pictografia mais fonética: um braço (*acolli*) com água (*atl*) para reforçar o /a/ inicial, transmite o nome de lugar Acolhuacán.

Numa bem conhecida seqüência do histórico-mitológico *Codex Boturini* (Figura 146), por exemplo, são nomeadas quatro tribos que chegam a um local sagrado (cujo nome é indicado) para dar adeus a parentes do sexo masculino de oito tribos (com os nomes também apontados). Todos os nomes no *Codex* são escritos foneticamente. No alto à direita, para dar um exemplo, a "rede" é *matla-tl* em nahuatl, que denota a tribo Matlazinco.

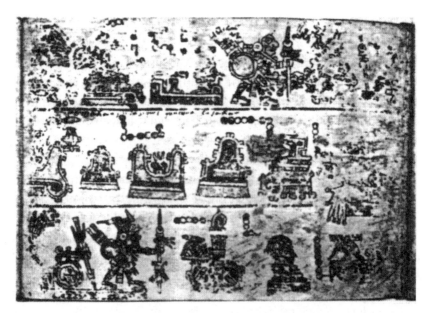

Figura 145 A pictografia no pré-colombiano *Codex Colombino* asteca, após 1048 d.C. Este manuscrito, em estilo mixteca tradicional, focaliza a vida e a história de um governante de 1028 a 1048 d.C.

Figura 146 Seqüência de imagens do *Codex Boturini* asteca.

As origens da escrita asteca ainda não estão inteiramente entendidas. Alguns estudiosos acreditam que os astecas emprestaram componentes de seus antecessores no Vale do México. Os toltecas, possível fonte, tomaram de empréstimo itens da cultura teotihuacan; no entanto, também se considera que usaram só um sistema calendárico e iconográfico, e não escrita completa. Outros estudiosos sugeriram que os astecas teriam emprestado a escrita de seus vizinhos montanheses, como os mixtecas (com cujo sistema de escrita tem semelhanças) ou de descendentes de xochicalcans de Morelos, no oeste. A questão da origem da escrita asteca ainda está para ser desvendada satisfatoriamente.

Escritas andinas

Talvez os habitantes da Mesoamérica não tenham sido os únicos a possuírem escrita no Novo Mundo. Há crescente evidência de que uma sucessão de escritas, baseadas em um só sistema de escrita fonográfico, provavelmente inspirado por uma antiga escrita mixe-zoqueana, podem ter fortalecido várias culturas antigas dos Andes do Peru, durante mais de 1.500 anos.

No início dos anos 40, o arqueólogo peruano Rafael Larco Hoyle sugeriu, pela primeira vez, que os "sinais de feijão" da cultura paracan antiga dos Andes (*c.* 600-350 a.C.) poderiam de fato representar uma forma da escrita (Jara, 1967, p.241-7). Mais de vinte anos mais tarde, a epigrafista peruana Victoria de la Jara identificou 303 diferentes "sinais de feijão" em tecidos paracan e outros artesanatos, número próximo ao dos glifos maias identificados, usados em qualquer época. Eles ocorriam em colunas verticais de sinais em diferentes posições, com forma e padrão de feijões, com determinados "blocos" que se repetiam, com freqüência em padrões distintos e com margens de cores diferentes (Figura 147). Se isso era escrita, era puramente fonográfica, pois nenhum componente pictográfico ou logográfico fica evidente. Se era pura fonografia, consistia de uma silabário paracan incluindo vogais puras, assim como estruturas silábicas mais complexas.

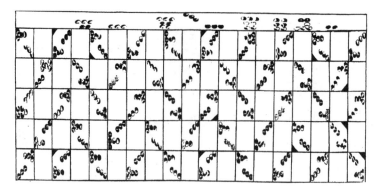

Figura 147 Aparentemente uma inscrição em colunas verticais num manto funerário paracan, do Peru, c. 400 a.C. Cada bloco apresenta uma série diferente de "sinais de feijão".

Figura 148 Aparentemente um fonograma em uma significativa distribuição de sinais repetidos em colunas verticais no cinto de uma túnica, c. 1500 d.C.

Esse empréstimo inicial, se é que aconteceu, aparentemente tornou-se produtivo no Peru, inspirando uma sucessão de escritas fonográficas semelhantes, usando apenas arranjos, geralmente em colunas verticais. A cultura nazca (c.350 a.C. – 500 d.C.) apresentava sinais semelhantes em tecidos tramados, até agora considerados decoração. A cultura moche (c.1-600 d.C.) também usava feijões marcados com pontos ou linhas paralelas (ou combinação de ambos) quando mandavam mensagens; bolsas de couro enchidas com esses feijões foram descobertas nos túmulos moche, indicando que tinham significado cultural (Gaur, 1992). As mesmas marcações com feijões apareciam em cenas de cerâmicas moche, especificamente naqueles contextos nos quais a escrita ocorre na Mesoamérica.

O império inca (1438-1532) parece ter emprestado os desenhos coloridos da cultura moche B, trocando por alguma razão os sinais curvos desta para sinais retangulares. Os arranjos geométricos inca chamados de *tocapus* podem ser encontrados em taças tradicionais de madeira, assim como em certos tecidos (Figura 148), em que sua disposição notável em colunas verticais é remanescente da orientação da escrita da Mesoamérica. A repetição de distintos desenhos em intervalos estranhos indica uso para um determinado objetivo.

É de fato possível que esses desenhos compreendam um sistema de escrita que contenha uma mensagem fonográfica em um silabário complexo, ainda a ser decifrado convenientemente. O conhecido epigrafista francês Marcel Cohen, confrontando dados peruanos, foi forçado a admitir que "pelo número de sinais e pelo alinhamento de certos documentos, parece que estamos diante de um verdadeiro sistema de escrita ideo-fonográfico tão antigo como o do Egito e da Mesopotâmia." [6]

A escrita completa acabou aparecendo nas Américas no primeiro milênio a.C. O sistema de escrita misto com "blocos de glifos" logo-silábicos, organizados em colunas verticais, é subjacente a todas as escritas americanas e análogo ao sistema de escrita chinês e com a mesma orientação. Depois de atingir o maior grau de foneticismo entre os epiolmecas e maias, a escrita da Mesoamérica se tornou mais pictórica nas escritas posteriores derivadas delas, como a dos mixtecas, astecas etc., as quais, apesar de tudo, preservavam, ainda que só nos "cabeçalhos", o sistema misto original. Nos primeiros séculos a.C., a cultura paracan do Peru pode ter tomado emprestada uma escrita mixe-zoqueana que a adaptou, deixando-a puramente fonográfica, usando "sinais de feijões" variáveis em colunas semelhantes de blocos de glifos. Entre as culturas andinas subseqüentes, a escrita paracan inspirou uma sucessão de escritas fundadas no mesmo princípio fonográfico.

Desde os mais antigos usos nas Américas, a escrita parece ter sido em primeiro lugar, e principalmente, um instrumento de propaganda da elite hereditária, expressão de sociedades agressivas nas quais rivalidade e competição eram endêmicas (Marcus, 1992). Os primeiros monumentos apresentando escritas anunciavam governantes vitoriosos ou seus prisioneiros assassinados e sacrificados. Essas declarações públicas tinham alvos horizontais e verticais – isto é, visavam governantes concorrentes e súditos locais – como legitimações do direito da elite. Os nomes dos governantes e suas conquistas eram os dois temas predominantes nas inscrições dos monumentos da Mesoamérica, desde o início do uso da escrita até a chegada dos europeus, mais de dois mil anos depois. Evidentemente, existiam outras utilizações da escrita: tabelas de astronomia, prescrições rituais, histórias, genealogias etc. Mas acabaram com o tempo e com a conquista espanhola.

Talvez seja tão significativo quanto irônico que as primeiras três das cinco escritas da Mesoamérica já expostas – zapoteca, epiolmeca e maia – fossem capazes de melhor transmitir a fala do que as escritas posteriores – mixteca e asteca. Na história da escrita, é quase sempre o contrário que prevalece: a logografia em geral acaba levando para um maior ou mesmo completo foneticismo. Enquanto o foneticismo parece de fato ter sido o resultado lógico do desenvolvimento da

---

[6] Marcel Cohen, citado em de la Jara, "Vers le déchiffrement des écritures".

escrita na América do Sul (se os arranjos peruanos provarem ser escritas), na Mesoamérica, a prática da escrita ficou restrita aos usos que favoreciam expressão mais pictórica. As inscrições em monumentos foram abandonadas por volta de 900 d.C., suplantadas quase que inteiramente por códices coloridos de papel ou couro cru, contando histórias e genealogias em estilo pictórico e usando escrita completa só para "cabeçalhos" simples. Isso também pode ser evidência do empréstimo de um sistema estrangeiro completamente desenvolvido que, ao longo do tempo, fragmentou-se entre sociedades menos desenvolvidas, cujas exigências mais tímidas acabaram não garantindo a manutenção de um sistema tão elaborado.

Capítulo 7
O teclado do pergaminho

"*Cum legebat, oculi ducebantur per paginas...*" escreveu Santo Agostinho com aparente incredulidade no início dos anos 400 d.C.:

> [...] quando ele estava lendo, varria as folhas com os olhos, e seu coração procurava sentido, mas a voz e a língua silenciavam. Com freqüência, quando estávamos presentes [...] ainda o vimos lendo para si mesmo, e não de outra maneira [...] Mas com qual intenção ele o fazia, certamente aquele homem tinha uma boa razão.[1]

O espanto de Santo Agostinho testemunhando a leitura silenciosa de seu professor Santo Ambrósio, decorria do fato de que, bem adentrados os primeiros séculos d.C. na Europa Ocidental, as pessoas liam em voz alta. A literatura era principalmente um auxiliar da memória, recordando o que já se tinha ouvido em algum lugar. Os textos literários eram quase que exclusivamente entoados como um canto, ou pelo menos murmurados para meditação e melhor memorização. A leitura silenciosa era praticamente desconhecida. Passagens em trabalhos de Luciano, Suetônio, Horácio, Ovídio e outros atestam que a leitura silenciosa era vista invariavelmente na Antigüidade como algo extraordinário (Balogh, 1968, p.421-35).

Isso mudou na Idade Média. A leitura silenciosa praticamente substituiu a leitura em voz alta, efetivamente demarcando o primeiro dos dois limiares

---

[1] *St. Augustine's Confessions, with an English Translation by William Watts, 1631*, Cambridge, MA, e Londres, 1989.

medievais – um dentro, outro fora, dessa época notavelmente fértil que durou de c. 500 a 1500 d.C. O espanto de Santo Agostinho ao ver seu professor lendo silenciosamente para si mesmo um texto, simbolicamente sinaliza uma nova noção do papel da escrita na sociedade como forma autônoma de transmitir informação. Essa noção evidentemente não estava em uso antes, ou só raramente. Na Idade Média, a palavra escrita parece ter se tornado algo separado da representação de um pensamento. A palavra escrita se tornou o próprio pensamento.

A noção de que agora a linguagem escrita estava ao par com a linguagem falada tornou-se um postulado, e era fundamental para todo o pensamento medieval. Foi tão revolucionário para a Europa Ocidental como mais tarde o acontecimento que anunciou o mundo moderno: a invenção da tipografia de Gutenberg, a comunicação gráfica por meio de múltiplas impressões.

A emancipação da palavra escrita decorreu de sua súbita proliferação. O material predileto na Antigüidade, o papiro, era caro. Como só poucas pessoas podiam comprar textos escritos, poucas liam trabalhos mais longos de literatura. No século II d.C., no entanto, o pergaminho ficou acessível em quantidades maiores. Esse material de escrita bem mais barato, encorajou o aumento da produção de textos escritos (Reed, 1965). De fato, o pergaminho estivera nas proximidades durante séculos. Em 190 a.C., Eumenes II (197-158 a.C.) de Pérgamo na Ásia Menor (hoje oeste da Turquia), querendo estabelecer uma biblioteca para competir com a de Alexandria no Egito, estimulou seus peritos a aperfeiçoarem a técnica de afinar, esticar e secar pele de ovelhas e cabras. O pergaminho, produto final desse processo, recebeu um nome inspirado no local da invenção: Pérgamo. Embora fragmentos de pergaminho do século II a.C. tenham sobrevivido, ele só começou a concorrer seriamente com o papiro no século II d.C.

Por fim, o pergaminho substituiu o papiro como material de escrita, na preferência da Europa Ocidental; a Idade Média foi aclamada como a "Idade do Pergaminho". Só por volta da Alta Idade Média, particularmente em países islâmicos, o pergaminho rendeu-se ao papel. Depois dos anos 1300 e 1400, o uso do pergaminho definhou por toda parte pelas evidentes vantagens do papel, exceto para escrituras e outros documentos. (Usa-se pergaminho até hoje em ocasiões especiais).

O pergaminho nunca foi usado na Índia, Sudeste da Ásia ou Ásia oriental. A idéia de escrever textos sagrados na pele de animais abatidos ofendia hindus e budistas. E os chineses nunca o usaram porque já conheciam o papel por volta do século II d.C. No entanto, na Europa, por volta do século IV d.C., a ubiqüidade do pergaminho permitia que folhas individuais para a escrita – não mais rolos de papiro – podiam ser ordenadas e encadernadas para fazer algo novo, que facilitava o uso e a conservação da literatura escrita como nunca antes: o códice, ou livro.

A "libertação" da palavra escrita e sua maior proliferação na Europa Medieval transformou a sociedade ocidental... e por fim, o mundo.

O grego

Quando o imperador romano Constantino I (306-337 d.C.) transferiu a capital da Roma "pagã" para a Bizâncio cristã, rebatizando a futura cidade de Constantinopla em 330 d.C., toda a cultura grega – incluindo a escrita – experimentou um renascimento. O subseqüente império bizantino preservou e disseminou os ensinamentos da Grécia antiga; também guiou o mundo ocidental em ciências e humanidades por muitos séculos. Além disso, influenciou diretamente estudiosos e cientistas árabes, cujos ensinamentos junto com as traduções de trabalhos gregos foram levados para a Espanha muçulmana e outros centros de saber. Essas transmissões introduziram a ciência e a filosofia grega antiga na Europa ocidental. Da mesma forma que a Grécia inspirou Roma, a Grécia bizantina inspirou o mundo medieval, principalmente por meio do contínuo desenvolvimento da escrita alfabética grega.

Como descrito no Capítulo 4, duas classes de escrita grega sempre existiram lado a lado: a "manuscrita ou formal" (estilo de escrita à mão), que quase só transmitia literatura, e a cursiva, dos assuntos cotidianos. Nos antigos manuscritos gregos em papiros e velino (versão mais fina de pergaminho, feito de pele de bezerro), o uncial era a caligrafia comum (Osley, 1965). O uncial utilizava maiúsculas, tipos grandes compostos de curvas em vez de maiúsculas angulares usadas nos textos em monumentos. (As linhas curvas eram mais fáceis de escrever em papiro e pergaminho do que as letras maiúsculas.) A escrita uncial em manuscritos gregos antigos, de grande eloqüência e força, floresceu quando o velino substituiu inteiramente o papiro. As unciais levaram a formas cursivas menores e harmoniosas, que por fim tenderam para "minúsculas", ou caixas-baixas. Esse processo levou séculos para se efetivar, no entanto.

Nos primeiros trezentos anos de Constantinopla, a caligrafia da Roma antiga prevaleceu até que uma caligrafia "bizantina" distinta surgiu (Figura 149). Depois de 600 d.C., as letras se tornaram mais ovais e comprimidas, mais estreitas em proporção à altura. A caligrafia grega começou a se inclinar para a direita, e diacríticos ou marcas de acentuação começaram a ser usados sistematicamente – e não casualmente como tinha sido por mais de oitocentos anos – para transmitir uma reprodução mais precisa da fala grega contemporânea. A leveza antiga dos unciais gregos se tornou mais pesada e comprimida. Por volta dos anos 900, a escrita uncial na Grécia ficou restrita a trabalhos eclesiásticos.

As minúsculas gregas apareceram no século IX, incluindo a escrita cursiva normal grega, agora escrita com mais cuidado. Por fim, as minúsculas substituíram todas as outras formas de escrita grega. Existem mais de mil manuscritos gregos datados, nas bibliotecas européias, escritos antes de 1500, e quase todos são em minúsculas. As maiúsculas com freqüência apareciam lado a lado com suas formas cursivas pequenas no mesmo texto. Por volta de 900 d.C., as minúsculas gregas tornaram-se exageradamente pequenas, eretas e exatas, com letras aspiradas – *h* – indicadas como marcas retangulares.

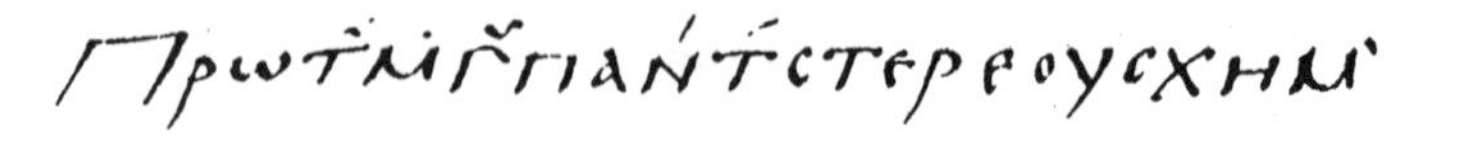

[Unciais: tratado matemático, século VII]

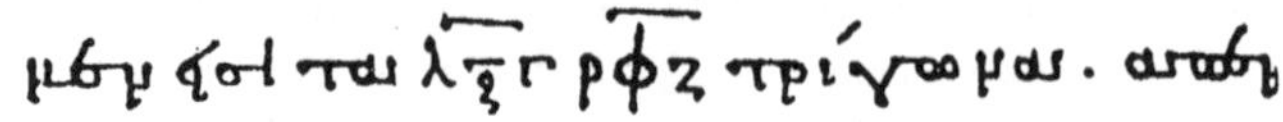

[Minúsculas: *Euclid*, Oxford, d.C. 888]

[Unciais arcaicos da Igreja: *Evangeli Tarium*, d.C. 980]

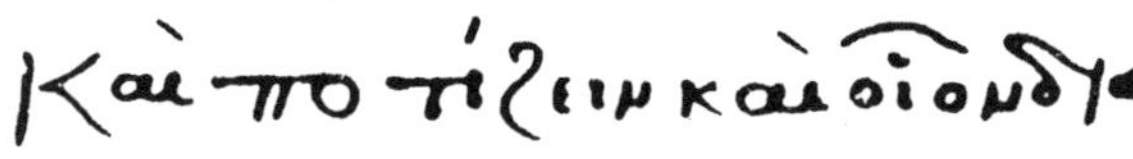

[Caligrafia formal: *Sermons of St Theodore Studites*, 1136]

[Caligrafia elegante: *Odisséia* de Homero, 1479]

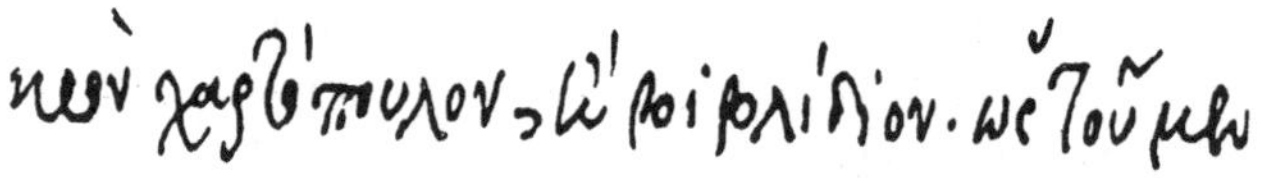

[Caligrafia pós-medieval: *Manual of Jurisprudence*, 1541]

Figura 149 Caligrafias gregas da época medieval e pós-medieval.

Editores de livros gregos vicejaram em Constantinopla. Seus trabalhos eram traduzidos para o árabe e distribuídos pelo mundo muçulmano. Embora houvesse grande uniformidade caligráfica nessas produções, a variedade contextual era grande. Em contraste, os editores que tinham sido numerosos em Roma – localizados nessa cidade, assim como em outros centros romanos, na Alemanha, França, Grã-Bretanha e Norte da África – foram desaparecendo depois do século VI. Ali, a produção de livros em latim se tornou responsabilidade dos *scriptoria** dos mosteiros e abadias. Embora houvesse grande variedade regional de caligrafias, havia ainda maior uniformidade contextual.

Na Alta Idade Média, surgiu um estilo formal de escrita grega, com traços mais longos, marcas bem destacadas transmitindo contrações e acentos, e aspira-

[*Roman history*, de Appian, impresso por Charles Estienne, em Paris, 1551]

Ἄνδρα μοι ἔννεπε, μοῦσα, πολύτροπον, ὃς μάλα πολλὰ
πλάγχθη, ἐπεὶ Τροίης ἱερὸν πτολίεθρον ἔπερσεν·
πολλῶν δ' ἀνθρώπων ἴδεν ἄστεα καὶ νόον ¹ ἔγνω,
πολλὰ δ' ὅ γ' ἐν πόντῳ πάθεν ἄλγεα ὃν κατὰ θυμόν,
ἀρνύμενος ἥν τε ψυχὴν καὶ νόστον ἑταίρων.
ἀλλ' οὐδ' ὣς ἑτάρους ἐρρύσατο, ἱέμενός περ·
αὐτῶν γὰρ σφετέρῃσιν ἀτασθαλίῃσιν ὄλοντο,
νήπιοι, οἳ κατὰ βοῦς Ὑπερίονος Ἠελίοιο
ἤσθιον· αὐτὰρ ὁ τοῖσιν ἀφείλετο νόστιμον ἦμαρ.
τῶν ἀμόθεν γε, θεά, θύγατερ Διός, εἰπὲ καὶ ἡμῖν.

[*Odisséia*, de Homero, impressa em itálico em Londres, 1919]

Ο άνθρωπος κοιμάται. Το σύμπλεγμα νεύρων και μυών αναπαύεται χαλαρωμένο στο κρεβάτι· εξωτερικά δεν υπάρχει κίνηση. Εσωτερικά ο εγκέφαλος βομβεί λειτουργώντας σε άτακτα διαστήματα. Μια δύναμη συντήρησης καταγράφει ακατάπαυστα την εσωτερική δραστηριότητα που μοιάζει με απέραντο σιδηροδρομικό δίκτυο νεύρων.

[*Romance moderno*, impresso em Atenas, 1990]

Figura 150 Tipologias gregas.

---

* Na Idade Média, recinto, geralmente localizado em mosteiros, em que se copiavam livros (N.T.).

ções muito mais arredondadas. Por volta dos anos 1400, era grande a variedade de caligrafias permitida na Grécia, algumas invocando o estilo dos anos 1200, outras introduzindo uma caligrafia cursiva moderna, compacta, com floreios. Por volta dos anos 1600, uma caligrafia indefinida de tipo moderno estava surgindo, influenciando os primeiros tipógrafos da língua grega em sua busca de legibilidade tipográfica que melhor conviesse aos textos clássicos muito procurados pelos estudiosos humanistas (Figura 150). Dessa fonte, por fim, se desenvolveram as tipologias familiares a estudantes dos clássicos.

A imprensa na Grécia empregou muitas tipologias, especialmente nos anos 1800, quando a educação geral foi introduzida e cresceu o índice de alfabetização do povo. Aspirações e acentos – invenção geralmente atribuída a Aristófanes de Bizâncio (falecido por volta de 180 a.C.) – foram rigorosamente mantidas nessa época, embora a língua moderna tenha mudado de tal forma que a maioria dessas marcas era reconhecidamente "supérflua" (ainda que significativa no reconhecimento visual das palavras). Durante o último quarto dos anos 1900, a ortografia grega finalmente abandonou seu sistema complexo de marcações, deixando apenas o acento agudo para dar ênfase em cada palavra do grego moderno com mais de uma sílaba.

O latim da Idade Média

Foram os romanos que criaram as formas básicas de nossas letras. Como os gregos, os romanos escreviam apenas em maiúsculas e em cursivo, sem distinção de caixa alta e caixa baixa. As formas básicas das letras romanas eram originalmente monolineares, como as letras gregas, sem variação de grossura e finura. No entanto, mais tarde, os romanos introduziram um realce leve e oblíquo nas maiúsculas, copiando variações grossas e finas decorrentes da escrita com tinta com um largo bico de pena sobre papiro. Trabalhos literários especiais em papiro, e mais tarde em pergaminho e velino, também eram escritos com essas maiúsculas. Os romanos usavam mais serifas do que os gregos para aumentar a legibilidade e o apelo estético. Embora as maiúsculas romanas tenham sobrevivido pelo século IX d.C. adentro (nos Salmos de Utrecht, por exemplo), como imitação acidental de uma escrita há muito extinta, as maiúsculas eram consideradas essencialmente impróprias para escrever textos inteiros ao fim do século V. Só sobreviveram à Idade Média – como maiúsculas quadradas e rústicas – porque eram preferidas para escrever títulos e iniciais.

A escrita uncial, modificação das maiúsculas quadradas, era uma caligrafia de linhas curvas que evitava ângulos e que por volta do século IV d.C. (Figura 151) se tornou a caligrafia preferida dos escribas. Os primeiros exemplares de escrita uncial mostram que eram precisas, assim como fáceis de ler. O mais antigo alfabeto uncial datado é de Hippo, no Norte da África, dos anos 400 d.C. Por volta do século VIII, porém, a escrita uncial tinha se degenerado muito (Brown, 1990). A escrita uncial era usada na Itália especialmente em textos bíblicos, particularmente em Roma. Missionários cristãos levaram os unciais às fronteiras do império, embora não – como algumas vezes se afirma – porque os cristãos preferissem essas letras às letras maiúsculas rústicas "pagãs" (Woodcock e Knight, 1992).

Durante o século IV, o códice em velino, um manuscrito com páginas individuais encadernadas num volume, começou a substituir os rolos em papiro. Com velino e pergaminho podia-se escrever em ambos os lados da página, dobrando assim a capacidade. A primeira referência ao códice que apareceu em seis epigramas do poeta Marcial (40-103 d.C.) escritos como legendas de seis códices com os trabalhos de Homero, Virgílio, Cícero, Lívio, Ovídio e do próprio Marcial – primeiros "livros" conhecidos, no sentido moderno. Depois do século IV, o códice de pergaminho ou velino, ou "book" como passou a ser chamado em inglês (derivando do termo alemão *bōkā,* ou "beech" ("faia") antigo material de que eram feitas as tabuletas em runas), tornou-se a forma literária predileta na Europa. Segundo o historiador francês Henri-Jean Martin, "O aparecimento do códice – o trabalho apresentado em páginas escritas dos dois lados em vez de um lado só dos rolos contínuos – foi sem dúvida a revolução mais importante no livro da Era Comum" (Martin, 1994).

[Unciais romanos mais recentes: Fulda New Testament, *c.* 546 d.C.]

[Semi-unciais: Comentário bíblico, antes de 569 d.C.]

[Caligrafia mista uncial e cursiva: *Pandects* ou lei romana civil, século VII]

[Caligrafia cursiva romana mais recente: *Homilia* de São Máximo, século VII]

Figura 151 Caligrafias latinas do início da Idade Média.

A escrita cursiva romana nova surgiu de uma reforma na cursiva romana antiga, que tinha se completado por volta do século IV (Knight, 1984). Como vimos, (Capítulo 4), a caligrafia romana desenvolveu diversos estilos, com freqüência chamados "cursivo" (que comumente significa caligrafia fluente e ligada), embora de fato as letras se apresentassem separadas, mesmo nas mensagens ou grafite mais apressadamente esboçadas (ver Figuras 112-14). Os escribas simplificavam as letras a tal ponto que quase todas podiam ser escritas com um só traço solitário da pena (Sampson, 1985). Ao longo do tempo, desenvolveu-se uma escrita menor, com minúsculas que não mais usavam capitulares e unciais, com três alturas diferentes de letras: ascendente (como *b*), neutra (*n*) e descendente (*p*). A escolha do escriba dependia com freqüência da mensagem a ser transmitida e para quem: "...o meio era importante parte da mensagem" (Ibidem). Vários estilos de letras controlados por escribas latinos individualmente, conduziam mensagens políticas e culturais, cada uma considerada apropriada para usos e textos específicos. À medida que a sociedade mudava, mudavam também a freqüência e distribuição de determinadas caligrafias e seus domínios de uso.

A cursiva romana nova foi amplamente usada por todo o império e contribuiu para o desenvolvimento das escritas latinas regionais, ou caligrafias nacionais da Europa. A escrita latina cursiva, como a grega, sempre foi mais vasta do que a escrita uncial ou em maiúsculas. Algumas vezes, introduziu-se no domínio das caligrafias, a princípio em notas ou comentários marginais, depois na própria escrita. O uncial oblíquo ou inclinado do século VI começou a dar lugar a formas cursivas. Desenvolveu-se um novo uncial misto no século VII, uma caligrafia uncial mista que mantinha letras desconectadas com formas novas em caixa-baixa.

A escrita semi-uncial se desenvolveu na Itália e no sul da França no final do século V, tornando-se a caligrafia predileta. Suas letras deram o modelo para a criação da Carolíngia minúscula. Embora as formas arredondadas das unciais romanas tenham sido preservadas na escrita semi-uncial, somente poucas letras eram verdadeiramente unciais. De fato, as semi-unciais já encerravam caligrafias nacionais que iriam surgir séculos mais tarde.

A cursiva latina continuou a ser usada na era merovíngia, até *c.* 650 d.C., mesmo como caligrafia literária para uso privado e rápido. A cursiva latina posterior se tornou fundamento das escritas da Itália, Espanha e domínios francos, criando as caligrafias visigótica, merovíngia e beneventana (Figura 152). As caligrafias cursivas, com combinações de uncial e semi-uncial, foram o ponto inicial de muitos ramos nacionais.

Essas escritas regionais sólidas e reconhecidas surgiram exatamente quando Roma começou a se fragmentar politicamente no século V. De lá até o século VIII, a cursiva romana nova combinou-se com letras semi-unciais para produzir uma grande variedade de escritas ocidentais, todas grafadas em caixa-baixa. Os lombardos do norte da Itália, sob domínio franco, seguiram primeiro a caligrafia merovíngia, depois a carolíngia, enquanto a caligrafia beneventana do sul da Itália, como caligrafia formal, desenvolveu sua própria aparência com traços pesados e oblíquos para as cabeças e bases verticais curtas. A visigótica, caligrafia nacional da Espanha, floresceu do século VIII ao XII; era caracterizada por traçados altos e verticais em exemplares antigos e por letras quadradas e finas nos anos 1000 e início de 1100. A escrita merovíngia compreendia todas as caligrafias do império franco antes de Carlos Magno, em muitos casos identificados imediatamente pela aparência apertada, lateralmente comprimida, delgada e quase ilegível. Um sistema complexo de ligaturas (marcas conectando duas letras), abreviações e omissões (marcas indicando letras omitidas) também inibia muito a legibilidade. Caligrafias merovíngias posteriores, em geral da Itália e bastante conformes com semi-unciais, anteciparam a minúscula carolíngia posterior e atingiram certa legibilidade elegante.

No Entanto, ao fim do século VIII, as caligrafias merovíngias mais freqüentes pareciam ser legíveis apenas para os próprios autores. Assim, se o rei dos francos quisesse implementar as medidas educacionais de alto alcance que anunciou, uma revolução teria de ocorrer nos *scriptoria* do reino franco.

[Caligrafia cursiva de beneventana: *De Trinitate*, de Albinus Flaccus, d.C. 812]

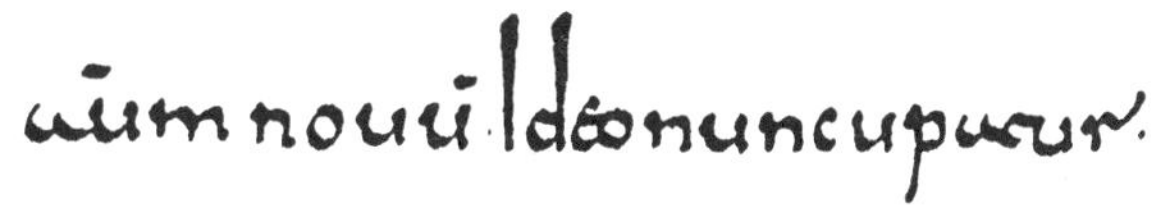

[Caligrafia cursiva visigótica: *Etimologia*, de St. Isidore, século IX]

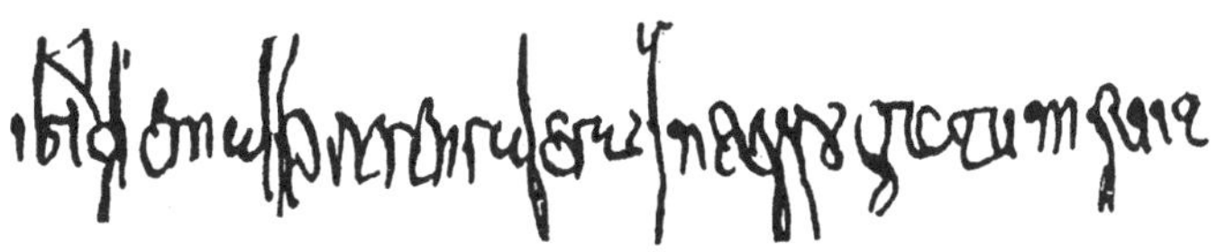

[Caligrafia cursiva merovíngia: Decreto de Childebert III, d.C. 695]

[Caligrafia cursiva merovíngia: Eugyppius do século VIII]

Figura 152 Caligrafias beneventana, visigótica e merovíngia.

Carlos Magno percebeu isso e em 789 liderou a revisão completa dos livros eclesiásticos em todos os *scriptoria* dos principais mosteiros da Alemanha, França e norte da Itália. O mais influente deles era a abadia de São Martim em Tours, cujo prior entre 796 e 804 era o inglês Alcuin de York. Alcuin supervisionou pessoalmente a criação do que mais tarde se chamou letra minúscula carolíngia, a mais significativa reforma da escrita do Ocidente dos últimos dois mil anos (Figura 153). A carolíngia minúscula é uma mistura fortuita de semi-unciais do continente e caligrafias irlandesas-inglesas, estas provavelmente introduzidas nos domínios francos pelo próprio Alcuin, que também supervisionou a reforma educacional neles implantada. Evidentemente, Alcuin, entre outros, percebeu a necessidade de dar clareza a uma escrita de base clássica, próxima a caligrafias conservadoras usadas naquela época na Irlanda e norte da Inglaterra. A carolíngia minúscula se desenvolveu a partir da escrita semi-uncial romana, integrando intencionalmente novas escritas regionais em minúsculas. Era uma escritura muito limpa e simplificada, que evitava ornamentação e criava uma aparência de fluidez. Ligaturas, abreviações e omissões desapareceram quase que totalmente; alguns manuscritos carolíngios não apresentavam nenhum. O imperativo óbvio dos escribas era a legibilidade.

[*Sulpicius Severus*, início do século IX]

[*Evangelhos*, do imperador Lothar, meados do século IX]

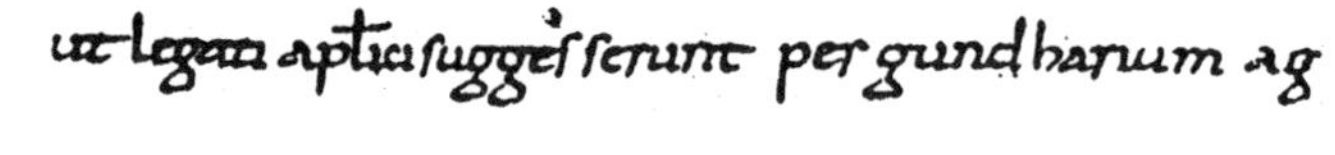

[*Anais de Fulda*, antes de 882]

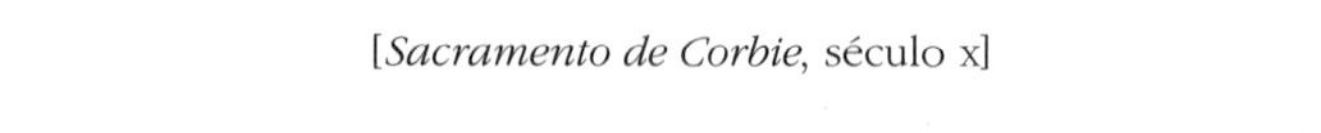

[*Sacramento de Corbie*, século X]

[*Vidas dos Santos*, século XI]

Figura 153 Caligrafias carolíngias francas em minúsculas, da França e Alemanha.

A escrita carolíngia prevaleceu por toda a Europa ocidental. (Apenas a Irlanda tem usado caligrafia e tipos irlandeses até os dias de hoje para todas as espécies de textos em irlandês.) A reforma da escrita e da educação nos domínios francos primeiro promoveu uma caligrafia de fácil leitura nas regiões que depois se tornaram França e Alemanha, e depois a estendeu para longe à medida que crescia sua popularidade. As carolíngias minúsculas eram usadas nos livros e documentos na Itália do século IX ao XIII, ao lado de outras escritas, e para textos latinos na Inglaterra de meados do século X até o final do século XI.

Na história da escrita do Ocidente, a criação das carolíngias minúsculas permanece como linha divisória – ela se tornou a escritura mais importante da Europa e determinou o curso da escrita no Ocidente até o Renascimento, setecentos anos mais tarde (Knight, 1996, p.312-32).

A difusão da escrita carolíngia por toda a Europa nos séculos seguintes viu a minúscula caixa-baixa substituindo por toda parte as semi-unciais e as cursivas mistas que tinham dominado a escrita ocidental. As letras maiúsculas eram agora reservadas para iniciais (primeiras letras do texto) e outros usos especiais. O que uma vez fora o modelo de escrita do alfabeto latino, agora ficava marginalizado, como tende a acontecer por toda parte com antigas escrituras. Muito mais tarde, as letras maiúsculas passaram a ter um papel altamente refinado na escrita convencional, sujeitas a precisas regras de uso.

A distinção feita entre a maiúscula e a minúscula pode ser usada na transmissão de informações (comparemos *Clara* com *clara*). Por isso, todas as escritas modernas derivadas do latim geralmente têm entre 40 e 65 letras que precisam ser aprendidas (não as tradicionais "26 letras do alfabeto"): caixa-alta ou letras maiúsculas, e caixa-baixa ou letras minúsculas. Essas 40 a 65 letras são as *letras funcionais* de classe baixa conduzindo entre vinte e trinta *letras sistêmicas* de classe alta.

Durante a reforma carolíngia, os escribas francos, provavelmente na abadia de São Martim, em Tours, também efetuaram modificações alfabéticas importantes. A letra *u* foi inventada para distinguir a vogal /u/ do uso consoante de *v*, e *j* foi inovado para distinguir a função consonantal da letra *i*. No entanto essas mudanças não foram implementadas sistematicamente por muitos séculos. Após Carlos Magno, quase todas as mudanças envolveram acréscimos de novas letras, ou anexação de diacríticos aos antigos ao transmitir línguas nacionais que contivessem sons que não pudessem ser representados com as letras padrão do alfabeto latino.

Por volta do século X, as carolíngias minúsculas tinham se tornado a caligrafia padrão na maior parte da Europa ocidental, com muitas variantes regionais e remanescentes de formas locais destinadas a objetivos específicos (ver Figura 153). Como o *v* continuava a ser usado pelo latim tanto para /u/ como para /v/, falantes do alemão se confundiam entre /w/ e /v/, por isso escribas alemães começaram a distinguir o /w/ escrevendo o *v* latino com dois "v" ou seja *vv*, razão pela qual temos o "dáblio" hoje. Com o tempo, o *vv* deixou de ser concebido e escrito como dígrafo, passando a ser um grafema autônomo (em contraste com *ch, ph, th, ng* e outros dígrafos). (A total diferenciação de *u, v* e *w* não se deu completamente na Inglaterra antes dos anos 1800; mesmo hoje, alguns dialetos do inglês misturam /v/ e /w/, embora a língua escrita mantenha estrita separação.)

Por volta dos anos 1100, a unidade gráfica da escrita carolíngia tinha começado a se fragmentar, e surgiram caligrafias regionais, cada uma com uma forma característica – não eram escritas separadas dentro de um sistema de escrita, como na Índia, mas a mesma escrita com pequenas diferenças (Figura 154). Novamente ligaturas complicadas, abreviações e suspensões apareciam, principalmente para preservar pergaminhos preciosos. O século XII também viu a criação de livros grandes e letras novas, robustas, em negrito, enquanto o século XIII testemunhou a súbita redução do tamanho da letra, condensação lateral, uma nova angularidade e traços oblíquos refinados em linhas finas (a grande demanda de bíblias na segunda metade dos anos 1200 produziu milhares de cópias nessa escritura fina e comprimida). Como resultado das Cruzadas, escribas começaram a usar números arábicos (1, 2, 3, 4) em vez de romanos (I, II, III, IV), assim economizando muito mais espaço; os números arábicos hoje em dia são usados universalmente.

Nos anos 1300, os burgueses começaram a se apossar do controle político local e exigir educação para os filhos. Foram abertas escolas públicas locais. Referente ao ano de 1338, por exemplo, o cronista florentino Giovanni Villani lembra que "meninos e meninas que aprendiam a ler eram dez mil [em Florença]; as crianças que aprendiam cálculos e matemática em seis escolas eram de mil a duas mil; as que aprendiam gramática e lógica em quatro escolas [avançadas] eram de 550 a 600" (Martin, 1994). A poderosa classe mercantil que emergia rapidamente se apoiava em livros e aprendizagem. Era uma nova tendência, que transformou toda a Europa Ocidental.

O aumento na quantidade trouxe a perda de qualidade. Os escribas dos anos 1300 e 1400 não mais observavam os altos padrões de seus predecessores, suas letras eram menos exatas, menos elegantes. Eram deles as caligrafias que logo se tornaram as fontes dos primeiros tipógrafos (ver adiante). Os anos 1400 viram a final dissolução das caligrafias de letras minúsculas, pois quase todo trabalho não impresso depois dessa época aparecia ou em *charter hand* (usada para documentos) ou em cursiva comum.

De fato, duas tipologias concorrentes se desenvolveram a partir da fragmentação da escrita carolíngia: a gótica e a humanista (Figura 155).

De *c*.1050 a 1500, o gótico se impunha na escrita cursiva da Europa (S. Thomson, 1969). Também chamado de "letra negra", o gótico se desenvolveu a partir da minúscula carolíngia em inúmeras variações, apresentando um crescendo de angularidades em cada letra e compressão das letras em cada palavra. O gótico era escrito com pincel de ponta grossa, em acentuado ângulo com a horizontal. Evitava curvas sempre que possível – mesmo a ponto de transformar o *o* gótico num

habentem in se et dignitatem qua

[Itália: *Homilias*, século XII]

Consentit astrum te Iouis impio

[Itália: *Horácio*, 1391]

en auuergnie fut Jadis vne

[França: *Miracles de Notre Dame*, c. 1450]

neq regerentur á casibus magisq regerent casus.

[*Sallust*, 1466]

Figura 154 Caligrafias da Itália e da França na Idade Média: Alta e Baixa.

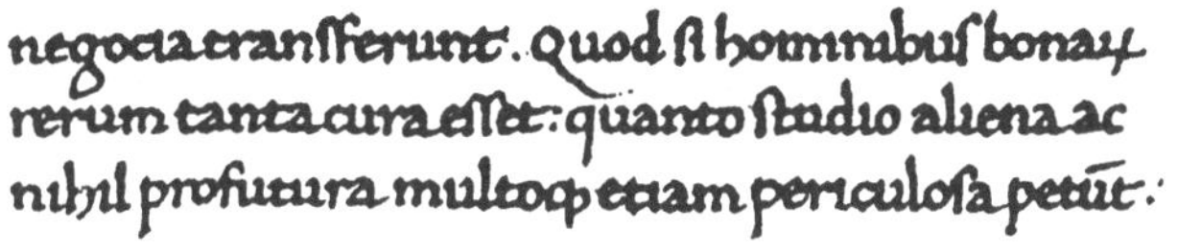

Sicut unguentum in capite quod descendit in barbam, barbam Aaron.

negocia transferunt. Quod si hominibus bonas rerum tanta cura esset: quanto studio aliena ac nihil profutura multoq etiam periculosa petut.

Figura 155 As duas tipologias concorrentes de meados dos 1400: gótica (acima) e humanista (abaixo).

hexágono estreito. O gótico foi o mais antigo modelo dos tipógrafos, tornando-se veículo exclusivo para línguas germânicas da Europa ocidental.

Os escribas humanistas da Itália, por outro lado, tentaram ressuscitar a caligrafia clássica da Roma antiga. Na prática, no entanto, ficaram mais próximos das minúsculas carolíngias (Maré, 1973). Esta caligrafia humanista ou romana, tornou-se o instrumento da Renascença – letras redondas, largas e espaçadas escritas com pena de ponta fina. Ela transmitia a Itália ensolarada e aberta e o novo conhecimento secular baseado na Antigüidade Clássica. Como acontecera seiscentos anos antes com Alcuin de York, estudiosos humanistas italianos intencionalmente simplificavam a ornamentação para aumentar a legibilidade e introduzir elegância clássica em seus livros. Esse movimento conscientemente se opunha ao gótico (Wardrop, 1963). Baseado em caligrafias do século XII na Itália, a primeira humanista minúscula desenvolveu-se em Florença, em 1402-3. As fontes eram pequenas, com letras ascendentes (como *l* e *h*) e descendentes (*p* e *g*) mais alongadas. Uma cursiva humanista surgiu uma década mais tarde como caligrafia, caracterizada por inclinação para frente – hoje conhecida como itálico (Ullman, 1974). A tipologia humanista ou romana, que originalmente era chamada *Antiqua*, como declaração de fidelidade à tipologia antiga da qual derivara, tornou-se o modelo da fonte romana, usada pelos primeiros tipógrafos italianos. Cerca de quinhentos anos mais tarde continua sendo a fonte predileta, no mundo todo. A tipologia que você está lendo neste livro é descendente dela.

A cursiva humanista da Itália tornou-se a caligrafia característica do século XVI (Knight, 1984). A França, a população de fala francesa da Suíça e a Espanha logo a adotaram, e na Inglaterra a cursiva *gótica secretária* comumente usada em atividades comerciais finalmente se rendeu à cursiva humanista, ao final dos anos 1600. Falantes do alemão nunca aceitaram a cursiva humanista, encarando a gótica como expressão da identidade alemã. Nos anos 1500, modificaram a gótica cursiva criando uma variante chamada *Kurrentschrift,* que foi ensinada em escolas como caligrafia alemã padrão até 1941 (ver adiante).

Escrita insular

No início da Idade Média, abadias e mosteiros europeus só se tornaram centros de estudo e reproduções de textos como resultado de troca e abastecimento assistidos e inspiração do exterior (Martin, 1994). Já no século V d.C., os cristãos irlandeses importavam livros da Europa continental e acolhiam alunos estrangeiros. Dessa forma, a escrita ogâmica irlandesa rendeu-se cada vez mais às prerrogativas latinas – toda educação era em língua latina da Igreja, escrita em alfabeto latino. Mesmo o irlandês passou a ser escrito em letras latinas.

O termo *Insular* veio a designar as escrituras das Ilhas Britânicas usadas até meados do século IX; e com freqüência isso se subdividiu em irlandês e "anglo-saxão". De fato, a escrita insular era essencialmente irlandesa, e só mais tarde foi levada ao norte da Inglaterra pelos monges irlandeses. Isso porque quando as forças de ocupação romanas deixaram as Ilhas Britânicas, uma tradição cristã irlandesa separada tinha se desenvolvido ali, com sua caligrafia característica. Era uma escrita diferente: as caligrafias nacionais da Europa continental surgiram da romana cursiva, mas as caligrafias irlandesa e inglesa surgiram dos semi-unciais do romano antigo. Isso aconteceu porque os escribas irlandeses foram primeiro influenciados pelos missionários romanos antigos, que ainda escreviam principalmente em semi-unciais dos séculos V e VI d.C., muito antes da apropriação da cursiva romana pelo continente. O relativo isolamento da Irlanda levou a um desenvolvimento conservador separado. A Irlanda, de fato, é uma das caligrafias mais conservadoras que a paleografia (estudo da escrita e inscrições antigas) conhece.

A caligrafia irlandesa antiga usando alfabeto latino aparece em dois estilos: arredondada e pontuda (Figura 156). A caligrafia arredondada é semi-uncial e bem parecida com escritas em manuscritos franceses e italianos dos séculos V e VI. Desenvolveu-se rapidamente em solo irlandês tornando-se uma das caligrafias mais ornamentais da Europa, como exemplificada no célebre Livro de Kells, irlandês do século VII (Figura 157). A caligrafia pontuda é meramente uma compressão lateral da caligrafia arredondada, letras minúsculas que se prolongam em "pontas" muito finas. Desenvolveu-se depois da caligrafia arredondada, provavelmente aparecendo pela primeira vez no século VII. (Algumas páginas do Livro de Kells apresentam caligrafia pontuda.) No início da Idade Média, missionários irlandeses levaram sua escrita para Luxeuil na França, São Galo na Suíça, Würzburgo na Alemanha e Bobbio na Itália. Logo, no entanto, a escrita irlandesa se rendeu às cursivas continentais em todos esses lugares.

[Caligrafia curva: *Gospels of MacRegol*, c. 800 d.C.]

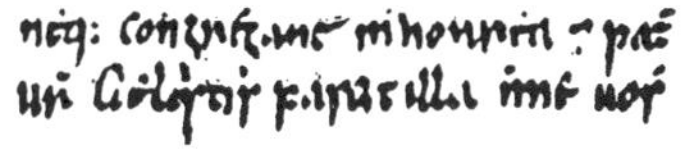

[Caligrafia pontuda: *Book of Armagh*, antes de 844]

[Caligrafia pontuda: *Gospels of Maelbrighte*, 1138]

Figura 156 Caligrafia irlandesa antiga.

Por volta do século VIII, os escribas irlandeses refinaram a escrita do dia-a-dia em cursivas minúsculas para a produção de livros em velino de qualidade. Esse processo também incluiu separação de palavras e pontuação consistente (Knight, 1984). Nos anos 1000 e 1100, a caligrafia pontuda irlandesa tinha assumido formas angulosas características.

Antes da chegada dos missionários irlandeses, a Inglaterra tinha, há muito, duas formas de escrita: o alfabeto latino romano, para escrever em latim, e as runas germânicas, para escrever as várias línguas germânicas presentes nas Ilhas Britânicas. Após a invasão irlandesa, surgiram duas diferentes escolas de escrita: a irlandesa no norte, que por fim produziu a caligrafia inglesa nacional e as maiúsculas romanas rústicas, um legado dos missionários romanos que estavam centrados em Canterbury (essa escritura logo foi abandonada). No século x, o crescente comércio com o continente introduziu a letra minúscula que depois substituiu a caligrafia inglesa nacional.

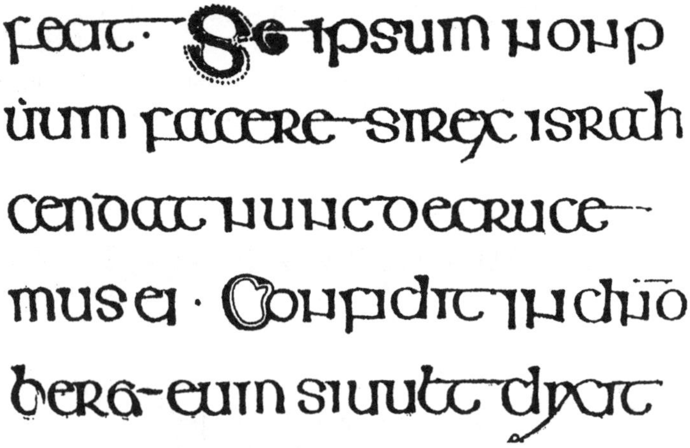

Figura 157   O Livro de Kells da Irlanda, final do século vii.

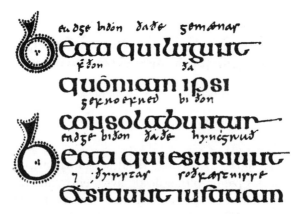

Figura 158   Os Evangelhos de Lindisfarne, c. 698. Em cima de cada linha, há anotações em cursiva anglo-saxônica do século x. É a mais antiga tradução dos Evangelhos em inglês.

A principal influência da escrita na Inglaterra no início da Idade Média veio da Irlanda. A começar no século VII, os escribas do norte da Inglaterra passaram a copiar e desenvolver as semi-unciais insulares dos irlandeses, como se pode ver nos famosos Evangelhos de Lindisfarne de c. 698 (Figura 158). O mosteiro de Lindisfarne, na Holy Island na costa nordeste de Northumberland, é visto como o berço da caligrafia inglesa. No início ela não se distinguia da caligrafia irlandesa, mas depois se desenvolveu como verdadeira escola, com características próprias (Figura 159). As caligrafias arredondada e pontuda do insular irlandês também distinguiram os dois estilos da escrita inglesa; a arredondada se desenvolveu das semi-unciais do romano, e a pontuda, da arredondada. Esta foi usada em livros e só raramente em documentos oficiais (*charter*); logo, ganhou uma aparência mais leve. A pontuda era usada principalmente em documentos, mas também em livros; certa elegância inicial se rendeu à compressão e variação excêntrica, e a escrita se tornou mais desigual e grosseira ao longo do tempo.

[*Ecclesiastical History*, de Bede, meados do século VIII]

[*Evangelhos de Canterbury*, final do século VIII]

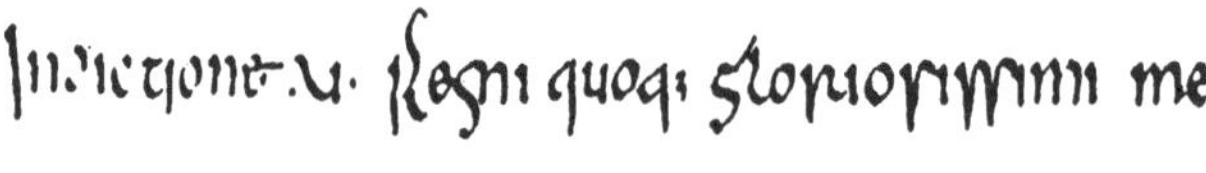

[*Charter* do rei Cynewulf de Mércia, 812]

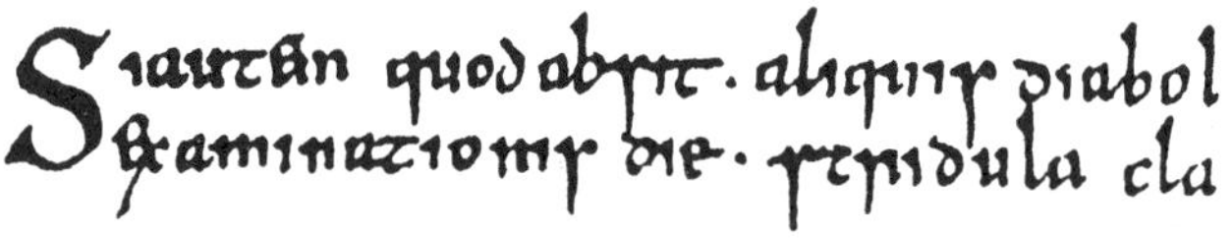

[*Charter* de Æthelstan, 931]

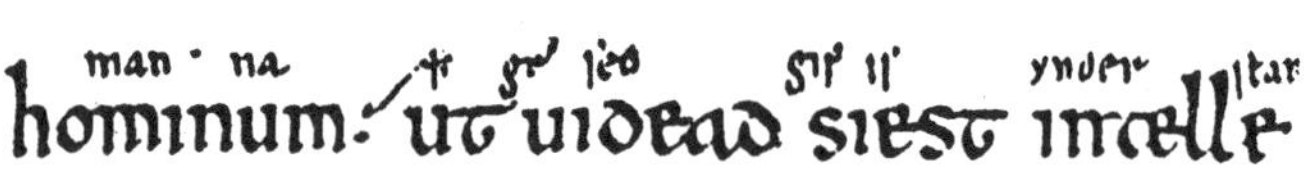

[Saltério latino, c. 969]

Figura 159 Escrita inglesa antiga.

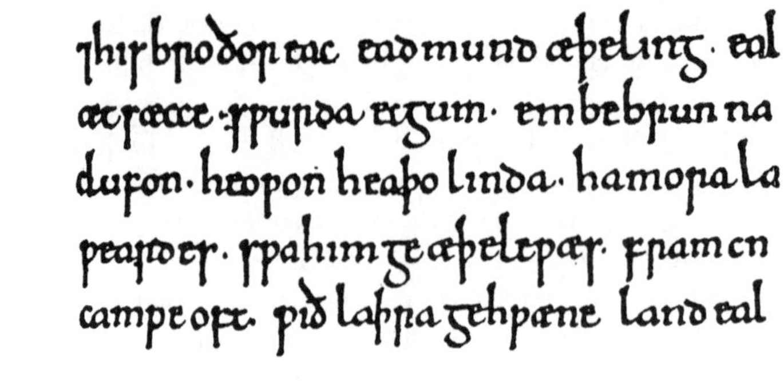

> ⁊hıꞅ bꞃoðoꞃ eac eadmund æþelıng eal
> æꞅpæcc ꞅpuꞃða eꞃum· eɱ beþꞃun na
> duꞃon· hꞃopoń heaþo lında· hamoꞃa la
> peaꞅtoeꞅ· ꞅꞃahımꞅe æþeleꞅpæꞅ· ꞅꞃam en
> campcoꞅc· þıð laþꞃa ꞅehꞃæne land eal

Figura 160 A *Anglo-Saxon Chronicle*, em inglês, c. 1045.

No final do século x, a continental minúscula dos francos influenciava a escrita inglesa – um "retorno" à criação do inglês Alcuin (Bishop, 1971). Em alguns locais, a minúscula franca substituiu a pontuda inglesa totalmente, especialmente em textos em latim. Os textos anglo-saxões continuaram a ser escritos em letras minúsculas pontudas, que permaneceram populares até meados dos anos 1100. Durante os anos 1000 e 1100, no entanto, as minúsculas pontudas foram perdendo a compactação para se aproximar mais ainda do estilo de escrita franca então em uso por todo o continente.

Escrever o inglês em alfabeto latino era problemático (Figura 160). Os primeiros escribas usavam a caligrafia insular irlandesa empregada exclusivamente para escrever em latim. No entanto, quatro sons do inglês antigo não tinham presença no latim escrito no século vii, assim, novas letras precisaram ser encontradas para transmiti-los:

- /w/ era escrito com a letra ▶ do alfabeto rúnico, também nativo da Inglaterra. Era o chamado "wynn". No Middle English* ele foi substituído pela minúscula *uu* ou *w*. É raramente encontrado em manuscritos depois de 1300.

- /θ/ como na palavra "thin" em inglês e /ð/ como em "this" em inglês eram ambos escritos usando a letra rúnica ▶ ou "thorn". Por fim, a letra ð foi criada simplesmente passando uma linha pelo *d* latino – uma distinção formal sofisticada.

Com o tempo, a letra passou a se chamar "eth". Os escribas ainda não conseguiam separar os dois sons, no entanto, e assim, no seu lugar, no Middle English, era usado o dígrafo *th* para ambos. Isso usamos ainda hoje, embora o *th*

---

* Middle English: nome dado pelos historiadores de lingüística às várias formas do idioma inglês falado entre a invasão normanda de 1066 e a segunda metade do século xv (N.T.)

gráfico transmita pelo menos dois fonemas separados (compare-se *thin* e *this*). A letra "thorn" – *p* – sobrevive como um remanescente cultural com nomes artificiais como "Ye Olde English Inn" no qual Y é meramente uma variante medieval de *p*.

- O *a* anglo-saxão como em "hat" reproduziu um som alto desconhecido no latim, a meio caminho entre o *a* e *e* do latim. Assim, os escribas anglo-saxões resolveram escrever *a* e *e* juntos como o dígrafo *æ* para transmitir esse som, mais tarde chamado de "ash", como a letra rúnica de representava esse som. No Middle English, porém, os escribas deixaram de usar o *æ*, provavelmente porque o som tenha desaparecido e então se aproximava do *a* do latim padrão, que então foi usado em seu lugar, como até hoje.

Depois da conquista normanda em 1066, a minúscula inglesa quase desapareceu inteiramente – os conquistadores impuseram sua própria escrita. Apenas alguns textos em língua inglesa continuaram a usar a caligrafia inglesa. Por fim, esses também foram substituídos pela do continente (Figura 161). Por volta de 1100, escribas ingleses passaram a usar uma caligrafia saxônica modificada para o inglês, mas minúsculas normais para latim. Houve uma retomada da cursiva no final do século, com introdução de características caligráficas na escrita gótica, como vista na escritura secretária, usada principalmente em documentos informais (como transações de terras) e correspondência geral. Essa escritura tinha como característica ser pontuda, angular, com ascendentes elevados (*f* e *s* inicial em particular). Nos anos 1200, as minúsculas do latim, junto com algumas letras inglesas, eram usadas para escrever inglês. Mas no final do século, essas escrituras cursivas também eram usadas para livros, especialmente os destinados às universidades em Oxford e Cambridge. Logo, surgiu uma variedade de escrituras mistas com características do cursivo e de caligrafias. Nos anos 1300 e 1400, muitos escribas ingleses preferiam usar *charter hand* para os livros, elaborando uma caligrafia especial "inglesa", bastante distinta das caligrafias continentais. Foi essa a tipologia usada nas primeiras impressoras. Depois dos anos 1400, a caligrafia desapareceu inteiramente por causa da imprensa, deixando apenas as caligrafias *charter hand* e cursiva (Fairbank, 1969).

A caligrafia inglesa tem pouca semelhança com a tipologia da imprensa inglesa, algo que a maioria de nós toma como certo. E há que se notar que a maior parte das escritas manuais contemporâneas inglesas se constituem escritas diferentes – embora "compartilhem" o alfabeto latino como sistema de escrita. Além disso, há a caligrafia da escrita cursiva, a forma prescrita de se escrever inglês à mão versus a maneira que a maior parte das pessoas realmente escreve. No início dos anos 2000, centenas de caligrafias transmitiam a língua inglesa. Dessas, pode-se distinguir dois grupos básicos: caligrafias britânicas (ou da Comunidade Britânica), também encontrada em sistemas educacionais de influência britânica como no de Israel, e dos Estados Unidos, também prevalecendo em áreas de influência americana, como Porto Rico, Guam e Samoa Americana.

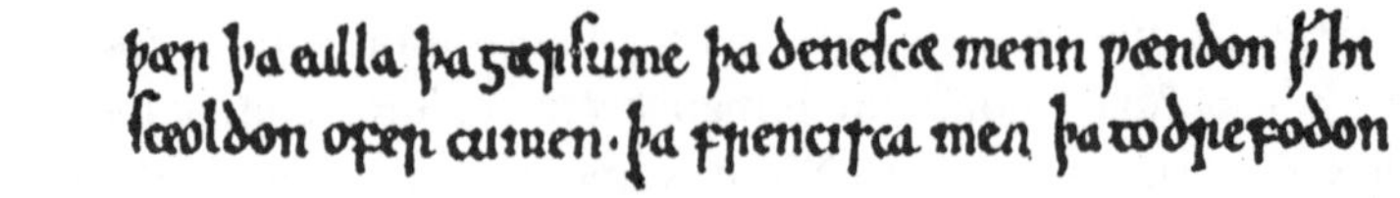

[*Crônica Anglo-Saxônica*, c. 1121]

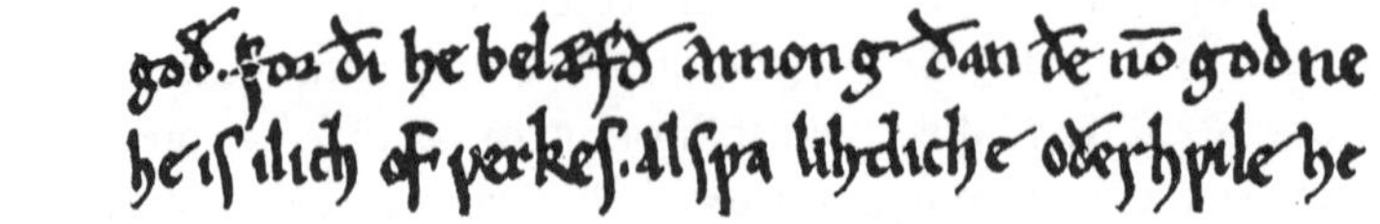

[*Homilias*, início do século XIII]

[O *Ayenbite of Inwyt*, 1340]

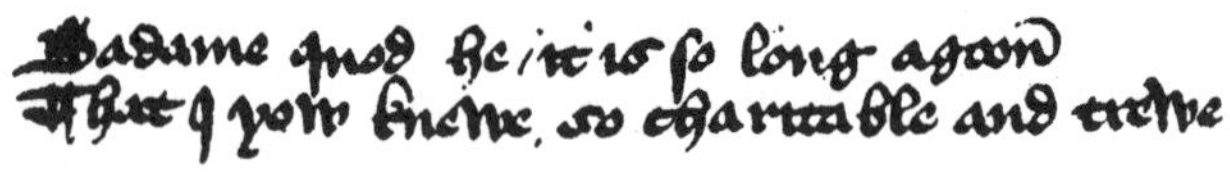

["Lenda da Boa Mulher", de Chaucer, meados do século XV]

Figura 161 Caligrafias inglesas da Idade Média – Alta e Baixa – em inglês.

Em inglês também, o uso da caixa alta e caixa baixa significa que cada aluno aprendendo a ler e escrever tem de reter na memória não apenas 26 letras (isto é, diferentes sinais no sistema de escrita), mas 42, além de determinadas formas cursivas, assim como um grande número de importantes abreviaturas, ideogramas e marcas: &, 8, +, =, @, £, $, % e muitas outras. Algumas das letras quase não mudam de caixa alta para caixa baixa, como C/c, O/o e S/s; outras têm variedade de formas, como A/a/*a* e F/f/*f*. Todos os alfabetos derivados do latim compartilham essas características.

A forma de as escrituras alfabéticas serem emprestadas, adaptadas e depois expandidas ao longo de um milênio se reflete no fato de quase um quinto das 26 letras sistêmicas (em oposição a 42 funcionais) do alfabeto inglês – F, U, V, W e Y – derivarem de uma só letra ancestral fenícia: o y. ou *wāw*. Isso porque, ao longo de milhares de anos, a forma do *wāw* foi alterada por sucessivos empréstimos – grego, etrusco, latino e inglês – que também incluíam empréstimos internos secundários. Essas alterações foram efetuadas a fim de acomodar novos sons que eram desconhecidos ou não eram escritos na fonte fenícia e nos estágios posteriores das línguas que tomaram o empréstimo. Esse processo realça a adaptabilidade quase sem paralelo do alfabeto latino. E é a adaptabilidade que garante a sobrevivência e o crescimento de um sistema.

Pontuação

Quase todos os escribas antigos escreviam as palavras juntas, sem separação. (O Disco de Festo de Creta, de *c.* 1600 a.C., gravado silabicamente, – com traços verticais separando "campos", que consistiam de uma palavra, frase, e mesmo curta sentença – representa uma rara exceção.) Aparentemente, os povos da Antigüidade não achavam que ausência de separação entre as palavras dificultasse a leitura, senão ela existiria sistematicamente muito antes.

Os primeiros escribas gregos e latinos também não deixavam espaço entre as palavras, embora alguns colocassem pequenos pontos configurando as separações, em inscrições de monumentos e papiros literários. Só os parágrafos eram rotineiramente separados em unidades autônomas de texto, distinguidos por *paragraphos*, ou traços divisores. O próprio Aristóteles (384-322 a.C.) fazia um traço horizontal curto no começo de cada nova linha para indicar uma quebra de sentido ou final de um tópico. No século V d.C. e por toda a Idade Média, a primeira letra da primeira linha de um novo parágrafo era colocada junto à margem e ampliada. Preservamos essa convenção hoje com nossa regra de usar maiúsculas no início de uma sentença. O recuo de início de parágrafo data dos anos 1600.

Os primeiros escribas medievais quase sempre escreviam as palavras juntas. Só quando as minúsculas se tornaram caligrafia literária, os escribas perceberam a necessidade de representar a palavra como unidade independente – talvez por causa da leitura silenciosa ter se tornado mais freqüente nos *scriptoria* medievais. No entanto, deixar um espaço entre as palavras a fim de marcar seus limites só se tornou prática geral na sociedade ocidental no século XIX. Desde então, a maior parte das ortografias alfabéticas do mundo resolveu "juntar as letras em grupos com espaço entre os grupos" (Coulmas, 1989). Esses agrupamentos então são reconhecidos de forma geral como "palavras". Com algumas famílias lingüísticas que agora usam o alfabeto latino – como a polinésia, que expressa a gramática com partículas especiais – a definição de "palavra" é com freqüência imprecisa e causa ambigüidade quando falta um sinal ortográfico convencional regional: compare-se o *iāia* havaiano "ela/ele", de uma "palavra", com *i 'ā ia* ("ela/ele") rapanui (da Ilha de Páscoa) de três "palavras" para a mesma coisa. Mesmo na escrita em inglês, as pausas não coincidem consistentemente com a delimitação reconhecida das palavras. No entanto, em geral reconhecemos uma "palavra" por sua qualidade semântica e função autônoma em contextos dados.

Os chineses e japoneses, como regra, ainda não observam a separação de palavras, e a prática moderna de emprestar a pontuação do Ocidente era muito pouco adotada. Infelizmente, convenções veneráveis podem atravessar sistemas de escrita, com resultados engraçados, às vezes. Por exemplo, uma sanduicheira elétrica comprada no Reino Unido trazia o aviso: "Do not immerse in any liquid made in China"[2] ["Não mergulhe em qualquer líquido feito na China"]. A mais antiga separação entre palavras na escrita ocidental não foi a pontuação como a conhecemos hoje: um sistema de marcas destinado a ajudar a tornar o sentido do texto mais claro. A pontuação, como convida a anedota da sanduicheira, passou a ter um peso semântico significativo nos sistemas de escrita alfabéticos do Ocidente. Platão (427-347 a.C.) aparentemente usava dois pontos (:) para indicar o final de uma seção de texto (só por volta de 1480 d.C. os dois pontos separavam uma afirmação geral de uma explanatória ou exemplo). A Aristófanes de Bizâncio (morto c. 180 a.C.), diretor da Biblioteca de Alexandria no norte do Egito, é atribuída a invenção de um sistema de pontuação com pontos: o ponto no alto (˙) sinalizando uma interrupção total (ou "ponto final"); o ponto médio (·) é uma pausa comum; e o ponto abaixo ou na linha (.) uma pausa entre os dois, como os dois pontos de hoje. O sistema de pontuação de Aristófanes foi usado extensamente no período helenista, adentrando os primeiros séculos da era cristã. Os escribas romanos, porém, utilizavam sem critério esse sistema grego, confundindo o sentido dos pontos.

Aristófanes de Bizâncio também é considerado autor das marcas silábicas longa (¯) e curta (˘) e do (-) hífen, originalmente uma curva ou linha desenhada sob as letras para sinalizar alguma forma de conexão (como em palavras compostas). Muitos outros sinais para facilitar a leitura foram empregados nos mais antigos manuscritos gregos e latinos preservados – diæresis ou trema (o ï em *naïve* e ö em *coöperate*), aspas, sinais de pontuação em geral. Todos eles atestam a difusão do uso ativo e fluente da escrita, parecido com a forma que se escreve hoje.

No início da Idade Média, o ponto médio de Aristófanes (·) desapareceu. Sons aspirados (como o *h*) e acentos só passaram a ser aplicados sistematicamente em textos gregos no século VII. A vírgula, inicialmente escrita como um ponto alto, foi introduzida nos textos gregos e latinos por volta de 650 d.C.; dois séculos mais tarde, na escrita em minúsculas, tornou-se a vírgula sobre a linha que conhecemos hoje. O ponto final moderno foi introduzido por Alcuin de York, por volta de 800, para sinalizar o final de uma longa passagem de texto; era costumeiramente escrito como ·7 ou outras combinações com o ponto. Nessa época, o ponto e vírgula (;) já possuía o valor que tem hoje. Um pouco mais tarde, o final de parágrafo ou capítulo eram marcados com : ou :- ou . · ..

O ponto de interrogação (?) apareceu pela primeira vez por volta do século VIII ou XI em manuscritos latinos, mas em inglês, apenas em 1587 com a publicação

---

[2] *New Scientist*, 15 de julho de 2000.

de *Arcadia*, de Sir Philip Sidney. Esse sinal é derivado do latim *quaestio*, ou "indagação", escrito no final da frase que contém a pergunta. Antigamente era abreviado com *Qo* – com o *Q* acima do *o* – e depois transformado em XXX, e por fim ?.

Da mesma forma, o ponto de exclamação (!) transmite o *iō!* Latino ou interjeição "hurra!", com o i escrito acima de um o longo: ^i_o Apareceu em inglês pela primeira vez em 1553, em *Catechism of Edward VI*.

O "e" comercial, sinal gráfico da conjunção &, derivado do latim *et*, significando "e", até recentemente era grafado assim: ^ε_t. Também apareceu no inglês nos anos 1500.

Por fim, a apóstrofe ('), também atribuído a Aristófanes, foi empregada em manuscritos antigos, medievais e posteriores para indicar a omissão de letras. Seu uso no inglês no início dos anos 1700 estendeu-se, passando a indicar possessivo. Depois da Segunda Guerra Mundial, o alemão também adotou essa prática, embora nunca seu uso tenha sido preceituado como no inglês.

A maior parte dessas marcas de pontuação é agora usada em quase todos os sistemas alfabéticos. Nos anos 1900, muitas delas foram emprestadas a sistemas de escrita não-alfabéticos também. Por exemplo, o ponto final, a vírgula, o apóstrofe, aspas, ponto de interrogação, ponto de exclamação, recuo de parágrafo etc. ocorrem regularmente nas escritas modernas chinesa, coreana e japonesa (ver Figura 138). Em japonês, o e comercial é usado para *to* ("e") entre palavras estrangeiras na escritura *katakana*.

O papel

Descrito na China em 105 d.C., a manufatura do papel foi depois guardada a sete chaves (ver Capítulo 5). Passaram-se séculos antes que outros povos tivessem sucesso em produzir papel. O Japão, por exemplo, no século VII, fazia e usava papel, provavelmente por meio de intermediários coreanos. O Ocidente aprendeu a fazer papel através de um caminho muito mais longo e tortuoso.

Num conflito na Ásia Central em 751 d.C., o governador muçulmano de Samarkand capturou muitos chineses, alguns deles peritos na produção de papel. Dessa época até o final do século IX, o papel de Samarkand – composto de trapos de linho em vez de cascas de amoreira – constituiu-se em valioso produto de exportação. O conhecimento da manufatura do papel espalhou-se rapidamente por todo o mundo muçulmano: Bagdá (793?), Damasco (século IX), Cairo (*c.*900), Fez (*c.*1100) e Sicília (*c.*1100) (Clapperton, 1934). Embora os árabes estivessem usando papel regularmente por volta do século IV, ainda prefeririam o velino para cópias do reverenciado Corão até recentemente. A Espanha muçulmana fabricava papel por volta de 1150, e por volta de 1200 os mercadores árabes introduziram sua manufatura na Índia, onde substituiu quase inteiramente os materiais tradicionais de escrita.

A Espanha no século XIII referia-se ao papel como "*pagamino de paño*" ou "pergaminho de pano", uma vez que os trapos constituíam ainda seu principal ingrediente (Gaur, 1992). Depois que os muçulmanos fugiram da Espanha em 1492, a produção do papel ficou nas mãos de artesãos cristãos menos habilitados e a qualidade declinou rapidamente. Ao mesmo tempo, o uso do papel na Europa Ocidental aumentou dramaticamente. Desde 1338, Toyes na França, assim como Nuremberg na Alemanha desde 1390 tinha muitos trabalhos em papel. (Em 1690, Germantown, perto de Filadélfia produzia o primeiro papel na América do Norte.) Já na segunda metade dos anos 1300, o papel europeu começava a concorrer com o velino na preferência para a produção de livros. Em um século, o papel substitui o pergaminho e o velino quase inteiramente, graças, principalmente, à invenção da imprensa.

O impacto do papel sobre a civilização ocidental poucas vezes é devidamente valorizado. O pergaminho e o velino nunca puderam sustentar a alfabetização em massa, a impressão em âmbito mundial, escritórios modernos, jornais, registros oficiais, educação geral etc. Tudo isso é conseqüência do papel e da imprensa. A própria imprensa só foi possível pela disponibilidade de papel. Nos anos 1800, uma crescente demanda de papel como resultado da educação generalizada finalmente viu a madeira substituir os trapos como ingrediente principal de produção. Um suprimento quase ilimitado de papel foi assim garantido para o mundo – mas ao custo de qualidade e durabilidade. (Compare-se o atraente papel de um volume de 1780 com o papel inferior de 1880.) Nos anos 1900, o papel tinha se tornado "o mais importante, eficiente e insubstituível meio de armazenagem moderna de informação. Econômica e intelectualmente, nossa sociedade tinha se tornado uma sociedade do papel" (ibidem).

Só agora, com o advento da informação eletrônica, da armazenagem da informação e do computador pessoal, a proeminência do papel está sendo desafiada publicamente pela primeira vez: bibliotecas inteiras podem se alojar em poucos CD-ROMs. Dificilmente isso sinaliza o declínio do papel, pelo menos até o momento. A comunicação por e-mail e o acesso à Internet aumentaram muito a freqüência de mensagens pessoais e informações pessoais impressas. Qualquer pessoa com e-mail, acesso à Net e impressora geralmente faz várias impressões por dia. A nova tecnologia criou uma demanda por papel nunca vista desde as reformas educacionais de meados de 1800.

Imprensa

Os escribas levavam muito tempo para copiar um livro. Mesmo hoje, para copiar a Torá, os cinco Livros de Moisés, um escriba judeu pode levar mais de um ano, tendo seu trabalho regulado por centenas de leis. Cópias à mão geralmente significam livros muito caros e poucos leitores. Poucos leitores significa baixo nível de alfabetização, trazendo muitas desvantagens para a sociedade. Os europeus se tornaram leitores em grande escala somente depois que a imprensa apareceu em meados dos anos 1400. É fascinante a história de como a Europa chegou à tipografia.

Impressão é "comunicação gráfica em múltiplas cópias" (Warde, 1961). Imprimir um texto é muito mais rápido do que copiar cada sinal à mão. Imprimir também petrifica o original, evitando os erros e mudanças freqüentes dos copistas. Nesse sentido, o processo garante não-contaminação e autenticidade, convertendo todo o texto numa espécie de lacre de autoridade. Já por volta de 2500 a.C., os escribas sumérios "rolavam" textos inteiros em cima de argila usando "cilindros de marcações" de uma só coluna e "barris de marcações", estes virando as colunas em direções opostas para imprimir separadamente.

Talvez a autenticidade fosse também a intenção do(s) inventor(res) do processo testemunhado no antigo Disco de Festo de Creta datado de 1600 a.C., o exemplo conhecido mais antigo de imprensa com tipos móveis do mundo (ver Figura 47). Embora a escrita silábica egéia do Disco tenha sido provavelmente inspirada pela idéia do silabário de Biblos levantino, as diferentes perfurações para cada sílaba *in-di-vi-du-al* do grego minóico talvez fossem inspiradas por marcas contemporâneas. Cada marca – antes usada apenas para nomes, lugares ou consignações – tornou-se perfurações de tipos móveis para construir uma mensagem completa, sílaba a sílaba. Assim, os gregos minóicos devem ser considerados os inventores originais da imprensa com tipos móveis (Fischer, 1997). Tão notável quanto essa invenção é que o Mediterrâneo antigo não tenha feito uso dele. A imprensa aparentemente gozou de utilização local e limitada apenas, e depois simplesmente desapareceu.

A China tem uma longa história de técnicas variadas que por fim levaram à impressão em bloco (Carter, 1925). A impressão em bloco reproduz uma face inteira de texto, que é a menor de impressão, ao passo que a impressão com tipos móveis, como no Disco de Festo, utiliza unidades menores intercambiáveis – logogramas individuais, sílabas ou letras – para produzir a face de um texto. No primeiro milênio a.C., os chineses cortavam sinais de gravação em relevo e inscrições multiplicadas usando moldes. Assim que inventaram o papel, por volta de 100 d.C., faziam impressões nesse novo material por meio de decalque e outras técnicas. Escribas chineses do século VI já produziam textos de alta qualidade em papel com total fidelidade de reprodução, usando pedra, argila cozida, madeira e metal. Isso ainda não era impressão em bloco, no entanto, pois o texto original era sempre usado. Mas para prevenir estragos no original, os escribas logo passaram a produzir uma cópia exata em blocos de madeira, primeiro usando caracteres em negativo (isto é, ao contrário), depois cortando caracteres positivos, como o texto original, em relevo. Usando tinta, produziam uma escritura preta em papel branco. O mais antigo livro datado feito com impressão em bloco que sobreviveu é o livro chinês o *Sutra do Diamante*, de 868 d.C. (ver Figura 129).

Até os anos 1800, a impressão em bloco de madeira era o método principal de imprimir na China, Coréia e Japão (Chibbett, 1977). Sua técnica permaneceu virtualmente inalterada por séculos. Começava com o texto sendo escrito num papel fino. Isso era invertido e colocado sobre um bloco de madeira para secar. Uma vez seco, a superfície do papel era friccionada e passava-se óleo sobre o bloco para destacar os caracteres. Um entalhador então cortava a madeira ao redor do caractere, deixando-o em alto-relevo. Tinta indiana então era aplicada a esses caracteres em relevo com um pincel. Em seguida, uma folha de papel úmida era colocada sobre o bloco de caracteres em relevo e friccionada com um instrumento especial feito de fibra de bambu. Também havia impressão em bloco usando pratos de metal, mas era mais caro e seu uso não era tão difundido.

A rápida expansão da tipografia no Leste da Ásia no primeiro milênio d.C., é atribuída à grande demanda por textos budistas (Gaur, 1992). A impressão com blocos supriu essa demanda quando a alfabetização se expandiu. Dessa forma, muito mais literatura foi produzida no Leste da Ásia do que na Europa na mesma época. Os escribas europeus continuaram copiando lentamente à mão, enquanto os editores de livros na China imprimiam um número de textos sem precedente. Em 764, por exemplo, a imperatriz Shotoku do Japão ordenou a impressão de um milhão de *dhāraṇī,* amuleto budista, para distribuição em todo o reino; a tarefa levou seis anos para ser concluída (Figura 162). E em 839, o monge japonês Ennin, por exemplo, viu na montanha sagrada Wu Tai Shan da China mil exemplares impressos de um sutra budista.

A China também inventou uma técnica para produzir caracteres móveis e imprimir com eles. O alquimista Bi Sheng é considerado criador dos tipos móveis chineses em argila cozida em 1045 d.C. Mais tarde, outros criaram tipos móveis em madeira, metal e porcelana. No entanto, a impressão com blocos de madeira foi sempre a técnica preferida na China, pelo grande número de caracteres no sistema de escrita, que tornava tipos móveis impraticáveis.

Figura 162 Mais antigo exemplar preservado de impressão do Leste da Ásia: amuleto budista em sânscrito, impresso com caracteres chineses no Japão, *c.* 770 d.C.

Na Coréia, a impressão em bloco de madeira, emprestada da China, também começou cedo. O Rei Taejo (que governou entre 1392 e 1398 d.C.), publicou uma série de brochuras a partir de blocos de madeira. O rei Tagong (que governou de 1400 a 1418) determinou por decreto real a fundição em bronze de caracteres móveis em 1403, a ser financiada pelo tesouro público. Apesar da tarefa lenta e trabalhosa – milhares de caracteres teriam de ser fundidos –, o conjunto de caracteres em 1409 já estava servindo à oficina tipográfica real. Essa oficina continuou a publicar livros até os anos 1800, usando cubos de madeira entalhada para formar matrizes em areia dentro de um molde de metal. Bronze, e por vezes chumbo, era então derramado no molde para fundir caracteres de metal em tipos móveis. Ao final de 1400, o paço real da Coréia contava com sua própria fundição.

De fato, o reconhecimento das eminentes vantagens da impressão com tipos móveis, e a óbvia dificuldade em conseguir isso no chinês, é em geral visto como a principal razão pela qual o rei Secong (que governou entre 1418-50) estimulou e talvez até tenha supervisionado, a invenção e implementação da escritura hankul coreana de dezoito consoantes e dez vogais. O hankul moderno de hoje exige 164 sinais móveis em vez de vários milhares de caracteres chineses.

O Japão conheceu os tipos móveis com os coreanos e portugueses nos anos 1500. Durante cerca de cinqüenta anos, os japoneses usaram a tipografia, criando notáveis produções. No entanto, a tipografia como regra não se popularizou no Leste da Ásia. Os sistemas de escrita da região e as exigências sociais eram muito diferentes das do Ocidente. A impressão em blocos de madeira na tipografia praticamente tinha desaparecido por volta de 1600. A impressão em bloco funcionava melhor nos textos logográficos do Leste da Ásia porque seus aproximadamente seiscentos caracteres mais freqüentes eram difíceis de armazenar e usar como tipos móveis. Os europeus reintroduziram a tipografia no Leste da Ásia nos anos 1800, que desde então substituiu a impressão em bloco quase inteiramente.

Não está claro o quanto a Europa conhecia das técnicas de impressão do Leste da Ásia. No entanto, a multiplicação mecânica dos textos escritos no século xv na Europa dificilmente poderia ser uma descoberta independente (ibidem). Seu desenvolvimento retardado no Ocidente talvez possa mais ser atribuído à intransigência ocidental do que à falta de criatividade. No tempo certo, a imprensa irrompeu na Europa, e num grau que não teve precedente no Leste da Ásia – pela maior simplicidade da escrita alfabética, que servia perfeitamente à impressão com tipos móveis.

Distintos da impressão do Leste da Ásia, os avanços no Ocidente foram quase inteiramente particulares e comerciais, energizados pelo lucro e dirigidos pelas forças de mercado. Os colecionadores de livros na Europa eram um mercado lucrativo, pois havia os particulares, as demandas da Igreja e as demandas da educação secular alimentadas pela súbita expansão da economia internacional. No início dos anos 1400, muitos editores perceberam que os copistas à mão eram

Figura 163 Primeira impressão com blocos de madeira: São Cristóvão no manuscrito Buxheimer, do sudoeste da Alemanha, 1423.

lentos demais para preencher o aumento de encomendas – muito dinheiro estava se perdendo simplesmente porque levava muito tempo para se copiar um livro. Os editores precisavam de uma técnica mais rápida e barata. A impressão em blocos de madeira começou na Europa no início dos anos 1400 (Figura 163). No entanto, só se desenvolveu inteiramente no mesmo período que a impressão com tipos móveis – isto é, em meados de 1400. A impressão em bloco de madeira continuou sendo utilizada até os anos 1500, sendo depois abandonada por gastar muito tempo.

Embora nos anos 1400 a Europa tenha conhecido a invenção da impressão dos tipos móveis em metal, a cópia à mão de livros continuou por hábito, devoção religiosa, pobreza ou necessidade política; e continua nos dias de hoje. Os primeiros tipógrafos simplesmente imitavam as caligrafias conhecidas dos copistas medievais (Knight, 1984). Alguns escribas desenhavam grandes iniciais nos primeiros livros impressos, enquanto outros se dedicavam a desenhar novas fontes que avançavam a nova técnica. Logo, a impressão começou a exercer influência, e as letras da tipografia se viram livres da mão e pena humanas.

HISTÓRIA DA ESCRITA

Figura 164 Compositor, tipógrafos e vendedor de livros vistos na xilogravura *Dança da Morte*, de Mathias Huss, Lion, 1499.

A história da imprensa de tipos móveis descreve, de forma geral, três períodos (Steinberg, 1961). Uma época criativa que ocorreu entre 1450 e 1550 (Figura 164). Uma era de consolidação e refinamento, que caracterizou os anos entre 1550 e 1800. E de 1800 até o presente, avanços técnicos que trouxeram mudanças nos métodos de produção e distribuição que mudaram os hábitos dos produtores e leitores.

Esse processo começou em Mainz, na Alemanha.

Johann Gensfleisch zum Gutemberg nasceu em Mainz, entre 1394 e 1399, numa família de nobres. Era ourives e começou a explorar o trabalho com imprensa por volta de 1440, quando em exílio político em Estrasburgo. Experimentos semelhantes vinham sendo conduzidos em Bruges, Avignon e Bolonha, e talvez Gutenberg soubesse disso. De volta a Mainz entre 1444 e 1448, teve sucesso em explorar comercialmente as múltiplas técnicas de impressão por volta de 1450. Como ourives, estava habilitado a gravar letras em utensílios de metal. Também produzia em massa insígnias de peregrinos, o que incluía fundição de metal em molde. A idéia de uma prensa fixa talvez tenha sido emprestada de pequenas prensas domésticas encontradas por toda a Europa, que extraíam óleo de oliva ou aplainavam fibras de linho.

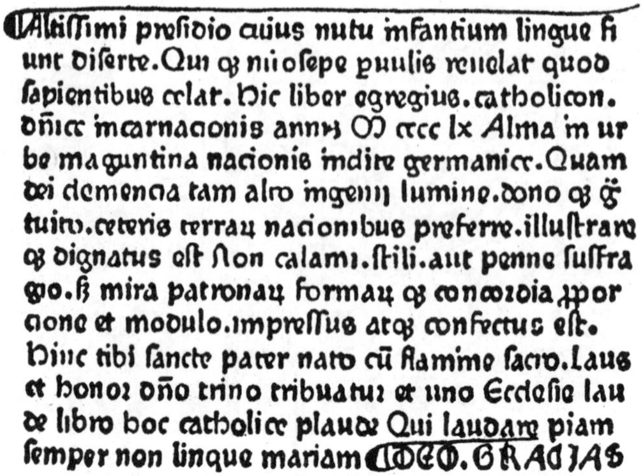

> Altissimi presidio cuius nutu infantium lingue fi
> unt diserte. Qui ex nihilo sepe puulis reuelat quod
> sapientibus celat. hic liber egregius. catholicon.
> dnice incarnacionis annis M ccc lx Alma in ur
> be magūtina nacionis indite germanice. Quam
> dei clemencia tam alto ingenij lumine. dono ex gř
> tuito. ceteris terraų nacionibus preferre. illustrare
> ex dignatus est non calami. stili. aut penne suffra
> gio. ß mira patronaų formaų ex concordia ꝓpor
> cione et modulo. impressus atex confectus est.
> hinc tibi sancte pater nato cū flamine sacro. Laus
> et honor ōno trino tribuatur et uno Ecclesie lau
> de libro hoc catholice plaude Qui laudare piam
> semper non linque mariam DEO GRACIAS

Figura 165 Colofão, ou identidade do editor, de *Catholicon*, provavelmente impresso por Gutenberg em Mainz, em 1460.

A essas técnicas e artefatos já existentes, Gutenberg adicionou duas invenções próprias: fac-símile fundido, que criava uma matriz de uma letra ao contrário, no qual o chumbo derretido podia ser derramado para produzir qualquer número de cópias do mesmo tamanho e altura; e uma tinta que aderia em tipos em metal. S.H. Steinberg fez a seguinte observação:

> O que talvez seja a maior justificativa para a fama de Gutenberg é o fato de que, depois do período experimental inicial do qual nada sabemos, ele alcançou um patamar de eficiência técnica que não foi superado materialmente antes do início do século XIX. Entalhes de letras, matrizes, fundição de tipos, composição da tipologia e impressão, em princípio, continuaram a ser, por mais de três séculos, o que tinham sido no tempo de Gutenberg. (ibidem)

As técnicas e a imprensa de Gutenberg pouco se distinguem das de Benjamin Franklin.

As principais publicações de Gutenberg foram as Bíblias de 42 linhas (1452-6) e 36 linhas (1460)* e uma edição de 1460 da compilação do século XIII do *Catholicon* de Johannes Balbus (Figura 165), embora a autenticidade das duas últimas sejam com freqüência questionadas. A Bíblia de 42 linhas, primeiro livro impresso usando tipos móveis, continua a ser um dos mais importantes trabalhos da história da imprensa. Nela, Gutenberg adotou o estilo e formato dos manuscritos contemporâneos alemães na fonte *Gothic Quadrata* (e mesmo as abreviações e ligaturas

---

* Bíblia de 42 linhas foi o primeiro livro europeu impresso por processo industrial. 42 e 36 eram o número de linhas de cada uma dessas Bíblias de Gutenberg. (NT)

padronizadas dos escribas foram copiadas em tipos). Os escribas então inseriam à mão as iniciais nas margens da Bíblia e outras letras, comumente em vermelho para contrastar com o preto do texto. Gutemberg aparentemente abandonou a imprensa depois de 1460, talvez por causa da cegueira. Morreu em 1468. "Não há dúvida", afirmou a historiadora Albertine Gaur,

> que as duas décadas que Gutenberg passou aperfeiçoando a tipografia marcaram o início do período moderno e todos os avanços científicos, políticos, eclesiásticos, sociológicos, econômicos e filosóficos subseqüentes não teriam sido possíveis sem o uso e a influência da tipografia (Gaur, 1992).

A atividade comercial de publicação de livros também mudou. Patronos individuais não eram mais necessários; só grande capital importava. Os principais centros comerciais da Europa – não as residências reais, mosteiros, abadias ou capelas – tornaram-se os novos centros tipográfico e literário. O círculo social íntimo de intelectuais que cercava cada escola de escribas deu lugar a um público anônimo letrado. Isso por sua vez forçou os editores a padronizar seus textos para garantir maior compreensão, transformando dialetos locais em línguas nacionais; essa padronização levou às "línguas escritas" da Europa, que se tornou mais influente e normativa. Os tipógrafos se empenharam em simplificar a tipologia também, a fim de alcançar o máximo de legibilidade. Os textos impressos agora obedeciam ao gosto da massa, e mudou para sempre os critérios. Toda a sociedade ocidental foi alterada com essa sinergia de homogeneização comercial, lingüística e cultural, processo esse que continua até hoje de modo acelerado.

A imprensa de Gutenberg e possivelmente também suas fontes foram usadas em Mainz por Johann Fust e seu genro Peter Schöffer, para criar o famoso Saltério de Mainz de 1457, na fonte *Gothic Quadrata* grossa, mas imponente, com grandes iniciais pintadas em duas dores e pequenas maiúsculas desenhadas à mão em vermelho. (Alguns saltérios de Fust foram também impressos em velino, um processo raro.) A invasão de Mainz em 1462, porém, interrompeu abruptamente o trabalho de impressão ali, e os tipógrafos fugiram para outros centros europeus. O mais importante desses centros era Veneza, em que os tipógrafos escolheram usar a fonte humanista minúscula, com maiúsculas tiradas das capitulares romana quadrada, que tinha 1500 anos (Knight, 1984). A primeira fonte romana (hoje a mais conhecida) foi produzida em 1470 pelo francês Nicolas Jenson, que chegou a Veneza talvez via Mainz – e certamente é uma das fontes mais arejadas, elegantes e legíveis (Figura 166).

Em 1493, Aldus Manuzio abriu uma oficina tipográfica em Veneza e aprimorou os métodos de Jenson. Francesco Griffo, que se juntou a Manuzio como designer de fontes, criou maiúsculas que eram menores que as ascendentes (como o *s* inicial) usadas na caligrafia, para produzir uma página de texto esteticamente mais balanceada. Chamada de tipografia "página branca" esse método veneziano estabeleceu o modelo de impressão que até hoje, em 2000, é usado. Griffo desenhou a fonte *Chancery Italic* também, que apareceu pela primeira vez em *Opera*, de Virgílio, impressa por Manuzio em 1501. O uso do itálico nesse livro condensou consideravelmente o texto, gastando menos páginas, economizando em custos de produção e tornando o trabalho mais portátil. Muitos escribas italianos da época desenharam fontes itálicas pelas mesmas razões, entre eles o famoso Ludovico degli Arrighi. Fontes em itálico foram usadas até meados de 1500 para imprimir livros inteiros.

A primeira impressão inglesa com tipos móveis foi feita na oficina de William Caxton em Londres, em 13 de dezembro de 1476. (Na Europa inteira, só a Inglaterra deve a introdução da imprensa a um nativo.) Diferente de outros tipógrafos europeus da época, Caxton era um cavalheiro, erudito e beneficiário de direitos de nobreza (Steinberg, 1961). Nascido em Kent, em 1420 ou 1424, passou cerca de 30 anos em Bruges como comerciante e num cargo equivalente a Consul Geral da Inglaterra. Dispensado (provavelmente à revelia) desse encargo, dedicou-se a traduzir o romance francês *Recueil des histoires de Troye* para o inglês, e depois a aprender a nova arte de imprimir, para publicar, por conta própria, a tradução.

Caxton aprendeu a arte de imprimir com um tipógrafo alemão em Colônia, entre 1471 e 1472. Voltando a Bruges, criou sua própria tipografia em 1473, primeiro publicando *Recuyell of the Histories of Troye* em 1474, depois outras três publicações. Em 1476, Caxton voltou para a Inglaterra onde estabeleceu a primeira tipografia do país em Londres, no começo perto da sala de reuniões de Westminster, mas logo depois no Almonry, (dispensário) com o nome de Red Pale (Figura 167). Ali, Caxton também se tornou o primeiro inglês – e não holandês, alemão ou francês, como os outros – a se dedicar ao varejo de livros impressos na Inglaterra. O primeiro livro publicado na Inglaterra, *Dictes or Sayengis of the Philosophres,* de Earl Rivers, saiu da imprensa de Caxton em 18 de novembro de 1477 (Heilbronner, 1967).

Até a morte de Caxton em 1491, a oficina foi apadrinhada, entre outros, pelo rei Eduardo IV, rei Ricardo III e rei Henry VII. Ao todo, ele publicou cerca de noventa livros em dezesseis anos – 74 deles em inglês, numa época em que o latim era quase a única língua da erudição. Cerca de vinte foram traduzidos pelo próprio Caxton. Em suas produções também estavam incluídos trabalhos dos maiores autores ingleses: Chaucer, Gower, Lydgate e Malory.

Após a morte de Caxton, seu assistente Wynkyn de Worde assumiu a oficina. Worde provinha de Elsass, Alemanha, hoje Alsácia na França. Até sua morte, 1535, Wynkyn publicou aproximadamente oitocentos títulos. Cerca de dois terços estavam voltados ao mercado da escola secundária em rápida expansão. Por volta de 1500, Wynkyn havia se mudado de Westminster para a cidade de Londres, onde outros tipógrafos notáveis – como William Fawkes e Richard Pynson (Figura 168) – já estavam estabelecidos. Ali, de 1500 a 1530, Wynkyn e Richard Pynson foram responsáveis pela publicação de aproximadamente dois terços de todos os livros do mercado inglês (Steinberg, 1961).

Hoc Conradus opus suueynheym ordine miro
Arnoldusq; simul pannarts una ede colendi

[Swenhym and Pannartz, tipografia em Roma, 1468]

scriptas. Magnam tibi gratiã gasparinus

[Primeiro livro impresso na França, por Freiburger, Gering and Kranz, Paris, 1470]

F ormosam resonare doces amaryllida siluas. TI.
O meliboee deus nobis hæc ocia fecit.

[Nicolas Jenson, Veneza, 1475]

T roianas ut opes, et lamentabile regnum
E ruerint Danai, quáeque ipse miserrima uidi,

[Fonte itálica de Francesco Griffo, impressa por Aldus Manuzio, Veneza, 1510]

Popolo d' Israel fussi sebiauo in Egitto, & à conoscere la grande
& lo animo di Ciro, che i Persi fussero oppressi da Medi, & ad illu

[Antonio Blado, Roma, 1532]

multo pòst carceris catenas fregit, ingentíque animi
virtute non semel cæsis Barbaris, vltus iniurias, patriã

[Robert Estienne, Paris, 1549]

à Lyon.
De L'Imprimerie de Robert Granjoy.

[Robert Granjon, Lion, 1557]

Admonitiones ad spiritualem vitam vtiles.

[Imprensa Real, Paris, 1640]

Figura 166 Fontes romanas importantes.

242   STEVEN ROGER FISCHER

Figura 167 Pôster de William Caxton anunciando "comemorações de Salisbury", Londres, c.1477.

Figura 168 Página da 3a. edição de *Canterbury Tales*, de Chaucer, publicado por Richard Pynson, Londres, 1492.

HISTÓRIA DA ESCRITA 243

Por essa época, dois tipos se destacavam na Europa Ocidental: romana (ou antiga e gótica (Fractur) (Figura 169). Os séculos seguintes marcaram a substituição gradual da gótica pela romana – nos anos 1500, na maior parte das línguas românicas; nos anos 1600, na Inglaterra e América (com algumas exceções); nos anos 1800, na maior parte do Norte da Europa, com exceção dos falantes do alemão; mas nos anos 1900, os países de fala alemã (Osley, 1965).

Nos primeiros tempos da tipografia, o tipo gótico era muito mais usado do que as fontes humanistas romanas da Itália. (Uma fonte é um conjunto completo de caracteres tipográficos que inclui, em dada proporção, letras de caixa-baixa e

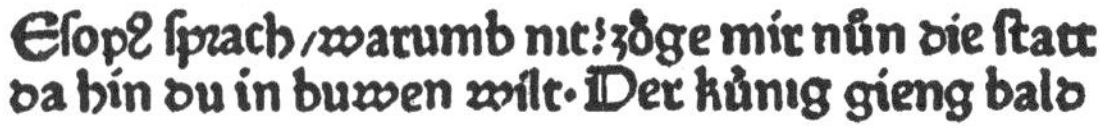

[Johann Zainer, Ulm, 1476-7]

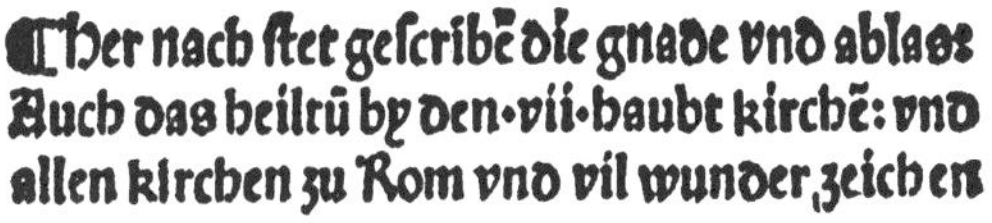

[Stephan Plank, Roma, 1489]

[Johann Schönsperger, Augsburg, 1512-13]

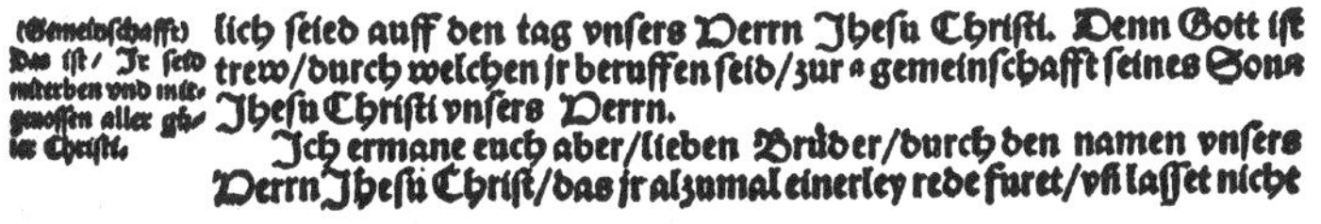

[Primeira Bíblia luterana completa, Hans Lufft, Wittenberg, 1534]

[Sigmund Feyerabend, Frankfurt, 1566]

Figura 169 Importantes fontes góticas antigas.

caixa-alta, algarismos, sinais etc.) A França começou a aceitar fontes humanistas mais cedo, e à medida que o país se tornava mais rico e poderoso, suas fontes passaram a influenciar as de outros países europeus. Na primeira metade dos anos 1500, a França assumiu a liderança em tipografia. Um criador de fontes, Claude Garamond, criou uma nova fonte romana que tinha a aparência da veneziana, mas era mais refinada: as letras se justavam mais harmoniosamente, e os três registros de maiúsculas, caixas-baixas e itálicos se misturavam numa unidade estética. Fontes romanas e itálicas eram agora redefinidas como "metades associadas de um só desenho" (Morison, 1973). Os itálicos eram usados, como hoje, apenas em determinadas palavras ou frases para diferenciar ou dar ênfase, suplementando o romano. (Outras fontes e alfabetos não têm essa distinção de itálicos; para enfatizar uma palavra em hebraico, por exemplo, usa-se colocar espaços entre as letras.) Esse foi o pai do famoso Garamond usado no mundo todo (Blumenthal, 1973).

Há três famílias principais de fontes romanas: *Old Face*, *Modern Face* e *Sans Serif*. A *Old Face* é próxima da mais antiga fonte romana de 1400 (Figura 170). Algumas *Old Face* na verdade são bastante recentes: uma das mais populares é a *Times New Roman* de Stanley Morison, de 1931. Ligeiramente realçadas e oblíquas as *Old Face* têm colchetes com inclinação na parte superior do vértice. Outras *Old Face* correntemente populares são Bembo (reprodução de um original de 1495), Garamond (1621) e Imprint (1912) (Updike, 1937).

Nos anos 1700, um dos *Old Face* britânicos mais populares foi desenvolvido por William Caslon (Chappell, 1970). Muitas fontes britânicas tinham origem holandesa e tendiam a ser pesadas, com uma aparência "primitiva". Usando um "design inglês" derivado de Garamond e Griffo, Caslon personalizou letras caixa-baixa e emprestou-lhes floreios estéticos, usando caligrafia com caneta de pena pontuda para distinguir traços finos e grossos.

Uma característica da fonte de Caslon é um "e" comercial grande e espesso. O *Old Face* de Caslon era particularmente popular nos Estados Unidos, mesmo depois da independência. Benjamin Franklin insistiu que a primeira impressão da Declaração de Independência e a Constituição dos Estados Unidos (originalmente escritas à mão) fossem na fonte romana de Caslon.

A *Modern Face* é produto da racionalização do século XVIII, embora a antiga "*Modern*", ou *romain du roi*, tenha sido proposta já em 1692 pelo comitê real encarregado por Luís XIV da França de criar novas fontes para a Imprensa Real. Essa tarefa só ficou completa em 1745 (ibidem). Rejeitando a *Old Face*, o comitê abandonou as serifas com junção curva à haste e os traços inclinados em favor de impressão mecânica de serifas horizontais sem a curva. Também explorou a última tecnologia pra criar maiores contrastes entre linhas espessas e finas. As partes finas ficavam nos eixos verticais – O, por exemplo, era fino apenas em cima e em baixo e espesso nos lados.

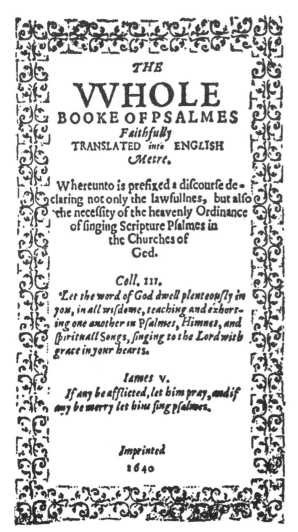

Figura 170 Primeiro livro publicado nos Estados Unidos, impresso em *Old Face*, por Stephen Daye, de Cambridge, Massachusetts, em 1640.

No início, a *Modern Face* era destinada ao uso real, mas a partir de 1750 cresceu em popularidade na Europa, continuando assim até 1830. A Grã-Bretanha resistiu a ela e os tipógrafos locais favoreciam a *Old Face* e fontes "de transição" que mantinham a inclinação, a curva na junção das serifas com a haste da letra (como a Baskerville de 1757 e a Bell de 1788). Um criador de fontes britânico reclamou que o gosto popular o tinha forçado a derreter fontes no valor de milhares de libras, fontes que eram "superiores às substitutas!" (Johnson, 1966). Durante a maior parte dos anos 1800, no entanto, os tipógrafos britânicos preferiram a *Modern Face*. Nos anos 1900, surgiu nova orientação, especialmente nos Estados Unidos, com a

Monotype, que até hoje é muito usada para textos técnicos. Atualmente, quem usa a *Monotype* está mudando aos poucos para a *Times*, que se tornou globalizada.

Em países que não têm fala inglesa, as fontes *Modern*, assim como as *Bodoni* (originalmente criada por volta de 1767), *Didot* (cerca de 1784) e *Walbaum* (cerca de 1805) são ainda populares. As duas primeiras são especialmente populares na França, em que estão próximas das fontes criadas nos anos 1700, emprestando um "estranho arcaísmo" a trabalhos modernos impressos na França. Ainda hoje, muitos europeus preferem a *Old Face* para textos literários com apelo estético e a *Modern Face* para literatura acadêmica e científica. Na Grã-Bretanha, pelo menos, a *Modern Face* é considerada "vitoriana" e tem pouco uso, preferindo-se a *Times Roman*.

Fontes Sans Serif começaram como destaques em pôsteres, circulares, etc. – no início dos anos 1800 (Caslon produziu essas fontes em 1816), e antes de 1850 apenas nas maiúsculas (Updike, 1937). As Sans Serif evidentemente não têm serifas e em geral têm uma linha sem variação fina-espessa no traço. Nos anos 1800, anúncios comerciais influenciaram significativamente o desenvolvimento da tipografia: proprietários exigiam letras grandes, em negrito para assegurar leitura à distância. A partir daí, surgiram três estilos básicos sem serifa: *Egyptian*, com serifas exageradas como placas grandes e negras (como em pôsteres de "procura-se" do Velho Oeste); *Ornates* e *Fat Faces*; e góthicas espessas, em negrito.

Tipos Sans Serif são populares em pôsteres e placas como os quadros informativos do Sistema de Transporte de Londres em Railway Type (1916). Depois da Primeira Guerra Mundial, tipógrafos da Alemanha e Suíça usavam tipos Sans Sefi, influenciados pelo movimento Bauhaus na arquitetura e no design. Despojado de ornamentação e concorrendo abertamente com o Gótico, o Sans Serif foi logo considerado expressão do "homem do século xx" e se tornou extremamente popular em periódicos e informativos de países de fala alemã (embora a maioria ainda imprimisse em *Gothic*). Nos anos 70, a Grã-Bretanha começou a usar tipos sem serifa em livros também. Os tipos sem serifa mais populares são *Helvetia* e *Univers*, ambos de 1957 e agora muito usados como fontes em computadóres pessoais.

Tipos Sans Serif continuaram a se desenvolver nos anos 1900. Os designers fizeram duas escolhas: "voltar às raízes" – recuperando tipos famosos do passado – ou inovar com independência (Carter, 1987). Entre os tipos mais famosos do primeiro grupo estão o *Centaur* de Bruce Roger (que revive Nicolas Jenson), o *Garamond* de Slimbach, o *Bodoni* de Louis Hoell e o *Univers* de Adrian Frutiger, todos representando uma "família Gothic, unida de tipos Sans Serif. Entre os inovadores, estão o *Futura* de Paul Renner, uma geométrica Sans Serif; a *Gill Sans* de Eric Gill, uma *Roman Capital* Sans Serif; a *Perpetua* de Gill, um tipo epigráfico serifado; *Melior*, um tipo elíptico de Hermann Zapf; e *Optima* de Zapf, um tipo romano Sans Serif" (ibidem).

No entanto, devido à sua austeridade o tipo Sans Serif dificilmente desalojará o *Times Roman*, uma *Old Face*, de seu lugar privilegiado como o mais popular do mundo. Estudos mostraram que a leitura de textos mais longos é mais rápida e fácil com *Times* e a maior parte dos leitores prefere sua elegância. Mesmo assim, uma grande porcentagem dos leitores de hoje lêem apenas tipos Sans Serif – em sinais de estrada, letreiros de lojas, rótulos e comerciais de TV.

Num momento histórico na história da escrita na Europa Ocidental, a Alemanha por fim abandonou o *Gothic* pelo *Roman* em 3 de janeiro de 1941. Antes disso, Adolf Hitler glorificara o *Gothic* como tipo nórdico tradicional. Depois percebeu que, para alcançar audiência maior, o credo nazista tinha de ser lido fora de terras de fala alemã. Por isso, declarou oficialmente, através do Ministro de Propaganda, que "o tipo chamado de *Gothic*" era uma invenção judaica ("Schwabacher-Judenlettern", por causa da cidade de Schwabach, perto de Nuremberg) e que o *Roman* seria dali em diante a fonte para a "escrita normal" do povo alemão. Imediatamente, o Reich substituiu o *Gothic* pela escrita *Roman* – isto é, com um alfabeto latino adaptado, como *Gothic*, mas em caligrafia *Roman* que também incluía fonemas alemães especiais ä, ö, ü e ß (ss). "Apesar do argumento sem sentido" escreveu o historiador S.H. Steinberg, "foi a única coisa boa que Hitler fez para a civilização alemã" (Steinberg, 1961). Depois da Segunda Guerra Mundial, os aliados ocuparam a Alemanha e a Áustria e mantiveram a mudança, pois o *Roman* era também a escrita deles (exceto da Rússia, é claro). Com a formação de um novo Estado alemão e por fim com sua autonomia, a escrita *Roman* permaneceu. Agora toda a Europa Ocidental, com exceção da Irlanda, oficialmente usa caligrafia e tipo *Roman*.

Assim como com a tipografia, a invenção da máquina de escrever também mudou o método, a aparência e o papel da escrita na sociedade – seu teclado está subjacente na revolução de hoje promovida pelo PC. Até meados dos anos 1800, todos os tipos eram estabelecidos à mão. O número de caracteres era desimportante, bastava que fossem acessíveis com facilidade. Mesmo a tipologia da escrita era desimportante, tanto fazia se era impresso em sistema logográfico, silábico ou alfabético. A máquina de escrever mudou isso completamente (Beeching, 1974). Tendo precursores alemães e austríacos feitos de madeira, a primeira máquina de escrever *prática* foi inventada por um americano, Christopher Lathan Scholes, em 1867 e posta à venda pela Companhia Remington em 1873. Tinha 44 teclas e podia datilografar todas as maiúsculas, números e alguma pontuação. Logo depois, a tecla "shift" (alteração) foi inventada, e uma letra minúscula foi instalada na mesma tecla da maiúscula. Desde então, todas as máquinas comuns podiam datilografar cerca de 88 a 92 caracteres, o que bastava para as necessidades cotidianas. O papel carbono, inventado antes de 1880, permitia cópias adicionais. O primeiro autor a escrever um romance numa máquina foi o americano Mark Twain (1834-1910). Textos à mão continuaram a ser aceitos pelas editoras até o final dos anos 1900. Pela primeira vez, pessoas que não era tipógrafos, libertavam-se da caneta e da tinta, podendo imprimir como profissionais, embora ficassem limitados a um tipo por máquina.

Novas invenções se seguiram (Daniels, 1996, p.883-92). Nos anos 1880, Ottmar Mergenthal inventou a linotipo, a primeira compositora mecânica bem-sucedida. Em 1881, James B. Hammond produziu a máquina de escrever Hammond, que incorporava um dispositivo próprio que permitia a datilografia de um número ilimitado de tipos. A invenção de Hammond foi suplantada pela VariTyper, a máquina que permitia reprodução em offset, imitando a capacidade das máquinas tipográficas com blocos de chumbo. Essas máquinas estiveram na ativa até 1970, quando máquinas elétricas invadiram o mercado. Ao mesmo tempo, a máquina copiadora apareceu. Por volta de 1980, apareceu o computador pessoal, aumentando a freqüência da escrita – mas com o teclado das antigas máquinas de escrever.

Hoje, todos que possuem um computador pessoal têm acesso imediato às escritas do mundo e seus sistemas, incluindo muitos da Antigüidade. Processadores modernos, máquinas eletrônicas e computadores pessoais superaram muitas das desvantagens da máquina de escrever básica, oferecendo um amplo leque de opções tipográficas, incluindo fontes, tamanho, itálicos, negritos, justificando o texto e usando símbolos especiais. A escrivaninha de casa e do escritório substituiram a oficina do tipógrafo (Eisenstein, 1979).

A impressão com tipos móveis mudou a própria linguagem. Até a idade da imprensa, cada escriba que criava um texto – isto é, não copiava, mas produzia um texto – escrevia foneticamente. Ele (só raramente acontecia de ser uma mulher) tentava reproduzir cada palavra como falava. (E os copistas escreviam de acordo com normas monásticas ou de chancelaria locais.) Com a imprensa, novos padrões foram estabelecidos. Os tipógrafos em geral imprimiam a língua da região comercial em que o livro seria vendido. Isso era feito para ele ser entendido pelo maior número de clientes potenciais – ou seja, para aumentar o lucro.

Caxton, por essa razão, escolheu imprimir no dialeto londrino. Imprimir em Londres ajudou a estabelecer uma língua inglesa unificada, propondo o dialeto artificial de Londres e condados ao seu redor como padrão, o qual nunca foi abandonado (Steinberg, 1961). Vocabulário, gramática e sintaxe foram fossilizados na antiga imprensa londrina – geralmente resultado de uma decisão consciente dos primeiros tipógrafos da cidade – e isso sobreviveu até os dias de hoje. Pode-se mesmo afirmar que o estilo londrino (língua e convenções preferidas dos tipógrafos) criou o inglês moderno, à medida que os tipógrafos londrinos foram mudando intencionalmente usos incomuns ou dialetos para adequá-los a um modelo concebido que em certo momento se tornou o inglês britânico padrão. Já em 1495, por exemplo, Wynkyn de Worde alterou o texto de um manuscrito escrito uns cinqüenta anos antes, para torná-lo adequado à fala de Londres que seu mestre Caxton adotara. Dessa forma, *twey* se tornou *two*, *wend*, se tornou *go*; *clepe* se tornou *call* e *name*, e assim por diante.

Primeiro na Alemanha, Itália, França, Grã-Bretanha e Espanha, e depois por todo o mundo, a palavra impressa nivelou dialetos para criar um padrão de língua falada e escrita nacional. Por séculos, a imprensa escrita centralizou, nivelou e normatizou. Isso foi a sentença de morte para centenas de dialetos regionais, particularmente nos anos 1800 e 1900 – primeiro marginalizados pela imprensa, depois extintos pelo advento do rádio, filmes e televisão.

O refinamento do alfabeto latino adentrou bastante a era da imprensa. Nos anos 1500, falantes de línguas românicas (italiano, francês, espanhol, português, catalão e outros idiomas) perceberam a confusão que resultava de escrever o *v* e *i* latim tanto como vogal como consoante, apesar das reformas carolíngias. Em 1524, o tipógrafo romano Giangiorgio Trissino recomendou o uso da forma minúscula do *V* – que era *u* – para criar uma vogal *U* separada, e o uso do *V* para criar uma consoante caixa-baixa *v*. (Dessa forma, duas letras separadas foram formadas, com caixa-alta e caixa-baixa.) Ao mesmo tempo, Trissino recomendou que variantes *J* e *j* das duas letras latinas *I* e *i* fossem usadas como consoantes por si mesmas para representar vários sons desenvolvidos pelas línguas românicas desde o declínio do latim. A maioria dos alfabetos europeus, incluindo o inglês, adotou as inovações de Trissino: hoje escrevemos *I* e *i* como vogais e *J* e *j* como consoantes, e *U* e *u* como vogais e *V* e *v* como consoantes.

Os franceses acrescentaram marcas diacríticas na língua escrita por volta de 1770, para ordenar o uso de acentos, cedilha, diérese (como o trema em *naïve*) etc. Por causa desses diacríticos, uma só letra – o *e* em francês, por exemplo – agora preenche nada menos que cinco diferentes funções: e, é, è, ê, ë.

"A história da imprensa" escreveu S. H. Steinberg, "é parte integrante da história geral da civilização" (ibidem). A imprensa mudou a sociedade de forma fundamental. Por fazer cópias quase ilimitadas de um texto criado por meios mecânicos (agora eletrônicos), conduziu a sociedade de um acesso limitado do conhecimento para um acesso quase ilimitado. A imprensa na verdade possibilitou a existência da sociedade moderna. Não é exagero alegar que a imprensa foi tão importante para a humanidade como o controle do uso do fogo e da roda.

E mais relevante para a história da escrita, a imprensa também engrandeceu o alfabeto latino. De fato, aparentemente, o crescente uso desse alfabeto pela imprensa nos últimos 550 anos teria sido o maior fator para que o alfabeto latino se tornasse o principal sistema de escrita do mundo no começo do século XXI.

Criações inspiradas no alfabeto latino

Como vimos, escrituras e sistemas de escrita inspiraram imitações ao longo de toda a história. Nos anos 1800 e 1900 em particular, a expansão do Ocidente em regiões antes isoladas do globo influenciaram a criação de numerosas escritas que copiaram o alfabeto latino. A escrita de missionários e comerciantes era emprestada inteiramente com pequenas mudanças ou acréscimos de diacríticos.

Ou eram adaptadas de maneira fundamental, aproveitando só as formas de letras, não seus sons. Ou apenas a *idéia* da arte gráfica representando a fala humana foi compreendida e imitada. Assim, línguas africanas, americanas, asiáticas e da Oceania até então não-grafadas, experimentaram a escrita pela primeira vez.

Significativamente, muitas criações de inspiração ocidental que evitavam o alfabeto latino seguiram uma linha de desenvolvimento – quando tiveram tempo de desenvolver – da ideografia para a logografia, para fonografia e por fim culminando em rébus silábicos. A escrita final, geralmente alcançada em duas gerações, ficou circunscrita a uma simplificação. A maior parte das pequenas sociedades que entrou em contato com os ocidentais e seu alfabeto latino nos anos 1800 e início do século XX e quis imitar a escrita, não tinha, realmente, essa necessidade. Uma vez criada a imitação, o aumento do comércio com o Ocidente ampliou a familiaridade com o alfabeto latino. A imitação carecia da força da tradição e não podia concorrer com o alfabeto latino, por isso acabou sendo abandonado em favor deste.

Algumas inspirações eram simples trocas. Por exemplo, em 1928, Kemal Atatürk abandonou o alfabeto consonantal arábico da Turquia, que sempre esteve bem próximo do islamismo, pelo alfabeto latino a fim de romper com o passado e promover o progresso. Várias letras com diacríticos tiveram de ser criadas. O ğ se tornou /g/ "suave", como um *y*. O ş era o som "sh" (o turco evitava propositalmente o trígrafo *sch* do alemão para isso). O turco emprestou o ö e ü do alemão para sons idênticos. Hoje o turco ainda usa essa forma especial do alfabeto latino.

Outras línguas que nunca tinham sido escritas antes precisavam apenas de metade do alfabeto latino, ou menos. O Rotokas, das Ilhas Salomão, só usava onze letras; é o menor alfabeto do mundo. Por outro lado, a língua khmer do Camboja tem o maior alfabeto: 74 letras. O alfabeto latino é eminentemente adaptável para esses empréstimos. Quando se escreve línguas polinésias, por exemplo, só é necessário marcar a extensão da vogal com um macro (¯) e a parada glotal (como *uh-uh* em inglês) com um ('). O fonema /ŋ (como em *sing*, em inglês) de muitas línguas polinésias, geralmente é resolvido com dígrafo *ng,* como é em inglês e alemão, ou mesmo com um simples *g.* Exemplo: Pago Pago (que se pronuncia Pángo Pángo) – nome da capital de Samoa Americana.

O maltês, uma língua árabe, também usa o alfabeto latino; é a única língua árabe a fazer isso. Desde 1958, o governo chinês permitiu, em várias gradações, que o chinês fosse escrito no sistema Pinyin, que também usa o alfabeto latino (Capítulo 5).

Há sempre uma afirmação política subjacente na escolha de uma escrita nacional. A Somália, por exemplo, ficou independente em 1960 e imediatamente percebeu a necessidade de uma escrita nacional. Convivem na Somália inúmeras línguas: somali e árabe são as línguas nacionais (a religião oficial é o islamismo), mas o italiano e o inglês são populares. Um comitê governamental examinou dezoito escritas e em 1961 e duas delas foram selecionadas para uso nacional: a escrita "osmaniana" e um alfabeto latino adaptado. (O "osmaniano" foi uma criação do século xx de Osman Yussuf, que combinou elementos das escritas italiana, árabe e etíope, e esta última influenciou mais a aparência da nova escrita.) Em 1969, houve um golpe na Somália; quatro anos mais tarde, a escrita osmaniana foi abandonada em favor do alfabeto latino adaptado, que se adequava melhor à ideologia dos líderes do golpe.

Os Estados Unidos conheceram várias escritas. O missionário britânico metodista, John Evans, por exemplo, criou a escrita Cree do território de Hudson Bay de 1840 a 1846. Os inuit, da ilha de Baffin, no nordeste do Canadá, ainda usam uma versão modificada hoje. A escrita do Alasca criada pelo inuit Uyako (1860-1924), com outros, era muito mais sofisticada do que a "escrita" desenvolvida em 1920 pelo pastor de ovelhas chukchi Tenevil, que permaneceu pictográfica.

A escrita cherokee tem considerável importância histórica e social. Foi criada entre 1821 e 1824 por Sikwayi (Sequoya ou George Guess), membro mestiço de uma tribo do norte da Geórgia e da Carolina do Norte, pertencente à nação iroquois. Por volta de 1821, Sikwayi conheceu o alfabeto latino e percebeu os benefícios potenciais de ter sistema semelhante entre seu povo. Começou criando um sinal para cada palavra da língua cherokee. Um ano e vários milhares de sinais mais tarde, ele viu a impraticabilidade de tal sistema de escrita e decidiu quebrar as palavras em unidades simples (e menos numerosas) – as mais significativas sílabas, consoantes, vogais e agrupamentos da língua cherokee. Depois, usando uma cartilha em inglês, Sikwauy apontou arbitrariamente letras do alfabeto para essas unidades de som importantes; nenhuma letra em inglês correspondeu a seu valor em cherokee. Ele também inventou sinais, alguns modificados do alfabeto, mas a maioria inventada. A resultante escrita cherokee é um silabário que também inclui puras vogais e agrupamentos.

Diferente da expansão feita pela Índia no alfabeto consonantal aramaico, colocando seus valores sonoros num silabário nativo, a escrita cherokee foi uma inovação independente: a criação de Sikwayi não foi influenciada substancialmente pelo alfabeto latino. O princípio alfabético e seus sons não foram usados – apenas as formas gráficas de algumas letras aproveitadas. Por outro lado, Sikwayi apenas emprestou a idéia da escrita, linearidade e direção da esquerda para a direita (assim como habitantes da Ilha de Páscoa fizeram com sua escrita rongorongo, como veremos).

De início propondo duzentos sinais, Sikwayi mais tarde simplificou o repertório para um total de 85 (Figura 171). Em 1827, um tipógrafo de Boston desenhou tipos cherokee. Logo, um jornal e outra literatura apareciam em escrita cherokee, e muitos cherokee se alfabetizaram em seu próprio sistema de escrita. (Afirma-se que cerca de 90% dos cherokee chegaram a ser alfabetizados na escrita cherokee.) Mesmo depois da trágica limpeza étnica da tribo cherokee pelo governo americano,

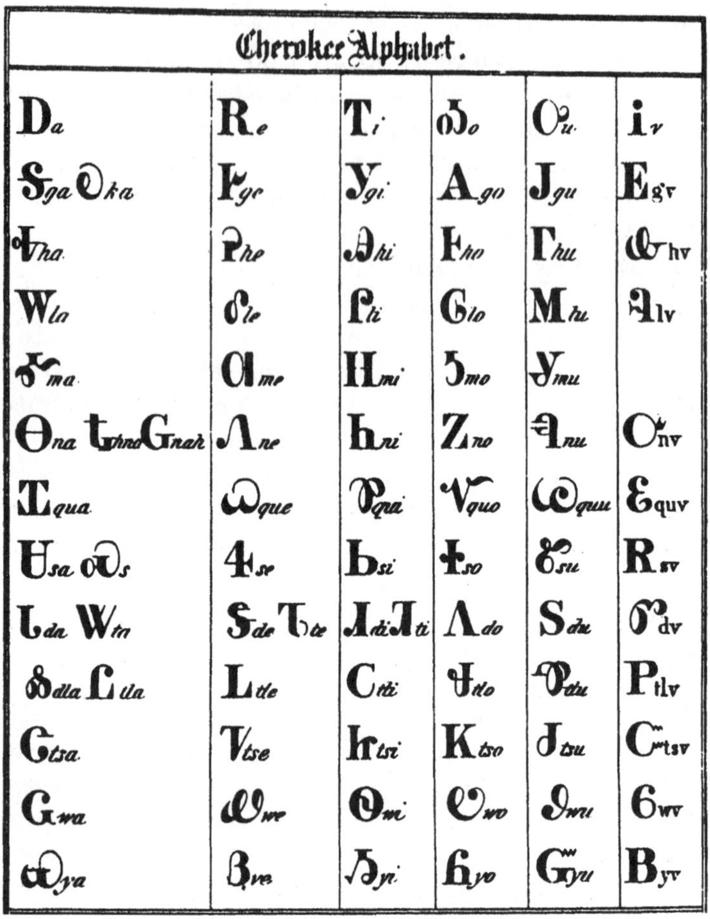

Cherokee Alphabet.

D$_a$	R$_e$	T$_i$	ᴼ$_o$	O$_u$	i$_v$
S$_{ga}$ O$_{ka}$	F$_{ge}$	y$_{gi}$	A$_{go}$	J$_{gu}$	E$_{gv}$
ᵥ$_{ha}$	P$_{he}$	ᴅ$_{hi}$	F$_{ho}$	Γ$_{hu}$	Ꮼ$_{hv}$
W$_{la}$	Ꮄ$_{le}$	P$_{li}$	G$_{lo}$	M$_{lu}$	ꝗ$_{lv}$
ꝗ$_{ma}$	Ol$_{me}$	H$_{mi}$	ꝺ$_{mo}$	y$_{mu}$	
Θ$_{na}$ t$_{hna}$ G$_{nah}$	Λ$_{ne}$	h$_{ni}$	Z$_{no}$	ꝗ$_{nu}$	O$_{nv}$
T$_{qua}$	ω$_{que}$	ꝗ$_{qui}$	V$_{quo}$	ω$_{quu}$	ε$_{quv}$
U$_{sa}$ ꝺ$_s$	4$_{se}$	b$_{si}$	ɫ$_{so}$	8$_{su}$	R$_{sv}$
L$_{da}$ W$_{ta}$	S$_{de}$ Ƭ$_{te}$	J$_{di}$ J$_{ti}$	Λ$_{do}$	S$_{du}$	ꝯ$_{dv}$
ꝺ$_{dla}$ L$_{tla}$	L$_{tle}$	C$_{tli}$	ꝗ$_{tlo}$	ꝗ$_{tlu}$	P$_{tlv}$
G$_{tsa}$	V$_{tse}$	Ir$_{tsi}$	K$_{tso}$	d$_{tsu}$	C$_{tsv}$
G$_{wa}$	ω$_{we}$	Θ$_{wi}$	Ο$_{wo}$	ꝗ$_{wu}$	6$_{wv}$
ω$_{ya}$	β$_{ye}$	ꝺ$_{yi}$	ꝺ$_{yo}$	G$_{yu}$	B$_{yv}$

Figura 171 "Alfabeto" cherokee de Sikwayi – silabário que inclui vogais puras e agrupamentos.

e sua expulsão para o território estrangeiro de Oklahoma a partir de 1830, o apego dos cherokee a sua escrita era um símbolo de orgulho e identidade étnica. Mais tarde, a escrita cherokee foi abandonada, embora não tenha morrido inteiramente – publicações religiosas e jornais ainda são escritos nela. De fato, estão sendo despendidos esforços para revitalizar a grande criação de Sikwayi.

A África também conheceu criações igualmente inspiradas. A escrita Vai parece ser uma fonetização do início do século xix de uma escrita pictórica antiga. A escrita mende, de Serra Leoa, é considerada produto de um alfaiate muçulmano do início dos anos 1900. E a escrita bamum, de Camarões, na África central, foi desenvolvida pelo rei Njoya e seus conselheiros entre 1903 e 1918 (Schmitt, 1967, p.594-604) – uma experiência particularmente curiosa. Conhecendo a escrita dos missionários, o rei Njoya decidiu que seu povo necessitava de algo semelhante. Em um sonho, diz-se, ele viu como deveria inventar um desenho para cada objeto ou ação em bamum. Quando acordou, pediu aos súditos desenhos e pensou em simplesmente escolher quais usar para a escrita. Como isso se mostrou muito pouco prático depois de cinco tentativas, Njoya adotou a escrita *rébus*. Essa teve grande sucesso, pois a maior parte das palavras em bamum são monossílabas do tipo CV (C), ou consoante-vogal (com final consonantal arbitrário). E como muitas palavras em bamum compartilham a mesma forma, diferenciando apenas em tons fonêmicos, foi necessários apenas um pequeno repertório de sinais (logo)silábicos para permitir a transmissão adequada, ainda que incompleta, da língua.

Outra inspiração africana fascinante é o alfabeto N'ko para o mandekan (Dalby, 1969, p.161-81). (N'ko significa "Eu digo" em todos os dialetos falados na região de Sahel no oeste da África e regiões ao sul.) Esse alfabeto, criação de Soulemayne Kante em Kankan, Guiné, logo depois da Segunda Guerra Mundial, é lido da direita para a esquerda, com 18 consoantes e sete vogais. Para assinalar nasalização, é colocado um ponto abaixo da respectiva vogal. Vários diacríticos colocados acima da vogal ou sílaba nasal indicam a extensão, o tom e as distinções tonais especiais.

No início de 1900, duas escritas diferentes eram usadas para escrever a língua woleaian das Ilhas Carolinas (hoje Estados Federados da Micronésia) no Pacífico (Riesenberg e Kaneshiro, 1960, p.273-333). Ali já existia escrita pictórica desde meados de 1800 (Harrison, 1876, p.248-50). No entanto em 1878, um missionário inglês levou para a ilha de Truk que depois, em 1905, foi levado para Woleai, onde foi mal compreendido e desenvolvido como silabário de 19 sinais, todos tirados de letras do alfabeto latino. As sílabas são do tipo *Ci* (consoante mais a vogal /i/), exceto para as vogais puras. Alguns anos mais tarde, no entanto, um silabário mais extenso de pelo menos 78 sinais foi inventado na Ilha de Faraulep. Isso serviu para superar a incapacidade da escrita de woleai de transmitir sílabas com vogais que não fossem /i/. Os sinais desse segundo inventário tinham origem mista: alguns eram pictográficos, alguns pareciam as sílabas *katakana* do japonês e outros devem ter sido invenções locais. Era um sistema aberto, ou seja, um escritor podia simplesmente criar novos signos quando achasse necessário.

Fora as escritas macassar-buginese de Celebe e bisaya das Filipinas – descendentes de escritas introduzidas pela Índia – acreditava-se que até 1900 a Oceania não tinha escrita plena. Evidentemente, não havia necessidade de escrita completa na região, uma vez que a literatura oral e dispositivos mnemônicos supriam todas as exigências dessas sociedades de armazenarem informações, incluindo recitações genealógicas extremamente longas. No entanto na isolada Ilha de Páscoa, no sudeste do Pacífico Sul, surgiu uma das invenções mais intrigantes inspiradas em alfabeto latino, aparentemente resultado da anexação espanhola em 1770 (Fischer, 1997).

A escrita rongorongo da Ilha de Páscoa, evidentemente tomara de empréstimo do espanhol apenas a idéia da escrita, linearidade e a direção da esquerda para a direita. Tudo o mais – o sistema de escrita, sinais, valores sonoros e aplicação social – era produto do gênio insular.

Usando aproximadamente 120 logogramas básicos – pássaros, peixes, deidades, plantas, geometria etc. – que aceitavam variados semasiogramas (glifos que indicavam idéias diretamente sem a língua) e fonogramas como acessórios, os habitantes da Ilha de Páscoa do início dos anos 1800 escreviam em um sistema misto de glifos principais com fusões, anexações e compostos. A escrita não se tornara subitamente "necessária" na primitiva Ilha de Páscoa. O *mana*, ou "poder sócio-espiritual" da escrita que os espanhóis tinham mostrado – como o segundo grupo de estrangeiros que chegara na ilha – foi explorado para restabelecer a autoridade em declínio da classe governante, o chefe e os sacerdotes. O *rongorongo* da Ilha de Páscoa é escrita no sentido de reproduzir a fala humana por meio da arte gráfica. No entanto, não é "escrita completa", uma vez que não consegue reproduzir "quaisquer pensamentos" na língua de sua sociedade – apenas um corpus muito limitado de manifestações retóricas. O sistema não pretende nem transmitir adequação lingüística: restringe-se a um repertório de espécies, apresentando parâmetros lingüísticos e estruturais limitados. A maioria das 25 inscrições *rongorongo* preservadas, todas entalhadas na madeira, parecem consistir de seqüências de simples procriações recorrentes, tais como "Todos os pássaros copularam com o peixe dando origem ao sol" (Figura 172). "O rongorongo transmite principalmente as criações divinas dos habitantes da Ilha de Páscoa e seu mundo insular, preservando uma antiga tradição oral por meio de uma inspiração estrangeira. A atividade do rongorongo cessou nos anos 1860 por causa de pandemia, incêndio de moradias, perda de tabu, falha de repassar a arte e outras razões. Hoje, os habitantes da Ilha de Páscoa escrevem em castelhano chileno; apenas um pequeno número tenta escrever na língua rapanui polinésia nativa, também usando alfabeto latino.

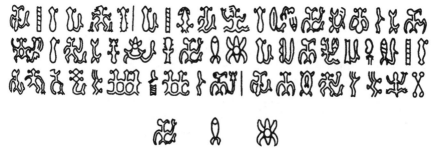

"**Todos os pássaros copularam com o peixe dando origem ao sol.**"

Figura 172 Leitura da escrita rongorongo da Ilha de Páscoa.

Os manuscritos ocidentais surgiram primeiro em maiúsculas ou cursivas. Uma vez desenvolvidas as minúsculas, a partir das maiúsculas semi-unciais, elas passaram a preencher os manuscritos. Algumas vezes, as maiúsculas eram inseridas entre elas para enfatizar primeiras letras de palavras ou todo um nome. A combinação indiscriminada de maiúsculas e minúsculas continuou do século IX até o XVI. Nos anos 1500, designers de tipos desenharam letras em caixa-alta baseadas em maiúsculas de monumentos romanos, e letras em caixa-baixa reproduzindo de perto a escrita em minúsculas. Isso se tornou muito popular. E explica por que temos 42 letras funcionais no alfabeto inglês de hoje (e mais, se incluirmos os itálicos). São grandes as diferenças entre a maior parte das caixas-altas e caixas-baixas do inglês – com apenas dez exceções, como *C/c, K/k, O/o* – constituindo sinais totalmente diferentes: *Aa, Bb,Dd* etc. Alguns alfabetos como o grego, tomaram emprestado esta idéia humanista. Outros não: a maior parte das maiúsculas russas, por exemplo, são meramente letras minúsculas aumentadas.

Hoje, o alfabeto latino é o sistema de escrita mais importante do mundo (Fischer, 1999). Transmitindo a maioria das línguas do mundo, continua em essência o mesmo sistema dos monumentos e papiros romanos de mais de dois mil anos atrás, e suas letras em caixa-alta são idênticas às maiúsculas romanas. (É no mínimo curioso que a maioria dos países não-ocidentais tenha adotado o alfabeto latino por sua reconhecida modernidade, associando-o a tecnologia e perspectiva de prosperidade.) E talvez mais importante para uma história da escrita, seja que o valor fonético geral dessas letras – admitindo pronúncias regionais – ainda transmita os mesmos sons gerais que transmitia aos leitores romanos. Em comparação, os caracteres chineses clássicos mantêm sua forma antiga, mas, passados dois mil anos, as pronúncias são totalmente diferentes. Por essa razão, o alfabeto latino é visto como o sistema de escrita consistente em uso mais antigo que ainda mantém seus sinais e sons originais (Knight, 1984). Como sua caixa-alta é romana e a caixa-baixa carolíngia, o próprio Carlos Magno teria pouca dificuldade em ler cada palavra impressa neste livro.

No entanto, a máquina de escrever e o computador destruíram a escrita à mão. Na América do Norte britânica dos anos 1700, os manuais de escrita europeus serviam de modelo para a caligrafia, que então era um atentado de cultura. Esses manuais europeus adotavam o estilo Copperplate: maiúsculas floreadas, ornadas e com ligaturas. Nos anos 1800, surgiu uma "caligrafia americana" única – estilo spenceriano (cursiva comercial), uma Copperplate leve que só ocasionalmente usava traços pesados. Duas simplificações do spenceriano dominaram as salas de aula dos Estados Unidos até o final do século passado, quando a arte de escrever à mão foi considerada "habilidade desnecessária" e amplamente abandonada. A Grã-Bretanha também seguiu modelos de Copperplate simplificados, como o de Vere Foster, no começo dos anos 1900, até que uma variedade de texto impresso ou manuscrito os substituíram. Na Grã-Bretanha também cessou o ensino da caligrafia.

Hoje, em vista da decisão dos educadores, a maior parte da escrita à mão nos Estados Unidos e no Reino Unido é mal feita, feia e geralmente ilegível. A estética é produzida por fontes selecionadas com o clique de um mouse.

No que diz respeito à palavra impressa, o "teclado do pergaminho" perpetua um sistema e uma escrita que dificilmente serão suplantados. Uma das vantagens da facilidade de adaptação do alfabeto latino é sua compactação (Man, 2000). Sua inteira simplicidade lhe dá uma flexibilidade e força que parece assegurar a sobrevivência e encorajar mais expansão. Há mais de quinhentos anos, o advento da imprensa com tipos móveis favoreceu a escrita alfabética e mudou o mundo. O computador pessoal fundou a sociedade eletrônica num pedestal alfabético.

Ele está agora escrevendo o nosso futuro.

Capítulo 8
Um roteiro para o futuro

"A escrita é a pintura da voz", escreveu o filósofo francês Voltaire em meados de 1700, refletindo a avaliação antropocêntrica que sua época fazia do objetivo inato e escopo da escrita. Duzentos e cinqüenta anos mais tarde – passando por uma revolução eletrônica – muitos haveriam de admitir que a escrita transcende mesmo a humanidade. Tem sido um desmame demorado.

Após um milênio de "escrita incompleta", usando sinais simbólicos e outras técnicas e imagens gráficas em argila macia e outros materiais, os escribas desenvolveram a idéia da "escrita completa". O foneticismo sistêmico que define a escrita completa aparentemente apareceu pela primeira vez, em várias formas, entre 4000 e 3500 a.C. na Mesopotâmia. Por meio de "difusão de estímulos" – a transmissão de uma idéia ou hábito de um povo a outro – a função e técnica da escrita inspiraram os vizinhos a criar sistemas ou escritas semelhantes. Surpreendentemente, ao longo da história, apenas três principais *tradições* de escritas foram preservadas: a afro-asiática (Mesopotâmia, Egito e Levante e derivativas), a do Oeste da Ásia e a da América. As três compartilham a fonte suméria.

Três *sistemas* de escrita principais predominaram também, com muitas variantes e combinações transicionais – isto é, sistemas mistos e escritas mistas (e mesmo ambos juntos, como no japonês):

– *logografia*, ou "escrita da palavra" em que os grafemas ou sinais de escrita representam palavras;

- *silabografia*, ou "escrita silábica" em que os grafemas transmitem sílabas *in-di-vi-du-ais*;
- *alfabeto*, em que sinais chamados "letras" representam consoantes individuais (alfabetos consonantais, como árabe e hebraico) ou consoantes e vogais individuais (alfabetos completos como grego e latim).

Ao longo do tempo, a maior parte dos sistemas tendeu a se tornar silábicos, e seu antigo conteúdo semântico (sentido) foi gradualmente sobrepujado pelo conteúdo fonético (som). A escrita alfabética não mudou dessa forma. Uma vez que os antigos escribas egípcios elaboraram-na e os gregos cipriotas a "aperfeiçoaram", a escrita alfabética permaneceu *sistematicamente* a mesma, embora apresentando diferentes tipos de escritas avançadas. Hoje, por causa da globalização e da tecnologia moderna, a escrita alfabética começa a desafiar todas as outras escritas.

Nos anos 1800, um dos fundadores da antropologia moderna, talvez com excesso de darwinismo, defendeu a idéia de que a evolução da sociedade da "barbárie" à "civilização" foi possibilitada primeiro e principalmente pela alfabetização, a habilidade de ler linguagem escrita (Tylor, 1881). Hoje, tende-se mais a enxergar a língua como a ferramenta mais importante da sociedade, sendo a língua escrita o cabo dessa ferramenta: a escrita por si só não possibilitou, mas facilitou enormemente, o desenvolvimento social. Deve-se também evitar identificar "estágios" evolucionários no uso da escrita. Os três sistemas de escrita – logografia, silabografia e alfabeto – são maximizados cada um por uma língua, sociedade e era determinadas. Os três sistemas não são graus de qualidade, nem estágios em um modelo de "evolução da escrita" (que não existe). São simplesmente diferentes formas que acomodam diferentes necessidades lingüísticas e sociais quando elas surgem (Diringer, 1968).

Ao contrário da opinião popular, a economia e a simplicidade não são as forças motoras por trás dos sistemas de escrita ou do desenvolvimento de uma escrita: senão, o brâmane índico, por exemplo, nunca teria "regredido" de um alfabeto consonantal simples para um sistema complexo com diacríticos em vogais, criando um amplo pseudo-silabário de sinais. Muito mais significativa na história da escrita do que a economia e a simplicidade é a precisão, maior realce fonético, resistência à mudança, não-ambigüidade, devoção e outros fatores em geral superficiais.

"Todas as escritas", afirmou recentemente o historiador francês Henri-Jean Martin, "estão atadas à forma de pensamento da civilização que a criou e à qual seu destino está ligado" (Martin, 1994). Isso seria ótimo, se fosse verdade. Em vez disso, parece que nenhuma "forma de pensamento" autônoma subjaz qualquer civilização. Todas as escritas envolvem empréstimos e adaptações, e não "criação". E o "destino" na verdade enterra a natureza prática das conveniências fonéticas perante os caprichos das suficiências sociais. Nessas sociedades nas quais o alfabetismo se restringia a um grupo seleto, como no antigo Egito ou Ilha de Páscoa antes da presença dos missionários, a escrita parece de fato ter pouco efeito (Sampson, 1985). Em sociedades nas quais o alfabetismo está bem difundido, no entanto, o impacto da escrita é profundo. Ele preserva a língua falada; eleva e padroniza, normatiza, enriquece e gera muitos outros processos ligados à língua com amplas implicações sociais (Fischer, 1999). Sociedades humanas avançadas, como o Primeiro Mundo, não podem existir sem a escrita. A aquisição do letramento se tornou, pelo menos entre a humanidade privilegiada, a questão mais importante depois do domínio da língua.

Se se pode tirar uma lição da história da escrita, é que a escrita não "evolui" gradualmente de desenhos mudos. Ela começou como expressão gráfica da fala e permaneceu assim por milênios. Isso parece estar mudando, no entanto. Estudos modernos revelaram que ler seqüências de caracteres ou letras – não escrevê-las – liga-as, na mente, diretamente com os pensamentos, contornando a fala. E computadores modernos agora estão escrevendo regularmente de um para o outro independentemente da mediação humana. Não são propriamente esses fenômenos, mas o novo entendimento que temos deles que empresta futuros significados ao papel, aparência e técnica da escrita.

Diglossia

Quando a língua escrita de um povo difere tão amplamente de sua língua falada que duas línguas separadas se mantêm, isso é *diglossia* (do grego *di* "dois" e *glōssa* "língua"). O fenômeno tem várias causas. Primeiro, só a língua culta se torna objeto de transmissão escrita numa sociedade que conhece as formas "correta" e "incorreta" da língua (De Silva, 1976). Em segundo lugar, o vernáculo continua a avançar como língua viva, mas a língua escrita se modifica muito mais lentamente ou mesmo nada – compare no inglês a ortografia de *laugh* com a pronúncia. Esta separação produz problemas semelhantes aos do calendário: ajustes periódicos precisam ser feitos para evitar confusão. Há ainda outros fatores retardando a mudança da escrita: tradição, estética, devoção, controle social, alfabetismo limitado e vários outros. O resultado desses processos, diglossia, tornou-se um sério problema social em algumas culturas modernas.

Diglossia envolve diretamente não o sistema de escrita ou a escrita em si, mas a língua que ambos transmitem, que não é mais uma língua falada. Isso não significa dialetos. Todos os sistemas de escrita, deficientes foneticamente como são, permitem pelo menos alguma variação dialética. Os australianos, por exemplo, escrevem *day* e dizem *die* (/dai/) – pois sabem que o *die* "correto" seria /dói/. Aqui, o alfabeto inglês permite regulação interna local. Só quando regras externas se intrometem (isto é, o inglês americano no australiano) acontece confusão. A diglossia representa essa confusão, mas de estilo e tempo.

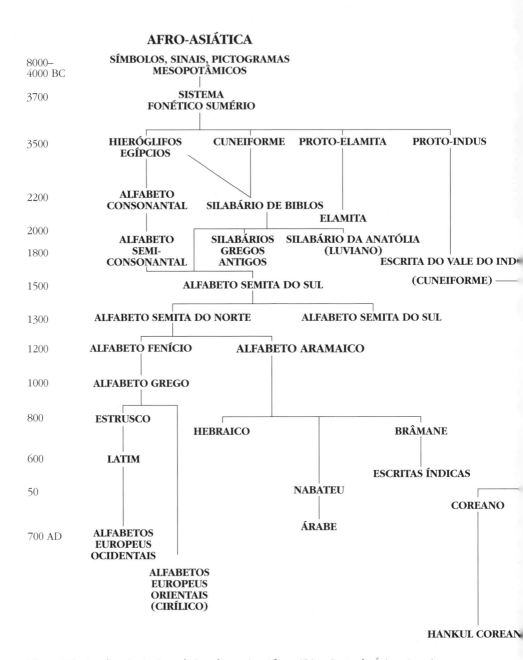

Figura 173 As três principais tradições de escrita: Afro-asiática, Leste da Ásia e Americana.

HISTÓRIA DA ESCRITA 261

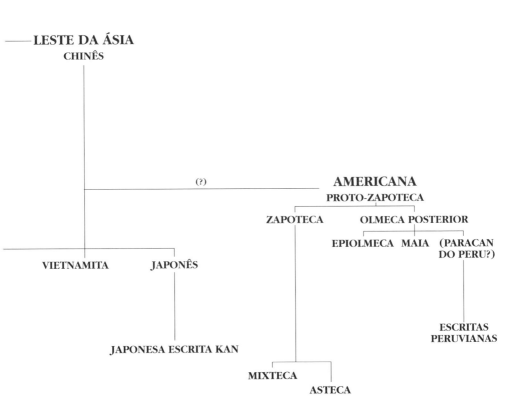

A diglossia foi pela primeira vez reconhecida há um século pelo classicista de Munique, Karl Krumbacher (Krumbacher, 1902). Quando estudava a relação do grego moderno com o grego clássico, Krumbacher identificou variedades de escrita e fala muito divergentes em uma língua. Desde então, a diglossia foi identificada em muitas das mais importantes escritas do mundo com longa tradição literária.[1] A prática inclui um amplo espectro de fenômenos dos triviais arcaísmos do inglês à "esquizofrenia lingüística" em galês.

A cultura literária da Índia encara a diglossia como "uma de suas características mais salientes" (Coulmas, 1989). A maioria das línguas do país que possuem uma forma escrita revelam um Ganges não vadeável separando a variedade de escrita "elevada" da variedade de fala "inferior" (Deshpande, 1979). Cada hindu alfabetizado é de fato bilíngüe, falando tanto a língua da biblioteca quanto a do mercado. Já no século v a.C., o sânscrito tinha se tornado a língua dos estudiosos, estudada e mantida de acordo com estritas regras de gramática, enquanto as línguas prakrit do povo continuaram a avançar. Por volta do século III a.C., a escrita do sânscrito não tinha mais uma relação com a língua falada, e por isso era necessária uma instrução especial para aprender e praticar. Nos séculos seguintes, o mesmo aconteceu muitas outras vezes com escritas novas, à medida que os estudiosos repetidamente fossilizavam formas "corretas" da fala que eram alteradas pelo uso. Agora, o significado de "ler e escrever corretamente" na Índia é ler e escrever a variedade "elevada" da língua, enquanto o letramento nas variedades "inferiores" da fala – a verdadeira língua do povo – é visto como inferior e indesejável. Como resultado direto, mais de 50% da população da Índia continua analfabeta.

O chinês clássico, ou *wényán,* é tão diferente do chinês falado como a língua hindu "elevada" da hindu "inferior". Os estudantes agora precisam aprender a escrita chinesa clássica, caractere por caractere, a fim de entendê-la.

O galês moderno padrão, ou *yr iaith safonol* (a língua padrão), é apenas uma língua literária, o galês usado na educação e em publicações. O galês coloquial, ou *yr iaith lafar* (a língua falada), é a língua falada no dia-a-dia da comunidade do País de Gales. Por exemplo, a sentença "Eu não sabia que você o tinha visto" em galês moderno padrão seria *Ni wyddwn eich bod wedi ei weled,* que no galês coloquial ficaria assim: *O'n i 'im wybod bo chi di weld e.* Muitos galeses hoje têm acesso apenas ao galês coloquial, e são incapazes de falar, ler ou escrever no galês moderno padrão – embora cantem hinos nessa língua aos domingos. A situação é ainda mais complicada pelo fato de o galês moderno padrão apresentar muitas variedades que vão da forma bíblica arcaica à forma burocrática oficial. E o galês coloquial existe em formas extremamente regionais. Além disso, uma padronização do galês chamada *cymraeg byw* , ou "galês vivo", foi proposta em anos recentes

---

[1] Um dos melhores trabalhos gerais sobre diglossia é de Francis Britto, *Diglossia: A Study of the Theory with Application to Tamil*, Washington, DC, 1986.

como uma língua nacional não-regional que faria a ponte entre o padrão moderno e o coloquial. Essa nova forma está sendo rapidamente adotada pelos jovens, paulatinamente suprimindo o uso de outras formas regionais; e também está sendo mais usada na escrita. No entanto, o galês moderno padrão continua sendo a língua escrita de quase todo o ensino em escolas do País de Gales.

Na Índia, com o alto índice de analfabetismo, as línguas escritas que diferem marcadamente do vernáculo, continuarão a prevalecer, retardando o crescimento do país. Já no País de Gales, o recente sucesso do *cyumraeg byw* pode resultar em maior letramento no galês – junto com o letramento em inglês – e por fim na eliminação da diglossia completamente.

A maior parte das línguas apresenta uma grande brecha entre estilo(s) de escrita e fala. A característica de uma pessoa instruída é em geral falar bem a língua escrita. Os que têm uma fala mais próxima da escrita seriam geralmente membros da liderança dessa sociedade. É a escrita que permite essa situação (Coulmas, 1987, p.107-29). Em muitos casos, a eliminação da diglossia seria impossível. Por exemplo, nos anos 1300, o cingalês letrado do Ceilão (Sri Lanka) emergiu como padrão. Essa linguagem puramente escrita é ainda venerada por toda a população, que percebe nela maior beleza, cultura e "correção" do que as da língua falada hoje. De fato, o cingalês letrado é grandemente respeitado por todos no Sri Lanka, principalmente *porque* o país tem alto índice de analfabetismo.

Às vezes, a sociedade encara a discrepância entre as línguas escrita e falada como um peso histórico desnecessário. Impede o crescimento de uma sociedade quando leva a uma escrita confusa e cansativa de pouca serventia e muito trabalhosa – ou seja, cara e demanda muito tempo – para os usuários passarem aos filhos. Quando esse entendimento se alastrar, pode ocorrer uma reforma ortográfica.

Reformas ortográfica e de soletração

Todos os sistemas de escrita e escrituras, independente de quão respeitados ou inovadores sejam, são imperfeitos e convencionais, sendo uma aproximação – e não uma reprodução – da fala (Fischer, 1999). A ambigüidade, dúvida ou incerteza quanto ao sentido, decorrentes de imprecisão ou obscuridade, ocorre com freqüência com sistemas silábicos e alfabéticos. Em inglês, como vimos, uma só letra *a*, dependendo do dialeto, pode representar até seis fonemas diferentes (os menores sons significativos). O inglês, em particular, falha em reproduzir supra-segmentais – como de entonação (*Yes? Yes!*), extensão (no inglês britânico *cot/cart*), acentuação (*désert/desért*), junção (*Van Dyke/vanned Ike*) e tom (*eee!duhhh*) – porque usa um alfabeto deficiente. Escritores do inglês tentam corrigir o problema com pontuação não-sistemática, espaço entre palavras, maiúsculas e outros dispositivos. No entanto, uma reprodução precisa do inglês como é falado simplesmente não pode ser escrita no alfabeto inglês padrão.

Seria ideal que uma escrita alfabética pudesse representar todas as locuções fonêmicas. No entanto só os símbolos especiais da lingüística podem reproduzir quase exatamente as pronúncias, e esses são muito pesados para uso popular. Portanto, as escritas alfabéticas padrão em uso por todo o mundo constituem apenas aproximações convenientes, com muitas ambigüidades e enormes diferenças de pronúncia, não apenas entre línguas diferentes usando essencialmente o mesmo sistema e escrita (alemão e inglês, por exemplo), mas também entre diferentes dialetos da mesma língua (inglês britânico e inglês americano). Embora a eficácia demonstrável da escrita alfabética simples tenha assegurado sua adoção pela maior parte do globo, escritas morfemo-silábicas como a chinesa e a japonesa continuam a ser praticadas por uma grande parte da humanidade, que a preferem para suas respectivas línguas.

Será que a "reprodução precisa" da fala é desejável em um sistema de escrita? Provavelmente não. A difusão da compreensão internacional do inglês escrito, por exemplo, é assegurada pela manutenção da liberdade fonológica e outras. Ou seja, quanto mais solto o sistema, mais generalizada sua utilidade.

De qualquer maneira, ocorrem com freqüência mudanças na escrita e nos sistemas de escrita. Há dois tipos básicos: mudança gradual e abrupta. A gradual é quando alguém simplifica alguma coisa e outros copiam. Por exemplo, até 1960, as escolas no mundo da fala inglesa insistiam em manter os diacríticos, e agora *rôle* é *role*, *naïve* ficou *naive*, e *coöperate, co-operate ou cooperate* – e poucos parecem ter notado a reforma. Novas palavras são cunhadas constantemente também, alterando a pronúncia das que existem: *lite* para "de baixo nível alcoólico" é um exemplo recente, vindo de *light*. Esses ajustes e suplementações ortográficos menores são naturais, e são guiados pela aceitação geral.

Reformas abruptas são desencadeadas pelos governos (geralmente com sucesso) ou sociedades ou indivíduos particulares (geralmente sem sucesso). Essas mudanças são problemáticas e não naturais. Como o letramento geral é um pré-requisito do Estado moderno, a maior parte das sociedades modernas espera estimular a alfabetização simplificando a ortografia, e esta é a forma mais comum de reforma abrupta.

O inglês, por exemplo, é considerado uma língua que mereceria uma reforma ortográfica para ampliar o nível de alfabetização e reduzir o tempo de aprendizado. Após mais de duzentos anos de padronização cuidadosamente dirigida, a ortografia do inglês ainda não está completamente padronizada. Um dos problemas é a diferença entre o inglês do Reino Unido e o dos Estados Unidos, principalmente atribuída ao fato de a padronização ter começado de verdade só depois do estabelecimento da colonização na América. Embora o hiato entre os sistemas ortográficos esteja terminando, muitas diferenças sistêmicas se mantêm (Vejam os termos a seguir, os da esquerda pertencentes ao Reino Unido, da direita dos EUA): *litre/liter, colour/*

color, marvellous/marvelous, worshipping/worshiping, traveller/traveler etc. Duas ortografias são permitidas em ambas, mas com diferentes preferências: *spelt/spelled, learnt/learned, gaol/jail, practise/practice* (verbo), *encyclopædia/encyclopedia*. Há também diferenças em palavras individuais que não são sistêmicas: *grey/gray, programme* (exceto em computação)/*program, licence/license* (substantivo), *defence/defense* e muitas outras. E mesmo o nome de uma letra pode ser diferente: *z* (zed)/(zee). *Spelt* e *learnt* está se tornando nos EUA *spelled* e *learned* – esta última agora indistinguível do adjetivo *learned* (raramente ainda escrito *learnèd*), com o significado de "erudito". Terminações *–ise* e *–station* do inglês britânico estão agora se rendendo às terminações *–ize* e *–zation* do americano, mas não na Austrália ou Nova Zelândia onde o "s" predomina (A Nova Zelândia no momento está pensando em adotar a ortografia americana.)

As diferenças ortográficas entre o inglês do Reino Unido e dos Estados Unidos são menos numerosas quando comparadas com as diferenças lingüísticas. Tanto ortográfica como lingüisticamente, no entanto, as duas variedades estão convergindo para um Inglês Padrão Internacional compartilhado, uma língua emergente, no lugar de dois sistemas irmãos separados que o desenvolvimento histórico produziu no passado.

A ortografia do inglês tem maiores problemas do que variação internacional, incluindo o fato de ser um sistema com freqüência percebido como "esquisito" e difícil de aprender. No passado, só 24 sinais representavam 40 fonemas, assim, ter "dupla-função" é prática antiga no inglês. Depois da conquista normanda, os escribas normando-franceses, trabalhando em *scriptoria* e arquivos em solo inglês, começaram a ortografar palavras inglesas à moda francesa. A tipografia mais tarde introduziu normas lingüísticas; chegou mesmo a acrescentar letras a determinadas palavras (como o *e* em *write*) meramente para esticar uma linha impressa até a margem. A tipografia também petrificou a ortografia, enquanto o inglês falado continuou a mudar (*light* atualmente preserva só na ortografia um som antigo indo-europeu, já desaparecido no inglês). Ortografias no latim e no grego se tornaram modismos, usando muitas letras que nem se pronuncia em inglês. E um grande número de palavras estrangeiras entrou no léxico, particularmente nos anos 1500 e 1600, com outras ortografias incompatíveis com a norma inglesa.

A ortografia do inglês é, portanto, híbrida – produto das tradições "anglo-saxã", francesa e clássica, com muitas influências estrangeiras. Pode-se sugerir qualquer número de categorias de anomalias ortográficas sistêmicas na língua inglesa, algumas delas se encaixando em mais de uma categoria e todas complicando o processo de aprendizagem de leitura e escrita do inglês. Em muitas das palavras a seguir (e a lista pode ser facilmente aumentada) a língua visível – a palavra escrita – pode imediatamente colocar uma palavra foneticamente ambígua no seu lugar adequado, melhorando a adequação da fala. Em outros casos, a palavra escrita não pode transmitir adequadamente a distinção inerente na língua falada.

Categoria 1 – mesma ortografia, mesma pronúncia, significados diferentes:
bear – urso; carregar, ostentar
can – lata; poder, ser capaz
row – enfileirar; remar [também classificado nas categorias 2 e 3]

Categoria 2 – mesma ortografia, pronúncia diferente, diferentes significados:
read – ler (infinito do verbo); leu (passado do mesmo verbo)
row – enfileirar; tumultuar
tear – lágrima; rasgar

Categoria 3 – ortografia diferente, mesma pronúncia, significados diferentes
roe/row/rho/Rowe
so/sew/sow/soh
way/whey/weigh

Categoria 4 – mesma ortografia (mas com distinção de maiúscula e minúscula), mesma pronúncia, significados diferentes
Faith/faith
Rugby/rugby
Sue/sue

Categoria 5 – a mesma ortografia (com diferente pontuação), mesma pronúncia, significados diferentes
chills/chill's
its/ it's
were/ we're

Categoria 6 – mesma ortografia (com pontuação diferente), pronúncias diferentes, significados diferentes
coop/co-op
coward/co-ward
learned/learnèd

Categoria 7 – mesma ortografia, pronúncias diferentes (independente do dialeto), mesmo significado
Data (pronúncia em português) /deita/ /deta/ ou /data/

Além disso, a ortografia em inglês tem uma redundância de aproximadamente 50% - *wch mns th abt hf of th ltrs n a rtn English sntnc r uncsry to achv fl cmprhnsn, mst of ths bng vwls.* [which means that about half of the letters in a written English sentence are unnecessary to achieve full comprehension, most of these being vowels]. (O árabe e o hebraico escritos há muito vêm explorando o princípio do alfabetismo consonantal com grande sucesso.)

Apesar das falhas (e falta de fôlego), a ortografia do inglês é ainda fundamentalmente fonêmica – isto é, usa os menores sons em inglês. No entanto, os fonemas nem sempre se apóiam em letras individuais, mas com freqüência ocorrem em padrões de letras. Assim como com os elementos significantes (identificadores de sentido) chineses, a ortografia em inglês mantém sugestões visuais, geralmente através das chamadas "letras desnecessárias", em palavras com raízes relacionadas – como em *sign* e *signature* – bastante distintas de sua pronúncia, permitindo rápida identificação visual do sentido da palavra sem recorrer à fala. A língua falada continua a se afastar da escrita, e assim os professores de inglês continuarão tendo de explicar aos alunos por que *would of* e *'cause* devem ser escritos "would have" e "because".

As mudanças graduais na ortografia que acompanharam a história do inglês escrito foram suficientes para a maioria dos propósitos. No entanto, nem todos concordaram com isso. Já em 1551, o inglês John Hart reclamava dos "vícios da escrita em inglês que tornavam a aprendizagem trabalhosa e a leitura difícil". Ao longo dos séculos, muitas ortografias alternativas foram propostas. Em particular nos anos 1800 emergiram três tipos básicos de reforma abrupta: *padronização*, exigência de um uso mais regular das letras familiares; *suplementação*, acréscimo de novas letras do alfabeto; e *suplantação*, criação de novas letras.

A partir de 1828, o americano Noah Webster começou a reformar a ortografia nos Estados Unidos, com uma padronização popularizada por seu próprio dicionário de inglês americano; entre outras mudanças, ele introduziu essas novas terminações: *-our* (como em *honour*) passou para *–or* (*honor*), e *–re* (*theatre*) se tornou *–er* (*theater*). Em 1844, Isaac Pitman propôs uma "Phonotypy" ("fonotipia")* na Grã-Bretanha. Os americanos fundaram a Spelling Reform Association (Associação de Reforma Ortográfica) em 1876; a Simplified Spelling Board (Junta de Ortografia Simplificada) foi fundada em 1906 e a Simplified Spelling Society (Sociedade para Ortografia Simplificada) em 1908 na Grã-Bretanha. Esta última apresentou uma reforma ortográfica padronizada como projeto de lei no Parlamento em 1949 que foi derrotada por 87 a 84. Quatro anos mais tarde, projeto semelhante finalmente passou – mas sucumbiu diante do Ministro da Educação.

Propostas de reforma correntes incluem uma Nova Ortografia, Simplificação da Ortografia, Regularização do Inglês e Ortografia Inglesa Internacionais, entre outras. George Bernard Shaw (1856-1950) deixou uma importância em seu testamento para o Public Trustee of Great Britain (Curador de bens de terceiros da Grã-Bretanha) promover licitação para uma "Proposta de um Alfabeto Britânico" de pelo menos quarenta letras novas (deveria ser uma reforma de suplantação), que permitisse

---

* Sistema de escritura fonética, no qual cada som é representado por um sinal próprio e único. (N.T.)

escrever em inglês sem grupos de letras – ou diacríticos – para sons individuais. O projeto vencedor, de Kingsley Read era engenhoso... mas foi esquecido.

Uma reforma ortográfica do inglês pode trazer vantagens, como a redução de tempo de estudo que estimularia a difusão internacional da língua. Parece, porém, que as desvantagens são mais numerosas: pouca praticidade, perda da tradição, custo, ortografia fonética criando ambigüidade demais entre dialetos (lembremos do australiano "die") e perda de marcas etimológicas (*sign/signature*), falta de consenso sobre que tipo de reforma seria a melhor etc. Além disso, o inglês não é tão irregular quanto se alega com freqüência. Um estudo mostrou de 84% das palavras em inglês eram soletradas normalmente de acordo com seu uso regular, e apenas 3% (cerca de quatrocentas das palavras mais escritas) eram tão imprevisíveis que tinham de ser aprendidas por repetição (Hanna e Hanna, 1971).

O francês escrito mantém muitas ortografias históricas, que com freqüência são consideradas "desnecessárias". Por exemplo, *-s* e *-t* no final das palavras com freqüência não são pronunciadas: *les garçons* ("os meninos") e *petit garçon* ("menininho"). No entanto, antes de vogais, elas são pronunciadas, como em *les élèves* ("os alunos") e *petit élève* ("pequeno aluno"). No primeiro exemplo, o *-s* e *-t* não pronunciados parecem não ter qualquer função; no entanto, são lexemas de marcação gráfica) – isto é, estão fornecendo informações visuais para reconhecimento da palavra além da realidade fonética. As letras "desnecessárias" do francês escrito quase sempre são necessárias, por esta razão.

O conflito entre "deficiência ortográfica versus regulação sistêmica" também é travado no alemão, em que também ocorre resolução semelhante. A ortografia alemã simplesmente ignora a regra das terminações surdas: *Hund* ("cão", pronunciado HUNT, com "h" aspirado), mas o plural é *Hunde* ("cães", HUNDÊ – "h" aspirado). Também ignora a parada glotal em frente de vogais de início e entre junção de vogais: *(')alles* ("todas") e *The(')ater* ("teatro"). Os alemães simplesmente "preenchem o necessário" quando lêem em voz alta. As regras de surdas e glotais estão em todo o sistema, por isso não há necessidade de marcá-las, especialmente na escrita alemã. "Fidelidade fonética" não tem sentido aqui.

No entanto, a ortografia alemã tem outros problemas. De um lado, as convenções da Áustria diferem das da Alemanha, embora não tanto quanto as americanas das britânicas: na Alemanha é *Abnutzung*, na Áustria é *Abnützung* (erosão); na Alemanha, *karätig*, na Áustria *karatig* ([24] quilates); na Alemanha, *fauchen*, na Áustria, *pfauchen* ("assobio") etc. A maior parte das diferenças são pequenas e só esporádicas. E a maior parte surgiu com a recente reforma ortográfica na Alemanha, a primeira em quase um século.

Em 1º de julho de 1996, depois de anos de cuidadoso planejamento, delegados oficiais representando nações de fala alemã se reuniram em Viena e assinaram a Joint Declaration Towards a Reform of German Orthography (Declaração Conjunta para a Reforma da Ortografia Alemã). A intenção declarada era simplificar, por meio de reforma de padronização, o aprendizado do alemão escrito e alterar as regras aprovadas pela Second Orthographic Conference (Segunda Conferência Ortográfica) realizada em Berlim em 1901 para se ajustar às exigências modernas. Afetando diretamente mais de cem milhões de leitores e escritores em muitos países – mas principalmente na Alemanha, Áustria e Suíça – a reforma não tinha intenção de mudar drasticamente a escrita tradicional alemã derivada, como o inglês, do alfabeto latino. Em vez disso, concentrou-se em eliminar violações contra os princípios das raízes de palavras no alemão, buscando manter a mesma ortografia de uma raiz em todas as possíveis combinações de sua ocorrência escrita, para facilitar a identificação visual (como no exemplo em inglês *sign/signature*, antes mencionado). Muitas outras mudanças ortográficas e convenções de escrita foram efetuadas também, como *ss* para o antigo *ß* em todas as instâncias, ou a separação geral de compostos verbais. Desta forma, o antigo *Stengel* ("haste") se tornou o novo *Stängel* (da raiz *Stange*, "vara"), o antigo *Kuß* ("beijo") se tornou o novo *Kuss*, o antigo *kaltbleiben* ("imperturbável") se tornou *kalt bleiben*.

Nem todo mundo ficou satisfeito com a reforma. Além de um caos na ortografia, ela causou, segundo apontaram imediatamente os críticos, perda da importância das distinções na língua alemã. Por exemplo, uma é agora escrever *kalt bleiben* para o que antes era *kalt bleiben* ("permanecer frio [tempo]") ou *kaltbleiben* ("permanecer imperturbável"). Antes da reforma, a ortografia alemã usava espaço/não-espaço para marcar distinções semânticas. Como a nova ortografia só usou o espaço em compostos do verbo, ela aumentou a ambigüidade neste e em outros casos. Os humoristas fizeram a brincadeira: se Stengel precisa ser *Stängel*, disseram eles, Berlin não deveria se tornar *Bärlin*? (*Bär* é "urso" em alemão). Um ano depois da introdução da reforma, a maioria das publicações em língua alemã voltava para o velho sistema, queixando-se da grande confusão e ambigüidade resultantes.

"A 'falácia fundamental' de todas as reformas ortográficas", afirmou certa vez Sir Alan Herbert no Parlamento Britânico, "é que a função da palavra impressa ou escrita deve representar a palavra falada. A verdadeira função da palavra impressa ou escrita é de transmitir o sentido, e de transmitir o mesmo sentido para o maior número possível de pessoas" (Steinberg, 1961). Os autores de reformas ortográficas em geral se valem da língua falada sem avaliar a posição, características e benefícios especiais da língua escrita, que são inteiramente diferentes. Os sistemas de escrita geralmente são de dois tipos: "fonográfico raso" ou "fonográfico profundo" (Sampson, 1985). Como as línguas mudam ao longo do tempo, ao passo que a inércia inerente à escrita leva ao conservadorismo, "raso" automaticamente se torna "profundo". Quando isso acontece, não é realmente necessário mudar a ortografia, uma vez que as mudanças na língua falada já têm marcadores sistêmicos inatos que permitem leitura e escrita fluente. A maioria dos fonólogos produtivos – lingüistas que acreditam que as línguas são analisadas em termos de dois níveis de organização, vistas como *estrutura profunda* e *estrutura superficial* – estão convencidos de que, no processo de leitura e escrita, o cérebro humano aplica determinadas regras a um léxico mental superando com facilidade ortografias que estariam "incorretas". Uma reforma maior da ortografia poderia ser um tiro pela culatra: ao introduzir aspectos incompatíveis com padrões internos desenvolvidos ao longo do tempo, pode-se criar maior ambigüidade. Para os que advogam a reforma da ortografia do inglês a fim de "aprimorar" o acesso à língua, os fonólogos produtivos respondem, contrariando-os: "a ortografia convencional do inglês é... um sistema quase perfeito de representação léxica das palavras do inglês" (Chomsky e Halle, 1968).

É verdade que a maior parte das escritas alfabéticas apresenta um déficit quanto às vogais de suas respectivas línguas. Isto porque os fonemas vocálicos da língua quase sempre superam as letras disponíveis do alfabeto, forçando "dobrá-las" (como o *a* em inglês que já vimos). No entanto, a maior parte das escritas alfabéticas consegue assumir um compromisso entre a língua falada e escrita, entre "precisão da boca e inteligibilidade da mente" (Robinson, 1995). Reformas abruptas raramente são necessárias nas escritas alfabéticas, porque elas, usando dispositivos como ajustes e redundâncias graduais, são capazes de manter a compreensão e utilidade durante muitos séculos.

Um dos maiores, e menos conhecidos obstáculos para uma reforma ortográfica bem-sucedida é o fracasso de lidar com a dicotomia essencial entre a leitura e a escrita, julgando que ambas são um processo único. Na verdade, leitura e escrita são diferentes processos mentais. Escrita é ortografia e muitas pessoas que se expressam perfeitamente lêem mal, enquanto muitos que lêem bem expressam-se mal. Isso porque esses processos envolvem estratégias diferentes de absorção no cérebro humano. A escrita é uma atividade lingüística ativa que demanda os componentes visual e fonético, invocando diretamente a essência fonológica. A leitura é uma atividade visual passiva, ligando a arte gráfica diretamente ao sentido, com freqüência desviando-se inteiramente da fala. Nenhuma reforma ortográfica poderia reconciliar adequadamente habilidades neurais tão díspares.

Estenografia, símbolos e "linguagem visual"

A estenografia ou taquigrafia é um método de escrever rápido, usando símbolos especiais ou abreviações para letras ou palavras. É uma categoria diferente de escrita, porque limitada a certas circunstâncias – a rápida preservação de curto prazo da fala – e a certos praticantes. É uma prática antiga. O historiador grego Xenofonte (*c.*430-354 a.C.) escreveu as memórias de Sócrates em taquigrafia. O cidadão romano Marco Túlio Tiro criou uma taquigrafia para registrar os discursos de Cícero, em 63 a.C.; esta versão latina foi usada por mais de mil anos. Ignorada durante a Idade Média, a taquigrafia só foi retomada nos anos 1500. Um século mais tarde, vários sistemas foram inventados para uso de escola e igreja. Durante a Revolução Industrial dos anos 1700 a taquigrafia beneficiou trabalhos de escritório, e nos anos 1800 foram criados os principais sistemas, que vigoram até hoje. Os dois mais populares em inglês são o de Isaac Pitman – sistema britânico principal – e o de John Robert Gregg – sistema principal dos EUA, também usado para várias outras línguas.

Mais de quatrocentos sistemas taquigráficos foram criados só para o inglês. Hoje, o uso mais comum é na imprensa e em trabalhos clericais ou de secretaria. Normalmente, cerca de 65 letras são usadas: 25 consoantes individuais, 24 consoantes duplas e 16 vogais (embora a maior parte das vogais sejam omitidas, pois sua presença é geralmente óbvia). A máquina de taquigrafia, inventada pelo repórter americano de tribunal, W. S. Ireland em 1906, é principalmente usada para registrar textos de procedimentos legais e encontros legislativos. Poucas pessoas dominam a taquigrafia, cujo uso diminuiu em anos recentes em vista de novas tecnologias.

Alguns estudiosos se perguntam se a escrita alfabética não poderia se tornar mais eficiente se fossem introduzidos mais logogramas para criar um sistema misto como o da escrita morfema-silábica chinesa. O filósofo e matemático alemão Gottfried Wilhelm Leibniz (1646-1716) acreditava que era possível se elaborar uma escrita universal, dissociada de qualquer das línguas naturais faladas no mundo; assim como com a matemática e a música, ela poderia ser implementada universalmente. Esse tem sido há muito um sonho dos que não entendem a dependência fundamental que os sistemas de escrita têm da fonografia. A escrita sempre foi e sempre será ligada à língua. Cada língua na história elaborou, por meio de empréstimos, a escrita que "melhor" reproduzia seus sons particulares. Mesmo os antigos hieróglifos egípcios contêm um considerável componente fonético indispensável para evitar ambigüidade.

Com o início da popularização das viagens internacionais nos anos 1970, todos os países perceberam uma necessidade de comunicar procedimentos essenciais usando símbolos que são universalmente óbvios – isto é, pictogramas em vez de caracteres ou sinais da linguagem (as letras). Um importante estudo americano foi efetuado nessa época e selecionou símbolos eficientes para identificar objetos como ônibus, táxi, mulher, homem. Menos eficientes eram os ícones ligados a atividades, por exemplo: guichê de bilhetes, controle de alfândega e controle de passaporte; esses eram ambíguos demais. A conclusão geral foi que os símbolos eram úteis, mas capazes de comunicar apenas um número limitado de coisas. Tendo isso em mente, a escrita simbólica internacional começou a ser introduzida no mundo todo. Não se buscou "retornar à escrita pictográfica", mas criar uma suplementação útil da escrita normal em jurisdições internacionais – aeroportos, portos, estações de trem etc. – usando um "léxico" restrito facilmente identificável de objetos e situações.

Alguns pesquisadores modernos agora procuram uma maneira de adicionar esse sistema incipiente no sistema de escrita universal de Leibniz, acreditando que será possível construir uma pictografia não-lingüística para substituir a escrita como a conhecemos. Esses pesquisadores afirmam que texto e imagem evoluíram independentes em nossa cultura, de uma forma que podem ser vistos juntos como uma linguagem autônoma: uma "linguagem visual" (Horn, 1998). Isso não seria a escrita-simbólica de aeroportos e estações de trem, observam eles, mas um casamento entre o visual e a escrita, um fenômeno híbrido separado. O processo de apresentação visual-textual pode ser um meio mais eficiente de transmitir idéias complexas do que nossa prática corrente, na medida em que nos permitirá enfrentar melhor a inundação de dados escritos com que as pessoas têm de lidar diariamente. A linguagem visual poderia alcançar isso reduzindo o tempo de digerir esse material complexo, dizem eles.

Encarando a sobrecarga de informações não como um problema de volume, mas como uma questão de manejo, esses pesquisadores querem transmitir de forma simples idéias complexas. Insistem que isso pode ser alcançado, pois seria mais do que mera combinação de palavras e imagens, quadros e cronogramas. Se tornarmos a linguagem visual uma verdadeira linguagem – isto é, com regras formais de sintaxe e semântica – ocorreria, segundo eles, uma liberdade na expressão dessas regras que as linguagens comuns não apresentam, conferindo à linguagem visual uma força exclusiva. A conclusão mais significativa dos que propõem a linguagem visual é que as imagens e sua colocação padronizada no texto de fato ajudam a transmitir idéias complexas de modo mais simples do que a escrita convencional. Isso se explica, afirmam alguns, pelo fato de que o cérebro humano usa diferentes caminhos para processar informação verbal e não-verbal – um leitor usando ambos os canais imediatamente entenderá mais e mais depressa e será capaz de se lembrar melhor.

A linguagem visual agora está, de fato, presente em toda parte. A maioria de nós nem percebe, inconsciente de sua existência e de sua crescente infiltração na sociedade moderna. Sentados simplesmente em nossos carros, somos cercados pela linguagem visual: hodômetro, velocímetro, aferidor de gasolina, indicador de bateria, sinalização de cinto de segurança, programação do rádio, indicador de temperatura etc. A maior parte disso vem com texto (letras, números) "lidos" como linguagem visual, não como texto falado. Dessa forma, uma enorme quantidade de informação pode ser processada quase instantaneamente. A fraqueza da linguagem visual é ser frágil em termos de detalhes e precisão. Certamente não pode transmitir o amplo leque do pensamento humano. No entanto, principalmente pela nova tecnologia, a linguagem visual se mostrou uma suplementação essencial para completar a escrita. Com ela, os sistemas de escrita do mundo adquiriram uma nova dimensão.

O futuro da escrita

Eficiência e simplicidade não determinam o futuro de uma escrita – prestígio e poder dos que a usam, sim. As línguas evoluem naturalmente; sistemas de escrita e escrituras não. As escritas e seus sistemas são intencionalmente emprestados, mudados e abandonados, principalmente por razões sociais e psicológicas, que pouco têm a ver com fala ou ortografia. Assim, descendentes de escritores dos antigos hieróglifos e escrita cuneiforme agora usam o alfabeto consonantal árabe. E os povos que entalhavam e pintavam os glifos logossilábicos da Mesopotâmia agora escrevem numa escrita alfabética que os romanos antigos usavam. Nenhuma dessas instâncias configura o triunfo de um sistema de escrita "superior".

A política desempenhou um papel destacado na história da escrita. No início dos anos 1800, por exemplo, a Rússia adquiriu o Azerbaijão, cujo povo escrevia no alfabeto consonantal árabe. Por volta de 1929, Joseph Stalin, suspeitando da lealdade dos azerbaijãos, rapidamente procurou fazê-los abandonar o alfabeto árabe pelo latino. No entanto, por volta de 1930, Stalin ficou convencido de que os azerbaijãos estavam se articulando com os turcos, que tinham recentemente adotado o alfabeto latino, e então ordenou que os azerbaijãos adotassem o alfabeto russo cirílico. Os cidadãos de Azerbaijão de hoje, país independente desde 1991, escrevem sua língua nacional usando duas escritas: todos os letreiros de rua e rótulos de mercadorias estão no alfabeto latino, enquanto os jornais estão no alfabeto cirílico (o árabe desapareceu). O atual governo do Azerbaijão planeja estimular um uso maior do alfabeto latino para refletir a declarada abertura não-sectária do país.

Outras formas de escrita sobreviveram por razões mercenárias. A maior parte dos países tem uma lei insistindo que a data de produção dos programas apresentados seja divulgada na rede de rádio e TV. Em países ocidentais, pelo menos, a data da produção de programas para a TV e filmes é anunciada em numerais romanos, simplesmente, porque poucas pessoas podem lê-los e assim ficam impedidas de perceber quão antigo o programa é – como confessou um produtor britânico recentemente.[2]

Apesar de esse tipo de coisa ser imprevisível, certas tendências podem ser reconhecidas para um futuro da escrita. Embora muitas direções e orientações da escrita se mantivessem no passado – linhas da direita para a esquerda, no plano vertical de cima para baixo, espirais, bustrofédon (escrita randômica) e muitas mais – paulatinamente os sistemas de escrita do mundo (incluindo o chinês, coreano e japonês) estão sendo escritos imitando o arranjo latino, horizontalmente, da esquerda para a direita, e em linhas unidirecionadas, começando do alto da página e descendo. Evidentemente essas serão as únicas convenções de escrita da Terra em alguns séculos, ainda que algumas escritas (como árabe e hebraico) venham a preservar sua tradição de escrita da direita para a esquerda, enquanto forem escritas.

---

2 *New Scientist*, 12 de fevereiro de 2000.

Mais importante que isso para o futuro da escrita é o avanço do alfabeto latino, que começou com as conquistas do Império Romano há dois mil anos e agora se acelera como nunca antes. Isso tem pouco a ver com a alfabetização latina de linguagens até agora sem escrita, preservando-as como se preservam espécies numa floresta tropical em perigo, uma atividade periférica. As principais línguas metropolitanas do planeta – chinês, inglês, espanhol e português, faladas pela maior parte da humanidade e por isso fadadas a sobreviverem nos próximos quatrocentos anos – determinarão o futuro da escrita, o qual aparentemente, pelo menos no começo da era do computador, será latino-alfabético.

Isto tem inúmeras explicações. Em primeiro lugar, três dos idiomas citados já usam o alfabeto latino, e a China está estimulando o uso do Pinyin (escrita chinesa em alfabeto latino; ver Capítulo 5). Além disso, uma só língua internacional, o Inglês Internacional Padrão, está emergindo, sendo escrito em alfabeto latino. E o computador, desenvolvido por uma cultura que usa alfabeto latino, está redefinindo nosso mundo moderno nessa escrita; quem quiser usar a ferramenta precisa dominar seu teclado.

Os computadores e o acesso à rede são mais bem operados no alfabeto latino, principalmente porque sua invenção e difusão, com procedimentos baseados em escrita, ocorreram nele. Outros alfabetos, e mesmo sistemas de escrita inteiros, podem evidentemente ser programados. No entanto, permanecerão periféricos uma vez que são em geral estranhos ao sistema e incompatíveis com a linha da computação e da Internet – isto é, com o alfabeto latino que a maior parte do mundo está usando para essa atividade. Se o futuro estiver com sociedades e economias apoiadas na informática, então sistemas que não sejam latino-alfabéticos terão de se adaptar ou sofrerão conseqüências econômicas e sociais. Em outras palavras, os computadores estão "pressionando" o mundo a se romanizar.

O alfabeto latino certamente não é o auge, mas sem dúvida é a crista da escrita. Só ele está atendendo às exigências, sem precedentes, do mundo moderno, deixando todos os outros sistemas de escrita e escrituras para trás – aqueles que escolherem usar e se juntar à nova tecnologia serão os que sairão lucrando. Neste ponto da história, de fato é uma escolha inconteste, dirão alguns, um ultimato, compreensivelmente fazendo emergir em muitos povos, sentimentos semelhantes aos de perder a língua nativa. No entanto, como com o Pinyin chinês, a romanização não equivale a uma adoção da língua global, com perda de "identidade" étnica e lingüística. Pelo contrário, tanto a cultura quanto a língua são preservadas pela romanização, por meio da capacitação ou continuação de leitura e escrita da respectiva língua, que de outra forma talvez se submetesse a um agressor metropolitano. Nesse caso, uma reforma de suplementação se torna um mecanismo social essencial para a preservação da cultura... a realidade que os chineses estão confrontando no presente.

É possível, no entanto, que a tendência de escrita única para o mundo se torne no final um suporte do "imperialismo" do inglês. Cerca de quatro mil línguas são faladas no presente; em cem anos, talvez restem apenas mil (Fischer, 1999). Todas as línguas metropolitanas estão invadindo rapidamente línguas não-metropolitanas, sendo o inglês, aparentemente, mais agressivo do que outras, por várias razões. A romanização poderia por fim participar desse processo histórico. Embora os chineses defendam ativamente a romanização e os japoneses usem *rōmanji* com crescente freqüência, falantes do árabe e do hebraico dificilmente se romanizarão, principalmente por razões religiosas e práticas: sem vogais, a escrita árabe pode transmitir um número muito maior de dialetos do que a latina, que tem alfabeto completo. Muitas culturas poderão ter duas escritas no futuro, usando a escrita tradicional para necessidades locais e o alfabeto latino para o resto. Em dois ou três séculos, só um pequeno número de sistemas de escrita e escrituras minoritários dominará o planeta. Será a Escrita do Mundo.

Um livro publicado em 2301 será provavelmente quase idêntico, na aparência, a este aqui, em qualquer suporte que venha a aparecer: o mesmo sistema alfabético com as mesmas letras na mesma direção e orientação, e mesmo em tipos *Roman*. Só a linguagem parecerá "esquisita", com várias palavras desconhecidas. De fato, o aumento do uso internacional e, a seu tempo, interplanetário do alfabeto latino vai significar fossilização acelerada. Com o tempo, assim como aconteceu com os hieróglifos egípcios, a Escrita do Mundo se tornará um monólito escrito.

O uso da escrita na sociedade, no entanto, mudará dramaticamente. Como resultado do computador pessoal, pode-se testemunhar a transformação já agora. Um número cada vez maior de pessoas está despendendo mais horas por dia usando linguagem escrita – isto é, o teclado – do que a linguagem falada (ibidem). Isso é especialmente válido para estudantes, funcionários de escritório, jornalistas, editores, escritores, pesquisadores, programadores de computação, aposentados etc. (Na Idade Média, apenas escribas que constituíam uma pequena porcentagem da população, eram encontrados no *scriptoria*.) Em poucos anos, os computadores estarão enriquecendo quase todas as casas do mundo desenvolvido. A vida humana nesses países está se centrando, e se restringindo, a textos eletrônicos e redes internacionais, afastando-se da fala. Logo, a linguagem escrita pode vir a ser mais proeminente no mundo todo do que a falada. Um tipo diferente de língua está surgindo dessa interface artificial: uma "linguagem escrita oral" ocupando uma posição especial entre a linguagem falada e escrita (Tella, 1992). Os computadores agora se comunicam regularmente entre si também, através da escrita – isto é através de linguagens programadas escritas – sem a mediação humana. A escrita, desta forma, transcendeu a própria humanidade. Nós redefinimos o próprio sentido de "escrita".

No início dos anos 2000, à medida que um número de sistemas de escrita e escrituras vem diminuindo, a quantidade de escrita está se elevando e a dos materiais e técnicas de escrita se amplia. *Letterings* a laser digitam nossa correspondência. Escritas holográficas a céu aberto decoram concertos ao ar livre. "E-tinta", tinta eletrônica que preenche uma página composta de esferas microscópicas – um hemisfério com uma carga positiva e outra negativa – mudando de cor quando submetida a um impulso eletrônico, pode agora instantaneamente transformar a Bíblia, por exemplo, em *Bhagavad Gita* com o clicar de um mouse. Até bem recentemente, nossa sociedade e seus processos econômicos fundamentais dependiam grandemente da multiplicação de coisas *físicas*, como a palavra impressa. Isso não procede mais, e o que está substituindo é um território desconhecido. Nós estamos não apenas redefinindo a escrita mas reinventando seu lugar na sociedade.

Figura 174 O futuro da escrita: Só a leitura restará? (Compare com Figura 14,16.)

Algumas pessoas acreditam que não haverá lugar para a escrita no futuro. Ao mesmo tempo que o texto eletrônico sobrepuja a imprensa física, a escrita é desafiada: sistemas de informática de reconhecimento de voz poderiam por fim substituir toda a escrita, deixando apenas uma das flechas – a da leitura (Figura 174). Mas mesmo a leitura pode desaparecer quando os sistemas de resposta de voz por computador forem aperfeiçoados. Então ninguém mais precisará escrever seu próprio nome... ou ler um poema.

No entanto, os benefícios e prazeres da leitura e da escrita provavelmente superarão os dos sistemas de reconhecimento de voz do computador por muitos séculos, porque a escrita é inata na maior parte das culturas letradas. As sociedades modernas, em toda parte, são dependentes da palavra escrita para quase todos os aspectos da interação humana. O comandante de uma nave espacial do ano 2400 pode depender de comandos e respostas de voz, interagindo com o computador central da embarcação; mas espera-se que, na sua privacidade, ele abra um volume de Whitman, Bashō ou Cervantes, igualzinho ao que lemos hoje.

Esse comandante de nave espacial pode ser o mesmo que vai recuperar tentativas da humanidade de se comunicar com alienígenas por meio da escrita. A espaçonave Pioneer 10, lançada em 1972, conduzia em sua antena uma chapa de alumínio de ouro anodizado de 15 por 23 cm (Figura 175), desenhada pelo astrônomo americano Carl Sagan e "escrita na única língua que compartilhamos com os receptores: ciência". Agora, aquém de nosso sistema solar, o "texto" da chapa identifica com precisão a origem da embarcação, sua data em relação à galáxia Via Láctea (em 1970) e seus criadores (dos dois gêneros). A inscrição na chapa não utiliza escrita completa como a conhecemos, mas pictogramas e sinais pulsáteis, transmitindo o que deveria ser, pelo menos de acordo com cientistas, uma "mensagem universalmente compreensível". Curiosamente, observou Sagan, "os seres humanos são a parte mais misteriosa da mensagem".

É possível que quando a chapa da Pioneer 10 for descoberta ou recuperada, pouco terá mudado radicalmente na relação fundamental da humanidade com a escrita. Os que tiverem inteligência e entendimento vão perceber que, como escreveu o lingüista Florian Coulmas, "As habilidades de ler e escrever dão acesso ao conhecimento, e conhecimento é poder" (Coulmas, 1989).

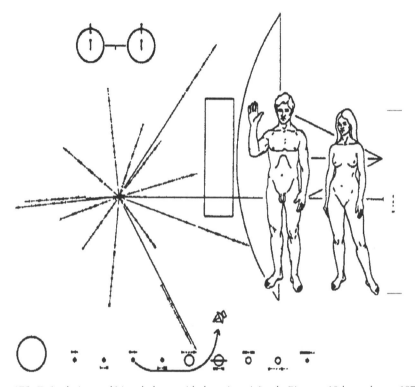

Figura 175 Epístola intergalática da humanidade: a inscrição da Pioneer 10 lançada em 1972.

Figura 176 "Deixando uma marca na criação que comunique uma forma de pensamento": Pedaços de ossos de pássaro entalhados em intervalos regulares por neandertais, por volta de trinta mil anos atrás.

Assim, escrever é muito mais do que a "pintura da voz". No monastério Pelkor Chode em Gyangze, no Tibete, peregrinos ainda rastejam sob pilhas de textos sagrados como fizeram por séculos, num gesto que se acredita permitir absorver a sabedoria das escrituras budistas. Estudos recentes revelaram que o próprio ato de escrever sobre os próprios sentimentos pode livrar da depressão, estimular o sistema imunológico e abaixar a pressão – retomando a crença de Aristóteles de que a escrita pode expressar "afeições da alma". E espaçonaves aquém do Sistema Solar agora respondem a comandos escritos dos computadores da Terra. Ainda que imperfeita, a escrita se tornou uma expressão indispensável da nossa espécie social, quando começamos a nos aventurar para além dos limites conhecidos. Assim, para deixar uma marca na criação que comunique uma forma de pensamento – esse impulso caracteriza não apenas nós, mas também nossos antecedentes imediatos de dez mil anos atrás (Figura 176). À medida que a escrita continuar a servir e fazer avançar a humanidade com milagres multiformes está definindo e criando uma nova humanidade.

Qualquer que seja a forma que a escrita tome no futuro, ela permanecerá central à experiência humana, promovendo habilidades e registrando memórias. Como já deixou registrado com pincel e tinta, um escriba egípcio, cerca de quatro mil anos atrás: "Um homem morreu e seu corpo se tornou terra. Todos os seus parentes se desintegraram no pó. É pela escrita que será lembrado."

Bibliografia

ABRAHAM, A. J. *String Figures,* Algonac, MI, 1988.
ALLEN, W. S. *Vox Latina*, Cambridge, 1965.
ALLETON, V. *L'Ecriture chinoise,* Paris, 1970.
BAHN P. e VERTUT J. *Images of the Ice Age,* Londres, 1988.
BALL, C. J. *Chinese and Sumerian*, Londres, 1913.
BALOGH, J. "Voces paginarum*",* *Philologus*, LXXXII, 1926-7, p.84-100; Bernard M. Knox, "Silent Reading in Antiquity"*,* *Greek, Roman and Byzantine Studies,* ix/4, 1968, p.421-35
BEECHING, W. A. *Century of the Typewriter,* Nova York, 1974.
BENNETT, Jr. E. L. "Aegean Scripts" *in* Daniels e Bright, eds., *The World's Writing Systems,* p.125-33; John Chadwick, *Lienar B and Related Scripts,* 2ª. ed., Londres, 1989.
BERLO, J. C. "Early Writing in Central Mexico: *In Tlilli, In Tlapalli* before 1000 e.C." *in* Richard A. Diehl e Janet Catherine Berlo, *Mesoamerica after the Decline of Teotihuacan 700-900 e.C.*, Washington, DC, 1989, p.19-47.
BERNAL, J. D. *Science in History,* 4 vols., Londres, 1988.
BIRKET-SMITH K. "The Circumpacific Distribution of Knot Records", *Folk,* viii, 1966, p.15-24.
BIRNBAUM, S. A. *The Hebrew Script*, Edimburgo, 1971.
BISHOP, A. M. *English Caroline Minuscule*, Oxford, 1971.
BLOOMFIELD L. *Language*, Nova York, 1933.
BOLTZ, W. G. "East Asian Writing Systems", *in* Peter T. Daniels e William Bright, eds., *The World's Writing Systems*, Nova York, 1996, p.189-90.
_____. *The Origin and Early Development of the Chinese Writing System,* American Oriental Series 78, New Haven, 1994.

BONFANTE, G.; BONFANTE, L. *The Etruscan Language: An Introduction*, Manchester, 1983.
BONFANTE, L. "The Scripts of Italy", *in* Daniels e Bright, eds., *The World's Writing Systems*, p.297-311.
BRIGHT, W. "The Devanagari Script" *in* Daniels e Bright, eds., *The World's Writing Systems*, p.384-90.
BRITTO, F. *Diglossia: A Study of the Theory with Application to Tamil*, Washington, DC, 1986.
BROWN, C. H. "Hieroglyphic Literacy in Ancient Mayaland: Inferences from Linguistic Data", *Current Anthropology*, XXXII, 1991, p.489-96.
BROWN, M. P. *A Guide to Western Historical Scripts from Antiquity to 1600*, Londres, 1990.
CARNEY, J. "The Invention of the Ogom Cipher", *Ériu (Journal of the Royal Irish Academy)*, XXVI, 1975, p.53-65.
CARTER, S. *Twentieth Century Type Designers*, Nova York, 1987.
CARTER, T. F. *The Invention of Printing in China and Its Spread Westwards*, Nova York, 1925.
CASPARIS, J. G. de *Indonesian Palæography*, Leiden, 1975.
CHAO, Y. R. *Language and Symbolic Systems*, Cambridge, 1968.
CHIBBETT, D. *The History of Japanese Printing and Book Illustration*, Tóquio, 1977.
CHILDE, G. *What Happened in History*, 1942, Harmondsworth, 1982.
CHOMSKY, N. e HALLE, M. *The Sound Pattern of English*, Nova York, 1968.
CIVIL, M. e BIGGS, R. "Notes sur des texts sumériens archaïques", *Revue d'Assyriologie*, LX, 1966.
CLAIBORNE R. *The Birth of Writing*, Nova York, 1974.
CLAPPERTON, R. H. *Paper: An Historical Account*, Oxford, 1934.
COE, M. D. *Breaking the Maya Code*, Londres, 1992.
??????. *The Maya Scribe and His World*, Nova York, 1973.
COE, M. D. e KERR, J. *The Art of the Maya Scribe*, Londres, 1998.
COHEN, M. *La Grande Invention de l'écriture et son évolution*, 2 vols, Paris, 1958.
COLLESS, B. E. "The Byblos Syllabary and the Proto-Alphabet", *Abr-Nahrain*, XXX, 1992, p.55-102.
??????. "The Proto-Alphabetic Inscriptions of Canaan", *Abr-Nahrain*, XXIX, 1991, p.18-66.
COOPER, J. S. "Sumerian and Akkadian" *in* Daniels e Bright, eds., *The World's Writing Systems*, p.37-57.
COULMAS, F. *The Writing Systems of the World*, Oxford e Nova York, 1989.
??????."What Writing Can Do to Language", *in* S. Battestini, ed., *Georgetown University Roundtable on Languages and Linguistics 1986*, Washington, DC, 1987, p.107-29.
COWAN, D. *An Introduction to Modern Literary Arabic*, Cambridge, 1964.
CREEL, H. G. *Chinese Writing*, Washington, DC, 1943.
CRUM, W. E. *A Coptic Dictionary*, Oxford, 1939.
CUBBERLEY, P. "Alphabets and Transliteration", *in* Bernard Comrie e Greville G. Corbett, eds., The Slanovic Languages, Londres, 1993, p.20-59.
??????. "The Slavic Alphabets", *in* Daniels e Bright, eds., *The World's Writing Systems*, p.346-55.

DALBY, D. "Further Indigenous Scripts of West Africa: Manding, Wolof and Fula Alphabets and Yoruba "Holy" Writing", *African Language Studies*, x, 1969, p.161-81.

DANIELS, P. T. "Analog and Digital Writing", *in* Daniels e Bright, eds., *The World's Writing Systems*, p.883-92.

_____. "The First Civilizations" *in* Peter T. Daniels e William Bright, eds. *The World's Writing Systems*, Nova York, 1996.

DAVIES, W. V. *Egyptian Hieroglyphs*, Reading the Past, Londres, 1987.

DE SILVA, M. W. S. *Diglossia and Literacy*, Manasagangotri, Mysore, 1976.

DeFRANCIS, J. *Visible Speech: The Diverse Oneness of Writing Systems*, Honolulu, 1980.

_____. *The Chinese Language: Fact and Fantasy*, Honolulu, 1984.

DESHPANDE, M. M. *Critical Studies in Indian Grammarians*, Michigan Series in South and Southeast Asian Languages and Linguistics, no. 2, Ann Arbor, 1979.

DINH-HOA, N. "Vietnamese", *in* Daniels e Bright, eds., *The World's Writing Systems*, p.691-5.

DIRINGER D. *Writing*, Londres, 1962.

_____. *The Alphabet: A Key to the History of Mankind*, 3a. ed., Londres, 1968.

DRIVER, G. R. *Semitic Writing: From Pictograph to Alphabet*, [1948], Londres, 1976.

DUHOUX, Y. *Le Disque de Phaestos*, Louvain, 1977.

DÜWEL, K. *Runenkunde*, 2a. ed., Stuttgart, 1983.

EBBINGHAUS, E. "The Gothic Alphabet", *in* Daniels e Bright, eds., *The World's Writing Systems*, p.290-93.

_____. "The Origin of Wulfila's Alphabet", *General Linguistics*, XIX, 1979, p.15-29.

EISENSTEIN, E. L. *The Printing Press as an Agent of Change: Communications and Cultural Transformations in Early-Modern Europe*, Cambridge, 1979.

ELLIOTT, R. W. V. "The Runic Script" *in* Daniels e Bright, eds., *The World's Writing Systems*, p.333-9.

ENGLUND, R. K. "TheProto-Elamite Script", *in* Daniels e Bright, eds., *The World's Writing Systems*, p.160-64.

FAIRBANK, A. J. *A Handwriting Manual*, Leicester, 1932; Joyce Irene Whalley, *English Handwriting*, 1540-1853, Londres, 1969.

FAIRSERVIS, Jr., W. A. "The Script of the Indus Valley Civilization", *Scientific American*, março, 1983, p.41-9.

FISCHER, S. R. em *Evidence for Hellenic Dialect in the Phaistos Disk*, Berne *et al.*, 1988;

_____. *Glyphbreaker*, Nova York, 1997.

_____. *Rongorongo: The Easter Island Script: History, Traditions, Texts*, Oxford Studies in Anthropological Linguistics 14, Oxford, 1997a.

_____. *A History of Language*, Londres, 1999.

FRIEDRICH, J. *Geschichte der Schrift*, Heidelberg, 1966.

GAUR, A. *A History of Writing*, vol. 2, edição revista, Londres, 1992.

GELB I. J. *A Study of Writing*, [1952] edição revista, Chicago e Londres, 1963.

_____. *Hittite Hieroglyphs*, Londres, 1991.

GLASS, J. B. "A Survey of Native Middle American Pictorial Manuscripts", *in* Howard F. Cline, ed., *Guide to Ethnohistorical Sources*, 3, Handbook of Middle American Indians 14, Austin, 1975, p.3-80.

———. A Census of Native Middle American Pictorial Manuscripts", in Cline, ed., *Guide to Ethnohistorical Sources,* p.81-252.

GODART, L. e OLIVIER, J.-P. *Recueil des inscriptions em linéaire A,* Etudes crétoises 21/1-5, Atenas, 1976-85.

GRAGG, G. B. "Other Languages", *in* Daniels e Bright, eds.,*The World's Writing Systems*, p.58-72.

GREEN, M. W. "The Construction and Implementation of the Cuneiform Writing System", *Visible Language,* xv/4, 1981, p.345,72.

HAAS, M. *The Thai System of Writing,* Washington, DC, 1956.

HANNA, P. R.; HODGES, R. E. e HANNA, J. S. *Spelling: Structure and Strategies,* Boston, 1971.

HARRIS, R. *The Origin of Writing,* Londres, 1986.

HARRISON, J. P. "Note on Five Hieroglyphic Tablets from Easter Island" , *Journal of the Royal Anthropological Institute of Great Britain and Ireland,* V, 1876, p.248-50.

HEALEY, J. F. *The Early Alphabet,* Reading the Past, Londres, 1990.

HEILBRONNER, W. L. *Printing and the Book in 15th-Century England,* Charlottesville, 1967.

HILL, A. A. "The Typology of Writing Systems" *in* W.M. Austin, ed., *Papers in Linguistics in Honor of Léon Dostert,* The Hague, 1967.

HOOD, M. S. F. "The Tartaria Tablets" *Antiquity,* XLI, 1967, p.99-113.

HORN, R. *Visual Language,* Bainbridge Island, WA, 1998.

JACOBSON, T. *Toward the Image of Tammuz and Other Essays on Mesopotamian History and Culture,* Oslo, 1970.

JARA, V. de la "Vers le déchiffrement des écritures anciennes du Pérou", *Science progrès – La Nature,* xcv, 1967, p.241-7.

JEFFERY, L. H. *The Local Scripts of Archaic Greece: A Study of the Origin of the Greek Alphabet and Its Development from the Eighth to the Fifth centuries B.C.,* 2ª. ed. revista A. W. Johnston, Oxford.

JENSEN, H. *Sign, Symbol and Script,* Nova York, 1969.

JOHNSON, A. F. *Type Designs,* 3ª. ed., Londres, 1966.

JORDAN, J. "Uruk, vorläufige Berichte", *Abhandlungen der Preußischen Akademie der Wissenschaften, philosophisch-historische Klasse,* Berlin, 1932.

JUSTESON, J. S. e KAUFMAN, T. "A Decipherment of Epi-Olmec Hieroglyphic Writing", *Science,* ccLIX, 1993, p.1703-11.

KANNAIYAN, V. *Scripts in and around India,* Madras, 1960.

KHUBCHANDANI, L. M. *Plural Languages, Plural Cultures,* Honolulu, 1983.

KING, R. "The Korean elements in the Manchu Script Reform of 1632", *Central Asiatic Journal,* xxxi, 1987, p.197-217.

———. "Korean Writing", *in* Daniels e Bright, eds., *The World's Writing Systems,* 1996. p.218-27.

KNIGHT, S. *Historical Scripts,* Londres, 1984.

_____. "The Roman Alphabet", *in* Peter T. Daniels e William Bright, eds., *The World's Writing Systems*, Nova York, 1996, p.312-32.
KÖNIG, F. W. *Die elamischen Königsinschriften*, Graz, 1965.
KRUMBACHER, K. *Das Problem der neugriechschen Schriftsprache*, Munique, 1902.
KWONG-YUE, C. "Recent Archaelogical Evidence Relating to the Origin of Chinese Characters", *in* David N. Keightley, ed., *The Origins of Chinese Civilization*, Berkely e Los Angeles, 1983, p.323-91.
LAMBERG-KARLOVSKY, C. C. "The Proto-Elamites on the Iranin Plateau", *Antiquity*, LII, 1978, p.114-20.
LANGLEY, J. C. "The Forms and Usage of Notation at Teotihuacan", Anciene Mesoamerica, II, 1991, p.285-98.
LARFELD, W. *Handbuch der griechischen Epigraphik*, Leipzig, 1907.
LEDYARD, G. K. "The Koran Language Reform of 1446: The Origin, Background and Early History of the Korean Alphabet", dissertação de doutorado, Universidade da Califórnia, Berkely, 1966.
MACRAKIS, M. S. ed., *Greek Letters from Tablets to Pixels*, New Castle, DE, 1996.
MACRI, "Maya and Other Mesoamerican Scripts, in Daniels e Bright, *The World's Writing Systems*, Nova York, 1996.
MAHMOUD, Y. "The Arabic Writing System and the Sociolinguistics of Orthography Reform", PhD diss., Georgetown University, Washington, DC, 1979.
MAIR, V. H. "Cheng Ch'iao's Understanding of Sanskrit: The Concept of Spelling in China", in *A Festschrift in Honour of Professor Jao Tsung-i on the Occasion of His Seventy-fifth Anniversary*, Hong Kong, 1993, p.331-41.
_____. "Modern Chinese Writing", *in* Daniels e Bright, *The World's Writing Systems*, 1996, p.200-208.
MAKKAY, J. "The Late Neolithic Tordos Group of Signs", *Alba Regia*, x, 1969, p.9-50.
MAN, J. *Alpha Beta: How Our Alphabet Changed the Western World*, Londres, 2000.
MARCUS, J. "The First Appearance of Zapotec Writing and Calendrics" *in* Kent V. Flannery e Joyse Marcus, eds., *The Cloud People: Divergent Evolution of the Zapotec and Mixtec Civilizations*, Nova York, 1983, p.91-6.
MARCUS, J. *Mesoamerican Writing Systems: Propaganda, Myth and History in Four Ancient Civilizations*, Princeton, 1992.
MARÉ, A. C. de la. *The Handwriting of the Italian Humanists*, Londres, 1973.
MARTIN, H.-J. *The History and Power of Writing*, trad. para o inglês de Lydia G. Cochrane, Chicago e Londres, 1994.
MASSON, E. "L'Ecriture" dans les civilisations danubiennes néolithiques", *Kadmos*, xxiii, 1984, p.89-123.
MAUNDE, E. Thompson, *Handbook of Greek and Latin Palography*, Londres, 1906.
McCARTER Jr., P. K. *The Antiquity of the Greek Alphabet and the Early Phoenician Scripts*, Missoula, MT, 1975.
McLEOD, M. D. *The Asante*, Londres, 1981, citado *in* Albertine Gaur, *A History of Writing*, ed. Revista, Londres, 1992.

McMANUS, D. *A Guide to Ogam*, Maynooth Monographs 4, Maynooth, 1991.

———. "Ogham", *in* Daniels and Bright, eds., *The World's Writing Systems*, 1996, p.340-45.

MEINHOF, C. "Zur Entstehung der Schrift", *Zeitschrift für ägyptische Sprache*, XIX, 1911, p.1-14; Johannes Friedrich, *Geschichte der Schrift*, Heildelberg, 1966.

MELCHER, H. C. "Anatolian Hieroglyphs", *in* Peter T. Daniels e William Bright, eds., *The World's Writing Systems*, Nova York, 1996, p.120-24.

MENDENHALL, G. E. *The Syllabic Inscriptions from Byblos*, Beirut, 1985.

MERIGGI, P. *La scrittura a proto-elamica*, 3 vols., Roma, 1971-4.

MICHALOWSKI, P. "Early Mesopotamian Communicative Systems: Art, Literature and Writing", *in* Ann C. Gunther, ed., *Investigating Artistic Environments in the Ancient Near East*, Washington, DC, 1990.

———. "Tokenism", *American Anthopologist*, XLV, 1993.

———. "Mesopotamian Cuneiform", *in* Daniels e Bright, eds., *The World's Writing Systems*, 1999, p.33-6.

MILLET, N. B. "The Meroitic Script", *in* Daniels e Bright, eds., *The World's Writing Systems*, p.84-6.

MORELL, V. "New Light on Writing in the Americas", *Science*, CCLI, 1991, p.268-70.

MORISON, S. *A Tally of Types*, Cambridge, 1973.

MOSER, C. L. *Ñuiñe Writing and Iconography of the Mixteca Baja*, Vanderbilt University Publications in Anthropology 19, Nashville, 1977.

NAVEH, J. *Early History of the Alphabet*, 2ª. ed., Leiden, 1987.

NAVON, D. e SHIMRON, J. "Reading Hebrew: How Necessary is the Graphemic Representation of Vowels?" *in* L. Henderson, ed., *Orthographies and Reading*, Londres, 1984, p.91-102.

O'CONNOR, M. "Epigraphic Semitic Scripts", *in* Daniels e Bright, eds. *The World's Writing Systems*, 1996, p.88-107.

———. "The Berber Script", *in* Daniels e Bright, eds., *The World's Writing Systems*, 1996, p.112-16.

OSLEY, A. S. ed. *Calligraphy and Palæography*, Londres, 1965.

PAGE, R. I. *An Introduction to English Runes*, Londres, 1973.

PALAIMA, T. G. "Cypro-Minoan Scripts: Problems of Historical Context", *in* Yves Duhoux, Thomas G. Palaima e John Bennet, eds., *Problems in Decipherment*, Bibliothèque des cahiers de l'Institut de Linguistique de Louvain 49, Louvain, 1989, p.121-87.

PARPOLA, A."The Indus Script: A Challenging Puzzle", *World Archaeology*, XVII/3, 1986, p.399-419.

———. *Deciphering the Indus Script*, Cambridge, 1994.

———. "The Indus Script", *in* Daniels e Bright, eds., *The World's Writing Systems*, 1996, p.165-71.

PATTANAYAK, D. P. "The Problem and Planning of Scripts", *in* G. Sambasiva Rao, ed., *Literacy Methodology*, Manasagangotri, Mysore, 1979, p.43-59.

PFIFFIG, A. *Die etruskische Sprache: Versuch einer Gesamtdarstellung*, Graz, 1969.

PODE, M. W. M. "The Origin of Near Eastern Writing", *Antiquity*, XL, 1965, p.17-23.

POPE, M. *The Story of Decipherment: From Egyptian Hieroglyphic to Linear B,* Londres, 1975.
POWELL, M. A. "Three Problems in the History of Cuneiform Writing: Origins, Direction of Script, Literacy", *Visible Language,* xv/4, 1981, p.419-40.
PREM, H. e RIESE, B. "Authochthonous American Writing Systems: The Aztec and Maya Examples", *in* COULMAS F. e EHLICH, K. eds. *Writing in Focus,* Berlin, Amsterdam e Nova York, 1983.
PRIESE, K. H. "Zur Entstehung der meroitischen Schrift", *in* Fritz Hintze, ed., *Sudan im Altertum,* Meroitica I, Berlin, 1973, p.273-306.
RAY, J. D. "The Emergence of Writing in Egypt", *World Archaeology,* xvii/3, 1986, p.307-16.
REED, R. *Ancient Skins, Parchments and Leather,* Londres, 1965.
RIESENBERG, S. H. e KANESHIRO, S. *A Caroline Islands Script,* Smithsonian Institution Bureau of American Ethnology *Bulletin* 173; Anthropological Papers 60, Washington, DC, 1960, p.273-333.
RITNER, R. K. "Egyptian Writing", *in* Daniel e William Bright, eds, *The World's Writing Systems,* p.73-84.
ROBINSON, A. *The Story of Writing,* Londres, 1995.
RUSSELL, B. *The Problem of China,* Londres, 1922.
RÜSTER, C. *Hethitische Keilschrift-Paläographie,* Wiesbaden, 1972.
SAMPSON, G. *Writing Systems,* Londres, 1985.
SANGBAEK, L. *A History of Korean Alphabet and Movable Types,* Seul, 1970.
SANSOM, G. B. *Japan: A Short Cultural History,* Nova York, 1962.
SCHARLIPP, W. E. *Einführung in die tibetische Schrift,* Hamburgo, 1984.
SCHELE, L. e GRUBE, N. *Notebook for the xixth Maya Hieroglyphic Workshop at Texas, March 9-18,* 1995, Austin, TX, 1995.
SCHMITT, A. "Die Bamum-Schrift", *Studium Generale,* xx, 1967, p.594-604.
SCHULTZE, E. "Die Runen", *in* Bruno Krüger, ed., *Die Germanen,* vol. 2, Berlin, 1986, p.315-26.
SEGERT, S. *A Basic Grammar of the Ugaritic Language,* Berkeley, 1984.
SMART, J. R. *Arabic: A Complete Course for Beginners,* Londres, 1986.
SMITH, J. S. "Japanese Writing", *in* Daniels e Bright, eds., *The World's Writing Systems,* p.209-17.
SMITH, M. E. 'The Mixtec Writing System", *in* Kent V. Flannery e Joyce Marcus, eds., *The Cloud People: Divergent Evolution of the Zapotec and Mixtec Civilizations,* Nova York, 1983, p.238-45.
SOMMER, F. E. *The Arabic Writing in Five Lessons,* with Practical Exercises and Key, Nova York, 1942.
STILMAN, L. *Russian Alphabet and Phonetics,* 12ª. ed., Nova York, 1960.
SWIGGERS, P. "The Iberian Scripts", *in* Daniels e Bright, eds. *The World's Writing Systems,* p.108-12.
SWIGGERS, P. "Transmission of the Phoenician Script to the West", *in* Peter T. Daniels e William Bright, eds., *The World's Writing Systems,* Nova York, 1996, p.261-70.
SWIGGERS, P. e JENNIGES, W. "The Anatolian Alphabets", *in* Daniels e Bright, eds. *The World's Writing Systems,* p.281-7.

TAYLOR, I. "The Korean Writing System: Na Alphabet?", *in* Paul A. Kolers, Merald E. Wrolstad e Herman Bouma, eds., *Processing of Visible Language*, vol. 2, Nova York, 1980, p.67-82.

TELLA, S. *Talking Shop Via E-Mail: A Thematic and Linguistic Analysis of Electronic Mail Communication*, Helsinki, 1992.

THOMSON, S. H. *Latin Bookhands of the Later Middle Ages*, Cambridge, 1969.

THREATTE, L. "The Greek Alphabet", *in* Daniels e Bright, eds. *The World's Writing Systems*, p.271-80.

TILL, W. C. *Koptische Grammatik*, Leipzig, 1955.

TYLOR, E. S. *Anthropology*, Nova York, 1881.

ULLMAN, B. L. *The Origin and Development of Humanistic Script*, 2ª. Ed., Roma, 1974.

UNGNAD, A. "Sumerische und chinesische Schrift", *Wiener Zeitschrift für die Kunde des Morgenlandes*, xxxiv, 1927.

UNTERMANN, J. *Monumenta Linguarum Hispanisarum*, Wiesbaden, 1975-90.

UPDIKE, D. B. *Printing Types: Their History, Forms, and Use*, 2ª. Ed., Cambridge, 1937.

VALLAT, F. "Les Documents épigraphiques de l'acropole, 1969-1971", *Cahiers de la délégation archéologique française en Iran*, I, 1971, p.235-45.

───. "Les Tablettes proto-elamites de l'acropole, Campagne, 1972", *Cahiers de la délégation árchéologique française en Iran*, III, 1973, p.93-105.

VENTRIS, M. e CHADWICK, J. *Documents in Mycenaean Greek*, 2a. ed., Cambridge, 1973.

WARDE, B. "Foreword" *in* S.H. Steinberg, *Five Hundred Years of Printing*, 2ª. ed., Londres, 1961.

WARDROP, J. *The Script of Humanism*, Oxford, 1963.

WINN, S. M. M. *Pré-Writing in Southeast Europe:The Sign System of the Vincă Culture, ca. 4.000 a.C.*, Calgary, 1981.

WOODARD, R. D. *Greek Writing from Knossos to Homer: A Linguistic Interpretation of the Origin of the Greek Alphabet and the Continuity of Ancient Greek Literacy*, Oxford, 1997.

WOODCOCK, J. e KNIGHT, S. *A Book of Formal Scripts*, Londres, 1992.

YAO, S. W. P. *Ostasiatische Schriftkunst*, Berlim, 1981.

ZIADEH, F. J. e WINDER, R. B. *An Introduction to Modern Arabic*, Princeton, 1957.

ZIMANSKY, P. "Review of *Before Writing* by Denise Schmandt-Besserat", *Journal of Field Archaeology*, xx, 1993, p.513-17.

Índice remissivo

A

Abecedário, 80
Abidos, 77
Abjad, 79, 84, 89
Abnaki, 20
Abugida (abudiga), 92, 97, 98, 169, 171
Abidos, 32, 78
Acrofonia, 35, 78, 141
Alasca, 251
Albanês, 118
Alcuin de York, 218, 221, 230
Alexandria, 121, 202, 210, 230
Alfabetização, 36, 56, 179, 182, 212, 230, 231, 232, 256, 262, 272
Alfabeto, 36, 42, 45, 52, 53, 59, 60, 62, 67, 75, 76, 108-118, 128, 139, 147, 185, 214, 224, 251, 252, 258, 267, 270
alfabeto cário, 118
alfabeto latino, 9, 45, 117, 123, 127-133, 136, 137, 139, 140, 142, 145, 174, 180, 219, 222, 227, 229, 247, 249, 250, 251, 253, 255, 256, 269, 273, 274, 275
aloglifos, 58, 70
América Central, 10, 41
Amorita, 51
anamese *veja* vietnamita

Anatólia, 51, 64, 65, 66, 67-69, 72, 79, 80, 85, 108
antigo thai, 104
Antiqua (antiga), 222, 243 *veja também* romanização
Apóstrofe, 231
Arábe, 40, 80, 85, 87, 90-95, 101, 108, 122, 133, 146, 162, 211, 212, 220, 250, 251, 266, 273, 275
Arábe do Sul, 92
Aramaico, 51, 81, 85-87, 90, 96, 97, 108, 111, 146, 251
Argila, 23, 25, 29, 45, 46, 47-49, 52, 54, 56, 57, 59, 60, 68, 70, 71, 72, 74, 79, 87, 116, 155, 257
Aristófanes de Bizâncio, 214, 230
armazenagem de informação, 13, 18, 26, 253
armênio, 118, 143
Arrighi, Ludovico degli, 240
arte da escrita, 96, 110, 111, 161
arte em pedra, 20
arte rupestre, 19, 20
ashanti, 20
assamês, 101, 103
assírio, 48, 64, 86
asteca, 188, 189, 200, 203, 204, 205, 207
Atatürk, Kemal, 250

B

Babilônia, 28, 49, 51, 53, 54, 63, 79, 87
Balcãs, 23, 34, 75, 118
Bamum, 253
Batak, 104
Bengali, 97
Berbere, 84
Bíblia, 121, 122, 132, 135, 143, 220, 238, 239, 243, 276
Biblos, 64-67, 70, 80, 82, 108, 110, 111, 233
Bilzingsleben, 17
Bisaya, 104, 253
Bisothum, 52
Bloomfield, Leonhard, 15
Brâmane, 97-101, 107, 132, 258
brincadeiras com barbante, 21
budismo, 104, 150, 159, 168, 174, 210, 234, 278
Bulgária, 23, 143, 144, 145
Bustrofédon, 273

C

Cai Lun, 160
Caligrafia, 10, 43, 161-164, 178, 182, 183, 211, 223, 225, 244, 247
caligrafia beneventana, 216
caligrafia inglesa, 216, 222-228
caligrafia irlandesa, 216, 217, 222, 247
caligrafia merovíngia, 216
Canaã (Cananéia), 52, 63, 63, 66, 67, 68, 70, 76, 78, 79, 82, 86, 109
Canaanita, 79, 81, 82
Carlos Magno, 217, 255
Caslon, William, 244, 246
Caxton, William, 240, 242, 248
celtibérica, 134-135
charter hand, 220, 227
Cherokee, 169, 251-252
cheyenne, 19, 20
China (chineses/chinesa), 10, 24, 33, 44, 50, 62, 76, 105, 147, 149-167, 169, 170, 171, 174, 176, 177, 178, 181, 182, 184, 185, 190, 192, 193, 195, 198, 207, 210, 230, 231, 233, 234, 250, 255, 262, 263, 264, 267, 275
Chipre (cipriota), 64, 65, 70, 74, 75, 80, 110, 112, 258
Chukchi, 251
Cícero, 215, 270
Cirílica, 118, 119, 143-145, 273
classificar as escritas, 60-61
Clemente de Alexandria, 35, 43
Códice, 210, 215

Coe, Michael, 200
Cohen, Marcel, 207
Coluna de Trajano, 129
Computadores, 10, 33, 164, 232, 246, 248, 255, 256, 259, 274, 275, 276, 278
Conservadorismo, 110, 133, 163, 218, 223
Contabilidade, 23, 24, 27, 28, 29, 43, 48, 55, 64, 70, 72, 73, 110, 128, 192, 194
Cóptico (copta), 41, 45, 118, 121
Corão, 90, 92, 231
Coreana, 150, 167-173, 174, 176, 184, 198, 231, 235, 260, 273
Coulmas, Florian, 27, 64, 112, 185, 277
Couro, 41, 115, 116
Cree, 251
Creta (cretense), 65, 69-74, 80, 111, 114, 115, 229, 233
criações inspiradas em alfabetos, 249-256
Cristianismo (cristãos), 115, 121, 122, 130, 132, 139, 142, 150, 163, 167, 211, 222
cultura de Mas d'Azil, 22
cultura harappeana *veja* Vale do Indo
cultura iangshao, 24
cultura vinčăa (falta o acento - rever), 23, 24, 75
cuneiforme, 26, 27, 34, 38, 45-54, 60, 62, 64, 67, 68, 69, 76, 79, 80, 86, 273
cursiva, 34, 41, 43, 116, 117, 118, 120, 130, 131, 144, 157, 161, 164, 177, 211, 214, 215, 216, 217, 219, 222, 224, 227, 228, 255

D

danaans, 73, 74, 80, 82
Dario, 17, 52, 54
definição de escrita, 13-14
determinativos, 34, 36-38, 50, ,52, 69, 77, 198
Devanagari, 100-102, 168
Diacríticos, 87, 89, 91, 92, 97, 98, 100, 104, 105, 107, 111, 113, 122, 132, 134, 167, 170, 179, 211, 219, 249, 250, 253, 264
difusão de estímulos, 257
diglossia, 259, 263
dígrafos, 164
direção de escrita, 38, 46, 54, 58, 69, 71, 75, 79, 85, 96, 100, 101, 115, 120, 122, 126, 134, 138, 142, 158, 165, 178, 184, 198, 254, 273
Disco de Festos, 71, 72, 73, 229, 233

E

Ebla, 53
"e" comercial, 231, 244
"Efeito Alfabeto", 146

Egéia, 38, 69, 233
Egípcio, 9, 25, 33, 35-45, 46, 47, 49, 55, 56, 57, 59, 60, 62, 64, 65, 66, 67, 69, 73, 78, 79, 80, 83, 85, 109, 111, 116, 119, 120, 122, 151, 152, 182, 201, 208, 258, 259, 262, 271, 275, 278
Elamita, 51, 52, 53, 54-56, 62
Empréstimo, 38, 59, 60, 61, 65, 68, 70, 109, 110, 112, 113, 138, 148, 149, 151, 167, 169, 177, 183, 185, 211, 228, 231, 251, 258
Epiolmeca, 187, 188, 190, 192, 193, 195, 196, 197, 198, 209
Escócia, 142
Escribas, 28, 35, 36, 42, 43, 46, 47, 52, 53, 62, 64, 78, 80, 81, 86, 99, 101, 112, 113, 114, 116, 126, 161, 200, 201, 203, 214, 216, 225, 228, 230, 233, 237, 239, 247, 275
escrita afro-asiática (Afro-Ásia), 34, 257, 260
escrita americana, 187-208, 257, 260
escrita andina, 17, 205-208
escrita capitular, 116-117, 128, 216, 239
escrita cipro-minóica, 75, 110
"escrita completa", 14, 29, 30, 31, 32, 33, 45, 149, 151, 190, 192, 204, 253, 257
escrita demótica, 38, 41, 43, 45, 120, 121, 180
escrita gótica, 135-136
escrita hierática, 36, 40, 41, 45, 60, 62, 122, 180
escrita humanista (romana), 221-222
escrita imperfeita, 184, 278
escrita insular, 222-229
escrita manuscrita ou formal, 142, 211
escrita silábica, 39, 49, 50, 51, 52, 53, 60, 62, 64-76, 97, 108, 110, 111, 113, 114, 122, 133, 148, 155, 158, 170, 173, 176, 182, 186, 205, 252, 257
escrita silábica cipriota, 75
escrita simbólica, 271
escrita universal, 271-272
escrita Vai, 252
escrita visigótica, 216, 217
escritas das Ilhas Carolinas, 253
eslavo, 143-147
Espanha, 87, 132, 133, 134, 135, 194, 211, 217, 217, 232, 248 *veja também* ibérica
Estenografia, 270
estilo Copperplate, 255
estilo spenceriano, 255
estudantes, 44, 47, 48, 262, 275
etíope, 93-96, 97, 251
etrusco, 116, 120, 124-128, 129, 132, 133, 134, 137, 138, 142, 228
eubéia, 111, 122, 123, 124, 126

Evangelhos de Lindisfarne, 224, 225
Evans, John, 251
Evans, Sir Arthur, 74
"evolução" da escrita, 14, 47, 76, 258

F

Falisca, 119, 127
Fenício, 66, 67, 76, 79, 80, 82-85, 86, 108, 110, 111, 112, 113, 114, 115, 116, 125, 133, 147, 228
fichas de argila, 24-27
fonema, 111, 170, 227, 247, 263, 267
foneticismo, 27-32, 33, 35, 44, 59, 71, 76, 155, 190, 193, 195, 197, 199, 205, 209, 258 *veja também* foneticismo sistêmico, 30, 31, 32, 54, 59, 189, 190, 191, 257
fonografia, 31, 33, 35, 35, 36, 37, 46, 48, 69, 76, 155, 167, 188, 190, 195, 199, 200, 206, 207, 209, 249, 253, 268
fonte, 240, 244, 256
fonte humanista, 239
fonte romana, 222, 239, 241, 244, 256, 275
Foster, Vere, 255
Fractur *veja* escrita gótica
Franklin, Benjamin, 238, 244
Frígia, 119
Futhark, 137, 138, 139, 140
Futhork, 139

G

gales, 132
galik, 105
Garamond, Claude, 244
Gaulesa, 127
Gaur, Albertine, 239
Gelb, Ignace, 24
Georgiano, 118
Glagolítico, 119, 143
Globalização, 64, 107, 133, 258
Grafite, 56
Granjon, Robert, 241
Grantha, 97, 106
Grega, 43, 44, 62, 64, 66, 70-75, 79, 80, 81, 82, 92, 99, 109, 110-119, 121, 122, 123, 127, 129, 132, 133, 134, 135, 143, 148, 186, 210-214, 228, 230, 233, 255, 257, 262, 266
Gregg, John Robert, 271
Griffo, Francesco, 239, 240, 241, 244
Guess, George *veja* Sikwayi
Gujarati, 103
Gupta, 100, 104, 106

Gurmukhi, 101, 102
Gutenberg, Johan Gensfleisch zum, 237

H

Hankul, 168, 170, 235
Hático, 51
Hebraico, 33, 84, 85, 87, 112, 143, 233, 242, 257, 264, 274, 275
Heródoto, 43, 109, 115
Hieróglifos, 33, 34, 35-45, 46, 57, 59, 60, 62, 63, 67, 68, 69, 70, 72, 77, 78, 79, 116, 120, 121, 122, 153, 187, 273, 276
Hindi, 101
Hitita, 51, 52, 62, 65, 68, 82
Homero, 67, 109, 115, 131, 211, 213, 215
Homo erectus, 9, 17
Homofonia, 22, 30, 152, 181, 198, 204
Humanidades, 211, 257
Hurriano, 52, 53, 67

I

Ibérica, 133-135
Iconografia (icônicos), 20, 45, 189, 190, 191, 202, 205
Ideogramas, 26, 67, 76, 154, 174, 198, 228
Ilha de Páscoa, 10, 33, 38, 61, 152, 229, 251, 253, 254, 258
Ilha do Homem, 140
Ilhas Marquesas, 17
Impressão (imprensa), 60, 72, 146, 158, 170, 208, 219, 226, 232-249, 264
Inca, 16, 206
Índia, 58, 60, 94, 95, 96-108, 132, 208, 221, 232, 254, 262
Índica, 96-108, 111, 121, 132, 148, 171, 173, 251, 258
Inglaterra, 139, 142, 218, 219, 220, 224, 231, 240, 242
"invenção" da escrita, 143
Ioruba, 22
Irã, 25, 52, 54, 87, 100
Iraque, 25, 28, 48, 115 *veja também* Suméria
Irlandês, 140, 141, 142, 219, 222, 223, 225
Israel, 25, 63, 227 *veja também* Hebraico
Itálico, 146, 179, 198, 213, 222, 240

J

Japonesa, 20, 39, 44, 50, 149, 150, 164, 169, 170, 171, 173-185, 186, 198, 199, 229, 231, 234, 235, 236, 246, 250, 265, 273, 275
Java, 104
Jenson, Nicolas, 239, 241, 246

K

Kadamba, 97, 106
Kaithi, 101, 103
Kanarese, 97, 106
Kannada, 106, 107
Kashmiri, 90
Kassite, 51
Kavi, 104, 105
Kharosthi, 92, 95, 96, 97, 98
Khmer, 166, 250
Kish, 28, 29
Knorozov, Yuri, 11, 188
Krumbacher, Karl, 262
Kurrentschrift, 222

L

Latim da Idade Média, 214-222
Leibniz, Gottfried Wilhelm, 271, 272
Leitura, 209, 261, 269, 276
leitura da "palavra-total", 155
lepôntica, 127, 136
leste asiático, 40
letras (de um alfabeto), 126, 127, 136, 219, 251, 253, 267
Levante, 45, 63, 80, 83, 85, 108, 110, 111, 257
Lício, 118
Lídio, 118
Ligatura, 43, 91, 101, 116, 121, 135, 143, 217, 218, 220, 238, 255
Liguriana, 127
Linear A, 72, 73, 75
Linear B, 72, 73, 75
Linear C, 75, 76, 110
Linearidade, 35, 46, 251, 254
linguagem escrita, 162, 172, 210, 258, 275
"linguagem visual", 270-272,
Literatura, 55, 96, 132, 158, 166, 172, 174, 177, 182, 184, 192, 201, 209, 210, 211, 234, 246, 251, 253
Lívio, 215
Livro de Kells, 223, 224
Livros, 115, 116, 195, 210, 212, 215, 219, 220, 221, 233, 236, 237, 240, 241, 275
logograma (logografia), 15, 20, 23, 25, 30, 32, 35, 36, 37, 44, 46, 49, 51, 53, 55, 60, 62, 69, 73, 79, 115, 148, 153, 155, 161, 174, 180, 186, 188, 187, 192, 197, 200, 202, 207, 249, 253, 257
logossilabismo (logossilábico) (logossilabário), 34, 50, 58, 152, 153, 187, 188, 190, 192, 193, 273
luviano, 62, 65, 67, 68, 69, 260

M

Macassar-buginese, 104, 253
Macro, 135
Maia, 41, 155187, 189, 190, 192, 193, 194, 196-202, 204, 205
Mair, Victor, 159, 162, 163
Maithili, 103
maiúsculas, 116, 211, 214, 220
Malaiala, 104, 106, 107
Mandekan *veja* N'ko
Manipuri, 97, 103
Manuzio, Aldus, 239, 240, 241
Maori, 18
máquina de escrever, 247, 248, 255
Marcial, 215
Marcus, Joyce, 197
Martin, Henri-Jean, 215, 258
matres lectionis, 85, 111
mende, 252
mensagens de sinais, 21-24
meroítica, 45, 119, 120, 121
Mesoamérica *veja* América Central
Minóica, 23, 66, 69-74, 76, 110, 111, 112, 233
minúscula carolíngia, 217, 218, 220
minúsculas, 113, 211, 212, 216, 218, 219, 220, 221, 224, 225, 239, 255
mixe-zoqueana, 189, 190, 205,207
mixteca, 189, 201, 203, 205, 206, 207
mnemônicos, 15, 16, 17, 19, 149, 161, 253
moche, 206
Modern Face, 244, 245, 246
Mohenjo-Daro *veja* Vale do Indo
Mongólica, 97
Monólito de La Mojarra, 187, 195
Morfema, 153, 154, 169, 198
morfo-silabografia (morfo-silabograma), 17, 154
Morison, Stanley, 244

N

Nabataeno (nabateu), 81, 87, 90, 91, 93, 120
Nagari, 97, 101, 104, 106
nativos australianos, 21
Nazca, 206
Nilo, 30, 32, 34, 43, 45, 47, 59, 62, 122
N'ko, 253
Núbia, 119, 121, 122
Ñuiñe, 202
numerais romanos, 273
numeros arábicos, 220
númida, 84, 85

O

ogamos, 133, 140-142, 186, 221
Old Face, 244, 245, 246
Olmeca, 189, 191, 194, 195, 201, 261
origem da escrita, 10, 26, 205
Oriya, 97
Ortografia, 113, 139, 144, 145, 156, 157, 163, 175, 214, 263-267
ortografia alemã, 267-269
ortografia francesa, 265
ortografia inglesa, 264-268
osca, 126
osmaniana, 251
osso de Ishango, 18
óstraco, 41, 43, 116, 119
Ovídio, 209, 215

P

País de Gales, 262, 263
países islâmicos, 14, ,210
"palavra", 229
Paleografia, 116, 223
Paleo-hispânica, 119, 133, 135
Palestina, 63, 80, 87
Pali, 97, 101, 104
Panfílio, 118
Papel, 34, 160, 177, 189, 193, 195, 201, 202, 203, 208, 209, 231-232, 233
Papiro, 34, 42, 43, 44, 47, 48, 58, 62, 88, 114, 115, 116, 118, 131, 210, 211, 214, 215, 255
Paquistão, 58
Paracan, 189, 205, 206, 207, 261
Parágrafo, 104, 229, 230, 231
Pedra de Roseta, 43, 44
Pergaminho, 43, 115, 117, 131, 132, 213, 214, 220, 232
Persa, 17, 52, 53, 85, 87, 90
Peru, 16, 189, 205, 206, 207, 261
phags-pa, 105, 169
Picena, 119, 127
Pictografia, 15, 19-20, 21, 24, 28, 29, 31, 32, 33, 37, 45, 46, 49, 65, 66, 67, 68, 69, 110, 120, 158, 190, 193, 202, 204, 271, 276
Pinyin,164-167, 250, 274
Pisidiano, 118
Pitman, Isaac, 267, 271
Polifonia, 152
Polivalência, 50, 77, 152, 162, 183
ponto de exclamação, 231
ponto de interrogação, 231
pontuação, 223, 229-231, 266
povo luba, 22

"pré-escrita", 15
princípio *rébus*, 30 (aparece sem acento –
   rever), 31, 33, 40, 65, 67, 112, 152, 203
Proto-alfabeto cananeu, 79, 82
proto-canaanita, 62, 79, 82
proto-elamita, 54-56, 58, 62
proto-escrita, 15, 33
proto-sinaítica, 78, 79, 80
púnica, 84, 85
Pynson, Richard, 240, 242

Q

Qin Shi Huang-di, 157
Quipu, 16, 17

R

Ramsés II, 40
Rapanui *veja* Ilha de Páscoa
Recuo, 229, 231
Reforma, 155-157, 163-165, 215, 218, 263-270,
   275
registros com nós, 15, 16, 17
registros de contas, 21
rejang, 105
religião hindu, 210
Renascença, 221
Rética, 119, 127, 136
Rolos do Mar Morto, 87
Romanização, 163-166, 167, 173, 274
rongorongo *veja* Ilha de Páscoa
Rotokas, 250
Runas, 132, 136-140, 141, 143, 186, 221, 222
Russa, 118, 119, 145, 255

S

Samaritana, 87
Sampson, Geoffrey, 171, 173, 184
Sandhi, 101
Sans Serif, 244, 246, 247
Sânscrito, 100, 101, 104, 106, 128, 234, 262
São Mesrob, 118
Sarada, 97, 101, 104
Schmandt-Besserat, Denise, 26
Scholes, Christopher Lathan, 247
Scriptoria, 213, 217, 218, 229, 265, 275
Semasiografia, 15
Semiótica, 26
Semitas, 37, 44, 50, 52, 64, 66, 65, 78, 84, 88,
   110
semi-uncial, 216, 218, 223
separação de palavras, 113, 126, 135, 138,
   141, 159, 182, 223, 230

Sequoya *veja* Sikwayi
Serifas, 129, 214, 244, 245, 246
Shaw, George Bernard, 267
Siamesa, 104
Sidético, 118
Sikwayi, 251, 252
Símbolos, 18, 19, 22, 23-24, 26, 29, 32, 33, 46,
   49, 271
Sinai, 45, 63, 64, 78, 90, 109
Síria, 34, 52, 53, 68, 79, 87, 91, 92, 97, 111
sistemas de escrita, 257, 258
sistemas mistos, 34, 180, 198, 257
Somália, 250, 251
Spurius Carvilius Ruga, 127
Steinberg, S. H., 247, 249
Sudão, 45, 119
Suméria, 14, 23, 26, 28, 29, 30, 31, 33, 34, 35,
   44, 45, 46, 48, 49, 50, 52, 53, 55, 57, 58,
   60, 68, 81, 190, 200, 232, 257
Susa, 54, 55

T

tábuas mnemônicas, 22
tagala, 104
Takri, 97, 104
tamil (tâmil), 97, 106, 107, 178, 262
taquigrafia, 43, 270, 271
Tartária, 23, 24, 75
Tartessiana, 135
Telugu, 96, 107, 108
Teotihuacan, 202, 205
Thai, 104
Thompson, Edward Maunde, 111
Tibetana, 97, 101, 104, 105
Tifinigh, 84
tinta eletrônica, 10, 275
tipo gótico, 243
tipografia "página branca", 239
tipografia, 209, 210, 218, 221, 222, 236, 238,
   240, 241, 243-247, 252, 255
"transmissão de idéias", 17
"transmissão direta", 111
"transmissão secundária", 111
Trissino, Giangiorgio, 249
Turquia, 25, 51, 68, 115, 118, 210, 250

U

Ugarit, 52, 53, 79, 80, 85, 112
Uighur, 90, 105, 169
Umbriana, 119
Unciais, 116, 119, 127, 128, 144, 211, 212,
   214, 215, 216

Urartiana, 51
Uruk, 14, 27, 28, 46, 47

V

Vale do Indo, 26, 30, 31, 32, 33, 54, 56-60, 61, 62, 96
Velino, 115, 117, 131, 211, 214, 215, 222, 232, 238
veneta, 119, 127
Vietnamita, 166-167, 184
Vindolanda, 132
Virgílio, 132, 215, 240

Vírgula, 230, 231
Voltaire, 10, 257

W

Webster, Noah, 267
Woleaian, *veja* escritas das Ilhas Carolinas
Worde, Wynkyn de, 240, 248
Wulfila, 136

Z

Zapoteca, 189, 191, 193, 197, 203, 207

SOBRE O LIVRO

Formato: 16 x 23 cm
Mancha: 27,5 x 49 paicas
Tipologia: Gatineau 10/13
Papel: Offset 75 g/m² (miolo)
Cartão Supremo 250 g/m² (capa)
1ª edição: 2009

EQUIPE DE REALIZAÇÃO
Edição de Texto
Gabriela Mori (Copidesque)
Geisa Mathias de Oliveira e Guilherme Laurito Summa (Revisão)
Editoração Eletrônica
DuSeki (Diagramação)

Impresso por :

gráfica e editora
Tel.:11 2769-9056